U0895020

金融科技
框架与实践

FINTECH

陈 辉 著

·北 京·

图书在版编目（CIP）数据

金融科技：框架与实践／陈辉著．
北京：中国经济出版社，2018.5
ISBN 978-7-5136-5119-6

Ⅰ.①金… Ⅱ.①陈… Ⅲ.①金融—科学技术—研究 Ⅳ.①F830

中国版本图书馆 CIP 数据核字（2018）第 047384 号

责任编辑　张梦初
责任印制　马小宾
封面设计　任燕飞

出版发行　中国经济出版社
印 刷 者　北京科信印刷有限公司
经 销 者　各地新华书店
开　　本　710mm×1000mm　1/16
印　　张　25.5
字　　数　400 千字
版　　次　2018 年 5 月第 1 版
印　　次　2018 年 5 月第 1 次
定　　价　88.00 元
广告经营许可证　京西工商广字第 8179 号

中国经济出版社 **网址** www.economyph.com **社址** 北京市西城区百万庄北街 3 号 **邮编** 100037
本版图书如存在印装质量问题，请与本社发行中心联系调换（联系电话：010-68330607）

“央财金融科技书系”编审委员会

李张鲁　红杉资本副总裁

杨　芮　界面新闻资深记者

李豆豆　上海证券报记者

冷翠华　证券时报记者

李晰越　中国银行资深外汇交易员

杨　岩　英烁智能科技联合创始人兼CEO

鲁　阳　光华保险科技联合创始人兼CEO

陈　泽　清华大学经济管理学院博士研究生，央财国际研究院特约研究员

庞　博　再互保科技联合创始人兼CEO、央财国际研究院特约研究员

“央财金融科技书系”编审委员会秘书处设在中央财经大学中国精算研究院（电话：86-10-62288153/18612564599，传真：86-10-62288161，地点：北京市海淀区学院南路39号，邮箱：fintech@yangcai.org），由中国精算研究院联合央财国际研究院等团队策划统筹编辑，由教育部人文社会科学重点研究基地（基地重大课题）、高等学校学科创新引智计划（111计划B17050）等资助。

“央财金融科技书系”序言

央财金融科技书系：认知与预见金融科技的未来

“央财金融科技书系”编委会成员长期专注于金融与人工智能交叉领域、金融中机器学习、金融科技与保险科技、大数据与小数据、互联网保险与相互保险、金融与区块链等前沿理论研究与实践探索。希望通过金融科技的“研究态、数据观、智能行、科技派”发现引爆点，构建连接线，打造智能面，描绘未来体。

“忽如一夜春风来，千树万树梨花开”，似乎在一夜之间，金融科技就红遍了南北半球，在神州大地更是一时风头无两；与此同时，金融科技仍仿佛笼罩在迷雾中，其未来在我们脑海中浮现出模糊的轮廓。重新审视我们的时代，进行中的第四次工业革命（新社会）、岔路中的文明路径选择（新文明）、浮现中的未来星球（黑科技）、生活中的不确定性（引爆点）、思想中的未来旅程（大智慧）慢慢浮现在我们的眼前，我们会缓慢揭开金融科技的神秘面纱，会逐步理解金融科技重塑金融的力量，然后去描述无法预知的未来世界，去掌握如何改变我们的世界，去推动我们重新认识我们。

中央财经大学在国内高校中率先成立金融科技系，以金融科技人才培养为导向，以金融科技学术前沿问题研究为支撑，打造人才培养、理论研究、创新领域的金融科技教育平台和开放型交流平台，我们还有国内一流的金融科技产业园，积极推动金融科技在行业的落地应用，支持金融科技的创新企业。近年来，“央财金融科技书系”编委会成员先后出版了多本与金融科技相关的专业书籍，为此，他们梳理了金融科技书系，希望通过金融科技书系去理清金融科技的发展脉络，提升金融科技的认知能力，改变大众的思维方式，升华智慧，启迪读者。

世间诸事，何曾不都是经历三重境界（见山是山，见水是水；见山不是山，见水不是水；见山只是山，见水只是水）之后，方见大成？金融科技的研究，也一定是一条上下求索之路；而金融科技的演进，也必定是过一座山，进一重境的。

“央财金融科技书系”编委会成员专注于金融科技研究，他们不仅仅是一个团队，而是连接金融领域研究力量和人工智能大数据等领域研究力量的平台，希望“央财金融科技书系”的每一本书都开启一个“认知革命”的故事，一个“预见未来”的故事，成为金融科技理论研究与实践探索领域创新篇章的动听音符。

中央财经大学副校长　史建平

2018年3月

序

这是一个似乎属于又不属于我们的世纪，我们知道一个新名词“金融科技”（FinTech），即便你以为已经懂了，即便我看上去也懂了，即便作者自嘲也懵懵懂懂了。事实上，现在我们所处的“不确定时代”，其实已经是“超级不确定时代”（The Age of Super Uncertainty），整个时代出现系统的不确定性；我们正处于一个“变革时代”，面临所谓“第四次工业革命”的大趋势、大机遇、大挑战，这是一场深刻的系统性变革。正如查尔斯·狄更斯在100多年前所说的那样：“这是最好的时代，这是最坏的时代；这是智慧的时代，这是愚蠢的时代；这是信仰的时期，这是怀疑的时期；这是光明的季节，这是黑暗的季节；这是希望之春，这是失望之冬；人们面前有着各样事物，人们面前一无所有；人们正在直登天堂，人们正在直下地狱。”

这个时代的到来，锐不可当。万物肆意生长，尘埃与曙光升腾，江河汇聚成川，无名山丘崛起为峰，天地一时无比开阔。在历史的每一个转折点上，我们都要做出困难的抉择和选择必须放弃的路径。人们往往会问：如果当时做出了其他的决定或者选择了另外的道路，历史会怎样？

这个时代，不需要我们去定义金融科技，我们也无法定义金融科技，我们所能做的是去厘清金融科技发展脉络，去提升对金融科技的认知，去改变我们的思维方式，去升华我们的智慧。正如阿尔伯特·爱因斯坦所说的那样：“我这辈子用很长时间悟得了一个道理，那就是我们所有的科学在被用于衡量现实时，都是原始而天真的——然而迄今为止这是我们最值得珍惜的财富。”顺着本书“变革、模糊、规则、无限”这个脉络，进行中的第四次工业革命（新社会）、岔路中的文明路径选择（新文明）、浮现中的未来星球（黑科技）、生活中的不确定性（引爆点）、思想中的未来旅程（大智慧）慢慢浮现在我们眼前，我们会缓慢揭开金融科技的神秘面纱，逐步理解金融科技重塑金融的力量，启发我们去想象无法预知的未来世界，掌握如何改变我们的世界的方法，推动我们重新认识自我。

陈辉所著《金融科技：框架与实践》，堪称《互联网金融：框架与实践》的姊妹篇，全书系统、全面地阐释了金融科技，揭示了社会变革导致的金融模糊，金融科技助力金融供需的均衡，金融科技的规则、逻辑和未来之美、未来之道、未来之魅、未来之巅，揭示了金融科技的局面在变化、逻辑在更新、未来在演进。重新审视我们的时代，金融科技尽管仍笼罩在迷雾中，但在我们脑海中已经可以浮现其整体轮廓。本书将带领我们开启一个“认知革命”的故事，一个“预见未来”的故事。

是为序。

陈建成

中央财经大学中国精算研究院院长

2017年11月

前　言

我们今天的世界，到了一个三百年难得一遇的岔路口——可以选择金融路径的岔路口。走新金融之路是时代赋予我们的选择。何为新金融之路？一个重要的变革动力就是科技，也是推动金融科技发展的力量。

随着社会发展和经济变迁，金融也在变化中，从传统金融到新金融，二者交替变化，时而迁移，时而回归；特别是浮现中的未来星球（黑科技）、生活中的不确定性（引爆点）、思想中的未来旅程（大智慧）进一步推动了金融的变革，这种变革的力量就是金融科技。变革中我们突然发现金融的需求模糊、金融的供给模糊，金融需求与供给均衡也模糊了，所有的一切笼罩在迷雾中，迷雾中金融科技正在慢慢吹散云雾，见明月。金融科技夜明前，我们梳理出其发展的三个阶段、三重境界、三个假说、十维空间等规则，金融科技的主轴性诠释脉络基本形成。基于此，我们进一步论述、畅想金融科技的逻辑、创新、趋势、未来。本书关于金融科技的框架与实践基本形成，从认知革命、量化自我、终极复制、预见未来四个维度形成了金融科技的研究态、数据观、科技派、未来体。

目前关于金融科技的研究有很多，一路走来，感觉完全抓不住逻辑脉络和层次感。正如《互联网金融：框架与实践》作者李钧所说的那样，就像在恋爱中抓不住情感节奏一样，有些尴尬，不知从何做起。另外，关系要继续发展，所以就要根据有限的举动去描述和猜想可能性，以便帮助我们更好地认识金融科技的全面性及其全方位影响；构建金融科技的思维框架，列出核心规则与可能的未来；提供一个靶子，刺激更多的研究者、实践者加入到这项研究中来，不断完善金融科技的框架与实践。

金融科技研究也是和恋爱一样的事情，年轻欢快，瞬息万变，转向性和速度感都很强烈，琢磨出一套思路还挺不容易。我们吃过几顿饭，看过一些电影，但却不让你牵手——她到底是什么意思？下一步的可能性是什么？是的，我们或许缺少一个不必要完全正确，但是主轴性诠释脉络的思路。而在金融科技的演进以及市场的自由选择中，我们可能会逐渐看出一些端倪。

在不断地探索中，我们也找到一个，就是在社会变革、科技突破角度下研究金融科技。基于此，本书被分为了四个层次：变革、模糊、规则、无限。重新审视我们的研究，金融科技，尽管仍笼罩在迷雾中，但其已经开始在我们脑海中浮现出整体的轮廓，这就是我们选择写《金融科技：框架与实践》的初衷，也是我们选择写《金融科技：框架与实践》的本义。

本书由陈辉著，中央财经大学硕士研究生李明子、李冰，清华大学博士研究生陈泽，再互保总经理庞博参与了本书主要章节的资料整理和撰写，由陈辉统一修改定稿。

本书在撰写过程中，参考了国际国内的相关著作、论文、报告和案例，特别是李钧所著的《互联网金融：框架与实践》，中央财经大学中国精算研究院的多位专家学者提出了许多有益的修改意见，在此一并表示感谢。由于时间紧迫和作者水平有限，书中疏漏、错误之处在所难免，敬请读者批评指正。

中央财经大学中国精算研究院　陈辉

2017年11月于北京

目　录

第一篇　变　革

第二篇　模　糊

第三篇　规　则

第四篇 无 限

第一篇

变　革

第一章　社会在变迁

社会在变革，正在经历第四次工业革命。第一次工业革命始于1775年瓦特改造蒸汽机，第二次工业革命始于19世纪末的电气化革命，第三次工业革命始于20世纪50年代的计算机革命。而改变世界发展进程、助力全人类发展目标、席卷世界的第四次工业革命如海啸一般席卷而来了。

这一次工业革命不再局限某一特定领域。无论是移动网络和传感器，还是纳米技术、大脑研究、3D打印技术、材料科学、计算机信息处理……甚至它们之间的相互作用和辅助效用均是此次工业革命涉足的领域，而这样的组合势必会产生强大的联动力量。此外，此次工业革命不再是某一个产品或服务的革新，而是整个系统的创新。这场革命将对社会、经济、金融，包括个人带来巨大的影响。

第四次工业革命是否会改变世界经济格局？日新月异的新技术将以何种方式革新社会、经济、金融模式？社会在变革，经济在变迁，新社会和新经济正在向我们走来。

- 人类文明的发展与变迁的本质；
- 移动通信使“社交”不再简单；
- 经济发展的脉络和决定性因素；
- 未来已来，社会发展正在践行“乌托邦”式观念；
- 新经济形态下，生产要素带动人的需求改变；
- 技术基础设施对经济发展的贡献和乔布斯的成功哲学；

- 企业家思维折射出生产要素、生产方式发生了大变化；
- 金融将越来越具包容性，从“二八”走向“八二”；
- 无现金社会正在成为趋势；
- 信用体系成为新金融的重要支撑；
- 人人可参与的金融成为可能；
- 全球化的数字普惠金融进入发展快车道。

第一节　踏雪无痕：你真的了解时代更迭的进程吗？

时间线，开天辟地，自由之光哪里找？

这个时代的到来，锐不可当。万物肆意生长，尘埃与曙光升腾，江河汇聚成川，无名山丘崛起为峰，天地一时无比开阔。在历史的每一个转折点上，都意味着我们都要做出困难的抉择和选择必须放弃的路径。人们往往会问：如果当时做出了其他的决定或者选择了另外的道路，历史会怎样？

我们不想对世界取得的成绩进行评判，而只想对人类文明的发展、技术的进步，以及社会的变迁与革新有一个感性的认识。

（一）农业革命

人类史的大部分时间里，都在过着“狩猎采集”的生活。这种生活以野生动植物为生，食物不可能被储藏下来，每天很多时间都花费在觅食上。

直到第四纪大冰期结束的很长时间以后，在长期的实践中，人类逐步观察和熟悉了某些植物的生长规律，慢慢懂得了如何栽培作物。世界各地区的人类慢慢积累了经验，各自独立地发展起了农业。

人类独立地发明了农耕与养殖动物的技术后，农业革命逐渐扩散，直到分布全球。

新石器时代的农业革命具有十分深远的意义。

（1）农业、畜牧业的产生，使人类的经济从旧石器时代以采集、狩猎为基础的攫取性经济转变为以农业、畜牧业为基础的生产性经济。这一获得食物方式的转变，改变了人与自然的关系。农业和畜牧业的发生标志着人类对自然界认识的一个飞跃，标志着人类在生活资料的生产方面，从较多地依靠、适应自然转为利用、改造自然。

（2）农业革命促使人类生活方式发生根本性的变化。农业生产的周期性要求人们较长时间居住在一个地方，以便播种、管理、收获。这样，人类从旧石器时代的迁徙生活逐渐转为定居生活。

（3）农业革命为以后一系列的社会变革创造了物质基础。人类从事农耕和畜牧后，才可以稳定地获得较丰富的食物来源，而且第一次有可能生产出超过维持生存所需的食物并储存它。这就使人口得以较大的增长并可使一部分去从事维持生存以外的活动。

（4）艺术、文化得以孕育。农产品收获后可以收藏，人类有了更多的闲暇去创作与欣赏艺术。

（二）青铜革命

公元前3500年，古代的中国人把锡和铜混合冶炼成青铜合金，从此发明了青铜冶铸技术，并用此发明制造出各种可以应用的工具和器具。青铜是世界冶金铸造史上最早的合金，也是人类历史上一项伟大的发明，青铜铸造工艺的产生，结束了漫长的石器时代，预示一个新时代的来临。它带动农业和手工业的发展，并且促进车、船、雕刻、金属加工等制造技术，以及军事和经济社会的发展，带来技术革命的曙光。青铜器的应用，代表当时的科技水平和文化艺术水平，也是一个时代的标志。

青铜器在中国的发展从夏朝开始，到商、西周、春秋及战国早期达到鼎盛，形成了一套高水平的采铜、冶铸技术体系。这个时期长达1600多年，这个时期的青铜器主要分为礼乐器、兵器及杂器。秦汉以后，青铜器逐渐被铁器、漆器、瓷器所取代。

在青铜时代，世界上形成了几个重要的青铜铸造地区，这些地区成了人类古代文明形成的中心。在古代文明发达的一些地区，青铜时代与奴隶制社会形态相适应，如爱琴海地区、埃及、美索不达米亚、印度、中国等国家和地区，此时都是奴隶制国家繁荣的时期。进入文明的地区在青铜时代已经产生了文字，但也有一些地区没有经过青铜时代直接过渡到铁器时代。

（三）铁器时代

世界上最早制造铁器的是小亚细亚（今土耳其境内）的赫梯人，时间在公元前1400年前后。约在公元前1000年，古希腊和古罗马开始普遍使用铁制的工具和兵器，约在公元前500年，欧洲大陆普遍使用铁器。中国最早关于使用铁制工具的文字记载，是《左传》中的晋国铸铁鼎。春秋时期，中国已经在农业、手工业生产上广泛使用铁器。

铁器坚硬、锋利、韧性高，胜过石器和青铜器。铁器的广泛使用，使人类的工具制造进入一个全新的领域，生产力得到极大的提高。铁器的使用，使世界上一些民族从原始社会发展到奴隶社会，也推动了一些民族脱离了奴隶制的枷锁而进入封建社会。

（四）第一次工业革命——蒸汽时代

第一次工业革命是指18世纪60年代从英国发起的技术革命，是从劳动密集型的工场手工业开始、以蒸汽机作为动力机被广泛使用为标志的。劳动密集型产业意味资本密集，当相关产业通过不断创新提高生产率后，能够迅速增加社会财富，继而持续推动本领域和其他领域的工业化革新和生产。

第一次工业革命使工厂制代替了手工工场，用机器代替了手工劳动；从社会关系来说，工业革命使依附落后生产方式的自耕农阶级消失，使工业资产阶级和工业无产阶级形成和壮大起来。

第一次工业革命大大加强了世界各地之间的密切联系，改变了世界的面貌，最终确立了资产阶级对世界的统治地位，率先完成工业革命的英国很快成为世界霸主。法国、德国、美国、俄国、日本等国也纷纷加入工业革命的行列。

（五）第二次工业革命——电气时代

第二次工业革命出现于19世纪60年代后期，欧洲国家和美国、日本的资产阶级革命或改革的完成，极大地推动了社会生产力的发展，对人类社会的经济、政治、文化、军事、科技和生产力产生了深远的影响。资本主义生产的社会化大大加强，垄断组织应运而生。

第二次工业革命，使资本主义各国各个方面发展不平衡，帝国主义争夺市场经济和争夺世界霸权的斗争更加激烈，促进世界殖民体系的形成，使资本主义世界体系最终确立，世界逐渐成为一个整体。这也促进了工人运动和社会主义运动，列强加紧对外侵略扩张，由于西方一些资本主义国家的争斗激烈，第一次世界大战爆发。

（六）第三次工业革命——互联网时代

第三次工业革命以原子能、电子计算机、空间技术和生物工程的发明和应用为主要标志，是涉及信息技术、新能源技术、新材料技术、生物技术、空间技术和海洋技术等诸多领域的一场信息控制技术革命。它不仅极大地推动了人类社会经济、政治、文化领域的变革，而且也影响了人类的生活方式和思维方式，随着科技的不断进步，人类的衣、食、住、行、用等日常生活的各个方面也在发生重大的变革。

第三次工业革命加剧了资本主义各国发展的不平衡，使资本主义各国的国际地位发生了新变化；使社会主义国家在与西方资本主义国家抗衡的斗争中，贫富差距逐渐拉大，促进了世界范围内社会生产关系的变化。

综观三次工业革命，可以发现它们对世界发展的共同影响有：①大大促进了社会生产力的发展，带来了工业布局的新变化。②引起了社会关系的重大变革：第一次工业革命导致近代社会两大对立的阶级即工业无产阶级和资产阶级产生，并开始了城市化进程；第二次工业革命中，垄断组织产生，并与国家政权结合，自由资本主义过渡到垄断资本主义；第三次工业革命中，国家垄断资本主义强化，第三产业比重上升。③对世界格局产生了巨大影响：第一次工业革命确立了资本主义对世界的统治，殖民扩张造成东方从属于西方；第二次工业革命中，资本主义世界体系、殖民体系最终形成，世界成为一个密不可分的整体；第三次工业革命推动了国际经济结构的调整，世界各国经济相互依存，联系日益紧密。

从农耕时代到工业时代再到信息时代，技术力量不断推动人类创造新的世界。互联网正以改变一切的力量，在全球范围掀起一场影响人类所有层面的深刻变革，人类正站在一个新的时代到来的前沿。中国于1994年入网，从时间上来看并没有落后太多，经过多年的封闭发展，反而以人口红利令世界羡慕。近年来，互联网的发展对各行各业都产生了深远的影响。

（七）第四次工业革命——智能化时代

第四次工业革命是否会改变世界经济格局？日新月异的新技术将以何种方式革新社会、经济、金融模式？ 社会在变革，经济在变迁，新社会和新经济正在向我们走来。

新社会与新经济，产生了新的生产力与生产关系。新经济是以技术进步为主要动力，在制度创新、需求升级、资源要素条件改变等多因素的驱动下，以大量新产品、新服务、新模式、新业态、新产业蓬勃涌现为显著特征，以信息经济、生物经济、绿色经济等为主要方向的新经济形态。综观历史，每当人类社会发生重大技术变革进而形成新的生产力，就会有新的生产关系与之相适应，新的技术经济范式，即新经济概念随之产生。可见，新经济的本质是先进生产力及与其相适应的新的生产关系组合。新经济背后是新的基础设施、新的生产要素和新的分工体系。

经济、社会、活动的正常运作，有赖于基础设施发挥其支持功能，随着经济形态从“工业经济”向“信息经济”加速转变，基础设施的巨变也日益彰显。短短几十年间，“互联网”能够从诞生到普及，再到升级为“互联网+”这一新变革力量，技术边界不断扩张，从而引发基础设施层次上的巨变，才是至为重要的原因。大力提升新信息基础设施水平，“互联网+”才能获得不竭的动力源泉，在经济、社会发展中彰显威力。“互联网+”仰赖的新基础设施可以概括为“云、网、端”三部分。“云”是指云计算、大数据基础设施，生产率的进一步提升、商业模式的创新，都有赖于对数据的利用能力，而云计算、大数据基础设施将为用户像用水、用电一样，便捷、低成本地使用计算资源打开方便之门。“网”不仅包括原有的“互联网”，还拓展到“物联网”领域，网络的承载能力不断得到提高、新增加值持续得到挖掘。“端”则是用户直接接触的个人电脑、移动设备、可穿戴设备、传感器，乃至软件形式存在的应用，既是数据的来源，也是服务提供的界面。

在经济上，人工智能可能带来一种新的变化，即向全球经济体系注入一种新的“生产要素”。一般而言，生产要素包括劳动力、资本、土地、企业家才能、科技、信息、资源等几大类。人工智能的发展大致可以归到“科技”的要素范畴，但它又高度涉及“信息”这一要素，而且人工智能的发展和应用，完全可能部分形成企业家才能，甚至替代部分企业家管理。正如安邦智库研究人员所述：人工智能=物联网+大数据+主算法=管理+信息+技术。在某种意义上，人工智能可以被视为一种提升生产效率的新生产要素。

随着网络平台兴起、科技深化、消费观念转变，共享经济逐步发展成一种新型经济模式，并大有席卷全球之势。中共十八届五中全会更是明确将“共享”作为“十三五”时期的重要发展理念。信息技术革命为分工协同提供了必要、廉价、高效的信息工具，也改变了消费者的信息获取和分析能力，其角色、行为和力量正在发生根本变化，从孤陋寡闻到见多识广，从分散孤立到群体互动，从被动接受到积极参与，消费者潜在的多样性需求被激发，市场环境正在发生重大变革。以企业为中心的产消格局转变为以消费者为中心的全新格局，以客户为导向、以需求为核心的经营策略迫使企业组织形式做出相应改变，新的分工协同形式开始涌现。

李克强总理在2016年政府工作报告中强调“必须培育壮大新动能，加快发展新经济”，标志“新经济”正式上升为国家战略，成为落实中共十八届五中全会“创新、协调、绿色、开放、共享”五大发展理念、培育经济发展新引擎、新动力的重大顶层部署。“新经济”战略的提出，一方面将给中国经济带来以“互联网+”、大数据、云计算、物联网、人工智能、3D打印等为代表的新动能；另一方面将带动产业转型、改造升级传统动能。

新经济需要一种新的金融体系与此相适应，如马云所言，“过去的金融200年来支持了工业经济的发展，过去的200年是二八理论，只要支持20%的大企业就能拉动世界80%的发展。未来新金融必须支持八二理论，如何支持80%的中小企业、个性化企业、年轻人、消费者。金融是想支持80%的中小企业、创新创业者、消费者，但IT的基础设施，原来的设计思考没法完成。互联网金融希望解决的是更加公平、更加透明，支持那些（80%）昨天没有被支持到的人，所以新金融的诞生势必对昨天的金融机构有一定的冲击和影响”。

刚刚过去的20世纪，特别是20世纪的最后二三十年，对于人类现在与未来意义重大而又影响深远的势态发展，是自然科学与工程技术领域内的计算技术、新材料与生物工程；而在社会科学领域，特别是经济金融领域内，同样意义重大而影响深远的势态发展则是金融形态的变迁。中国著名资深经济金融学家白钦先曾经说过：“离开了金融的经济，不再是现实的经济；离开了经济的金融，已不再是现实的金融。”时代不同了，此金融已非彼金融，金融的内涵与外延得到了扩大、金融与经济的关系越来越相互融合和渗透、金融的本质与特征不断变化和提升、金融的功能不断丰富、金融的地位与作用不断升级、实体经济与虚拟经济在不同时期成为矛盾的主要方面、传统金融与虚拟金融成为业界和学界关注的焦点……金融的变迁影响了全人类、全社会的变迁过程，并且在经济全球化、经济金融化、金融全球化和金融工程化的加速下根本性地使传统金融“裂变”为新社会下的新金融。

（八）变迁的本质：对资源的不满足性和创造欲

社会的一个最基本规律就是“变”。东西方对世界“变”的规律都早已认识清楚：古希腊哲学家赫拉克利特提出“人不能两次踏进同一条河流”的经典命题；中国有阴阳相生相克、周而复始的世界观。大道至简，但也过于抽象，因而不禁要继续追问变迁的范围、程度及原因：①哪些事情在变？个体、群体、组织、制度和社会都在变化。②在什么程度上发生了变化？引用罗伯特·达尔的经典三分法，分别有渐进的或外围的变迁、全面的变迁和革命性的变迁。最令人印象深刻的应该是全面的变迁和革命性的变迁，这样的变迁往往带来的是人类对自然、社会的认知革命和技术革命，扩大了人类对未知领域的探索空间，同时也带来了思想上的解放。③什么因素催生了变迁？社会学研究中认为的重要因素包括技术、意识形态、竞争、冲突、政治、经济、全球化和结构性压力。对于这些因素，应该明确的是，不能过分地倚重任何一个，不存在所谓的“最重要”，它们相互关联并共同组成了社会的变迁。

变化是世界发展永恒的主题，变化源于人类对自然、社会的求知欲，对于改造自然、革新社会的创造欲。从长袍马褂到西装和五彩缤纷的休闲服装；从直接食材到简单加工再到满汉全席；从传统平房到宽敞楼房到别墅庄园；从古典文学、浪漫主义文学、现实主义文学、现代文学到后现代文学……变迁已经成为一种生活方式，变迁的领域也涉及社会发展的每一个角落。

有得必有失，变迁的发生必然伴随代价，得失的相互制约也常常使人类的发展陷入两难的境地（如环境保护与经济发展的矛盾）。

（1）经济代价。持续地追求经济发展可能降低而不是提高社会的福利水平，而且发展常常伴随破坏与浪费，现代社会发展经济最大的代价就是环境退化和资源枯竭。另外，在从传统社会转向更加现代的社会过程中，因为交易成本的存在，不可避免地会产生大量的交换代价。

（2）社会代价。环境破坏导致的疾病发病率提高、濒危物种增多、环境污染导致世界食品卫生令人担忧、高等教育人才浪费等诸多问题。

（3）心理代价。在资本主义对人的不断异化过程下，个体逐渐失去了理解和控制自己所处环境的能力。非人性化、机械化、机器病理学等现象越来越显著。

几万年来，社会变迁带来了新的技术、新的认知与新的思考，把人类的活动范围从地表向上延伸到外太空、向下延伸到地球中心，把人类的生命历程从短短的几十年向前延伸到人类文明的起源、向后延伸到几百年后人类突破三维空间限制的自由穿梭时代，把人类的文化积淀从王宫贵胄才能接触到的知识“分发”到每一个学历不同、背景不同的学子手中……变化是永恒的，虽然变化的具体形态可能是混乱的，但整体而言，在创造与优化的过程中，变化带来的影响和所需要的代价将会实现一个长期的动态均衡。

横截面，技术变革了人、时、空融合的关系

不知道你在看《神探狄仁杰》这类古装影视作品的时候，有没有类似的想法：如果身旁有一部电话，抓到真凶那不是分分钟的事儿吗？每当这个时候，我们都觉得电话真是一项非常伟大的发明创造。当然，电话不仅仅是改变了人与人通信的方式和效率。

当电话摆在家中时，个人空间与家庭空间常发生摩擦和碰撞，当手机伴随人身时，个人空间则处在流动随机状态，视个人所处空间而定，人们既不会在公共场所用手机语音方式聊私密的内容，也不会在家庭环境中透露不想被家庭其他成员知晓的内容。但人会在移动状态里不断切换所处的位置空间，不排除将本来属于私密的内容暴露在公共空间中。

这一点，在用文字、图片等符号呈现的网络空间尤为明显，人们在现实空间中谈话对隐私保护的警惕性明显要高于网络空间，我们经常在网络里见到别人的隐私，无论是普通人还是明星，无论他们是处于有意还是无意，甚至很少有人意识到，在网络空间里，自己无意识地将私人内容公之于众，也没意识到某一天自己可能从普通人一下子变成大众所谈论的对象。例如，一些明星做梦都没有想到自己的一些不雅照会流出，曝光大众媒体；某些作奸犯科的罪犯也可能不知道自己的社交内容和行为会成为警方调查的线索。凡走过必留下痕迹，哪怕是半封闭的朋友圈也有你想象不到的开放，你没有办法控制他人不将你的信息透露给他人。

当然，在很多时候，我们所透露的内容是那些愿意被人知晓的内容，这是我们表达自我的一种方式，有时表达的这个自我是现实的自我，有时是理想的自我，甚至是扭曲的自我。有学者对研究对象进行了访谈，发现男女在运用手机上有明显的区别。

男性将移动电话视为自我的延伸，没有移动电话，他们无法工作。他们将拥有移动电话视为融入社会的一个标志；女性则用她们接到多少电话来衡量自己是否融入社会。男性看到了移动电话具有帮助自身接触到他人的优势，而女性则认为，移动电话的好处在于帮助别人接触到自己。虽然也有相关研究指出性别不是移动电话使用的重要决定因素，大多数性别差异在统计

学意义上不具备显著性。但我们可以从这点上看出，电话在社会关系中已成为一种标尺，无论是男性还是女性。

当下流行的各类社交网络则更加突出，多少人对自身的社交内容点赞、评论、互动，以此判断自身是否被所处的社会群体所接纳、在群体中所处地位。但这种标尺是片面的，它受到自身与交往对象的地理远近、关系亲疏、近期交往频率、对方社交偏好和性格等因素的影响；受到社交内容的特质、信息发布者身份等因素的影响。不过，个体很难摆脱被表面数字绑架的威力，或许会更加肆无忌惮，也可能变得谨言慎行。而开放的社会化媒体内容，粉丝数、点赞数则可能变现，多少网红诞生，又有多少网红倒下。他们毫不犹豫地将私人空间开放出来换取利益，将非常态下的自己释放出来博取关注。难怪映客的广告会说“上映客，直播我”，任何被人看到的空间都带有表演的成分，在这些不断切换的空间中，自我又在如何切换？

地理显然是空间中的元素之一，移动通信与地理位置的结合变得更加紧密，基于位置的社交群体正在集结，位置与个人的结合也引起了商业营销的注意，以往传统城市的冰冷关系因此开始变得熟络起来。

时间与空间在现实意义上总是不可分割的，但在流动状态下却可被分而述之，这取决如何定义时间，或者如何运用时间。比如，工作时间与休闲时间便是对时间的一种定义。移动通信时代的时间、空间变得更加随意，这被称为“软性时间”。有学者针对网络社会结构和动力进行了调查，对新的空间和时间模式进行了描述，定义了如“流动空间”“无限时间”的概念。流动时间是指与通信网络的节点相联系的区域构造；无限时间是指按照时间密集排列或根据顺序的瞬间而即时排列的社会行为的先后顺序。诸如对工作时间的模糊性，工作和休闲的区分也开始变得模糊，这种模糊是一种社会潮流和压迫，即使是很强势的人也不免要在家查看上级或客户发来的紧急工作邮件。同时，我们也乐此不疲地在上班时间浏览微博、逛论坛、刷朋友圈。有调查显示，移动通信让工作变得方便，却未见得让工作变得更加有效率。

不过，时间的模糊性自古有之，在田间劳作还会唱唱山歌，只是移动通信让这种被传统意义上分割定义的时间界限模糊现象变得加速、明显，且怡然自得，打开手机我们便方便地进入另一种区域和状态，切换自如。

从长期来看，这种瞬间的自如切换却常常身不由己，刷屏是一种上瘾症，即使屏上的内容换来的是虚空，即使还有很多要完成的工作，而“瘾”不好被控制，自我被“自我”绑架，并成为很多人苦恼的源泉。令人苦恼的不止于此，还有从个人的成长阶段维度来看，移动通信让儿童与成人的时间阶段模糊，儿童过早地感受到独立个体的自主性，过早地心理性和社会性解放，更加以自我为中心，并逐渐削弱家庭中父母的权威，手机在侵占本该属于父母与儿童玩耍的时间。由于缺少父母的陪伴，儿童和青少年或将注意力放在手游、放在虚拟社交关系，或转而寻求同龄人的陪伴，并逐渐形成同龄人社群。这种同龄人社群是否是一个开放的群体，是否会加重个体以自我为中心的倾向，是否会让代价之间的沟通变得更加困难。

时间作为一种资源，实际上是我们如何分配我们注意力的问题。正如上文所言，移动通信让工作变得方便，却不一定变得更加有效率。如果将个体的时间线延长，在最该成长的阶段，我们会把注意力聚焦到什么内容和事情上，怎样既方便又有效率，是一种自我对懒惰的克制。

切入点，消失的“赊账”与浮现的商业银行

不知道你有没有注意过，在中国古代社会生活中，赊账消费是一个非常普遍的现象。典型的情况就是，在饭店、粮店、酒坊、杂货铺消费完以后，客人常常当场不给钱，挂个账就走。等攒的钱多了，或者到一个特定的日子，再统一结账。在许多古典文学作品中，我们都能看到这样的现象。

一个原因来自支付手段的进步。在中国古代，货币往往是银两、铜钱并用。这两种货币各有各的问题：一个难以切割，把银子砍成几块、正好要达到一定重量来付一笔钱，是非常费力的事情；另一个太重不好携带，一贯铜钱是1000枚，假设每个铜钱3克重，那么三贯铜钱就快20斤了。

因此在古代，把小账攒起来付个大账，不但对客户省事，对店家也方便。到了现代，随着货币防伪技术的进步、国家打击假币逐步得力，甚至到了最近几年移动支付的流行，分割货币变成了非常简单的事情。因此，赊账带来的结算优势也就不复存在。

另一个导致赊账消失的因素，则在于社会聚落的扩大，以及人口流动性的加强。在古代社会中，一个村或者一个镇往往人口不多，少则几百，多也常常不过几万。在这种情况下，居民之间彼此熟识、知根知底，也就敢于接受赊账。但现代社会动辄几百上千万人居住在一起，店家根本无法判断赊账的人究竟是谁、住在何处、从事何种职业、经济状况如何。因此，赊账也就慢慢消失了。在现代社会中，人口流动性大增，如果店家接受赊账，就很可能面临挂了账就再也找不到人的问题。

实际上，在现代社会，虽然个人消费行为中，个人和商家之间的赊账行为基本消失了，但先使用、后还款的方式仍然在消费者尤其是“学生党”的生活中占有重要席位，老旧的赊账方式被淘汰，取而代之的是银行信用卡分期付款以及如京东白条、蚂蚁花呗等电商提供的消费信贷方式。表1–1给出了电商赊账和信用卡业务的特征对比。这类消费贷款的基础是借款人的信用水平，也就是基于对借款人的还款意愿和还款能力进行评估的结果，评估的理论和程序依据都是银行业应对信用风险的技术手段。

表 1–1　电商赊账工具 PK 信用卡

<table>
<tr><th></th><th colspan="2"></th><th>授信额度（元）</th><th>适用范围</th><th>免息期</th></tr>
<tr><td rowspan="4">电商赊账</td><td colspan="2">蚂蚁花呗</td><td>1000~3000</td><td>天猫、淘宝及 40 多家电商</td><td>最长 41 天</td></tr>
<tr><td colspan="2">京东白条</td><td>3000~15000</td><td>京东自营商品，虚拟商品除外</td><td>最长 30 天</td></tr>
<tr><td rowspan="2">苏宁</td><td>任性付</td><td>最高 200000</td><td>苏宁实体店、苏宁易购虚拟商品除外</td><td>最长 30 天</td></tr>
<tr><td>零钱贷</td><td>最高 50000</td><td>同任性付，还支持新百等特约商户</td><td>最长 30 天</td></tr>
<tr><td colspan="2">信用卡</td><td></td><td>3000~ 几百万</td><td>银联标志的 ATM 和 POS 机</td><td>20~50 天</td></tr>
</table>

我们都很清楚，银行是经济体系中最为重要的金融机构之一。西方银行业起源于货币兑换，为商品贸易外来中的货币进行鉴别、衡量，而中国银

行业则起源于南北朝时期寺庙经营的典当行业。在商品经济发展到一定阶段后，其必然产物即是商业银行，我国商业银行从1977年经历了为期10年左右的体系重建阶段、10年左右的扩大发展阶段、5年左右的深化改革阶段、5年左右的改革攻坚阶段，自2009年起，有上万家法人性质的银行业机构，形成政策性银行、国有银行、股份制商业银行、城市信用社、城市商业银行、农村信用社、农村商业银行、合作银行的格局。银行业的发展一路高歌，成为金融体系的三大支柱之一。不过，随着各大电商平台的爆发，不仅消费信贷有了新渠道，理财手段也得到了极大的丰富，大数据征信同时流行起来，“余额宝”“芝麻信用”等新潮概念纷纷向商业银行的客户群Say Hello，商业银行的盈利模式、竞争格局、客户行为等发生了变化，对于转型的需求日益旺盛了起来。

银行是金融的一个缩影，而金融业的发展只是经济变迁中一个小小的组成部分。经济变迁中体制的变革、国企的改革、资本市场的疯狂与冷静、对外贸易的此消彼长、财政税收的稳中有增、产业格局的重新划分、财富变迁的道路变化都是国家发展之根本，而影响上述变迁进程的主要因素之一是需求与供给的变化。

自由心证，乌托邦距离我们有多远?

大约在500年前，有一个水手扬帆出海，去寻找这座传说中的岛屿。他听说，在那个两头窄、中间宽的新月形海岛上，那里的全部财富为大家共有，没有私有财产，金钱在那里失去了意义，也就没有堕落和罪恶。这位水手找了三天三夜，差点儿被巨浪吞没，最终也没能找到这座海岛。那座两头窄、中间宽的新月形海岛就是“乌托邦”（Utopia）。

“乌托邦”的希腊语来源有两种含义，一为“乌有之乡”，另一为“福地乐土”。这两种截然相反的语义恰恰说明了“乌托邦”的性质：它既是现实中不存在的，又是人类永远追寻的希望之地。

“乌托邦”是人类的理想和目标，让人尽可能从物质生活和体力劳动中解脱出来，发展自己的智力和精神生活，使人类最高贵的本质和潜能最大限度地发挥出来。这一过程的实现程度是人类真正获得自由和解放的标尺。“乌托邦”的鼻祖托马斯·莫尔认为，“乌托邦”社会应该具有一些基本特征：在这里，没有私有制，实行财产共有，所有产品公共管理，按需分配，人们可以享受公共食堂可口的饭菜和公共医院优质的服务；在这里，所有适龄男女都要参加劳动，每个“乌托邦”人还要根据自己的情况学习一门手艺；在这里，没有货币，不存在商品流通，人们视金银如粪土；在这里，除奴隶之外的全体“乌托邦”人当家做主；在这里，每个人都有受教育的权利，“乌托邦”注重提高全体人民的科学文化水平；在这里，人们采取的是一种健康向上的生活方式，人们对不同的宗教信仰很宽容……“乌托邦”中盛行的是一种“平等、互助、融洽、友爱”的新型人际关系和社会氛围。

这让人想起中国古代《礼记·大同篇》中所说的大同社会：“大道之行也，天下为公。选贤与能，讲信修睦。故人不独亲其亲，不独子其子。使老有所终，壮有所用，幼有所长。鳏寡孤独废疾者，皆有所养。男有分，女有归。货恶其弃于地也，不必藏于己。力恶其不出于身也，不必为己。是故谋闭而不兴，盗窃乱贼而不作。故外户而不闭。是谓大同。”又让人联想到东晋陶渊明描述的理想世界“桃花源”。

很多人都把“乌托邦”等同于“空想”，笔者不能完全认同。“乌托邦”的绝对理想化当然有空想的成分，它有两点是未来很长一段时间里与我们的社会发展相背道而驰的：①信息完全对称与信息不对称。②个体同质化与越来越个性化。笔者所认为的信息不对称，本质上是一种“不均等”。人生来就不平等，掌握的资源禀赋自始就不同。若是平等，为什么有些人生于尘土之中，有些人居于云端之上？信息不对称在任何一个时代都是绝对存在而不可避免的，我们能做的只是通过吸收信息来提升自我，减弱这种不对称性。而个性化的问题，在这个强调差异化发展的年代里，不用笔者多说，每个人都从内到外大不相同，不可能产生同样的需求。

但世界正处在前所未有的发展时期，社会财富普遍增长、贫富差距拉大，以及公民权利意识不断增强，对资源平等、人权平等的问题的关注度、敏感度也显著提高。这种纯粹的资源获得上的均衡性需求已经被打破，资源均等已经慢慢演变为资源获得过程、资源配置质量均等的考量。有人说资源平等、权力平等是一个虚伪地说辞，是遥不可及的“乌托邦”。但在笔者看来，这种“乌托邦”是人类发展的旨向：“其一是公平的机会，即一个人的成就应该是他努力以及才能的结果，而不是由其所拥有的背景决定的；其二是避免绝对的剥夺，即避免绝对剥夺享受成果的权利，尤其是健康、教育、消费的权利。”

随着社会、经济和文化的发展，资源在不同主体之间流动、周转的速度越来越快、次数越来越多，人们逐渐认识到了彼此实际上在“分享”或是“共享”同一个资源，资源的价值也在这一次次的使用中得到了显著的提升，500年前“平等”“互助”的“乌托邦”式思想渗透其中，预示未来社会的发展思路。

《互助论》的作者克鲁泡特金提出了一个重要的注解：生物的竞争必然存在于不同族群之间，但如果摆脱单纯的竞争机制，而产生一种“互助”的关系，反而能强大彼此，更容易在“物竞天择”中获胜。

人类便是“互助”最好的注解，在身体机能上丝毫不占任何优势的哺乳动物，无论是繁衍能力还是自然适应力都毫不出众的灵长目，其取胜的唯一法宝就是族群间永不间断的“互助”关系。人类是因为阶级斗争而取得进步，还是因彼此互助而取得进步，这个议题是巴枯宁和马克思争论过的经典议题，也是无政府共产主义、自由共产主义和列宁主义、斯大林主义的主要矛盾所在。孰是孰非，不敢断言。但无论是哪一方观点取胜，都不能否认对方为人类进步做出的贡献。

在信息时代，《互助论》的优势和影响不曾有丝毫衰退，相反，它呈现出一种前所未有的强势劲头。在网络上，维基百科以每小时几百次编著补充的速度迅速扩大，任何人都可以在这座知识的宫殿中添砖加瓦。不禁让人想起，如果柏拉图和亚里士多德是百科的开创者，他们的知识代表人类第一个黄金时代；那么几百年前，狄德罗带领伏尔泰、卢梭一起编著《百科全书》，以启蒙运动掀起人类一段狂飙猛进的进步史；现在，维基百科也代表“互助”在知识的普及上已经进入到一个新的阶段。

现在，互联网上的书籍、音乐、思想也可以轻易下载共享，传播开来，人们可以将任何有益于族群的信息和知识向整个世界发布。人们不再需要感叹，丝绸之路把火药、指南针从亚洲送到欧洲，帮助欧洲进入了大航海时代，大航海时代又把美洲和大洋洲真正纳入了人类的现代文明世界版图。这种全球范围内的互动，已经越来越容易了。未来，随着技术的进一步丰富，更高价值密度的信息资源的共享、更高品质的思想流派之间的碰撞，以及同质风险之间的相互分摊，“互助论”将会更加具有时代意义，“互助”逐渐作为一种财富的形式存在我们身边，“平等，互助、融洽、友爱”的社会将不再遥远。

第二节　脱胎换骨：知识密度增强的新经济形态

新时代下，“变化”成为时代的主旋律

现在来回答开篇的第一个问题：你真的了解时代的更迭意味着什么吗？在我们读书的年代里，时代的更迭意味着学术理论的更新速度明显加快、学术理论的边界在扩大、思想在自由化，职业选择的范围在蔓延；在我们工作的这么多年里，我们明显感觉到时代的更迭带来的是产业的革新和升级，新兴业态的“空降”和消亡，生活方式的多样化和思维方式的前进，是经济形态上的巨大变迁。

笼统一点讲，我们现在所处的新经济时代生产方式的特征就是：以信息技术为基础、以知识要素为驱动力、以网络为基本生产工具。我们可以把新经济界定为信息技术、互联网与知识创新的集合。在新经济时代的今天，判断一家企业竞争力是高还是低，是否有价值，主要不是看它拥有多少机器设备与现金流量，而是要看它拥有多少技术和信息流量，特别是拥有多少掌握了这些知识的人才。

某招聘网站招聘数据显示，毕业生期望就业的三大类行业依次为IT/互联网/通信/电子、金融/银行投资/基金/证券/保险、政府/公共事业/非营利机构。每年，北京复兴门金融街都在吸引海外归来及北大、清华等名校的高才生，到证券公司投行部去，拿几十万元甚至上百万元年薪是这个时代年轻人的最大梦想之一。

历史发展到今天，一些旧的职业消失了，新的职业像雨后春笋般出现。例如，现在移动终端发展得如火如荼，也诞生了一些与此相关的职业，微商就是其中的典型。人们向往更加自由的职业模式，更多的人意识到了人脉的重要性，充分运用“六度分割理论”从事跨度更加大的职业，如20世纪60年代的一名工人在80年代成为一名宏观经济管理的大学教授，在2010年又成为一名游戏开发商……新经济在不断地改变社会的生产方式，也大大削弱了人们对于从事职业的黏性，这就催生企业内部的管理体制进行深刻地变化，不断变换的网络化组织正在取代固定的等级制度，在自由的年代里，留住人才的手段变得广泛有趣。

我们后面会提到的苹果、海尔和阿里巴巴的成功，都带有很高水平的“不可复制性”，但只要能从他们的观念、战略眼光和思维方式中抽出几条核心的理念，企业就能寻找到生长的根基。在新经济条件下，传统经济下的物质产品慢慢走出主流的行列，独立产权的知识产品——纯粹的信息或知识（如麦肯锡、埃森哲等管理咨询公司的行业研究报告）成为行业发展的“红宝书”；在新经济条件下，取之不尽的知识要素可以部分取代如土地、原料和资本等不可再生要素的应用，并且通过不断运用知识要素，使创造的价值不断增加；在新经济条件下，掀起狂风巨浪的最大“功臣”就是新的投资模式：投资对象不是有形资产，而是各种各样的点子和创意。当一种好的点子或创意能够变成知识产品时，价值是无限的，因而对其投资可以获得丰厚的回报，反之则有可能血本无归。为此，就必须有风险投资。喜欢冒险的投资者如同当年为比尔·盖茨创建微软时那样提供资金。今天的世界，有好点子的人就能找到股东，在股票市场上，那些以创造和生产知识产品为主的、大有希望的新公司比那些传统型老企业巨头更有价值，直到它们被拥有更新点子和创意的公司取代。

别看现在市场上参与竞争的主体非常多，但新经济却是一种追求市场垄断的经济，因为它的特点是较高的固定成本和较低的边际成本，这一特性决定了知识产品的生产只有通过获取市场的垄断力量才能盈利，如缺乏市场的垄断力量，产品的价格就会压低至企业的边际成本处而无法弥补高昂的固定成本。这就是克鲁格曼所说的“赢家通吃”定理（市场竞争的最后胜利者获得所有的或绝大部分的市场份额，而失败者往往被淘汰出市场而无法生存；形成“赢家通吃”的原因就是信息产品存在“锁定效应”，由于信息处理与传播网络日新月异，那些占据高位的才智之士握有的筹码日益增长，留给他人的利益空间相对的也就越来越小；“赢家通吃”已经渗透经济社会的其他众多层面上），要想打破已经形成的垄断，就必须进行新的创新，即“创造性毁灭”。

iPhone的王朝，技术创新引爆时代的转折点

关于经济变迁的大体轮廓前面大概讲了一下，经济的发展和变迁非常复杂，每一个主题都可以做上几年研究、出上几本书，我们只能从中截取几个和生活贴近的平面，谈一下这几个企业的成长、这几个企业引发的变化对经济发展的贡献。

每一年都有无数的人、无数的传媒在纪念乔布斯，持久不衰。正如他本人所确信的那样：活着就是为了改变世界。他的确做到了。

纪念他的人说：“乔布斯至少五次改变了这个世界：第一次是通过苹果电脑Apple-Ⅰ，开启了个人电脑时代；第二次是通过皮克斯电脑公司，改变了整个动漫产业；第三次是通过iPod，改变了整个音乐产业；第四次是通过iPhone，改变了整个信息产业；第五次是通过iPad，重新定义了PC，改变了PC产业。”人们统计了几个与乔布斯有关的数据：2次手术，3个孩子，8年抗病，11款经典产品，100倍股价涨幅，1000万台iPad，1亿部iPhone，2.7亿台iPod，带动全球超过万亿元的产值。

相信不少人依然不会忘记，2007年6月Mac World大会上，乔布斯穿着标志性的黑色毛衣、浅蓝牛仔裤站在台上介绍iPhone的样子（见图1-1）。在诺基亚功能机称霸全球市场的时代，一个3.5寸电容式多点触摸屏幕手机是多么异类的存在，每个手机都标配的功能按键它居然没有。就好像你现在让全世界的外国人不用刀叉，都改用筷子一样尴尬。但后来我们都知道iPhone发布后的十年，我们的智能手机发生了翻天覆地的变化。十年前你能想象仅凭一个相机，一个二维码，就可以把大把的钞票给千里之外的陌生人么？iPhone看似仅仅是一台更加“聪明”的手机，但它的成长却包含了短短十年间世界经济的巨变。

图1-1　乔布斯发布第一代iPhone

当诺基亚测试人员把iPhone买回去的时候，在测试过程中无意将iPhone摔坏了，然后就认为iPhone不可靠，毕竟我大诺基亚可是汽车都压不坏的，这3.5寸太脆弱不堪了，于是就不了了之。这一摔就摔掉了全球手机王者的宝座。

任何一个行业如果要做到领先地位，必须要有创时代的技术为先导，诺基亚带来了无线电的技术更新，奔驰的前身创造了汽车行业，英特尔带来了世界上第一款商用计算机微处理器，阿里巴巴带来了国内第一家符合国情的电商平台……但凡成功都是有一定的先导条件的（见图1-2）。而iPhone的技术早在2000年就已经出现，当时作为领跑全球的诺基亚难道看不到这项新技术么？这一切让穿着毛衣的乔布斯看到了，所以iPhone从此代替诺基亚，成为手机、智能、纪元的代名词。

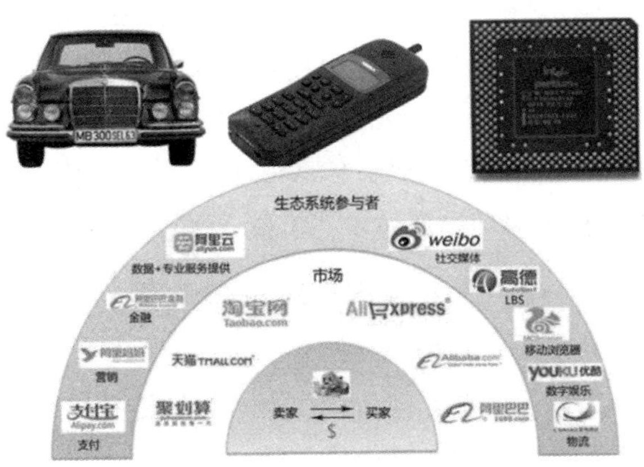

图1-2　那些“创时代”的技术产品范例

3.5寸屏幕的一代iPhone在我们现在看来实在是太小了，就像是小孩用来玩过家家游戏的小灵通一样，然而在十年前，WAP时代——在看个图片都要缓存几分钟的低网速时代下，大屏幕、高速浏览器等iPhone的专属标签催促着移动网络运营商对通信技术进行革新以降低庞大的带宽成本。托iPhone的福，从2G到3G，再到现在普及的4G，明年的5G，一代iPhone手机的生产和销售需求使这个技术革新进程至少提速了两档。

Apple公司不仅做iPhone产品，更早来讲，它是一家做个人电脑、各式音乐播放器的有追求的高科技公司，所以它不仅仅硬件过关，其iOS系统也是不可复制的。与系统相配套的APP Store更是给全世界所有的开发者一个完全开放、共享的表演舞台。从最初只有区区不到500个APP，到现如今500多万个APP，各种类型的APP令大众几乎没有审美疲劳的时间点，与此同时，解决了许多小微企业或创业团队的收入问题。这么看来，iPhone在间接解决就业方面也是卓有功劳的。

再者为什么把iPhone建立的王朝和经济的发展与变化放在一起讲呢？从用什么手机就能看这个时代在做什么。全球的经济发展当然不能用一台手机一概而论，但手机及其相关技术的研发、落地生产、营销、羊群效应对制造行业、销售行业及出口贸易、科技革新都有最直接的影响。

比如，2014年9月美国从中国进口商品总量上涨，促使美国对中国贸易逆差创历史新高，逆差达356亿美元，相当美国总贸易逆差的80%。美国进口总额上涨的50亿美元中，有30亿美元来自手机购买。9月，苹果公司推出iPhone 6和iPhone 6 Plus，两款手机皆由中国装配。来到iPhone十周年的2017年，iPhone的产能需求保持坚挺。2017年7月，富士康的总收入约为106.2亿美元，同比增长7.53%，这在很大程度上要归功iPhone的生产。2017年9月推出了iPhone X，由于综合了多项高新技术，不仅点燃了“果粉”的购买热情，同时，也为国内相关产业链吹来了一股暖风，相关主题基金更是成为投资者心目中的“iPhone基金”。

东方基金旗下基金——东方创新科技混合型证券投资基金，作为一只主要投资科技创新行业的基金，当时净值实现大涨，并迎来布局良机。与此同时，由于崭新的外观与全新的功能，零部件厂商也很期待在2017年第三季度迎来业绩的爆发。从这些影响来看，iPhone不仅直接解决了劳动密集型产业的就业问题，而且带动了传统制造业厂商的技术革新，甚至由于竞争对手三星、华为、小米等为与iPhone功能媲美而价格低廉，通常会在极短的时间内“模仿”iPhone的外观或功能，同时，促进安卓工程师和相关制造企业的技术进步和经济增长。

此外，移动支付的浪潮也由iPhone开端。以前的手机只是用来打电话、发短信、“砸核桃”，最“炫富”的“土豪”也不过是发个1元钱的彩信过过瘾，手机的用途非常基础和有限。而现在，一台智能手机，一个微信应用，一个百度浏览器，一个淘宝商城似乎就可以完成打电话、听音乐、发信息、拍照视频、联机游戏、网上购物、线下买单等方方面面的物质和精神生活，就连隔壁的60岁老太太都在朋友圈里晒晒花花草草，在斗地主里“斗”个痛痛快快。因为移动支付的兴起，互联网研发行业、互联网金融行业、传统行业、游戏产业迎来了发展的黄金期和转型期，共享经济、个性化需求都成为这个时代的新名词。可以说，iPhone成为催生新经济、新金融和新社会的一大推手。

最后，iPhone来到这个世界的十年，各种智能硬件的出现如智能电视、智能家居、智能汽车、医疗健康、智能玩具。上到百万级的互联网汽车特斯拉，到身上的智能穿戴，下至家里的智能马桶。而这很多的终端，可能就是你手中几寸的iPhone。

也正是因为这些奇迹，人们把乔布斯归为创新的奇才和经营的奇才，用李开复的评语就是：“乔布斯能够：①预测业界趋势；②大胆使用最先进的技术；③打造崭新的商业模式；④凝聚一流人才；⑤憧憬用户尚不自觉的需求；⑥永不停息的自我超越；⑦设计每个细节都近乎完美的产品；⑧口若悬河地说服用户情不自禁地爱他的产品。一般能驾驭两三个上述点就可能很成功，但乔布斯能做到八点。”不过，乔布斯真正的魅力并不仅仅是这些经营的天赋和胆识。

摩托罗拉公司举办一次关于公司内部创新的大会，邀请乔布斯做演讲嘉宾，结果乔布斯站到讲台上，问能否给他一把剪刀。当工作人员把剪刀给他后，令人意想不到的事情发生了：乔布斯拿着剪刀走到坐在前排的公司副总裁一级的经理人面前，把每个人的领带都剪掉了一半，并说剪掉领带就没有束缚了，这样才可以展开创新。这就是乔布斯的魅力，这就是很多人喜欢他的根源：尊重人性中最自然的光辉。

乔布斯本人也曾阐明苹果取得奇迹的缘由：我们只是尽自己的努力去尝试和创造（以及保护）我们所期望得到的用户体验。正是这样的定位和承诺，乔布斯和苹果公司一直以来都坚持做一件事情，那就是赋予产品顾客体验的价值。正如上面介绍的那样，乔布斯和苹果公司并没有去创造一个全新的产品，反而更多的是改变一个原来就存在的产业，iPod、iPhone只是重新发明了MP3、手机而已，而iPad也是对于电脑的重新定义而已。因为在乔布斯看来，了解和理解顾客的习惯最为关键。他很明确地知道，任何产品都应该回归顾客的生活习惯上来，而不是改变顾客的生活习惯。

知道创新会永无止境，但所有的创新都需要回归到顾客的需求中来，更需要对人性光辉的深刻理解。真正触动人心的东西，才是永恒具有魅力的部分，乔布斯做到了，而我们还需要努力。

毋庸置疑，iPhone开启了智能时代，它带来的产品的迭代、业态的涌现和又一次的认知革命都远远超出了产品本身的价值，并且随着经济的发展和变迁更具有时代感。不过，让我们深感欣慰的是，有幸看到我们国内的小米，华为等，开始走在智能终端、黑科技的前列。

百炼成钢的企业家们到底教会我们什么？

杰克·韦尔奇、德鲁克，松下幸之助……慢慢成了中国人耳熟能详的名字，中国企业家开始懂得什么是真正的管理大师，海尔创始人张瑞敏正是一位好学而且勤于思考的企业家，他深谙制造业的秘诀，致力海尔生产的规范化。他从日本松下和丰田公司引进了很多管理模式。在管理能力尚显欠缺的中国企业界，张瑞敏归纳出“OEC管理模式”“市场链管理”“休克鱼”“斜坡理论”……已经成为本土企业的经典管理理论。“海尔是海”，这是中国企业家第一次用清晰而富有战略气质的语言勾勒出了企业的管理哲学、公司使命与精神，海尔模式亦被无数企业争相效仿。海尔的最大贡献不是生产了1万多个品种，也不是搞了多少专利，而是改变了几万员工的观念，改变了员工看待市场的观念。

这些年来，经济形态在不断变迁，社会占主导地位的产业形态在不断地变化。在不同的历史时期，新经济有不同的内涵。当前新经济是指创新性知识在知识中占主导、创意产业成为龙头产业的智慧经济形态。

海尔正是在新的社会背景下，践行新的生产力和生产关系的龙头企业之一。30年前的改革开放起步年代，海尔专注冰箱的生产，在打响名牌战略的路上奋力前行；20年前的市场经济萌芽时代，海尔开始搭建多元化的战略版图，把工业园建了起来，把文化公司用了起来，通过输出“海尔兄弟”的形象打响了知名度；10年前的传统经济时代，海尔的目标对准了国际化、全球化，开始再造业务流程的脚步，提升产品的质量和覆盖面，在卖产品的道路上越走越精；而现在所处的互联网经济时代，海尔开始向卖服务转型，开始寻求不同领域的强强联合，在智能制造领域寻找新的升级点。海尔的每一步，都是新社会背景下生产力的发展和蓬勃——从追求配件到追求整体，从追求产品到追求设计，从追求供给到追求服务……这是新经济条件下，人们对改造物质世界、创造物质财富的全新诠释。

马云——阿里巴巴的创始人。我们已经听过、看过关于他的太多故事了。在很多年轻人尤其是年轻女性的聊天中，我们常常能听到“马云爸爸”这个有些恶搞但又有那么点传神的词。我们说马云确实非常有胆识和魄力，而他对自己的评价却是：“我为什么能活下来？第一是由于我没有钱，第二是我对Internet一点不懂，第三是我想得像傻瓜一样。”或许正是因为马云的心态很简单，所以他用8年的时间做了一件笨重而烦琐的事情：把传统的集贸市场搬到了网上。

阿里巴巴集团发布的2016财年业绩报告显示，阿里零售平台年度GMV（在电商网站定义里面是一段时间内网站成交金额，包含已付款项和未付款项两部分）已达3.092万亿元，超过沃尔玛成为全球第一大零售平台。3万亿元的背后，是这个新经济体社会价值与经济辐射效应的不断释放。阿里电商生态为年轻人带来了1500万个直接就业机会，以及3000万以上的间接就业机会。随着阿里巴巴全球化进程不断推进，海外知名品牌商、大型商超、在线零售平台、邮政物流、银行等也纷纷加入这一个平台。2004年初至今，李克强总理先后多次称赞快递行业在带动就业、降低物流成本方面的作用。成立不到三年的菜鸟网络，与合作伙伴的物流线路已经覆盖全球224个国家和地区，以及国内2800个县区，全中国超过70%的快递包裹都在菜鸟数据平台运转。随着其他渠道进一步下沉，落地配、众包、仓储等末端物流领域还将吸纳更多劳动力进入。

笔者已经不想再强调淘宝、支付宝、芝麻信用是怎么改变我们的生活的了，这些你可以下载一个APP，尝试一下余额宝、尝试一下天猫旗舰店和天猫国际、感受一下“双11”、在“蚂蚁森林”里收取一下绿色行为的“能量”、春节的时候集一下“五福”、扫码开一辆共享单车……无数个好玩的东西既可以打发你的闲暇时间，也可以创造更多的财富。比起这些可以亲身感受到的，笔者更想说的是阿里巴巴在发动时代前行引擎的同时，也顺应了时代发展的节奏。

传统的西方经济学把土地、劳动力、资本看作生产的三要素，这些生产要素的供应增长受到很大的限制，会减弱传统动能，因此，围绕技术要素、“人”的活力信息要素成为这个时代最具有表现力的特征要素。信息基础设施的建设加速了信息或者说数据要素在各个产业部门中的渗透，直接促进了产品生产和交易成本的显著降低，信息技术革命也为新的社会分工体系提供了必要、廉价和高效的信息工具，同时，改变了消费者的信息获取和分析能力。从孤陋寡闻到见多识广，从分散孤立到群体互动，消费者的角色、行为和力量正在发生根本变化。与此同时，供给和需求的市场环境也发生了重大的变化，以企业为中心的产消格局转变为以消费者为中心的全新格局。以客户为导向、以需求为核心的经营策略迫使企业组织形式做出相应改变，新的分工协同形式开始涌现。

首先，“小而美”成为企业的常态，不过有多少小企业能真正美滋美味地过上好生活呢？这个真不好说。一直强调为创业青年、小微企业的发展创造机会的阿里巴巴在这方面真的没有食言。阿里巴巴通过为中小型企业提供创新服务，逐步建立起了与创业用户协同发展的混合型协同模式，既为创业者提供了价值创造和价值共享的平台，也满足了消费者多样化的需求，同时，吸引了大量的客户群体和创业用户，在自身系统里“自产自销”了。如图1–3所示的良性循环激励阿里巴巴与创业者一起打造一个创新、协同、共赢的协同模式。

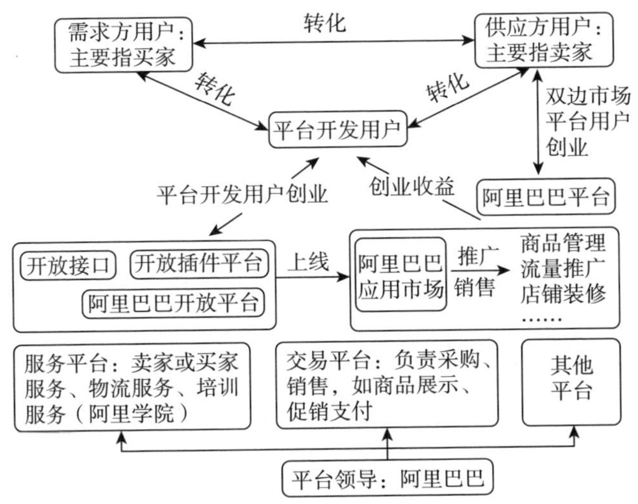

图1–3 阿里巴巴与用户创业的混合型协同模式

其次，信息作为一种柔性资源，缩短了迂回、低效的生产链条，促进了C2B方式（消费者到企业，是互联网经济时代新的商业模式。这一模式改变了原有生产者和消费者的关系，是一种消费者贡献价值，企业和机构消费价值）的兴起，生产者与消费者的对话方式直接变革了，生产与消费的形态也慢慢开始融合了。在马云之前，全球B2B市场中还没有一个成功的故事，也没有一家中国互联网公司能独创一个商务模式。马云讲述了一个电子商务理想——阿里巴巴的B2B“互联网第五模式”，不同于以谷歌为代表的搜索模式、以雅虎为代表的门户模式、以eBay为代表的C2C模式、以亚马逊为代表的B2C四大互联网模式。他被称为“下一个比尔·盖茨”，在诚信缺失的环境下，他帮助商人们在网络社区相互信任。而马云在互联网经济时代，同样强调了C2B模式的前景：“未来的世界，我们将不再由石油驱动，而是由数据驱动；生意将是C2B而不是B2C，用户改变企业而不是企业向用户出售——因为我们将有大量的数据；制造商必须个性化，否则他们将非常困难。”

互联网经济时代，信息依托技术成了最重要的生产要素，扁平化的管理模式、更加直接的对话方式和更加实时协同的生产方式和分工体系使这个时代的能量以不可思议的速度释放着。我们以现在经济发展和变化的速度回首往昔，那段悠长岁月的变化似乎缓慢无比，若从100年前穿越到这里，恐怕我们无从相信，这是一个真实存在的时代。

第三节　风起云涌：金融“裂变”后的“浴火重生”

普及而非稀有，丰富产生的价值

金融活动的演变呈现出明显的信息认知及应用推进型特征，信息从数据资产到高价值资源的逐步演进，将最终推动智慧金融形态的来临。这与人类社会的发展历程不谋而合，将对各种信息的吸收和学习然后转化为知识流传给下一代，并以这样的方式变革了人们的生活方式、认知领域、行为特征和社会进程。

以货币的演化和应用为例，最早使用的纸币——交子，其形成和发行即呈现出一个完整的信息标准化应用过程。北宋初期使用铜、铁钱，随着商品经济的繁荣和各地区联系的加强，交易额越来越大，需要更为轻便的货币作为支付和流通的手段。开始出现由私商零散发行的形制不一的纸质交子，后由益州富商联合发行，形成一定区域的行业规范，实现了交子的形制统一。北宋天圣元年（1023年），政府禁止私人发行交子，改为官办，用钢版印刷，三色套印，上有密码、图案、图章等印记作防伪之用，面额则按领用人所交现款临时填写，不限多少，兑现时，收取一定的手续费。正是对信息标准化和多重加密等的应用，使交子初具有纸币的完整形态，为纸币的不断演进奠定了基础。

如果将人类经济发展的里程分为三个阶段，则第一阶段是在18世纪以前，可称为农业时代。那时农业经济的生产以家庭、农庄这样相对独立的主体为主，基本上都是覆盖生产活动全流程的，金融也仅仅发挥货币的功能。

到了近代工业文明时期，也就是第二阶段，出现了以蒸汽机、电气化、微电子技术为代表的三次技术革命。工业化要求的大规模协同、标准化作业、精准复杂运算，对信息的交互、处理、传输、存储等提出新的要求，信息技术不断出现革命性传奇。这时金融不再仅是简单的支付结算功能了，实现资源配置的能力慢慢展现出来。

在信息技术这一强大生产力的推动下，金融活动的范围、效率等较农耕社会时期有了极大的提高，先后经历了手工及专业金融机具应用阶段、网点单计算机运行及小范围局域网互联阶段，以及大型计算机应用、广域互联及数据大集中阶段。

信息化的飞跃带来金融服务的革命性变化，电子货币、电子交易、大规模数据处理、远程实时数据交换、自助设备等纷纷走向前台，金融的核算体系、清算体系、信用和风控体系全面实现数字化管理，依托信息应用的金融创新不断产生，出现了纸币与信用卡、电子钱包等各信息形态货币并行使用的现象，在一些特定的情景下，电子货币甚至呈现出取代纸币的趋势。人们的金融活动也越来越多地脱离实体网点，转而采用电子支付、数字签名等方式实现。这些创新型应用推动传统金融向现代金融快速转变，形成了全新的金融信息化体系。这也就是我们所处的第三阶段，壁垒被进一步打破，信息的流动在数量、颗粒度和速度等各个环节前所未有地膨胀，甚至出现了跨时空、跨虚实的交互。人们在基础需求得到满足后，对情感和娱乐的需求进一步上升。以服务生产为主的金融开始向以服务消费为主的金融转型，金融呈现出空前的活力。

金融信息化除了带来业务形态的改变，金融活动也被以数字的形式全流程地记录和存储下来，这些数据完整反映了金融业务的全生命周期。至此，信息及应用已不仅仅是一种生产力，信息更转化为金融业至关重要的一种“数据资产”。

在信息社会，最具创造性的革命就是互联网和智能化，以互联网为基础，越来越多的手机、移动设备、智能可穿戴设备、智能感知设备等加入互联网中，这些智能设备与互联网的融合，将形成随时随地、无所不在的智能感知和应用。人们的生活也逐渐融入网络，每一次的行为和活动，都不再是过去传统世界中的样子，发生过，又消失了，而是由云存储和网络记录一切。

2017年，必胜客在全球限量推出了一款能够“一键下单”的球鞋Pie Top（见图1–4），球鞋鞋舌上有一个按钮，连通APP后可以一键发送比萨订单，外卖小哥根据鞋子内置芯片的GPS定位就可以送货上门啦。必胜客这款装载黑科技的鞋子委实让“吃货”们可以懒到极限。

图1–4　必胜客推出的球鞋Pie Top

这让笔者想起了网上一个关于客户画像和行为趋势分析的有趣段子。

小明打电话订比萨，客服仅凭一个电话号码就获知了客户的基本信息、既往的行为信息及据此了解到其健康状况、饮食偏好、家庭组成等综合情况，进而给出针对性极强的点餐建议。在支付和物流环节，客服不但对小明的支付习惯一清二楚，更实时掌握小明信用的变化情况，根据GPS定位和交通移动轨迹信息，客服知晓了小明正在使用的交通工具和现在的位置，最后给出了最佳的支付手段和配送方式建议。虽然这个段子现在来看有点不切实际，但必胜客都开始跨界做高科技球鞋了，又有什么不能做到的呢？

这个流程有点像我们金融领域的投顾，同样是对信息的吸收、分析和反馈，目的都是给出个性化的规划方案。其实，金融和生活一样，怎么方便怎么来，这就是一个变迁最原始的动因。

疯狂连接，地位却在下跌，传统机构必须找到新玩法

学界里面比较具有代表性的“金融”概念出自黄达的《金融学》：凡是涉及货币和信用或以货币和信用结合为一体的形式而生成、运作的所有交易行为的集合。从提供资金融通服务的角度来看，金融系统的主要组成部分如图1–5所示。

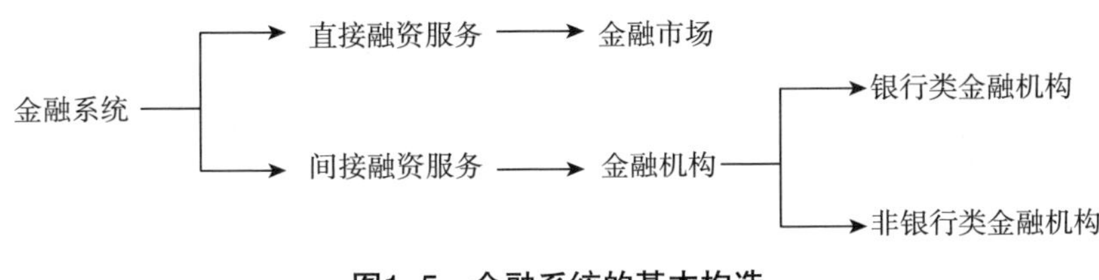

图1–5 金融系统的基本构造

金融机构既是金融系统中提供间接融资服务的中间商，当然也是资本市场上的主要玩家。传统的金融机构包括银行、证券公司、保险公司、信托投资公司和基金管理公司等。

现在传统金融机构的各项业务已经基本覆盖了基本生活、行业发展、国家命脉的全部，这有赖于过去几十年传统金融没有停下变迁的脚步，我国紧锣密鼓的金融改革催促改革开放后金融体系的恢复、全面建设、配套改革和加速改革，也取得了一定的成绩：各种不同性质的银行机构遍布全国，承担吸收存款、发放贷款的职能；保险机构从小到大、证券机构从无到有呈现出快速发展势头，金融体系基本搭建完成，但仍然有金融机构主体单一、市场结构不合理、调控机制不健全、监管机制不完善、农村金融服务严重缺失等问题困扰金融改革的深化。再具体点，中小微企业融资难、低收入群体遭受金融排斥、金融风险积聚、贫富差距大等问题再凭借过去依靠大量要素投入、追求规模效益的粗放式增长模式已经无法解决了。金融创新成为21世纪的主题。

二十年前，随着金融业的不断发展，金融机构为满足不同金融消费者的需求，在产品端付出了很大的努力，如推出了可变利率存单、自动转账制度、大额定期存单等。十年前互联网技术走向主流，广泛应用金融领域，各种金融工具，以及衍生工具的发行和交易丰富了金融的功能，如从股票和各类债券发展为远期、期货、期权和各种资产组合以满足不同风险偏好的投资者需求，慢慢派生出规避价格风险、合理避税、提高资产流动性、财富增值等其他金融功能。传统金融机构同样意识到了互联网对人们生活方式的影响，开始尝试在网上创建平台来丰富服务类型，抢回支付渠道、获得交易数据，涌现出一批网上银行、网上股票交易系统、网上基金超市和跨界电商。可惜，传统金融机构把事情想得太简单了。

银行业当时受到的冲击是最大的。银行业遭到干扰的典型案例是阿里巴巴进入金融服务，从运营的角度来说，阿里巴巴旗下蚂蚁金服采用了自行开发的具有可扩展性的互联网解决方案，替代传统系统，将成本降到1%，同时，在分配环节，利用用户群的优势，在15个月内，把货币市场基金（以余额宝为载体）规模从零增至1000亿美元。在客户服务环节，其使用了基于8亿用户数据的非传统度量方法，为风险和定价决策提供信息。

站在传统金融的角度，看互联网金融巨头在普惠金融领域如鱼得水，也是羡慕的，且心有不甘。银行机构陆续尝试了直销银行部、银行系P2P、发布互联网金融品牌等策略，企图在最短时间内复制互联网金融企业的“黑马”之路，将更多的产品和服务连接起来，在支付、理财、消费金融等重点产品领域进行转型。只是，船大不好调头，转型效果并不理想。

直销银行部已经是被市场论证为失败的尝试，作为机构内的一个部门，没有独立的人事权、财务权，甚至没有产品研发创新权，重重束缚下，在激烈的市场竞争中败下阵来。银行系P2P也不必讲了，自2015年下半年e租宝平台跑路开始，银行就彻底抛弃了发展P2P业务的战略。

其实，银行等传统机构在业务技术水平上无可挑剔，它们的风控技术非常扎实可靠，但在互联网时代面临的最大难关就是“降本增效”及互联网生态的考验。兴业银行行长陶以平说，一些互联网企业开展的线上信贷服务单笔成本只要2~3元，而银行同类型的业务成本正常要上千元，形成这种差别的主要原因就是运营效率的不同。这要求金融机构加快在成本控制方面积极拥抱新科技，提升服务的专业性和独特性，改造传统金融服务模式。

和谐不再，乱流涌现，找寻混沌状态中的持续性

2012年，互联网金融的概念逐步形成，大家普遍认为，以互联网为代表的现代信息科技，特别是移动支付、社交网络、搜索引擎和云计算等，将对人类金融模式产生颠覆性影响，可能出现既不同于商业银行间接融资，也不同于资本市场直接融资的第三种金融融资模式，称为“互联网金融模式”。但互联网金融并没有改变金融的本质，仍是以间接金融为主的金融模式，其核

心优势包括了商业模式和体制优势、平台优势、数据优势、效率优势。

对这样一个新兴概念的出现，大多数人是激动的、狂喜的，以至于把任何带点互联网和金融表象的事物都称为互联网金融，互联网金融虽然外延很广，但并不是可以鱼目混珠的。行业比较认可的互联网金融的七种分类分别为第三方支付、P2P、众筹、互联网保险、基金、信托和消费金融。这几种互联网的主流业态为新金融模式提供了很广阔的市场，并且成为传统金融机构、互联网公司及互联网金融公司三种参与主体的交汇点。互联网的金融销售渠道、金融垂直搜索甚至移动支付，都是交易过程便捷化、高效化的体现。它对交易过程、交易结构和金融权力三个层次的革新也代表逐步接近普惠金融和金融民主化的趋势。

2012年4月，阿里巴巴马云、腾讯马化腾和中国平安马明哲共同商讨了一件大事，他们要成立一家网上保险销售公司，这家公司不会设置任何的实体分支机构，所有的产品需求均来自互联网，保险的流程也通过互联网的技术手段来解决，核保、销售、理赔全部在互联网上完成。在产品研发上，该公司也避开了传统的车险业务，专攻责任保险和保证保险这两个市场潜力大、专业程度高、注重研发过程的险种。这家公司就是“三马”的“众安在线财产保险公司”。

众安在线找到了互联网保险的“本体”和“痛点”，将“通过产品创新，为互联网的经营者和参与者提供一系列整体解决方案，化解和管理互联网经济的各种风险，为互联网行业的顺畅、安全、高效运行提供保障和服务”。这么说了一通，众安到底想做什么？

众安在线原CEO尹海说：“正如电子商务不只是把线下货品搬到网上一样，互联网金融也不是像人们理解的销售渠道变迁那样简单的事情，它实际上用互联网的模式改变了金融行业运作的逻辑，改变了原来整个行业所遵从的价值体系。”所以，众安在线针对网络交易安全、网络服务如围绕电商商家信誉、产品真假、商品损坏、物流延误等问题来设计产品，为互联网用户提供解决方案，创新经营模式和业务流程，尊重客户体验，打造交互式营销的开放性平台。截至2016年，众安在线针对淘宝平台上的买家退货运费险产品已经成为其保费收入的绝对贡献者之一，并且其运用大数据实现了即时的“千人千面”定价技术，在互联网保险领域，众安在线是绝对的“元老级”实力派。

众安在线从建立到获得成功，互联网金融巨头、保险巨头、社交巨头的跨界融合，是否向互联网金融的业态本质发出了一个别样的信号？不是有那么一句话吗，别人比你优秀并不可怕，可怕的是优秀的人比你还要努力，更可怕的是他们还要比你努力十倍、一百倍！巨头们在寻找巨头来合作创新，中小创业公司的出路在哪儿？互联网金融世界瞬息万变，正在进行的是一场金融革命，一切还都是未知数，其具体形式也会不断地丰富和完善，但毫无疑问，互联网金融正在以摧枯拉朽之势改变传统的金融模式。

万丈高楼平地起，金融秩序的再造

过去两年，互联网金融几乎处在“裸奔”的状态中，一方面是由于监管的缺失；另一方面则是因为信息不对称。近年来，我国在呼吁支持互联网金融的发展和强调其倒逼传统金融的作用。在新金融发展成为承载重大社会意义的全新金融模式的路上，个人征信（是指由专业化的、独立的第三方机构为企业或个人建立信用档案，采集、客观记录其信用信息，并依法对外提供信用信息的服务，最终帮助客户判断、控制信用风险，进行信用管理的活动）体系建设作为相应的配套服务体系不可逾越。

传统领域的征信主要是指与银行业务相关的信贷信息的收集及其他相关活动。相较传统征信，互联网时代下征信的数据源和应用范围在不断地延伸。网购、支付、理财、社交等数据逐渐被纳入个人信用信息的采集之中。征信服务的范围也不再局限于金融机构对信贷信息的提供与反馈，应用领域拓宽到担保、租赁、保理等各类授信活动中，甚至是住宿、出行、婚恋等各种生活场景。

我国民间投融资需求旺盛，但受限传统渠道，资本流动长期受到抑制。互联网金融概念的兴起提供了高效率且低门槛的投资渠道，如P2P网贷、众筹投资、在线理财等平台。近年来，互联网平台交易活跃，电子商务规模快速增加。据艾瑞咨询统计，2014年我国电子商务交易规模已达12.3万亿元，同比增长21.3%，预计2017年将达到21.1万亿元。活跃的线上用户为互联网金融的全面铺开提供了巨大的流量支持。以P2P网贷为例，据网贷之家统计，截至2015年10月，P2P上线平台近3600家（其中，问题平台超过1000家），历史累计成交量已突破万亿元。

但由于我国现有个人征信体系存在诸多局限，征信体系的资源一直集中在央行的征信中心，而目前征信中心并不对民间小贷、担保、P2P网贷等机构完全开放。况且，央行征信系统的信息并不完整，数据也不连续。即便向民间金融机构及网贷公司开放，也只能覆盖部分用户。据统计，截至2015年9月，央行征信系统共收录了8.7亿自然人，其中有信贷记录的为3.7亿人，可形成个人征信报告、得出个人信用评分的有2.75亿人。也就是说，全国约74%的人在央行征信系统里没有信贷记录，约80%的人无法形成个人征信报告。而且，央行征信系统的数据来源以金融机构的信贷信息为主，并没有征集多维度的个人信用信息。投融资双方信息不对称，在线投资面临较大的信用风险，在很大程度上制约互联网金融进一步健康发展。征信作为互联网金融的重要一环，也是促进互联网发展的基础设施之一，亟须推动、规范和完善。

2015年1月5日，央行印发了《关于做好个人征信业务准备工作的通知》，要求芝麻信用、腾讯征信等8家机构做好个人征信业务的准备工作，准备时间为6个月。截至目前，央行尚未正式批注这8家机构开展个人征信业务。

2015年7月4日，国务院发布《关于积极推进“互联网+”行动的指导意见》提出支持利用大数据、云计算等技术手段发展市场化个人征信业务，加快网络征信和信用评价体系建设。

2015年7月18日，央行等联合印发的《关于促进互联网金融健康发展的指导意见》也特别提出要推动信用基础设施建设，培育互联网金融配套服务体系。

2015年三项关于征信的文件接连发出，相当于给民间征信机构上了户口，这一方面说明大数据征信技术和数据采集标准已经得到了国家层面的认可；另一方面说明互联网金融行业的新秩序正在从底层建立起来。

我国目前还没有成规模的市场化个人征信机构，芝麻信用算是一个先驱者。芝麻信用的数据主要是基于阿里巴巴的电商交易数据（天猫、淘宝）和蚂蚁金服的互联网金融数据（支付宝、余额宝、招财宝、蚂蚁小贷、蚂蚁花呗等），并与公安等公共机构及合作伙伴建立数据合作。数据涵盖了信用卡还款、网购、转账、理财、水电煤缴费、租房信息等。信用评分“芝麻信用分”综合考察信用历史、行为偏好、履约能力、身份特质、人脉关系五个维度的信息，得分在350~950之间。

征信机构除了能够为个人提供基础征信服务与增值服务，还能将掌握的消费者信息运用到生活及金融等不同的场景中，在更多的领域获得收益。

美国的Credit Karma公司就将消费者的信用信息运用到了金融场景中，根据用户的信用特征和获得金融产品的可能性，将定制化的金融产品广告推送给适合的用户。Credit Karma的商业模式可以简单概括为注重各方共赢，使个人消费者、做产品广告的金融机构和Credit Karma都获得相应的利益（见图1–6）。它的主要收入来源通过消费性金融机构广告和信贷产品推荐获得。它对个人消费者的数据进行数据挖掘，并利用算法使消费者看到符合自身需要的广告。通过这样的匹配，做广告的金融信贷机构将获得更多的优质客户。Credit Karma与这些金融机构协议约定，根据挖掘客户的效果收取提成，同时，该项服务信息会在Credit Karma网站披露给消费者。Credit Karma的这种商业模式为它吸引了包括谷歌资本（Google Capital）、老虎环球基金（Tiger Global Management）和瓦利诺管理公司（Valinor Management）等共计3.7亿美元的投资，公司估值达到35亿美元。

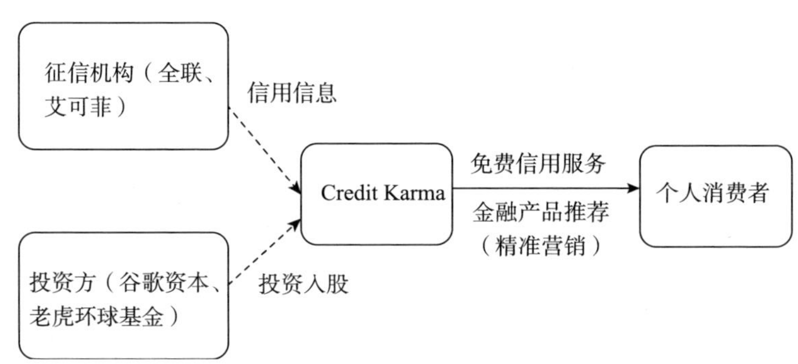

图1–6 Credit Karma商业模式

随着个人征信机构的逐渐放开，民营征信机构可以学习Credit Karma的商业理念和服务模式的创新，对所掌握的个人信用信息进行提取，将其运用到更多场景中，开创传统征信业务之外的“征信+”个人征信新模式，即“海量数据—有效信息提取—场景应用”模式。

在我国首批八家试点个人征信业务的机构中，芝麻信用已经将芝麻信用分的使用拓展到生活场景和金融场景。对生活场景，芝麻信用分别接入了租车、租房、酒店住宿等生活场景并提供针对性服务。腾讯征信也积极拓展金融场景，利用自身的数据优势开发信贷产品。例如，腾讯的财付通与信而富小额信贷公司合作推出的现金贷产品，额度在1000元～3000元，拥有更高信用评分的个人能够申请到利率更低、额度更高的消费信贷。腾讯征信未来还将依据个人的信用评分向用户推荐合适的金融产品。

个人征信机构在衡量消费者的信用情况上具有巨大的优势，可以通过和多个领域企业的对接，将大数据分析运用更大的范围中。

智能已换代，巅峰还没到，更新成为新常态

虽然互联网金融市场已经显现出其金融创新魅力，但终究还是处于起步摸索的阶段，整个市场的核心制高点还没有被绝对控制起来。互联网金融领域至少有4个明显的制高点：基础设施、平台、渠道和场景（见图1–7）。其中，基础设施是最有可能产生颠覆性创新的领域；场景是金融“生活化”及“以客户为中心”的核心体现；平台是互联网行业平台模式在金融领域的延续和创新，一些平台商通过社交圈的扩散实现用户数的增长，但成功的平台往往还会注重客户黏性，并且有合作共赢、先人后己的商业模式；渠道既是互联网时代对金融机构传统核心资产的重新审视，也是互联网企业线上线下整合的重要阵地，多渠道的整合势必成为关键。

在这里，主要介绍基础设施为什么是最可能发生颠覆性创新的领域。基础设施主要包括支付体系、征信体系和基础资产撮合平台。支付体系绝对是互联网金融最深厚的根基。支付既是人们对金融最朴实的需求，也是应用场景最丰富的一种金融产品。例如，19世纪后半叶我国山西票号的诞生离不开山西盐商的支付结算需求，21世纪支付宝也起源淘宝网的购物需求，腾讯从通信商跨界金融领域也是从微信钱包开始的，京东从白条到供应链金融的发展也不过是由于分期付款买“肾6”的支付意愿……支付业务本身并不是互联

网金融服务提供商的盈利来源，但它能够汇聚流量、积累数据并且通过丰富的应用场景来提升其支付工具的活跃度。

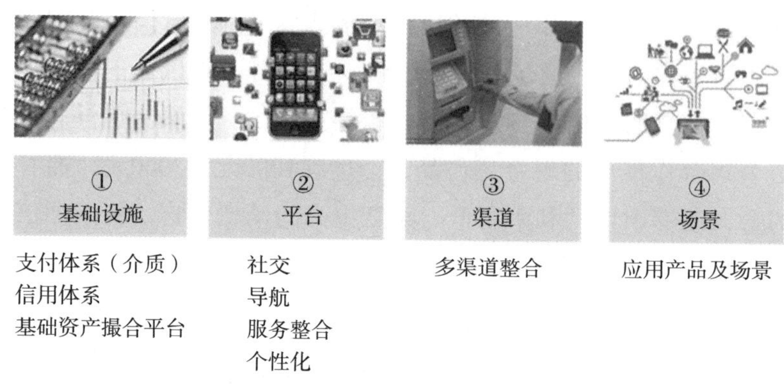

图1–7　互联网金融四大制高点

未来，支付的本质是否会因为社会人际关系的复杂化而发生改变？是否可能会出现基于社交或人情的双向支付？支付领域的监管政策是否会收紧？支付领域的竞争才刚刚开始，并可能完全颠覆人们的想象。

信用体系的“中心化”或是“去中心化”可能更加充满变数。支付的数据积累到一定程度，经过特定的加工和整理就能够成为信用基础。但信用体系一旦形成了一定的范式，可能就不再需要“中心化”的央行征信体系了，再过20年或者10年，可能由于区块链技术的普遍应用，一个分布式记账本就把你的所有线上、线下的金融行为记录并分析好了，还要征信机构干嘛呢？

基础资产撮合平台是指股权、债权、产权、林权、地权、碳排放权等基础资产的交易和撮合平台，这类平台的发展主要源自中国社会融资结构的改革。目前，中国间接融资和直接融资的比例是6:4，仍主要依靠银行贷款，手段比较单一，而美国是3:7。未来中国必将改变社会融资结构倒挂的局面，“去中介化”是趋势所在，而互联网金融新兴业态的进一步发展也将加速“去中介化”的实现。例如，平安陆金所Lfex就是为不同机构提供债券、应收账款、信用卡资产等基础资产投融资撮合的平台，相当金融业的淘宝。

除了这四个制高点是所有新金融时代下的企业所追求的目标外，笔者还必须提醒各位，移动互联时代，人们花在手机上的时间太多了，而时间的价值也提升了不少，因此，互联网的碎片化和场景化特征对找准消费者的真实生活场景和提升黏性非常有利。时间也成为互联网巨头们争夺的宝贵资源（见图1–8）。

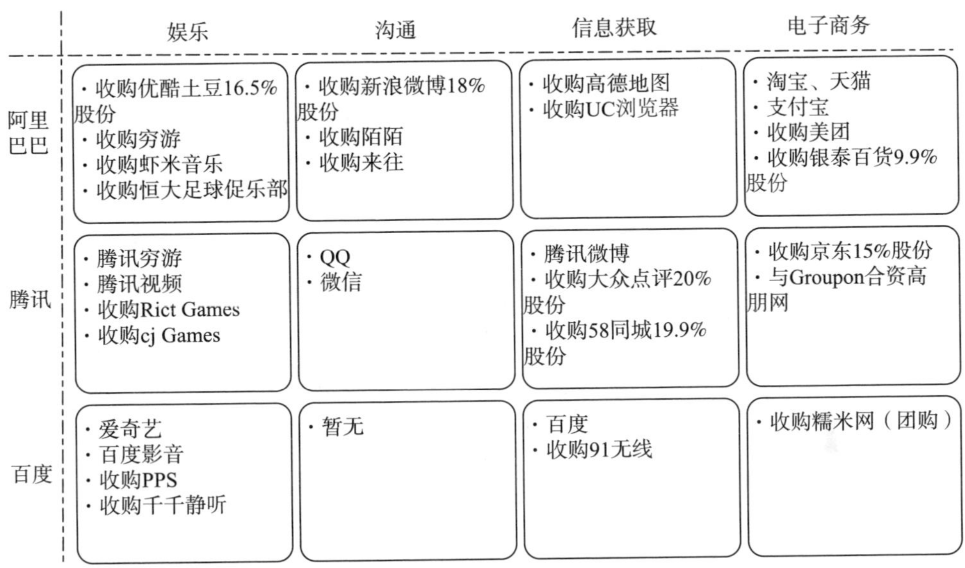

	娱乐	沟通	信息获取	电子商务
阿里巴巴	· 收购优酷土豆16.5%股份 · 收购穷游 · 收购虾米音乐 · 收购恒大足球促乐部	· 收购新浪微博18%股份 · 收购陌陌 · 收购来往	· 收购高德地图 · 收购UC浏览器	· 淘宝、天猫 · 支付宝 · 收购美团 · 收购银泰百货9.9%股份
腾讯	· 腾讯穷游 · 腾讯视频 · 收购Rict Games · 收购cj Games	· QQ · 微信	· 腾讯微博 · 收购大众点评20%股份 · 收购58同城19.9%股份	· 收购京东15%股份 · 与Groupon合资高朋网
百度	· 爱奇艺 · 百度影音 · 收购PPS · 收购千千静听	· 暂无	· 百度 · 收购91无线	· 收购糯米网（团购）

图1–8　互联网巨头对时间的争夺

新社会、新经济、新规则、新金融，万事万物都是新的，其本质还是“人”的追求在变化，消费者的期望正在发生根本性的变化，如何找到这个期望并利用新的时代特征、新的技术手段来顺应这股新的期望，决定了你是“一路朝阳”还是“日薄西山”。

第二章　科技在突破

自进入21世纪以来，新一轮科技革命正在孕育兴起，世界科技发展呈现新的大趋势，科技创新正加速推进，并深度融合、广泛渗透人类社会的各个方面，成为重塑世界格局、创造人类未来的主导力量。“科技”一词听起来离我们普通人非常遥远，其实我们一直在享受科技发展的成果，最直接的就是你每天不离手的智能手机、跑步时手腕上的智能手环等。科技的发展速度令人咋舌，不断突破“瓶颈”的科技创新让意想不到的新技术层出不穷。

科技发展的速度加快，让我们跟着科技化的时代体验科技带给生活的惊喜，科技创新的不可预测性让人对未来充满期待，这些奇妙的可能性勾勒神秘未来的美好前景，对现在科技的畅想有可能会在未来变成现实，有想法才能去想办法实现，正是思想的创新驱动科技的进步。

2017年10月11日，在2017杭州·云栖大会上，阿里巴巴集团正式宣布，成立承载“NASA计划”的实体组织——“达摩院”，进行基础科学和颠覆式技术创新研究。“达摩院”首批公布的研究领域包括：量子计算、机器学习、基础算法、网络安全、视觉计算、自然语言处理、人机自然交互、芯片技术、传感器技术、嵌入式系统等，涵盖机器智能、智联网、语音交互、视觉交互、金融科技等多个产业领域。

同时，金融科技的发展将会有效降低信息连接、信息获取和信息计算的成本，提高客户服务和企业运营的效率，进而降低金融门槛，从而推动普惠金融的发展。正如诺贝尔经济学奖获得者罗伯特所言，“为什么要发展金融科技？将来的发展方向，可以帮助越来越宽广的社会阶层广泛地分配财富，金融创造的产品既可以更加大众化，也可以更好地和社会经济融为一体”。

- 黑科技：浮现中的未来星球；
- 引爆点：生活中的不确定性；
- 大智慧：思想中的未来旅程；
- 新技术改变了金融机构进行评价的准则；
- 新技术更新了金融机构服务客户的模式；
- 新科技赋能金融机构服务 80% 的长尾群体；
- 金融科技：突破（路径创新）、重构（弯道超越）和核心价值链（孰近孰远）。

第一节　引燃前路：新科技描画未来星球轮廓

大数据渗透生活，数据挖掘让你看到面纱后的本质

“互联网+”时代的到来，让网络承载了大量的数据，近几年，随之而来的“大数据”技术更是让人耳熟能详。只要你是一个经常接触网络的人，相信你不可能不知道大数据，如果你不知道，那就跟随我们来看一下大数据的真容。

对于“大数据”，研究机构Gartner给出这样的定义：“大数据”是需要新处理模式才能具有更强的决策力、洞察发现力和流程优化能力的海量、高增长率和多样化的信息资产。此外，根据维基百科的定义，大数据是指无法在可承受的时间范围内用常规软件工具进行捕捉、管理和处理的数据集合。最早提出“大数据”时代到来的是麦肯锡公司，麦肯锡公司宣称，数据已渗透当今每个行业和业务职能领域，成为重要的生产因素。人们对于海量数据的挖掘和运用，预示着新一波生产率增长和消费者盈余浪潮的到来（见图2-1）。

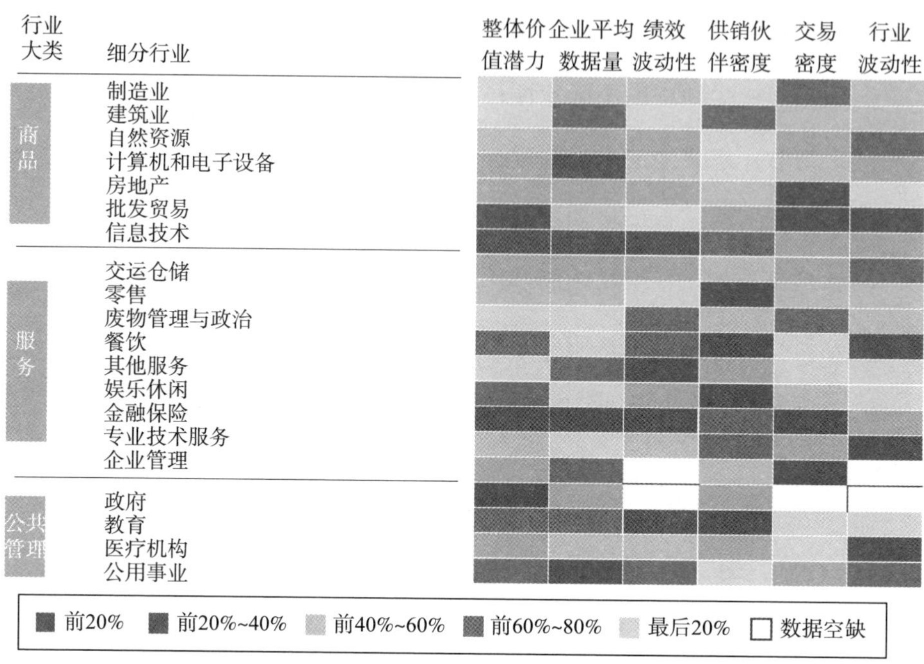

资料来源：麦肯锡《大数据的下一个前沿：创新、竞争和生产力》报告。

图2–1　不同行业应用大数据技术潜在价值评估

在这个网络时代，每天都会有大量的数据流通，对这些数据进行分析来挖掘出信息中蕴含的庞大价值，数据的挖掘就是独门秘籍。大数据技术基于互联网，对通过网络获取到的信息进行分类分析、深度挖掘，进而优化交易活动，精准推荐产品，提高服务水平。

例如，亚马逊网上书店根据用户的购买记录和浏览记录分析用户偏好，推荐与用户兴趣相近的书籍来促进销售；再如，沃尔玛超市通过使用客户的Facebook好友喜好和Twitter发布的内容来进行数据分析，从而发现顾客的爱好、生日等有价值的信息，进行礼品推荐，实现智能销售（见图2–2）。这些都属于在销售行业运用大数据对客户数据进行深层次挖掘，为客户群体建立需求画像，根据需求组织商业活动和提供个性化销售服务，进而有效地进行客户关系管理。另外，还可以通过对商品数据的分析来确定商品组合、库存、定价、促销等；通过对供应链数据的分析来优化物流、现金流，确定供应商等。高准确率和低成本率的双向优势特点决定了这是未来的趋势所在。

图2-2　智能推荐

在医疗方面，大数据在近几年炙手可热的基因检测问题上也大有可为。基因是每个人独特的生命特性，决定人的生老病死，是生命的操控者。人的身高、体重、肤色、爱好等都由基因决定。顾名思义，基因检测就是通过血液、其他体液或细胞对个人的DNA分子进行检测，分析是否有基因缺陷、预测身体患病风险。苹果CEO乔布斯在患癌症时，花费了10万美元对自己的肿瘤及全基因谱进行了测序。著名好莱坞影星安吉丽娜·朱莉也曾在媒体面前透露，通过基因检测选择了切除乳腺手术，将患乳腺癌风险从87%降到了5%。

除此之外，大数据在通过数据分析进行预测方面往往还能看到传统数据分析看不到的惊喜。例如，中国人民财产保险公司灾害研究中心，对北京暴雨时车辆事故多发地采用大量历史数据、无人机、现场采访和实时新闻等多种渠道，绘制了暴雨时积水最深、事故最多的地区，对这些高危地区采取措施减少危害。还可通过车联网，运用大数据预测交通堵塞的地段，实时更新交通信息。

在金融方面，拥有大量用户数据的互联网公司将其论坛、博客、新闻报道、文章、网民用户情绪、投资行为与股票行情对接，研究互联网的行为数据，关注热点及市场情绪，动态调整投资组合，开发出大数据投资工具，如大数据类基金等。这些投资工具直接将大数据转化为投资理财产品。并且大数据能够通过海量数据的核查和评定，增加风险的可控性和管理力度，及时发现并解决可能出现的风险点，对于风险发生的规律性有精准的把握，将推动金融机构对数据进行更深入和更透彻的分析。大数据将推动金融机构创新品牌和服务，做到精细化服务，对客户进行个性定制，利用数据开发新的预测和分析模型，实现对客户消费模式的分析以提高客户的转化率。

大数据金融模式广泛应用电商平台，从而对平台用户和供应商进行贷款融资，从中获得贷款利息及流畅的供应链所带来的企业收益。随着大数据金融的完善，企业将更加注重用户个人的体验，进行个性化金融产品的设计。未来，大数据金融企业之间的竞争将存在于对数据的采集范围、数据真伪性的鉴别及数据分析和个性化服务等方面。

金融业积累的大数据就是金融大数据，根据银行金融和证券金融本身的不同，这些数据也分成银行金融大数据和证券金融大数据。在积累数据过程中，产生了数据采集、存储、使用的相关工作和企业，这样就完成了金融大数据的产业链，但总体上依然是信息技术产业链。

目前，大数据服务平台的运营模式可以分为以阿里小额信贷为代表的平台模式和京东、苏宁为代表的供应链金融模式。

“阿里小贷”以“封闭流程+大数据”的方式开展金融服务，凭借电子化系统对贷款人的信用状况进行核定，发放无抵押的信用贷款及应收账款抵押贷款，单笔金额在5万元以内，与银行的信贷形成了非常好的互补。阿里小贷目前只统计、使用自己的数据，并且会对数据进行真伪性识别、虚假信息判断。阿里小贷通过其庞大的云计算能力及数十位优秀建模团队的多种模型，为阿里集团的商户、店主时时计算其信用额度及其应收账款数量，依托电商平台、支付宝和阿里云，实现客户、资金和信息的封闭运行，一方面有效降低了风险因素，另一方面真正做到了一分钟放贷。京东商城、苏宁的供应链金融模式是以电商作为核心企业，以未来收益的现金流作为担保，获得银行授信，为供货商提供贷款。

拥抱集群，区块链的魅力是什么?

近几年，区块链技术已成为全球创新领域最受关注的话题。区块链是比特币的核心技术，是分布式数据存储、点对点传输、共识机制、加密算法等计算机技术的新型应用模式。“区块链”听上去充满了未来感和技术色彩，但本质上它是一个去中心化的分布式账本（见图2–3）。

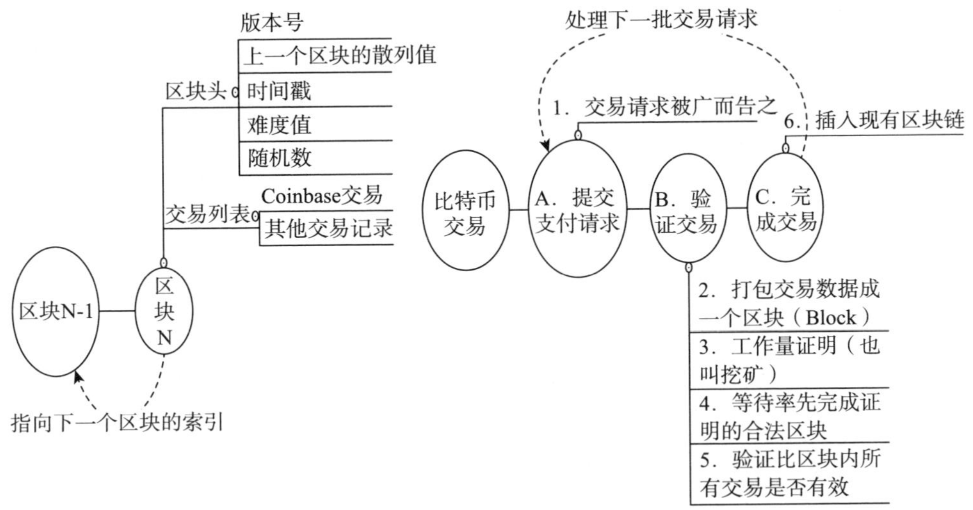

图2–3　区块链的原理示意

去中心化，也就是说，所有的交易都是点对点发生的，无须任何的信用中介或集中式清算机构；分布式账本，意味着当交易发生时，链上的所有参与方都会在自己的账本上收到交易的信息，这些交易记录是完全公开，且经过加密、不可篡改的。每一次交易生成一个数据块，用于验证其信息的有效性（防伪）和生成下一个区块，可以通俗易懂地把它比喻为账本，而每一个数据块就是账本的一页，由无数页账本组成一整个账本。

起初，区块链技术并没有得到人们的广泛关注，但如今，世界上很多大型银行和科技公司都已逐渐意识到区块链将会是继互联网之后另一个颠覆性的科技发展技术，并开始对其进行大量投资。

区块链传递和储存的信息具有去中心化、开放性、透明性、匿名性、数据不可篡改性和自治性等特征，为确保数字资产的安全性提供了一种全新的思维和途径，使其应用的场景扩张到各行各业，从最初的数字货币，到涉及合约审核的金融领域，再到政府、医疗等公共领域，区块链技术解决了现实世界中存在的诸多技术壁垒，它和大数据的结合将是互联网未来发展的关键（见表2–1）。

例如，Shocard首次于2015年5月在TechCrush Disrup面市，旨在将区块链技术应用于电子身份验证。基于区块链技术，Shocard可以改变数字身份认证的传统方式，为用户提供在登录网银及购物时保护个人信息安全的方法。

表 2–1 区块链应用前后带来的改变

主要应用领域	应用前	应用后
金融业（银行、支付转账、股票交易等）	流程复杂；中心化数据存储；第三方担保	简化流程；分布式数据存储，安全性提升；无须第三方，降低成本
网络安全	中心服务器存储数据、转移和传递	信息传播路径改变，不可拦截
身份信息管理	银行、信用卡身份识别过程敏光锁；身份信息易被盗用	简化识别过程；加强身份信息
公正	需要政府、公信力第三方提供背书	数学加密做信用背书，自动完成公证；永久保存资料
投票	计票可能存在伪造；选民身份信息保护环节较弱	过程全网公开；选票可为追溯；选民身份保密性好
供应链	低效、产品作假、低质量风险高	供应链各环节诚信保证高；产品信息可追溯，质量可保证

ABRA成立于2014年，通过区块链技术和共享ATM网络，让用户可以随时随地存取款，或者以更便捷的方式进行跨境汇款（见图2–4）。ABRA建立了一个共享ATM网络作为交易对手方，称为ABRA Teller。用户通过ABRA应用找到附近ABRA Teller并与其进行面对面转账换取比特币，如需取款则以同样的方式找到用ABRA Teller比特币换回现金。其间，该应用会随时生成一个基于区块链的智能合同，并由分派的对手方通过套期保值等方式保证用户的资金价值在3日内不因比特币价格的变化而发生变动。ABRA Teller可向用户收取一定比例的费用。

区块链的特性将改变金融体系间的核心准则，因其安全、透明及不可篡改的特性，金融体系间的信任模式不再依赖中介者，实现实时数字化的交易。区块链的应用在虚拟货币、跨境支付与结算、票据与供应链金融、证券发行与交易及客户征信与反欺诈五大金融场景将能产生最直接与有效的应用。以跨境支付结算来说，区块链将摒弃中转银行的角色，实现点到点快速且低成本的跨境支付。据测算，从全球范围来看，区块链技术在B2B跨境支付与结算业务中的应用可降低每笔交易成本约40%。区块链在金融领域运用广泛，其他具体的应用我们会在后面详细介绍。

图2-4　ABRA APP功能简介

人工智能，机器真的能战胜人脑吗？

2017年最热门的科技名词是什么？人工智能当之无愧，这个已经存在了60年的技术领域因为谷歌的AlphaGo人机大战而声名鹊起，从过去的高高在上到今天的人人皆知，人工智能已经无处不在。Apple的Siri，亚马逊的Echo，阿里小蜜、蚂蚁金服的刷脸支付，Google的无人车等都有人工智能技术的身影。投资界和产业界对AI的关注度更是前所未有地高涨。

AlphaGo大胜围棋专业九段李世石、柯洁后，人工智能已经从最原始的计算智能、发展并突破了感知智能阶段，进入了认知智能层面。这给全球科技巨头带来的震撼正在迅速蔓延：各大巨头纷纷公开宣布或秘密启动“人工智能+”战略，用人工智能改造各项产品和服务。微软首席执行官萨蒂亚·纳德拉说，继键盘、鼠标、触摸屏之后，能理解人类语言、实现人机互动的人工智能自动程序将成为下一代界面。

人工智能，是指能够模拟人类智能活动的智能机器或智能系统，研究领域非常广泛，从数据挖掘、智能识别到机器学习、人工智能平台等。人工智能的崛起有三大支柱：大数据、计算能力和深度学习算法（见图2–5）。

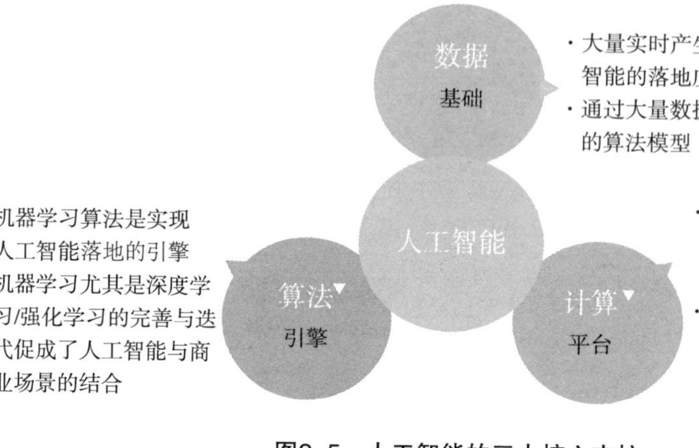

图2–5　人工智能的三大核心支柱

人工智能对计算能力的要求很高，而以前研究人工智能的科学家往往受限单机计算能力，需要对数据样本进行裁剪，让数据在单台计算机里进行建模分析，导致模型的准确率降低。随着云计算技术和芯片处理能力的迅速发展，可以利用成千上万台的机器进行并行计算，尤其是GPU、FPGA及人工智能专用芯片（如Google的TPU）的发展为人工智能落地奠定了基础计算能力，使得使用类似人类的深层神经网络算法模型的人工智能应用成为现实。

随着互联网的飞速发展，在线数据变得异常丰富，多来源、实时、大量、多类型的数据可以从不同的角度对现实进行更为逼近真实的描述，而利用深度学习算法可以挖掘数据之间的多层次关联关系，为人工智能应用奠定了数据源基础。正如阿里巴巴集团技术委员会主席王坚博士的观点所述，人工智能是互联网驱动下的一个重要领域，能够发展到今天，不是靠着自身内部的驱动力，而是因为互联网在不断完善，数据变得随处可得，所以，人工智能的进步来源于互联网基础设施的不断进步，离开互联网孤立地来看人工智能，是没有意义的。

算法的发展尤其是Geoffrey Hinton教授2006年发表的论文，掀起了深度学习在学术界和工业界的浪潮，以人工神经网络（ANN）为代表的深度学习算法成了人工智能应用落地的核心引擎。

计算能力、大数据、深度学习算法三者相辅相成、相互依赖、相互促进，使得人工智能有机会从专用的技术成为通用的技术，融入各行各业之中。

（一）气候变化研究正在获得大量人工智能

研究气候现在也是一个大数据问题，正如《自然》杂志的一篇文章所指出的，从全球范围的建模工作到天气预报，从机器学习中得到了极大的提升，因为地球科学家们发现他们需要计算机辅助来理解他们领域正在产生的数据激流（见图2–6）。

图2–6　人工智能识别出来的热带气旋

气候和天气研究的三个领域似乎从人工智能的激增中获益最多。首先，对极端气候事件的数据进行训练的机器学习算法成功地识别出了热带气旋和大气的河流——后者可以将危险的降水倾泻到一个地区，但对人类来说并不容易识别。

人工智能还被用来分析IPCC，用来研究气候变化几十种模型的优缺点。一个对单个模型的结果进行加权的算法可以产生比任何一个模型更可靠的分析。气象学家也越来越多地利用人工智能来预测风暴可能持续多久，或者是否会产生破坏性的冰雹。

（二）人工智能无人机将有助于阻止澳大利亚的鲨鱼攻击

据路透社报道，悉尼科技大学的软件学院与商业无人机公司Little Ripper Group合作开发了一款新软件。它的设计目的是识别近海的鲨鱼，如冲浪者、游泳者、船只、海豚及空中拍摄的类似场景。近年来，计算机视觉已经取得了令人难以置信的进步，甚至在面对模糊的无人机镜头时，人工智能声称在水中发现鲨鱼的准确率达到了90%，相比之下，人类的准确率则只有大概20%。当无人机发现鲨鱼时，它会通过扩音器发出警告，提醒水下的人类（见图2–7）。

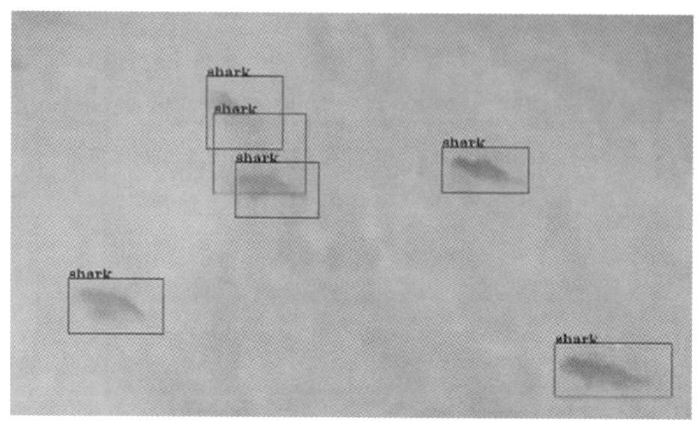

图2–7　无人机识别出的鲨鱼

（三）刷脸的时代，今天你刷脸了吗？

在一个屏幕上，一个视频显示软件显示在一个人的脸上可以同时跟踪83个不同的点，这似乎有点令人毛骨悚然，实际上这83个点之间的距离提供了一种身份证明。在过去的几年里，计算机已经变得非常善于识别人脸，而且这种技术在中国迅速发展，既方便又快捷。人脸识别可能会改变一切，从警务到人们每天与银行、商店和交通服务打交道的方式（见图2–8）。

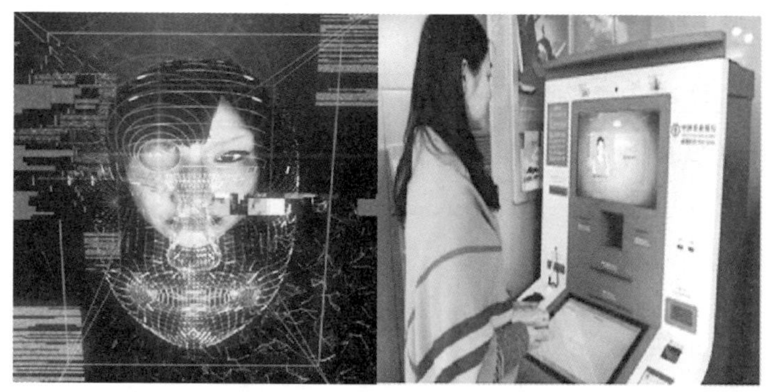

图2–8　ATM的人脸识别系统

Face++是一家估值超过10亿美元的中国初创公司，而Face++的人脸识别技术登录手机APP已有一段时间了。目前，支付宝已经可以使用人脸识别进行授权支付；在“滴滴打车”软件中，用户能够看到司机的实名认证及人脸认证信息，任何想注册成为“滴滴司机”的用户都需要在摄像头前扫描并进行人脸识别认证，让乘客确认方向盘后面的人是合法司机；各银行也纷纷开通了人脸识别开卡、取款等服务，去银行不用带身份证、不用排队等号，就可以自主在机器上刷脸办理相应的业务。除此之外，图像和人脸识别技术还可能应用在商品搜索、违规图片识别、道路交通状况分析、安防、工业及自动驾驶方面。

我们可以想象一下购买服装的新型场景：消费者刷脸登录后，通过图片或语音搜索自己想要的服务，通过虚拟试衣间感受一下效果，同时，购物助手还向你推荐了感兴趣的其他商品，选定商品刷脸支付购买后，发现自己旁边的线下实体店铺就有现货，物流公司派出机器人配送员快速将货送到你身边，客服助手主动问你感觉衣服如何，有哪些改进意见，这些信息实时反馈到商家端，进入商家新产品研发设计流程之中。从这个场景我们可以看到，从消费者的身份识别、商品搜索、虚拟试衣、购物助手、刷脸支付、物流配送、客户服务等环节无一不在使用人工智能技术。

未来，5G移动互联网将以全新的高度、无缝的网络，推动弱人工智能应用广泛连接，智能行为遍布整体社会环境，实现真正意义上的万物互联，迈向“强人工智能”时代。人工智能将在技术上更迅猛发展，智能语音、智能图像、自然语言处理、深度学习等技术越来越成熟，并将越来越多地在自动驾驶、特殊环境下的自主机器人等国家或行业的核心需求方面得到应用，会让更智能化的半自主或自主系统的集群能力不断得到提升，成为国家创新创业的核心驱动力。

（四）无人驾驶汽车的春天

无人驾驶汽车是一种智能汽车，是自动驾驶的升级版本，它通过智能信息交换和共享，通过车载的传感系统使车辆具备对复杂环境进行感知的能力，自主拟定行车路线，最终实现控制车辆运行，这可能是对交通拥堵绝好的一个解决方案。目前，对无人驾驶汽车的研究已经在世界各地如火如荼地展开，一些自动驾驶车辆也已经出现（见图2-9）。

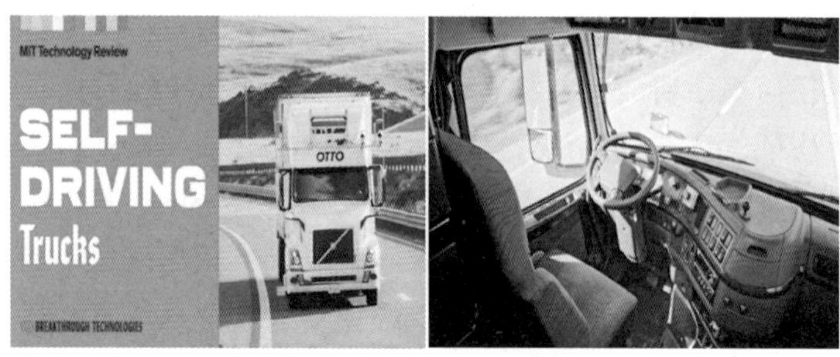

图2-9 “自动驾驶”卡车

如果你想吃比萨，也许你可以使用Apple Watch版达美乐应用下单，很快还将享受到无人驾驶汽车配送的订单。达美乐和福特将于密歇根州安娜堡测试无人驾驶汽车。但测试过程中使用的福特Fusion混合动力汽车将由一名安全工程师负责驾驶。他们这么做的目的是想搞清楚配送本身的物流信息。如果没有驾驶员，客户需要使用识别码来解锁经过加热的容器，然后取出自己的比萨。而该公司希望看看用户如何应对这套系统。

福特自动驾驶副总裁舍利弗·马拉科比（Sherif Marakby）在一篇博文中写道：“我们希望了解客户对这种新体验作何反应，他们的互动对象不再是配送员，而是无人驾驶汽车——他们不能单纯等在门口，还要走到汽车跟前。”

无人驾驶汽车可能成为未来自动化城市的关键组成部分。IEEE报告预测，到2040年，全球上路的汽车总量中，75%将会是无人驾驶汽车。未来无人驾驶车主宰的交通系统将不再需要红绿灯和交通标志，而驾照也将是个过时的概念。谷歌、Uber、特斯拉、Intel已经走在无人驾驶汽车商业化的路上。例如，谷歌已经把无人驾驶汽车部门从X实验室分离出来成立了Waymo公司专注于该领域，并且宣布与本田展开合作；Uber的无人驾驶汽车已经在路上开始试运行，虽然闯了红灯，但需要关注的是这是大势所趋。

虚拟现实，开启虚拟时空的奇幻旅行

2016年风靡全球的AR手机游戏*Pokemon Go*让AR（Augmented Reality，增强现实）深入人心（见图2-10），没有玩过游戏的人可能会问：真实世界里怎么会出现二次元的生物？到底什么是真实，什么是虚幻？

图2-10　Pokemon Go游戏界面

我们将虚拟现实分为“虚拟+现实”进行理解，因此，无论是VR（Virtual Reality，虚拟现实）还是AR，二者都可以被认为是“虚拟现实”新科技的一种：通过建立虚拟物体或者空间等，欺骗人类的感知并对感知进行重构，进而模糊人们对现实与虚拟的边界。如果把你手能摸到的、眼睛能看到的、耳朵能听到的叫作现实，那么现实不过是大脑受到手、眼、耳的刺激后传达给你的电子信号，也就是说现实是人们自己的大脑创造出来的，经过加工的电子信号、偏离现实的幻想也可以成为“现实”（见图2-11）。

VR	AR
结合计算机图形学、人机交互技术、人机接口技术，多媒体技术、传感技术、网络技术、人工智能等，借助计算机图像模拟环境欺骗多感知（包括视觉、听觉、触觉、嗅觉、味觉等），使虚拟现实或现产增强化	
创造隔绝于现实的虚拟世界，该环境与现实环境无关；通过欺骗大脑，达到“虚拟即现实”的效果	是将计算机生成的虚拟的电子物体或其他电子信息叠加到所处的现实场景中，从而实现对现实的“增强”效果
100% 虚拟物体及信息 让人进入了并不存在的虚拟环境中，且该环境与实现环境无关	现实场景 + 虚拟电子物体及信息 人处于现实环境中，虚拟物体及信息叠加展现
环境是封闭的，只有佩戴设备的人才能看到	环境是开放的，所有人均可见；目前需要佩戴 AR 类眼镜，未来发展极致体验为裸眼可见

图2-11　VR与AR的特征分析

单纯从虚拟成分及现实成分占比的角度，可以简单地认为，VR呈现的是100%虚拟世界，是封闭的。而AR则是基于现实环境，叠加虚拟物体或电子信息，从而对现实达到“增强”的效果。

（一）VR 娱乐与影视

VR游戏及影视领域是最早开始进入大众视野的VR应用（见图2–12）。首先是由于游戏和影视本来就是虚拟内容，受众又多，游戏诞生之初就是致力于打造一个完美的理想虚拟世界，使玩家获得现实生活中无法获得的刺激与成就感。同样，影视将现实生活中美好或无法实现的美好愿景进行虚拟呈现。其次，虚拟内容更容易形成VR内容。正因为游戏和影视本就是虚拟内容，基于原有的渲染等技术，将原本的画面进行处理，形成VR内容，难度更低。

VR真人节目秀
《蜜蜂少女队》

李宇春全景
演唱会直播

图2–12　VR的简单应用

现阶段，VR行业基本已经跨过了显示技术及渲染技术的两大门槛，VR交互技术已经成为整个行业关注的焦点。从简单的头部互动、手柄交互到现在的行为监测、万向跑步机，VR交互技术已经引领了整个VR行业的发展趋势。

Project Alice是诺亦腾为适应VR技术量身定制的全新交互解决方案（见图2–13）。该产品将诺亦腾的动作捕捉技术融入了商用虚拟现实解决方案，用户需搭配头盔、惯性动作捕捉服等多款配套设备使用。这一套全整合的虚拟现实系统能给VR行业带来了全新的多结点动作捕捉方案。通过动作模拟技术模拟真人动态，大幅提高虚拟现实影片的真实感、立体感。凭借此类动作模拟技术的开发，VR行业在影视内容的整体质量上得到了极大提升，VR影片也因此具备了更大的发展空间。通过动作模拟技术将用户动作行为识别输入虚拟场景，进一步提高虚拟现实用户的交互体验，凭借此类行为识别技术的发展，虚拟现实行业在游戏、训练等场景下拥有了更大的想象空间。

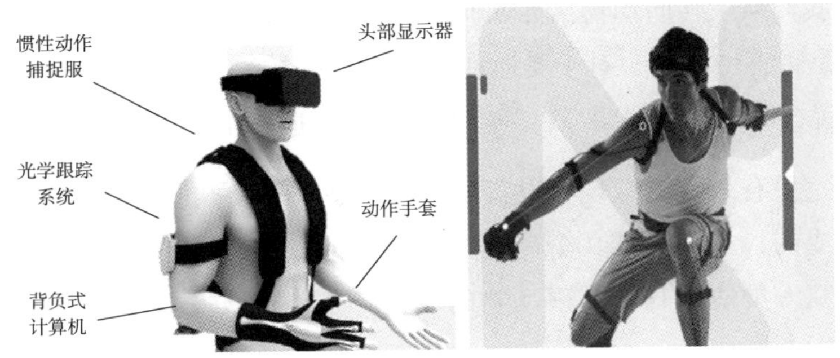

图2-13　Project Alice原理解析

（二）生物与医疗

VR技术在游戏、娱乐和社交上混得的风生水起的同时，也没有停下在医疗领域的行进脚步。2016年6月，一款名叫“柳叶刀客”VR应用的发布（见图2-14），让人们从中看到了VR颠覆医疗教学的端倪。

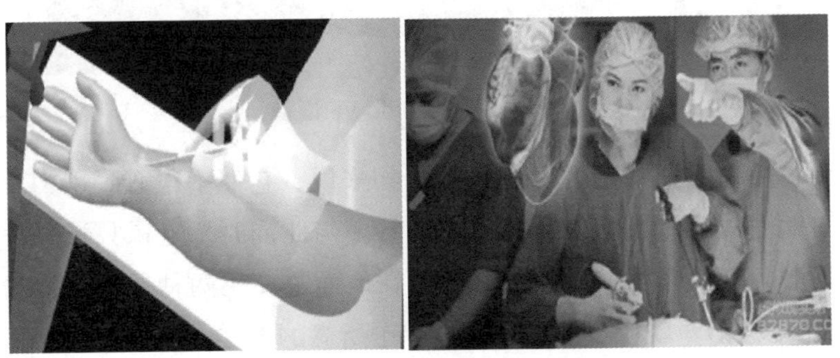

图2-14　“柳叶刀客”借助VR技术培训医生

微医讯的这款APP“柳叶刀客”主攻教学。它主要利用两大功能——3D交互模拟和360度全景视频直播和录播。前者将手术进行3D重建和动画模拟，用户通过分步骤的手术模拟训练，对手术进行学习，成功后可以解锁更高阶的手术，让学习变得像一场游戏。第二项功能VR，是指对专家手术进行360度全景直播和录播。年轻医生可以直接观摩各位“大牛”主刀，甚至可以随时看清护士、一助、二助在做什么，比亲临现场捕获的细节还多。这样就打破了不同医院、专家甚至医生等级的壁垒，帮助刚刚走出校门的年轻医生在虚拟现实环境中培训过后，有机会早日成为“老手”。

再让我们从人转向动物：你如何研究斑马鱼如何将视觉线索转化为运动，或者老鼠是否害怕高度？对于奥地利维也纳生物中心（Vienna Bio Center）的研究人员来说，答案似乎很明显：为实验室动物建造一个虚拟现实平台。

实验室里有一个虚拟现实设备名为Freemo VR，它的墙壁和地板是由电脑显示屏构成的，上面悬挂10个高速摄像机，可以监控放置在太空中的动物的移动。研究人员使用软件观察动物的动作，并快速改变显示器上显示的图像（见图2–15）。

图2–15　Freemo VR设备

截至目前，对那些已经测试过的生物来说，它似乎很有吸引力。看到虚拟柱子的果蝇就像在那里一样绕着它们转。与此同时，老鼠只选择在靠近地面的道路上行走（这是一种错觉，通过在地面上使用两种尺寸的棋盘来提供一个角度的技巧），就像它们在现实世界中所做的那样。

该系统的细节以及实验结果，都发表在《自然》杂志上。研究小组认为，这种方法可以作为一种更简单的方法来理解动物对视觉刺激的反应。事实上，IEEE光谱报告说，实验室已经在研究果蝇大脑功能的差异如何影响它们对虚拟现实的反应。

（三）其他 VR 应用

以无忧我房为代表的VR地产产品都是以“VR看房”为核心卖点，利用

VR技术，帮助用户脱离物理空间的限制，站在原地就能看遍指定小区的所有房源，不必再东奔西跑浪费大把时间和精力了。

VR技术成型之初就曾在军事、航天等领域作为训练教育使用，这主要是因为VR的虚拟场景及设备搭建可以大大削减整体的教育成本甚至规避一些教育风险。另外，VR教育还拥有极强的沉浸性和便利性。因此，VR在教育领域的发展始终被市场看好。

VR体验店是目前诸多VR拓展领域中盈利模式最为清晰的领域。考虑到目前顶级的VR设备普遍售价偏高，对使用空间的要求也较为严格。因此，比起自主购买VR设备，用户们往往更愿意去线下体验店进行体验与游戏。也正是这一大环境促进了VR体验店在国内迅速铺开。

由于VR技术受到市场的广泛认可，VR内容开始应用于各个领域（见图2–16）。

VR房地产

VR教育

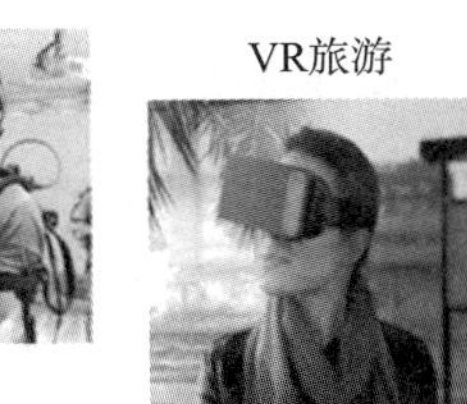

VR训练

VR旅游

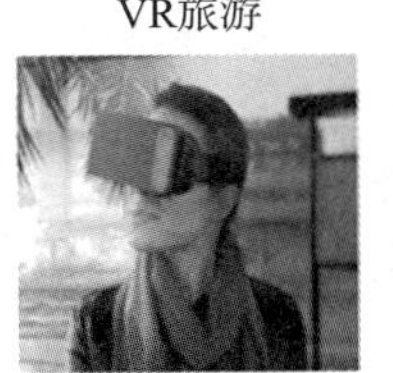

VR线下体验

图2–16　其他VR应用场景

骇人听闻的黑科技，未来你敢想象吗?

（一）利用脑植入治疗瘫痪

全球有数百万人被瘫痪折磨，无时无刻不渴望着摆脱疾病的困扰。该项突破使用无线脑一体电子元件可绕过神经系统的损伤来实现运动（见图2–17）。

在利用脑植入来恢复脊髓损伤引起的运动自由受损上，科学家们已经取得了显著的进步。近年来，借助脑植入物，少量患者已可以通过思想来控制计算机光标或者是机器臂。现在研究人员正在尝试意义重大的下一步：治愈瘫痪。

科学家利用无线电将大脑读取技术直接连接到身体上的电刺激器，创造所谓的“神经旁路”，从而使人们的想法能够再次控制他们的四肢。除了治疗瘫痪外，科学家还希望能够使用所谓的“神经义肢”，通过在眼睛中放置芯片来恢复视力，或者是恢复阿尔茨海默病人的记忆。

（二）脑机接口

脑机接口（Brain-Computer Interface）指的是直接连接大脑与机器（见图2-18）。这种连接既可以由大脑下达指令操纵机器，也可以由机器直接发送信号到大脑。套用科幻作品中的概念，开高达、阿凡达属于前者，黑客帝国中受控的人类属于后者，盗梦空间、X教授的脑控超能力是两者的结合，“脑脑对接”。

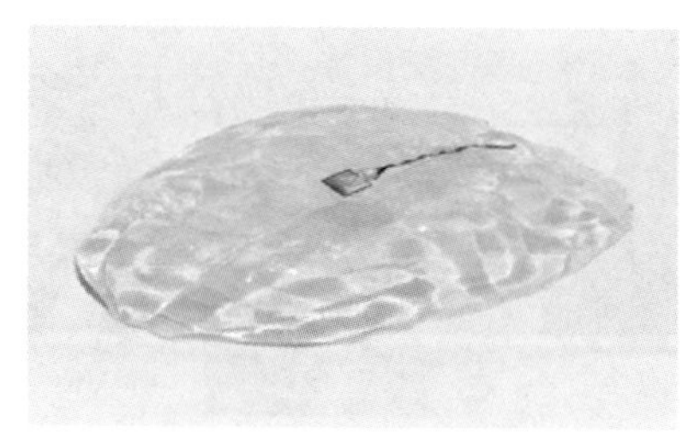

图 2-17　无线脑一体电子元件在大脑中放置的示意

图 2-18　脑机接口概念图

无论是大脑输出还是机器输入，实现这种技术的核心，都是对大脑运作机制的深刻理解。区别在于，大脑输出机器更侧重运动控制（Motor Control），而机器输入大脑则更需要知觉整合（Sensory Integration）。近年来，神经科学在运动知觉方面的迅猛发展，为脑机接口的实现打下了坚实基础。不过，如何建立起物理接口是技术上的一大难题，信息传输的带宽局限也是一项技术局限。大脑神经网络的计算量级目前远超计算机，想要实现高效的脑机互动，就需要扩大带宽以便更加快速地传输信息。

随着相关技术的日益成熟，脑机接口已开始从动物模型、实验室走向现实生活，帮助在运动或感知方面有需求的人们重获能力。2014年，在车祸中丧失了双腿的Juliano Pinto凭借机械骨骼踢出了巴西世界杯的第一球。荷兰一名渐冻症（ALS）患者在进行植入手术及康复训练后，能够准确地使用脑机接口控制计算机打字程序。2017年初，斯坦福大学的研究人员使三名瘫痪者成功通过意识控制电脑屏幕的光标打字，其中一名患者可以在1分钟之内平均输入39个字母。另外，人工耳蜗、人工视网膜等电子设备可以将声音、光反射等外在刺激转化为大脑电信号，使聋人获得听力，盲人重获光明。使用脑深层电刺激技术，帕金森症患者能够使用遥控器，使植入在控制运动的大脑皮层的起搏器发射电流脉冲，以缓解震颤、行动迟缓等症状。通过刺激其他脑区，这一技术同样可以用于缓解抑郁症、强迫症、神经痛等神经疾病。

（三）量子纠缠

现代科学发现，对物质的研究，在进入分子、原子、量子等微观级别后，意义非常大。出现了超导体、纳米级、石墨烯等革命性的材料，出现从分子水平治愈癌症的奇迹。而最神奇的是量子纠缠。科学实验发现，两个没有任何关系的量子，会在不同位置出现完全相关的相同表现。如相隔很远（不是量子级的远，而是公里、光年甚至更远）的两个量子，之间并没有任何常规联系，一个出现状态变化，另一个几乎在相同的时间出现相同的状态变化，而且不是巧合。

量子纠缠是经理论提出，实验验证了的。科学家已经实现了6~8个离子的纠缠态（见图2-19）。我国科学家实现了13公里级的量子纠缠态的拆分、发送。

图2-19　量子纠缠示意

（四）量子计算

量子计算是一门理论科学。它是研究如何直接应用量子力学现象（如量子叠加态和量子纠缠态）对数据进行操作的计算系统的科学。在最终的运算结果上，量子计算机和现有计算机没有任何不同（否则一定是有一方算错了，那算错的一方也就没有什么实用价值了）。它们最大的不同之处在于运算的过程有着天壤之别，数据量越大，量子算法在时间复杂度上的优势就越明显：n=1000时，传统算法需要运算100万步，优化后的算法稍好，也得几千步，而量子计算只需要几步就能完成整个运算拿到最终结果。

在大数据时代，n=10000000是家常便饭，那么上边的运算步骤对比就成了10^{12} vs 10^{6} vs 10^{2}，在耗时上的差距是几个数量级。

量子算法对云存储行业，则多少会有些打击。目前，主要国家政府都在静悄悄地研究量子计算以便即时破解重要的加密文件。而只要这个技术成熟可用，那么任何存储在第三方的云数据都将变得不安全。因为哪怕是加密存储，也可以瞬间被破解。

有了量子计算的威胁，用户会更加保守地将敏感数据保存在只有自己能接触到的物理环境，而不再会加密上传到第三方云存储服务商。当然，量子计算一定能同时带动加密技术的发展。但从目前来看这对矛与盾的较量，在政府大机构的影响下，应该是解密技术占上风且更容易流入民用。量子加密技术则主要还是由政府机构掌握。所以从这一点来看，量子计算的出现，对提供云存储服务行业并不是一个利好消息。当然，作为程序员，如果能理解甚至设计可靠的量子加密算法，也许很快就会成为IT业内的“当红辣子鸡”，甚至被政府特工追杀也不是没有可能。

（五）基因疗法

几十年来，研究人员一直有追寻基因疗法的梦想（见图2–20）。这个想法很美好：使用基因工程病毒将一个基因的健康拷贝到有缺陷的病人身上。但至今基因疗法带来的失望远远大于希望。早期基因疗法失败的原因部分是源于其递送机制。

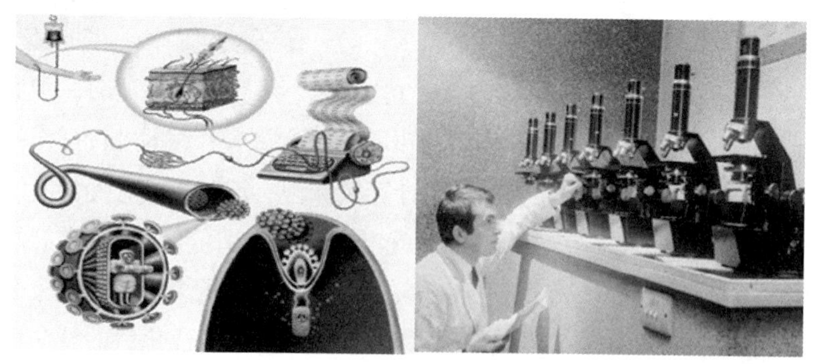

图2–20　基因疗法的设想

因为新的遗传物质以及将其携带至细胞的载体病毒，被错误地递送到基因组的其他位置，这会激活某些患者体内的致癌基因，或者引起患者免疫系统的过度反应，从而导致多器官功能衰竭以及脑死亡。

但现在，一些关键的难题已经解决，基因治疗也将迎来曙光：研究人员使用了更高效的病毒将新的功能基因转运到细胞中。很多疾病都是由单个基因突变导致的，新型基因疗法能够彻底治愈这些疾病。

在美国，Spark Therapeutics有望成为第一家迈入市场的基因疗法创新公司，该公司开发出针对渐进式失明的基因治疗方法。还有很多其他正在研究的基因疗法，正将目光投向血友病的治疗，以及一种被称为表皮溶解水疱症的遗传性皮肤失能症。

（六）皮肤上长出“脑细胞”

俄亥俄州立大学Wexner医学中心的研究人员开发了一款纳米芯片，利用微弱电流将新的DNA（脱氧核糖核酸）或RNA（核糖核酸）传输到活体皮肤细胞中，对皮肤细胞“重新编程”，赋予它们新的功能（见图2-21）。俄亥俄州再生医学和细胞疗法中心主任禅丹·沈（Chandan Sen）在一份声明中表示“整个过程只需数秒钟，只需使芯片接触创伤面，然后拿开，细胞重新编程就会开始”。

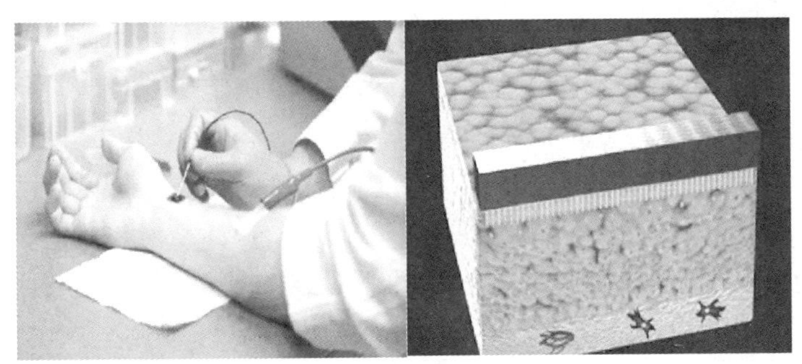

图2-21　细胞重新编程只需要一款纳米芯片

根据在《自然·纳米科技》发表的论文，禅丹·沈的团队利用一种名为“纳米传染组织”的技术，在四肢严重受伤的猪和小白鼠身上制造出了新的血管。他们用纳米芯片接触动物皮肤，约一周内，有活性的血管开始出现，并最终治愈了试验动物的腿伤。这一技术还被用来利用皮肤制造脑细胞，然后“收割”脑细胞，并将它们注入大脑受损的小白鼠体内，帮助它们恢复。禅丹·沈介绍，“利用我们创新性的纳米芯片技术，受伤或受到损害的器官能够被取而代之。我们的研究已经证明，皮肤是肥沃的土壤，能生长出任何衰退器官的细胞”。

科学家希望下一步通过人体试验测试他们的技术，目标是使这一技术可以用来治疗各种器官和组织缺陷疾病，其中，包括帕金森氏综合征和老年痴呆症。

（七）未来公交车

俄罗斯著名的新概念设计公司Dahir Insaat设计的未来交通概念（见图2-22），一定会让你脑洞大开！这种新型的公交车不需要建造新的轨道，因此，不占用现有城市道路。因为它们只有两个轮子，可以在原有车道的分割线上运行。同时，载客量也非常大。碰到高架桥还可以自动升降。并且，也不会阻碍路上的汽车。甚至还可以在人行道上运行，完全不会影响行人！

图2-22 未来公交车运行概念图

第二节 出奇制胜：是时候重新架构金融体系了

路径创新，金融新的知识图谱正在形成

几十万年前，人类学会了用石头和火；一万年前，人类开始种植畜牧；

两百年前，人类用机器大规模替代人力；半个世纪前，电子计算机的面世让智能产物得以延伸。未来的人类会是什么形态？科技也许正在我们眼前变成现实。

这些年来，由于非结构化数据的急剧增长，对数据的分析与理解的要求已经远远超过人类的生理极限，这对我们的分析手段提出了新的要求与挑战。传统的数据储存方式将数据分门别类地存放，已经很难适应现实瞬息万变的市场行情，无法满足金融分析的实时性和全局性的要求。因此，基于大数据和人工智能技术的“知识图谱”对数据进行了重新分类，使衡量目标对象的维度更加丰富。

知识图谱本质上是一种语义网络，是由“实体”和“关系”组成的网络系统，它可以最有效、最直观地从“关系”的角度分析问题的能力。金融知识图谱可以为舆情监控、知识发现和推理决策等提供技术支撑，金融行业建立知识图谱通常要经历3个主要步骤：

①从海量的结构化、非结构化数据中识别金融实体；

②根据业务需要，定义并识别金融实体间的各种关系，进而生成知识图谱；

③定义并表达业务逻辑，通过在知识图谱上实现各种具体任务来体现数据价值，如推理等，实现数据到智能的升华。

金融涉及各行各业，包含经济、产业、公司等众多方面，所以金融知识图谱常见的实体包括：公司、产品、证券和人员等。实体间的关系包括：股权关系、任职关系、担保关系、供应商关系、竞争对手关系、生产关系、采购关系和上下游关系等（见图2–23）。

相较传统的描述方式，知识图谱具有一些自身的特点：①多维度。需要从大量的信息源中抽取多维度的特征信息，为后续算法拓展深度关联关系提供必要的素材；②深加工。在信息素材的基础上，通过智能推理实现从数据到智慧的深加工；③可视化。深加工的结果以可视化的方式展现给用户，并与用户交互，直观易懂。在金融行业中，知识图谱可以大幅提高关联查询的效率，改变知识存储的模式，并且新加的数据源只需在已有的图谱上插入，大大简化了数据处理的思维。

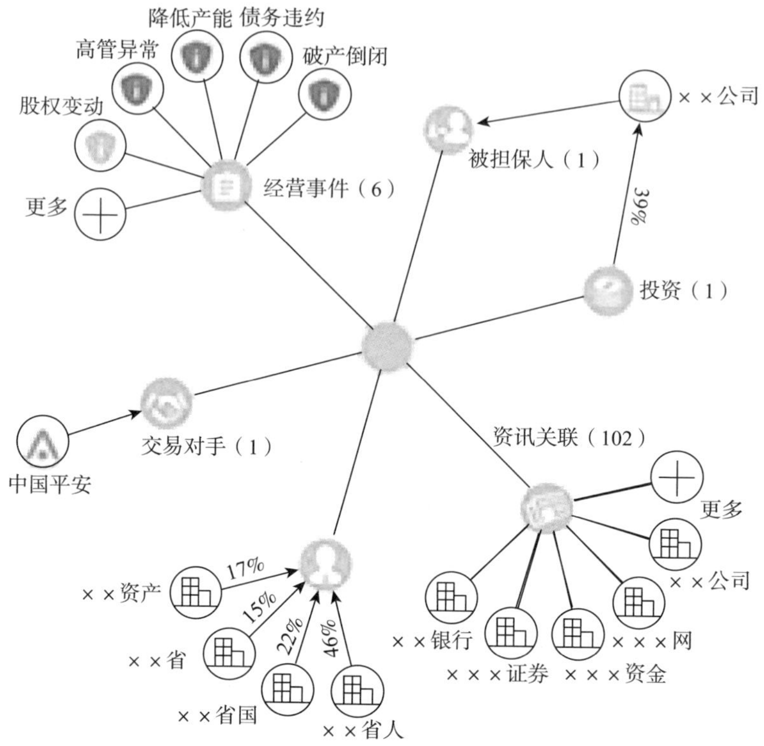

图2–23　金融行业的知识图谱范例

知识图谱变革了金融业的反欺诈手段。例如，基于大数据的分析把不同来源的各类数据整合在一起，其中，不仅可以处理记录借款人的基本信息，还可以把借款人日常生活中的消费记录、行为记录、关系信息、网上浏览记录等整合到知识图谱里。在此基础上，对该借款人的借贷风险进行分析和评估，从而能够有效地识别出团体欺诈、身份造假、代办包装等欺诈行为。除了数据层面的极大丰富外，区块链技术地融入还使得知识图谱不再仅是“指导性”的关系网，可以通过分布式账本的方式确保数字资产的安全性。

此外，还可应用于行业风险预测、对客户的精准营销以及可视化展示等一些典型的领域。以风险预测为例，基于多维度的数据建立起客户、企业和行业间的知识图谱，如通过对行业信息建立行业间的关系模型，通过机器学习发现各个行业间的关联度（如果某一行业发生了行业风险或高风险事件，根据关联关系可以及时预测有潜在风险的其他行业），从而帮助金融机构做出预判，尽早地规避风险。相信随着研究的深入，还会有越来越多的应用场景被发掘出来。

知识图谱从数据的获取和分析的角度帮助金融行业完善内部治理、创新服务模式，而生物识别技术的发展将使金融服务的安全性和唯一性进一步得到拓展。

对于金融行业而言，没有什么比信息安全更加重要，上百年积累起来的信用，可能会因为一个小小的信息泄露问题毁于一旦。因此金融行业比任何行业都更加积极地推动生物识别技术的应用。

生物识别身份认证几乎可以说是移动金融发展过程中的里程碑。简单来说，生物识别从最大意义上开放了移动金融的服务类别。在此之前，移动金融一直受限于第三方认证载体（如U盾、令牌等）以及非面对面身份认证难题，其服务范围也仅仅为自助取款、转账等，即便用户更改银行开户电话号码也需要致电或者前往网点。而现在，各大银行都在尝试远程自助开户、远程贷款、自助开卡、信用卡自助申领与激活等，而这些都少不了生物识别进行远程身份认证。未来互联网金融的服务拓展将为生物识别提供更大的发挥空间（见表2–2）。

表 2–2　金融行业生物识别的几种类型及其特征

技术类别	人脸识别	指纹识别	虹膜识别	指静脉识别
稳定性	中	高	极高	高
可采集性	高	高	高	高
准确性	中	高	极高	高
是否接触	否	是	是	是
便利性	极高	高	中	高
金融主要应用场景	自助终端、远程身份核查（直销银行、远程业务办理等）、柜面身份核查、移动营销	内部授权、系统登录、移动支付、指纹人证合一	门禁管理、押运管理等安全要求级别的场景	自助终端集成
发展现状	目前应用最火，创新性十足，但也一直受到各方的质疑	应用最早、最成熟，接受程度较高	处于探索、现察阶段	处于探索阶段

续表

技术类别	人脸识别	指纹识别	虹膜识别	指静脉识别
发展契机	相关技术尤其是深度学习的发展与成熟，人脸识别的准确率大大提升，且不一定需要额外的硬件设备	研发较早，且手机等移动终端普遍搭载了指纹模块，新一代身份证也内含指纹信息	相关技术的发展使其硬件设备体积大大减小，且以三星为代表的厂商一直致力于将其加入手机等移动设备中	技术的发展与普及，以及用户的接受性提升

以第三方支付为例。在2014年的“小微金服分享日”上，阿里就披露了其正在研发的以人脸、声纹、掌纹、指纹、笔记和击键识别六项以生物识别为核心的支付技术，并且，在2015年3月德国汉诺威通信博览会开幕式上，马云演示了阿里的人脸识别支付。

目前，指纹识别已经非常成熟，甚至成了一个过去式，人脸识别正是如火如荼的现在进行时。不仅是蚂蚁金服、微众银行等新兴互联网金融机构，传统金融机构如国有商行、证券、保险等也纷纷布局人脸识别技术。现阶段人脸识别基本上有3大应用方向：自助终端、柜面系统、移动金融和营销。

而未来，多模态生物识别是金融发展不可更改的趋势，单一的人脸识别或指纹识别难以满足金融机构的多样化需求，而此时，金融机构更为重要的不是考虑布局哪种生物识别技术，更关键的是未来怎么集中管理多样化的生物识别系统。

生物识别技术简化了金融行业一直头疼的“认证”问题，保证了交易的安全性，未来，通过结合智能投顾、VR等技术，很可能能够实现“一站式个性化”的金融服务。除知识图谱、生物识别外，以大数据、人工智能为主的新科技技术带来了非常多的产品创新、服务模式创新和观念创新，如智能投顾、财务机器人等，以技术为最主要驱动力的新金融成为这个时代的绝对代名词。

弯道超越，金融新的科技应用正在普及

在“互联网+”的大战略背景下，当前涵盖电子信息制造业与软件及信息服务业两个子产业的新一代信息技术产业，由大数据、移动互联网、云计算、物联网、人工智能等新技术引领，正在强劲崛起。中国无论从智能手机

用户数量，还是以BATJ为代表的互联网公司实力，都已名列世界前茅，似乎大有已实现“弯道超越”的意思，然而我们认为，在当前阶段，还需要重新审视“弯道超越”的实质，不应仅从规模增长或是巨头公司增长出发。

以往的金融竞争主要是在拼资源、拼场景、拼规模，谁资源多、场景足、规模大，谁就更具优势，这种增长模式现在看来越来越难以为继。中央银行对表外资产的限制等监管措施将会持续下去，可开发的金融场景也越来越少，这些使金融机构继续做大规模越来越难。通过技术实现更精准的获客、更高效的风控、更个性化的服务匹配、更低的运营成本，是金融机构必须面对的转型。现在的金融行业，核心竞争力越来越偏向于金融技术。

马云的一个观点笔者非常认同，他认为传统金融解决了“二八问题”：只要服务好20%的大企业就能赚钱，所以80%的消费者和小企业都借不到钱。而新金融要解决那80%的问题，帮助小企业拿到钱。他也在很多场合都说，“蚂蚁金服”用蚂蚁命名，是因为集团从小微做起，希望服务到小微企业，包括小微个人。具备“互联网精神”的蚂蚁金服更是明确了“金服”二字重在服务，既服务广大“草根”消费者和小微企业，也会以开放的心态服务于金融机构，共同为未来社会的金融提供支撑。所以阿里巴巴集团一直以来都在强调自己是在解决小微企业的融资问题，在解决青年的创业问题。

因此，笔者所理解的，金融机构在新一代信息技术产业下的“弯道超越”，是通过抓住一些重要的技术变革和产业发展机遇，借助更加敏锐的市场洞察力抓住“长尾群体”（包括消费者和创业者）的需求，面向长尾群体输出最人性化、标准化、个性化的服务，以技术创新带动优质服务，以优质服务带动规模增长，最终实现对其他金融机构的超越。

还是以第三方支付为例，移动支付技术打破了现金的不透明性，让每一笔支付都能转化成为数据，并可被记录和追溯，通过无现金支付可以为原本没有征信数据的小微企业建立起信用体系，解决小微企业贷款难题。

以往小微企业融资难、融资贵不仅仅是因为其贷款需求的“小额高频”，没有抵押、没有担保是影响他们获得贷款的核心难题，而在这背后，实质上是在准入、授信和定价三个环节中，传统金融手段因信息收集和处理能力不足而采取审慎原则提高准入门槛的状况。不透明的现金交易永远不能解决这一问题，而银行卡转账、刷卡收银的方式一定程度上能留下交易和资金信息，但因为刷卡设备安装和使用成本较高，并不能覆盖全部的小微商家。移动支付的出现彻底改变了这一现象，现在哪怕是街边的煎饼摊、路边的水果店只要贴一个收钱码，就能使用移动支付收钱，每一笔交易都能被记录下来，逐渐积累起自己的信用，进而可获得贷款。

无论是移动支付对信用透明度的贡献，还是大数据对信用能力的分析，抑或是人工智能对信用生活的延伸，都充分地说明了一个问题：实现“千人千面”的评估、定价等精准的需求对接需要依靠技术手段的革新。因此，金融业态的更新与转换也是依托技术的迭代和升级来完成的。

当然，“弯道超越”的内涵随着时代的发展和新技术的衍生而不断变化。为了动态地实现“弯道超越”，要认识“互联网+”时代所有行业的底层，即渠道、数据和技术。渠道带来用户，数据收集分析能力反过来推动业务，云计算、人工智能等技术保障业务开展，只有充分融合这三者，才能找到创新的空间。因此，无论是巨头金融机构、巨头互联网公司还是中小微企业、大众消费者、农村居民的需求都要依赖这种“超越”来实现，而这种“超越”会引领金融行业与其他行业相融合，如金融行业和医疗行业或健康产业相融合，以人工智能技术为桥梁，实现对“脑机接口”的共同研究和应用，一方面有希望攻克情绪病方面的医学难题，另一方面有机会与VR技术相融合，扩大金融服务的外延。

科技与金融将融合产生一个“新金融”的时代，金融业的价值链条和思维模式将会得到重建，从投资决策、交易策略、交易执行到风险控制、清算结算、信息共享，新技术都大幅度提高了市场的运行效率。

在交易层面，系统性能是交易所倾力打造的核心竞争力，电子化交易平台逐步从场内拓展到场外；在清算层面，衍生品交易所使用的风控技术不断进步；在结算层面，一项革命性的技术创新正日益成为交易所行业投资研发的焦点，即原先用于交付“比特币”的区块链技术；在监控层面，人工智能和机器学习技术正在成为交易所保障网络安全、侦测违规交易的新工具。

在新金融上，互联网再一次清晰地展示了它的特性：“比传统市场大数百倍”“长尾”“去中心化”“一切以纳秒计算”“量变带来质变”“以人性的深刻洞察为依托”。

新金融强调以科技手段对金融服务进行改造和颠覆，而不是互联网化。非但旧有的以人为媒介的规章和流程控制可以由技术全面取代，甚至风险、回报、流动性和产品设计这些金融业的核心问题也都可以数据加技术的方式解决，从而最大限度地释放社会资源，完成投融资匹配的需求。如果说互联网是使原有的信息流转渠道更加强化，则新金融将可能打破原来以人际关系维系的渠道和商业模式，重新进行产品的设计和服务流程的架构，省略传统模式中不必要的中间环节，提升金融整体服务效率，降低成本。以科技本身的发展来提升金融行业服务效率甚至创生出新的模式理所当然地成了下个阶段的高增长焦点。

科技、金融和法律的进一步深度融合将会逐渐打破产业间的界限，成为未来的一种趋势。过去传统意义上的金融变成了数字化金融，新的事物的出现和提法值得关注和思考。产业泛金融化，成为我国当前产业转型升级和全民财富管理的一个大课题。金融又在互联网金融这一新技术的支持下呈现出泛科技化，科技已经、正在还将持续颠覆零售、出版、教育、健康、金融等各个领域。

近年来，以大数据、云计算、电子商务、移动互联等为代表的新一轮信息技术创新浪潮快速推动金融科技（FinTech）“新势力”的兴起，成为科技改变金融、金融改变生活的又一证明。麦肯锡的一份报告显示，过去5年，金融科技领域吸引了全球将近230亿美元风投和面向成长期企业的增长型股权，而这一数字还在迅速增长。随着金融行业的不断创新，用户生活方式的逐步改变，科技发展的日益深入，金融科技时代的人们将会获得与互联网金融时代完全不同的金融体验。一个全新的时代正在走来，它带着新的标签，充满新的希望。

金融科技的发展将会有效降低信息连接、信息获取和信息计算的成本，提高客户服务和企业运营的效率，进而降低金融门槛，从而推动普惠金融的发展。正如诺贝尔经济学奖获得者罗伯特所言，“为什么要发展金融科技？将来的发展方向，可以帮助越来越宽广的社会阶层广泛地分配财富，金融创造的产品既可以更加大众化，也可以更好地和社会经济融为一体”。

第三章　金融在交替

传统金融主要与前三次工业革命相关联，并且随着工业革命的进程，金融介入的程度也在不断地加深。新金融既是第四次工业革命的产物，也是适应新产业形式的需要而产生的金融服务和中介方式。因此，对新金融的理解，必须放在“工业4.0”的这个大平台上，才有可能理解其产生的本质和应用范围，而不是简单地将其作为对传统金融的改造或技术上的革新。

移动互联网时代的结束让人们开始寻找新的破局点，互联网金融同样如此。在经历了移动互联网时代用户从线下迁移到线上带来的快速增长之后，整个行业陷入了新一轮的困境之中。P2P平台跑路、校园信贷乱象频出、ICO被定义非法都是移动互联网时代互联网金融飞速发展之后留下的问题。在互联网金融发展的新阶段，如何借助新的手段和思路破解当前行业面临的困境和问题成为众多企业面临的主要问题。

在金融与人们的生活联系日益紧密的背景之下，如何借助新的科技手段在这一市场中找到新的增长点，成为很多互联网金融企业当下必须慎重考量的重要课题。从某种意义上来讲，以简单相加为主导的互联网金融正在被以深度改变为主导的金融科技取代。

如果我们将互联网金融时代对于金融行业的改造看作是一场表皮手术的话，那么金融科技时代对金融行业的改造更像是一种刮骨疗毒。不断有金融科技公司获得资本巨头的关注、不断有互联网巨头加入到金融科技的洪流之中都在说明互联网金融时代进入金融科技时代已经不可避免。

· 新金融依托工业4.0的时代背景而产生；

· 新金融对应新的生产要素——信息数据资源；

· 新金融具有普惠性质；

· 新金融突破了时空界限；

· 新金融的风险具有更强的扩散效应；

· 互联网金融时代落幕，金融科技时代来临不可避免；

· 互联网金融重生：金融科技时代的新金融；

· 金融科技时代的金融行业将会发生哪些改变?

第一节　马拉松：慢了半拍的传统金融不一定会输

别犯傻了，传统金融≠老金融!

“传统金融机构”这个词它很容易让人想到“老金融”，从而造成一种误解。认为这些金融机构与科技、创新之间是对立的，和新金融创业公司之间也是对立的。所幸，越来越多的传统金融机构，正在主动卸掉“传统”的枷锁，随着竞争格局和制胜要素的改变，传统金融业的景点竞争战略可能会逐步乏力。过去企业赖以生存和竞争的规模优势、价格优势、渠道优势和传统的战略规划方法似乎已远远不够，市场参与者们需要以更灵活、更前瞻的适应型战略来应对新的竞争，并通过试错优势、触角优势、组织优势、系统优势、社会优势来真正建立和执行适应型战略。

在工业时代，包括金融业在内的商业活动围绕少量的核心数据展开，规模化大生产与大协作的工业体系使生产者在生产关系中居于主导地位，这种从生产端单向推送到消费端的B2C式的产销模式使各类企业所面对的外部商业环境相对稳定。其搜集、处理、利用的商业信息所表现出的数据特征多为因果的、静态的、延迟的，故而企业内部管理和外部协作就是单向的、线性的、链条的，企业的内部运作与管理自然就是机械化、标准化、同步化、集中化，服务于这种经济形式的金融机构就需要更加严密、全面、有效的内部管控措施以确保获得更多的风险收益。

随着我国经济发展进入新常态，从消费需求、投资需求到生产能力和产业组织等都将向形态更高级、分工更复杂、结构更合理的阶段演化，社会经济、个人企业都正在迎来全面的信息时代。

中国现有的新兴业态（如图3–1所示），是从传统金融机构各项业务中衍生而出，逐渐发展出来形成的。说到底传统金融是本质上的东西，新金融是其形式、技术和制度上的衍变。我们现在处在万物智联的时代，智能化大数据采集，智慧化分析判断以及智能式的响应，推动信息应用呈现出全新的智慧形态，它所形成的力量是不可比拟与难以想象的。

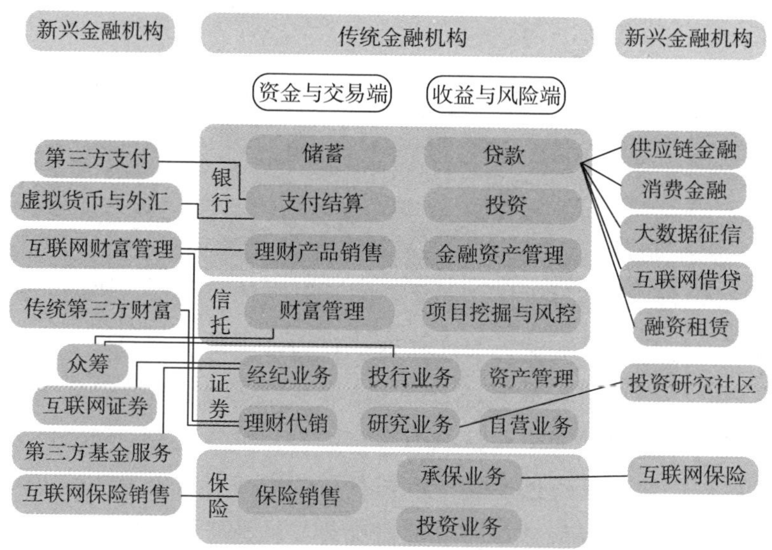

图3–1　中国现有的新兴业态

例如，车联网应用正在记录并积累车辆数据，同时也在记录和积累驾驶员的驾驶行为数据，有违常理的驾驶行为，不但会被统计分析为违规，更会影响到对驾驶人的安全行为评价和保费系数评估。

传统金融被新金融“感染”后，势必要向新金融形态发生一定的转变，并且，传统金融机构不是做不到，而是受到“身份”的限制，对风险容忍的程度比较低。不过，在近期发布的中报里，招行将自身明确定位为“金融科技银行”，对标金融科技企业，加快向“网络化、数据化、智能化”目标迈进。平安集团董事长马明哲则在中报中表示，“智能科技的时代正在来临，赢科技者赢未来。我们期待不远的将来，逐步将平安从资本驱动型的公司转变为科技驱动型的公司”。有史以来第一次，这些金融机构发出了如此强烈的科技转型信号。在更多的金融实践中，繁多的“互联网+”应用创新，使传统的服务边际逐渐消失，交易成本不断下降，大数据应用化解了传统意义上的信息不对称，强化金融风险管理和定价能力，金融资源的配置效能大幅提升。

不过，对于传统金融机构及产品和服务来说，转型面临的问题和挑战也很多。比如说传统金融机构对数据的掌握不充分、断层严重，商业银行信贷经营效率低，保险实现个性化定价的精算技术过于复杂……这些都制约着传统金融转身的速度和角度。不过，难以逆转的是在智慧化应对的挑战下，当前以金融信息化为基础的金融形态也势必演化为智慧化的金融形态。智慧金融将是随时随地、无所不在、随需应对的金融服务，货币将从纸币、电子货币进一步扩展到虚拟货币（现在的虚拟经济已经引发了真实的货币交易，如比特币等的发展）；支付行为也将更多地向移动支付、储值商店等扩散，随着NFC（近距离无线通信技术）的推广应用，越来越多的NFC支付设备（NFC手机、NFC支付终端）将投入应用，甚至出现了依托生物识别的支付技术。在智慧金融中，数字业务能力将成为核心，对客户的智联感知能力、大数据价值发现能力、智慧金融服务能力，将彻底改变金融的组织形态和业务形态，我们即将进入一个崭新的智慧金融发展时期。

思维转折，有基础的技术一定能后来居上

从传统金融向互联网金融的变迁，是一个不断竞争与合作、促进的过程。“去中介化”“泛金融化”和“全智能化”这些新型理念给传统金融带来了新的挑战，互联网金融与传统金融之间的竞争已经从技术层面提高到了商业模式层面。

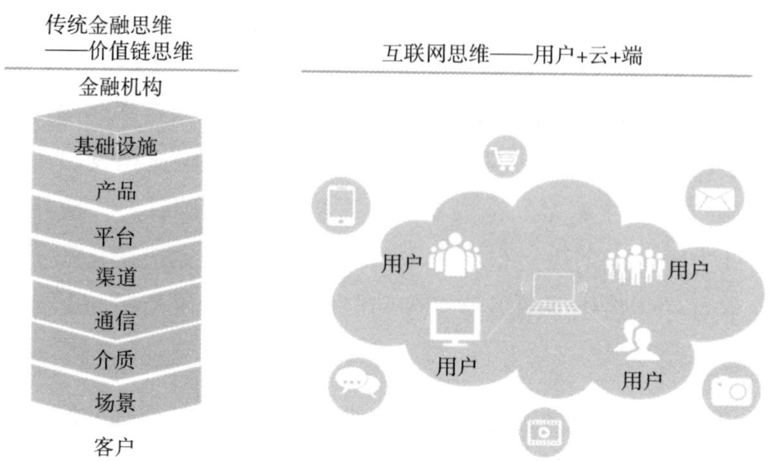

图3–2　传统金融思维和互联网思维的碰撞

从图3–2中的左侧我们可以看到，传统金融机构如银行的传统思维是：我们作为银行，经获准可提供多种产品，也有实力开展端到端流程，新的参与者无法在服务范围方面与我们开展竞争。传统金融机构的思维是“价值链式”的，即通过“基础设施—产品—平台—沟通—渠道—媒介—应用”到达用户，而这条价值链的关键是把控核心环节。这种思路其实还是一种机构本位的思路，产品是相对中后台的职能，主要依照内部规章制度进行设计。以贷款产品为例，传统金融机构在做产品时考虑的往往是抵押物或质押物、期限和价格等因素，在产品设计完成后再考虑通过哪些渠道销售给哪些客户，也就是说，产品生产过程本身离客户还比较遥远，客户的需求要传导到产品研发环节也存在一定的障碍。

图3–2中的右侧我们可以看到，互联网金融思维更加看中构造一个交互的、多触点的生态系统，主要要素包括用户、云、端以及用户和用户，用户和云，用户和端之间的互动。这是一个客户本位的思路：用户为核心，云和云计算以及云以上的数据服务、征信平台等基础设施、端则代表了大量的应用场景以及与场景紧密相连的产品。在这个系统中，一种金融产品或服务的产生主要源自用户的需求，当某种需求在某个场景中被发现后，再反向进行相应的产品开发，并最终将产品嵌入到场景中，将金融化于无形，体现出大工业时代的思维方式向信息时代的思维方式的转变。

面对两种截然不同的思维，让一方向另一方完全妥协基本上是不现实的，只能最大程度地谋求共识，取己所想。前面提过，互联网金融有四大制高点：基础设施、平台、渠道和场景。图3–3展现的是传统金融机构占据四大制高点的方式，显而易见，平台的缺失、场景的单调、基础设施的高成本将成为传统金融机构努力想要解决的几个方面。传统金融机构，一方面仍然有可能享有在产品专业、风险管控等领域的优势；另一方面也将加大在渠道、场景端的创新力度，要说超越互联网公司或者互联网金融公司后来居上，是完全有机会的（如图3–4所示）。

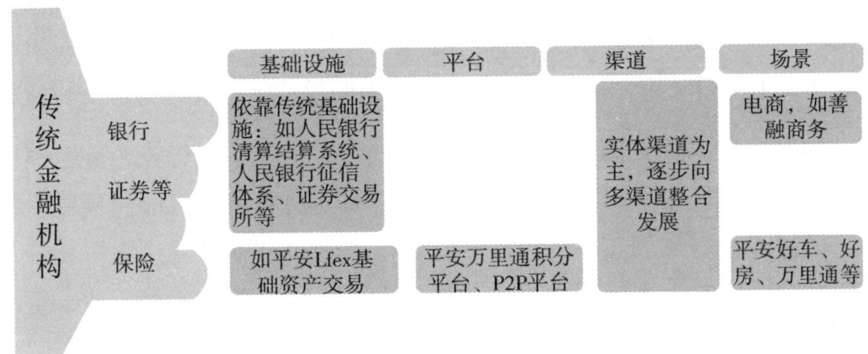

图3–3 传统金融机构在四大制高点上的布局

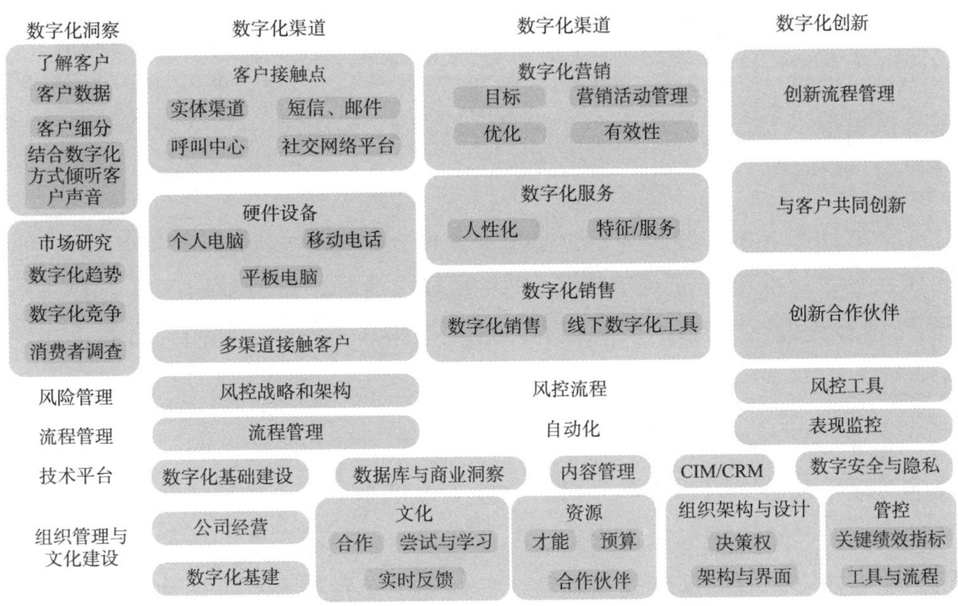

图3–4 传统大中型银行的战略思维转变

峰回路转，“转型”需要敏捷和果敢

由于数字化创新在银行业掀起了巨变，新的渠道和客户体验应运而生，美国第一资本投资国际集团（是一家以投资融资及基金管理为基础，集国际贸易、项目开发、投资银行业务于一体的多元化国际企业集团，总部位于美国特拉华州。集团公司凭借其自身雄厚的经济实力，丰富的金融操作经验及优秀的专业化人才在全球范围内建立起30多个分支机构、上百家合资及独资企业，并与Charles Schwab公司、德意志商业银行等全球500强企业有广泛的合作关系，为本土及全球客户提供优质专业的创新服务）认识到，要在未来的银行业竞争中拔得头筹，需要重构信息技术组织模式、开发方式和交付流程。

美国第一资本投资国际集团自一开始就断言，如果银行业的赢家想要掌握数字化渠道、机器学习和实时分析，他们的公司就需要像那些领域中的佼佼者一样进行投资和创新——它需要运营得就像自己本身就是由科技公司创立的一样。这意味着大力开发自己的软件，不断吸引软件工程人才，重构其信息技术运营模式。

这个科技公司在2010年隆重改名之后就开始了这项工作：它的官方名字改为第一资本科技。“这不仅仅是改了个名字而已，”美国第一资本投资国际集团首席信息官Rob Alexander说，“这是一个声明，我们将不再是一个传统的银行信息技术公司。从那天起，我们将致力于把美国第一资本投资国际集团转变为一家科技公司。”

与此同时，Alexander和银行其他业务的领导人一起制订发展路线图，以期在数字银行业中建立竞争优势。“大家都很清楚，银行业的未来会有所不同，”他补充说，“变革的风险很大。很多企业并不理解，他们的行业正在发生巨变”。

企业后续的转型项目重点突出了敏捷性。在声势浩大的“商业与信息技术对接”之后，第一资本公司的业务主管建立了一支敏捷的团队，致力于开发他们的产品、服务以及更广泛的业务战略。与瀑布式的传统开发过程不同，他们开发的时间跨度相当独特。他们还主动管理重点事项和待实现的新服务、新特性、功能增强和用户需求。

随着该项目的发展，很显然，银行要实现发展目标，人才是关键。第一资本在实现运营转型时就想到了这一点。“我们怎样做才能做到人尽其才?”结果，他们为运营规划设定了以下几个重要的原则：

（1）敏捷：真正的敏捷开发，着力于构建第一资本自己的数字客户体验，不断改进产品和服务，并重塑员工工作方式。

（2）开发运营：第一资本科技使运营团队更加贴近软件开发生命周期，与开发者的联系更加密切，同时投资工具和流程，使软件交付实现自动化。

（3）业务敏捷式开发合作：分配给高管的这些敏捷团队为满足该高管的商业需求而开发解决方案和服务。

（4）复用：银行利用云端封装的微型服务架构RESTful API实现标准化。

（5）开源：第一资本利用开放资源加快开发。此外，鼓励其工程师贡献开源项目。这种方法告诉我们第一资本如何实现平台跨界分享——整个组织的贡献反过来有助于扩展和完善提高核心服务。

（6）云技术：第一资本认为云技术才是第一位的。据Alexander所说，云让我们能够跟上创新的步伐；正因为如此，他与领先的云供应商订立了战略合作关系。

（7）以人为本的设计原则：第一资本认为伟大的设计是开发项目的核心，是一项应该被重视和培养的能力。为此，2014年，第一资本收购了Adaptive Path，这是一家设计和用户体验咨询公司。

（8）生态系统：通过与风险投资公司和创业企业合作，投资学术机构，凭借其旨在为银行增添人才和领先技术的积极收购战略，第一资本为其感应、检测和企业孵化功能实现工业化。

（9）科技大学：第一资本建立了学习组织，以帮助员工从技术和商业两方面增加其对现有和新兴技术的理解。

自从7年前第一资本开始自己的信息技术变革之旅，原先的很多运营和发展目标都已经超额实现了。“我们今时不同往日了”，Alexander说。“我们开发并定期推出自己的产品。我们在云端有数百个应用，同时还在为市场开发新的产品。我们如今发展得更加庞大，业务范围更广。”

但他补充说，前面的路还很长很长。意识到银行服务将会更加贴近人们的生活，第一资本如今致力于打造独特而个性化的用户体验。“我们一开始便与客户以他们希望的方式进行互动，然后追本溯源，”Alexander说，“通过设计和提供超越客户期望的体验，我们会自己打造未来的数字银行。”

第二节　海上探险：用技术和创意驾驭空白场地

回归冷静，占领高地无须疯狂掠夺

当我们说起“新金融”，到底在谈论什么？笔者的理解是，“新金融”的核心是金融创新。包括传统金融机构发起的创新，还有新的金融机构发起的创新，以及二者合作推出的创新。互联网金融是还在稳定下来、逐渐破局寻求升级的“新金融”，金融科技是这两年新金融的又一波主流，指的是技术驱动的金融创新。

互联网公司、互联网金融新兴业者如P2P、众筹、垂直搜索等、通信运营商、基础设施提供商也将大量涌入。互联网金融能够通过低成本、创新的商业模式来促进普惠金融的实现，提升小微融资覆盖和投资理财覆盖，降低金融业交易成本，还能推动中国金融体系进一步深化改革。无论是在外部监管还是内部竞争的作用下，互联网金融都在逐渐回归冷静，建立新的市场秩序，寻找占领制高点的真正“孙子兵法”。

首先，互联网金融还是金融，并没有影响其本质，互联网只是其利用的工具。互联网金融冲击的是金融机构的传统运行方式，而不是其金融的本质。金融的本质在于提高社会资金配置效率。纵观我国金融机构发展的历史，这一基本特质无论发生任何变革，都始终未变过；其次，互联网金融的内涵不仅仅是简单的“互联网技术的金融”，而是基于“互联网思想的金融”。这是什么意思呢？就是说每个人作为社会经济中的一分子，都有充分的权利和手段参与到金融活动之中，在信息相对对称中平等、自由地获取金融服务，借助低成本的自动化决策技术和更加高效便捷的交易技术，逐步接近金融上的充分有效性和民主化。也就是说，互联网金融很有可能表现出自下而上、去中心化、契约重构的特点。互联网金融活动是点对点、网络化的互相共联，形成信息交互、资源共享、优势互补和新型契约。互联网金融之所以在这个时代仍然是我们要讨论的“新金融”范畴，就是因为其内涵更加贴合金融创新的时代要求。并且其具备很多互联网的优秀“品德”：

（1）分享。包括用户、产品、服务等多层次的数据、信息、知识和经验。现在更令人欣喜的是很多开源代码的释放，使自学很多国内外前沿程序语言变得越来越方便。

（2）协作。包括金融机构之间的互相协作、金融机构与用户协作和用户之间协作（实现产品与服务的筛选甚至实现自金融）。

（3）自由平等。金融服务的门槛降低了，机构多元化了，市场竞争充分了，用户有自由选择、评价金融机构和产品的权利，并且在所有金融活动中所有的主体平等。

（4）普惠。人人都能够以合理的价格、方便有尊严地得到所需的金融服务，并从正当的金融活动中受益。

当前有关互联网金融的一些新的发展趋势的探索似乎有些太过快速的味道，这个时刻与互联网金融井喷期以P2P、众筹、信贷为代表的平台不断出现的时期有些相似。那个时期以BAT为代表的互联网巨头率先介入其中，中小型的互联网金融平台则通过更加细化的市场门类介入，从而让金融市场变成了一个非常活跃的存在。当下，以阿里、腾讯为代表的互联网巨头同样在进行新金融的诸多探索，而早已嗅到市场气息的中小型平台则早早便开始调头，开始了新的探索。

由此看来，互联网金融是以挖掘场景、搭建平台、打开渠道、研发基础设施立足的，其本质还是踏踏实实进行创新，而不是在于营销概念。因此，从事互联网金融的金融机构都应该回归理性，做好本职工作，才能占据制高点。

深呼吸，认清阶段方解黎明之困

黎明之前往往是一天当中最为黑暗的时刻，而互联网金融当前所面临的市场状态与此刻有一些相似之处。在政策监管压力不断增大的情况下，互联网金融必须变革才能应对市场变化，赢得继续发展的机会。在这样一个时刻，深度调整或许是破解当前互联网金融发展困局的关键所在。

以概念为切入点的时代已经过去，互联网金融需要真正改变。在互联网金融发展初期，由于流量的极大丰富，只需要提出创新的概念和玩法就能够获得不大不小的一批拥趸。所以，我们可以将那个时期称为“概念至上”的时期，实质意义上的改变没有太多涉及。

进入深耕时期，互联网金融早已过了那个单单依靠一个概念就能够吃遍天下的阶段，必须对用户进行更加深度的运营，对行业进行更加贴切的了解，才能在维持现有用户的基础上作出改变。互联网时代出现的P2P、众筹、信贷等互联网金融的概念变成一个个被实验的样本，而这个外部手术刀则来自于互联网金融的真正改变。

无论是阿里、百度的“人脸支付”，还是风靡大街小巷的无人便利店，都在用能够直接与用户产生联系的方式来给这个行业带来改变。

互联网金融同样如此。很多平台现在不再将目光仅仅局限在流量的获取上，而是如何在用户习惯已经转移到互联网端的当下，借助新的模式和手段获得新的增长。同单纯地依靠打概念牌不同，这个时期更像是一种深耕，一种全面介入。大数据加入风控环节、区块链技术优化支付流程、黑科技提升支付体验？这些新的改变无一不是在通过深度介入来给互联网金融带来改变。

当金融产品足够丰富，太多的金融产品对用户来讲将会是一种负担。经过互联网金融时代的井喷式发展后，当前市场中的互联网金融产品已经相当丰富。从某种意义上来看，用户不是担心没有金融产品，而是担心没有真正适合自己的金融产品。

因此，在金融产品足够丰富的当下，如何从海量的金融产品中找到真正适合用户的那一款成为用户真正需要的。以众筹为例，以京东众筹、聚米众筹、苏宁众筹为代表的众筹平台正在通过让用户真正参与到项目的运作、在风控、兑付等流程中试图找到用户真正需要的金融产品，在保证资源利用最大化的同时，也带给用户别样的体验。

通过将项目回报与用户的日常生活联系在一起，用户参与项目的过程就是一个获取回报的过程，用户投资项目的过程就是一个对项目进行再度考察的过程。以精准、精细化的运营来改变粗放式发展带来的资源浪费与体验低下。即使是在金融产品足够丰富的时刻，用户也能够较为便捷地找到心仪的金融产品。

因此，当金融产品足够丰富的时候，如何对金融产品进行精细化的运营成为互联网金融行业亟待解决的一个重要课题。这对当前的互联网金融来讲同样是一个亟待解决的重要问题。回报方式的多样化、金融产品的精准化、参与方式的多样化都在试图破解这个难题，并为互联网金融未来的发展找到方向。

互联网仅仅只是外部渠道，金融本质同样需要发生变革。其实，互联网金融之所以受到政策监管层面的限制，其中一个很重要的原因就在于互联网金融仅仅只是将互联网看作是一种渠道，对于金融行业本身来讲并没有太多的创新。而在这样一个阶段，金融的本质如果不发生改变的话，就无法解决互联网金融的发展之困。因此，只有深度调整才能实现破局。

区块链技术、ICO、虚拟货币等新生的概念其实都是基于金融本身衍生而来的，它们本身就具有金融的相关属性。在这个时刻产生的金融相关产品才是能够真正丰富并发展金融本身的力量，才能推动金融本身有所改进，而不仅仅只是通过渠道的方式来实现金融端的增长。

因此，我们可以看出，在互联网金融时代并不能给金融行业本身带来太多的改变，而只有在新的技术不断与金融行业产生化学反应的当下，新生的金融类型才能成为丰富金融门类的一分子，并能够推动金融行业真正意义上的进步。

互联网金融本身固有的这些问题注定了其将会遭遇到黎明之困。而在最黑暗的时候，同样是蕴藏着巨大发展潜力的时刻。在这个时刻，有关互联网金融的新尝试、新探索会层出不穷，主动变革的愿望将会空前强烈。但是，想要做好这个时刻的改变并不是一件易事，只有牢牢抓住“金融科技”这个要素才能实现真正破局。

力量训练，强强联合才能真正无敌

在当前的环境下，互联网金融巨头与大行签约似乎成了一种潮流。继2017年6月下旬四大行与几大互联网巨头密集签约以来，8月22日，交行宣布与苏宁控股、苏宁金融签署战略合作协议，双方将在智慧金融、全融资业务、现金管理及账户服务、国际化和综合化合作等领域开展深入合作。至此，五大行全部签约完毕，几大互联网金融巨头也相继签约完毕。

很多人对于即将到来的金融科技时代寄予厚望。之所以有这样一个想法，其中一个很重要的原因在于他们对金融行业将会与科技行业产生一场更加深度变革的判断。想要获得互联网金融的成功破局，必须真正了解互联网金融的重生之法，只有这样才能实现互联网金融的成功破局。

新技术与金融各环节实现真正意义上的打通与融合绝不仅仅像我们看到的这么简单，绝不仅仅是互联网与金融的简单相加，它具有更加深层次的意义和内涵。新技术应当与金融的每一个环节都产生深度的联系，并真正实现用户体验的提升。

例如，人脸识别技术可以和支付环节相互联系，减少我们需要用手机扫码支付的环节，只需要站在支付系统的前面进行人脸识别便能够完成支付；例如，借助大数据系统，打破了传统数据分析仅仅局限在某个行业或某个环节的限制，通过不同行业的数据融合和整合，获得一个更加全面的分析，从而为我们的风控提供更加精准科学的借鉴；例如，我们能够借助数字化的协议来建立一种基于科技端口的货币表现形式，在当前的货币表现形式之外找到一种新的表现形式。

但是，仅仅有了这些改变还不够，这些仅仅只是金融行业的某个环节和流程的改变，我们只有通过新的技术对这些已经发生改变的环节进行融合，形成一个新的事物，才能实现真正意义上的改头换面而不是浅层的概念改变。

以众筹为例，在京东众筹、聚米众筹、苏宁众筹等众筹平台上，我们给用户的回报可能依然是以收益为主，这其实并没有给金融行业带来太多本质的改变。如果我们能够将收益的形式以另外一种形式表达出来，那么或许用户在获取收益的过程中所获得的将是另外一种不同的体验。

金融与科技的真正融合是金融不再是金融，科技不再是科技。互联网金融之所以会面临诸多的痛点和问题，其中一个重要的原因就在于两者在经历了融合之后，互联网依然是互联网，金融依然是金融，两者之间没有真正结合在一起形成一个新的东西。在互联网金融破局的关键阶段，金融与科技的融合结果必须是金融不再是金融，科技不再是科技，这样才能算是真正意义上的改变。

金融不再是金融的意义是金融脱离了当下我们对于它的既定印象，转而以一种新的方式表现出来。例如，我们对于众筹的传统理解可能仅仅只是一个另类的募集资金的渠道而已，而通过其与科技的融合之后，众筹或许以众筹科技的形式出现，借助它我们不仅能够募集资金，甚至还能获得其他类型的资源。对科技来讲，它们在与金融行业融合之后，不再仅仅只是金融的一种支撑方式，而是产生了一种新的物种，这种新的物种可能是“大科技”，这种科技有金融属性，又以科技的形式表现了出来。

因此，金融与科技融合的结果就是要金融不再是金融，科技不再是科技。只有这样，互联网金融才不会仅仅只是一种形式的改变，而是有新事物产生的改变，这种改变能给行业注入新的活力，给用户带来新的体验。

用户体验只是外在表现，金融本身的改变才是终极追求。互联网金融想要破解当下的发展难题，其解决的根本不在于用户体验本身，更多的在于金融本身的改变上。有人可能会问，为什么当前P2P跑路受伤的是用户，难道我们不应该提升用户的体验吗？其实，这仅仅只是一种外在表现而已，其实质是金融本身出现了问题。例如，项目运作不当、风控措施不严等问题，这些问题的存在都是由金融本身的问题造成的。

破解互联网金融的发展难题绝不仅仅只是解决用户体验这么简单，其实质依然是改变金融产品本身。同样以众筹行业为例，我们看到以京东众筹、聚米众筹、苏宁众筹为代表的众筹平台之所以能够从如此多的众筹平台中脱颖而出，其中很重要的一点就是他们真正从金融产品本身着手，通过金融产品的优化来反向推动用户体验的提升。因为用户真正关心的是自己的收益能不能真正得到保障，而真正能够保证用户收益的恰恰是金融产品本身。

赢得互联网金融的破局必须要从金融本身着手，通过金融本身的改变来反向推动用户体验的提升。因此，用户体验的改变仅仅只是一种表象，而金融本身的一些改变或许才是互联网金融真正需要着手进行改变的。

新概念、新技术、新应用不断在互联网金融市场发生和发展，说明互联网金融正在经历一场前所未有的变革。正如每一个变革都蕴藏着无限的机会一样，互联网金融的此轮变革值得关注。深度改变金融本身、强化金融与科技之间的联系、实现真正意义上的融通与整合或许会成为正在深度转型的互联网金融平台在金融科技时代赢得市场的主要抓手。

第三节　夺宝奇兵：金融科技的“从天而降”

刚刚觉醒，改变金融服务业的又一股源泉力量

金融科技（FinTech）泛指技术进步驱动的金融创新。随着互联网与信息技术的突飞猛进，现在特指信息技术与金融服务的融合，类似于“联姻”。在后金融危机时代，FinTech是个非常时髦的名词，被政府、社会以及专家人士等热捧。

目前，比较权威的定义出自于金融稳定理事会（Financial Stability Board，FSB）。作为协调跨国金融监管、制定并执行全球金融标准的国际组织，金融稳定理事会于2016年3月首次发布了关于金融科技的专题报告，报告中对“金融科技”给出的定义是：金融科技（FinTech）是指技术带来的金融创新，它能创造新的业务模式、应用、流程或产品，从而对金融市场、金融机构或金融服务的提供方式造成重大的影响。

著名投资银行高盛将金融科技（FinTech）定义为，金融科技公司需要以技术为基础，并且专注于金融产品与服务价值链上的一部分或多部分。

毕马威对金融科技（FinTech）的理解是：非传统企业以科技为尖刀切入金融领域，用更高效率的科技手段抢占市场，提升金融服务效率及更好地管理风险。

易观智库对于金融科技（FinTech）的定义则更加具体：指运用大数据、人工智能、区块链等各类先进技术，帮助提升金融行业运转效率的一种新业态。它一方面可以帮助传统金融机构转型；另一方面通过技术的迭代和创新，发展出传统机构无法提供的高壁垒的新产品和新服务。而机构可以通过投资或合作，与新兴金融科技公司形成业务互补。

由此可见，对于到底什么是金融科技，目前只是一个没有形成普遍共识的初步定义。无论是内涵还是外延，都处于不断发展变化之中。但有一点可以肯定，金融科技强调了科技对金融创新、金融服务和效率带来显著的影响，两者紧密结合并形成众多新的金融业态。

科技类初创企业及金融行业新进入者利用各类科技手段对传统金融行业所提供的产品及服务进行革新，提升金融服务效率。因此，可以认为FinTech的路径是从外向内升级金融服务行业。

和互联网金融相比，FinTech是范围更大的概念。它不是简单的在“互联网上做金融”，更准确地来说，它是在互联网平台下，通过新的底层技术、新的路径思维对传统金融领域的各项业务、流程进行的“破坏性”创新。当然，它应用的技术也不仅仅是互联网，大数据、智能数据分析、人工智能、区块链的前沿技术也都是FinTech的应用基础（如图3-5所示）。

每年，毕马威都会发布全球金融科技百强榜单。该榜单在业界也颇具影响力，为业内权威的国际性评比之一。2016年，毕马威“嗅”到了中国已经成为全球金融科技企业的重要市场之一，因此，特别筹划了2016中国金融科技50强企业的评选。备选企业需要满足：①积极发展金融科技技术，致力于利用金融科技提升金融类服务效率的非金融机构或非传统金融机构；②主要运营地及目标客户群应为中国大陆地区；③聚焦于近几年自移动互联网蓬勃发展以来进入金融科技领域的企业。

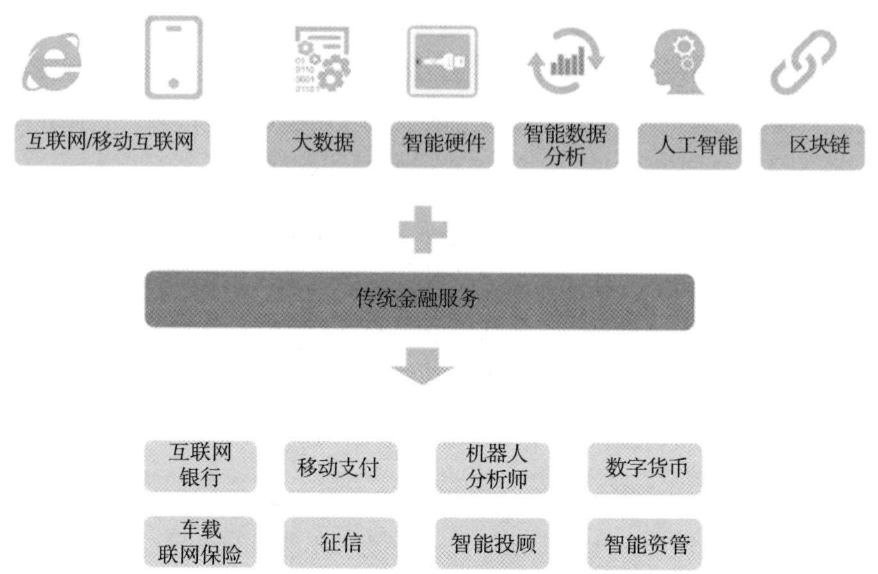

图3-5　金融科技体系的基本架构

毕马威的评审委员会成员认为领先信息科技的创新应用是解决金融服务痛点、提升金融服务效率的终极解决思路。因此，他们的评选维度主要围绕技术、数据、创新等六个方面，如图3-6所示。

毕马威评选出的年度中国金融科技50强公司的名单为如表3-1所示（排名不分先后），同时，我们将各公司的基本情况在表中进行简单描述，来看看我国金融科技公司的基本特点。

图3-6　毕马威的评选维度

表 3-1　2016 中国领先金融科技公司 50 强简介

简称	公司描述
消费金融	
马上金融	为中国国内居民提供个人消费金融服务
51 信用卡	从单一的信用卡管理工具企业演变为综合金融服务集团，业务涵盖负债管理、小额信贷、分期、理财四大板块
量化派	为消费者提供消费信用额度，帮助消费场景实现流量变现，帮助金融机构获取形成资产
闪银	依托数据分析和机器学习技术，将大量个人互联网数据转化为“互联网信用”，连接个人和机构，为个人用户提供便捷的资金借贷、消费分期以及租车、租房、旅游、教育等金融和生活服务
趣店	主要经营消费金融电商平台和小额信用贷款平台
支付汇兑	

简称	公司描述
区块链	
小蚁区块链	致力于区块链技术的研究突破并将其应用于金融领域，为企业提供定制的区块链解决方案，为客户提供完整、可用、具有开拓性的区块链架构协议。项目设计包括资产注册交易、企业内部风控与投票决议等多个领域
太一云	区块链企业。向客户提供基于二代区块链基础设施的数字资产交易系统、征信系统、防伪认证等服务；面向金融、保险、医疗等领域提供中国自主知识产权的区块链整体解决方案，包括超导网络、实名身份认证、智能合约、金融 OS 等重要基础设施
保险	
灵犀金融	为多家保险公司和基金公司提供线上保险服务、线下保险服务、金融电子商务服务
众安保险	互联网保险公司，挖掘移动互联网、云计算、大数据等技术运用于产品设计、自动理赔、市场定位、风险控制、后端理赔服务等全部流程，为用户出行、购物、医疗、投资理财等过程中的不同金融需求提供保障
最惠保	车险在线聚合交易平台。将传统“一对一”的保险分销业务模式转变为“多对多”的业务模式，为保险营销员和车主提供在线比价、投保、支付、出单等全部流程服务
理财	

续表

简称	公司描述	简称	公司描述
汇付天下	提供金融账户、支付结算、运营风控、数据管理等综合金融服务，建立了基于视频、音频的人脸、活体及语音等身份识别技术的应用，建立了基于大数据技术、机器学习手段等的多层次风控体系	随手科技	为个体经营者和个人消费者提供全面的财务服务，目前已形成了以理财平台、贷款平台、办卡超市、在线证券开户以及在线保险销售为主的五大金融业务体系
简米科技（Ping++）	专业的支付系统 SaaS 提供商，通过搭建在云端的支付处理平台为商户集中处理第三方渠道的交易请求	挖财网	定位于做“老百姓的资产管家”，聚焦大众利用互联网进行资产管理的课题
财付通	腾讯旗下第三方支付平台，提供了快捷支付、财付通余额支付、分期支付、委托代扣、Epos 支付、微支付等多种支付产品，覆盖的行业包括游戏、航旅、电商、保险、电信、物流、钢铁、基金等	金斧子	为新时代的高净值人群提供专业、独立的互联网财富管理服务
快钱	借助万达体系的多元化、规模化场景打造线下线上全面融合的、数据驱动型场景金融服务平台	信息	
		融 360	金融产品的搜索、推荐和服务平台，业务涵盖贷款、信用卡与理财
钱方好近	线下商户 Saas 服务平台，与微信支付深度合作，专注于附近的写字楼商圈、社区、高校的密集商户群。提供针对商圈的轻餐、饮品、奶茶、便利店等的轻会员服务，提供垂直行业商户的解决方案	黠石金融	主要业务包括市场风险管理和估值定价服务类业务、资产证券化投行业务和系列平台，以及依托上述技术的量化资产管理
大数据 / 大数据征信		借贷	
算话征信	专业的大数据风控服务提供商，在大数据信用评分模型、标准征信局评分模型、申请欺诈方法和信用信息共享等领域中拥有较深厚的行业经验和技术力量	我来贷	通过创立简单、便捷、低门槛的手机借贷模式提供新的服务方式
百融金服	利用大数据技术为金融行业提供客户全生命周期管理产品和服务	搜易贷	搜狐集团旗下的互联网金融平台。已基本完成房产和汽车两大垂直行业的全产业链互联网金融产品布局

续表

简称	公司描述
冰鉴科技	运用机器学习和大数据对小微企业和个人进行信用评估
金电联行	为金融机构、政府以及产业提供大数据信用服务，是中国人民银行首批批准备案的全国性企业征信机构
天创信用	以“数据 + 征信 + 金融”的模式打通金融服务价值链，聚焦农业、园区和行业风控三大重点领域，为客户提供数据服务、大数据风控服务和行业应用产品
腾云天下（Talking Data）	集数据源、系统平台和咨询方案于一体的独立第三方移动数据服务平台，形成由开发者服务平台、数据服务平台、数据商业化平台为中心的数据生态体系
天云大数据	专注于大数据基础设施软件平台和分布式人工智能算法。例如，Hadoop 分布式计算框架成功落地某银行 A 类核心系统，某寿险公司数据仓库消费化，人行征信企业关联图谱，某银行信用卡客户画像等基础设施
同盾	坚持“跨行业联防联控”的理念，为非银行信贷、银行、保险、基金理财、三方支付、航旅、电商、O2O、游戏、社交平台等多个行业的客户提供基于大数据的风险控制与反欺诈服务
微众税银	专注企业涉税经营数据的采集、加工、分析与应用，通过分析度量企业经营数据变化，提供贷前信用评估、贷后风险追踪等全方位的服务
夸客金融	为小微企业主和个人消费者进行风险定价
点融网	为海内外金融机构、银行提供市场化借贷技术解决方案
财富投顾	
资配易	从事证券投资人工智能系统研发和技术服务。主要产品是自主研发的“证券投资人工智能系统（SIAI）”
交易	
富途证券	提供一站式港美股投资服务
老虎股票	提供全球股票投资服务，致力优化投资者的投资体验
直销银行	
微众银行	国内首家开业的民营银行，首个建成本地化的科技架构银行。是将人脸识别、声纹识别、机器人客服等创新技术运用于实际业务场景的以个人贷款和大众理财为主的普惠金融产品服务体系
综合金融服务	
蚂蚁金服	提供综合金控、消费金融、支付、征信等方面的服务，业务板块复杂，拥有大数据、移动计算、机器学习、云服务、量化模型等技术要素

续表

简称	公司描述	简称	公司描述
棱镜征信	拥有央行备案征信资质的企业信用数据服务商，为政府、园区、金融机构、类金融机构、企业等用户提供企业实时信用管理产品及全过程信用管理解决方案	京东金融	主要包含供应链金融、消费金融、众筹、财富管理、支付、保险和证券七大板块，以风控能力建设为战略第一位、以数据为基础、技术为手段搭建服务金融机构和非金融机构的开放生态
数库	通过程序和算法实现了对广域半结构化数据的抽取、清洗和标准化处理的自动化，并在中文财经领域的自然语言分析和深度学习上积累了大量的工程基础，实现了一套独特的金融信息智能化分析方案	百度金融	由全资的消费信贷、理财资管、钱包支付、百金互联网金融资产交易中心以及合资组建的互联网银行、互联网保险等多个板块构成，实现以大数据风控、金融平台能力为核心的对外能力输出
百分点	大数据技术与应用服务商，产品线涵盖大数据技术层、管理层和应用层，核心产品包括技术层的大数据操作系统（BD-OS），管理层的用户画像标签管理系统，以及应用层的推荐引擎、分析引擎和营销引擎	陆金所	平安集团旗下成员，致力结合金融全球化发展与信息技术创新，以健全的风险管控体系为基础，为广大机构、企业与合格投资者等提供综合性金融资产交易信息及咨询相关服务，打造具有重要影响力的互联网财富管理平台
聚信立	帮助各大金融机构用户收集、整合、分析在互联网上的信息，提供大数据风险控制一站式解决方案	人人友信	利用先进的互联网技术和传统金融的优势为个人提供全方位的财富管理、信用借贷、品质生活等服务，致力创造普惠金融价值，目前涵盖人人贷、WE 理财、黑卡三大主要品牌
数联铭品	商业大数据行业标准 COSR 数据服务框架的发布者。紧密围绕新经济，通过动态尽调、信用评级、风险定价和经济指数四个步骤提供从微观到宏观的大数据服务	PINTEC 品钛	专注大数据处理和金融科技研发，为企业和消费者提供智能金融服务和解决方案，旗下品牌和服务包括读秒、积木盒子、虹点基金、企乐汇、璇玑和麦芬保险
众筹		其他	
星火乐投	通过搭建开放、专业、细致的平台让创业者和投资者双方对千里项目充分讨论、交换思想，挖掘优秀项目并创造价值	安心 de 利	专注农牧业产业链金融，开发定制化的产品设计、风控、融资和管理体系

如果您是第一次深入了解金融科技的概念，那您理解上面的榜单可能会有一点难度，觉得虽然这是2016年我们国家的50强金融科技公司，但仍然不了解为什么它们就是金融科技。事实上，您仔细看看每一家公司的描述，就能略微感受到：金融科技是对互联网金融下各个业态从基础设施层面和实际应用层面的颠覆性革新。接下来我们结合这个榜单了解两个问题：①中国金融科技50强钟情于哪些商业模式？②金融科技改变了金融的哪些方面？这两个问题了解清楚了，其实就已经明白金融科技到底是以什么样的形态在金融领域“怒刷存在感”的了。

要解决第一个问题，就先要注意一下上面榜单里所有企业归属的类别。

我们注意到，在50家金融科技企业中，有14家归属的商业模式为大数据/大数据征信：这充分说明了现阶段，围绕海量数据进行挖掘、处理、计算仍然是近年来最主要也是最有用的技术应用，一切巅峰的到来都以数据技术为基础，所以许多金融科技企业仍然围绕建立和优化量化模型来进行风控体系的建设，对于信贷领域来说，大数据起到中流砥柱的作用；有6家金融科技企业的商业模式为综合金融服务，我们所关注的BAT巨头（百度、阿里和腾讯）中，百度金融和蚂蚁金服各占一席，“三马”中平安集团旗下陆金所也强势抢占一个席位，腾讯虽然没有直接参与进来，但其不仅有财付通、微众银行在50强榜单，其深度合作对象京东旗下京东金融亦稳坐综合金服的一个席位。虽然人人友信和PINTEC品钛也是综合金融服务的提供商，但无论是规模还是业务种类都难以与蚂蚁金服、百度金融、京东金融和陆金所相抗衡。可以说，在综合金融服务领域，BAT巨头寡头垄断的态势仍然令其他金融科技企业望尘莫及。此外，消费金融、信贷、支付汇兑等互联网金融中的热门领域和业态依旧是金融科技企业着力的方面。也就是说，互联网金融时代的商业模式仍为金融科技企业所采纳，但同一商业模式下具体的操作流程、应用思维和核心理念却因技术的种类而千差万别。

至于金融科技到底是怎样改变金融的？下面我们通过一个例子，慢慢展开介绍。

来自未来，金融科技对“变与不变”的追求

在毕马威评选出的中国FinTech 50强榜单里，有一颗冉冉升起的新星：PINTEC品钛。品钛专注于大数据应用与金融科技研发能力，为企业和消费者提供智能金融服务解决方案。经过长期的业务探索和对金融发展趋势的思考，集团提出了名为“三体发展战略”的企业发展路线：中间件—轻合金—超导体。

“中间件”是集团战略线的第一阶段，中间件为其所连接物品实现更好的价值和功用，主要是为金融业务供、需两端提供连接。目前PINTEC的布局已基本完成，业务包括虹点基金和麦芬保险。

“轻合金”则是集团战略路线的第二阶段，也是当前发展的战略重点。品钛将为企业及其供应链、产业链提供整体金融解决方案。利用自身在大数据应用和金融科技开发上的实力，帮助机构客户降低金融服务的门槛，推进产业升级。在这一阶段，集团的服务将深度融入合作伙伴的业务之中。读秒和璇玑所代表的智能双核业务是这一阶段的产品核心。

“三体发展战略”的远景阶段则是“超导体”，让金融服务变得越来越无感化。在这一阶段可以有效融合数据、服务、人和地域，打破数据孤岛，提高金融效率，建立无感、无摩擦的超速金融世界，这也是品钛的服务与各个行业客户深度融合后，在更广阔领域内发展的必然结果。

作为第二阶段产品核心的璇玑是集团旗下的数字化资产配置平台（Robo-Advisor，也称智能投顾）。其依靠技术引擎适配不同机构，帮助合作伙伴开发面向终端消费者的金融产品。目前的合作伙伴包括德意志银行、施罗德投资、商智、携程等。璇玑对FinTech的本质和特点也有自己的认识。

璇玑尝试从行业的角度给出一些看法。FinTech公司一般至少有以下两个特点：

第一，FinTech公司虽然落地在金融服务，但以技术见长。这里说的技术并不是一些简单的电子系统或者办公软件，而是用技术去做核心的业务。比如说，在电力革命以后，我们不说有灯泡的酒店是新兴的电器公司，而冰箱

厂、空调厂可以被称为电器公司，因为它们通过电力去做核心的业务。金融的核心业务是什么？我们都知道，如风控、交易、大数据建模，而不是简单的去开发一个网页、一个APP而已。

第二，FinTech公司就是一群优先选择用技术解决问题的人。因此，从公司团队上看，最理想的团队配置是一支敬畏金融的科技团队和一支了解科技能力的金融团队。一家真正的FinTech企业，技术人员的占比一定不低。如果哪家所谓的金融科技企业，纯技术人员占比很低，那这家公司的“科技含量”就会受到质疑了。

其实这个问题很好理解，FinTech公司就是通过技术手段解决问题的。如果不以技术见长，也就失去了最大的特色。通过技术手段解决问题的好处在于，一类问题解决后，再解决类似问题的边际成本几乎为零，不再需要人工投入，效率至上是企业的不二法则。

璇玑的工作人员认为：从金融和技术的关系上看，金融科技不会也不允许改变金融的本质——它仍然是一门管控风险，匹配资金需求与供给的生意。

此刻就引申到另外一个很多人会担忧的问题——FinTech对金融的改变是本质性的改变？还是形式上的改变？

金融的进化过程，就如同社会的发展与变革进程一样。从农耕社会人们的自给自足、彼此闭塞到社会主义市场经济人们的开放共享、万物互联，变的是创造财富的形式和方法，不变的是对衣食住行医和精神世界的追求。

技术是加速器，但金融永远是本原所在。因此，技术的应用需要遵从一些金融的基础定律。

哪些是所谓的金融的“基础定律”呢？

这一定要经得起时间的考验。就如Robo-Advisor这个公认的FinTech领域，以璇玑为例，其理论基础基于马科维茨在1952年提出来的现代投资组合理论（MPT），他的模型叫作均值—方差模型。60多年来，这个理论不断被实践验证，1990年，马科维茨因此获得了诺贝尔经济学奖。

璇玑是通过资产的分散配置和风险再平衡，来管控人们在投资上的风险。这种业务，传统金融如私人银行、理财顾问等都做了很多年，从来没有改变。

你肯定要问，60多年前就有的理论，为什么现在才被普及，才被叫作FinTech?

实际上，今天我们熟知的Robo-Advisor、电子支付、智能信贷可能在5年前的技术情况下是难以想象的。今天FinTech的兴起，和技术基础设施和大数据的普及有很大关系。

“三年前，大数据征信是个伪命题。以前没有听说过互联网公司利用通话记录来做数据源。即便用户授权你去查运营商通话记录，也很难纯粹用技术去完成操作——基本上每个运营商、每个省市，页面都大相径庭，技术很难像人一样去识别并查询和录入。而每个人的通话记录，数据量非常大，仅仅六个月的话单，可能就有上万个通话，每一条通话记录都很重要——可能包含黑名单用户、可能存在通话地点频繁更换等重要信息。这些记录数据都要识别、归纳和分析，依靠人是不可能的，只能靠模型更聪明、去找更重要的变量，而只有当数据成本越来越低的时候，才可能大规模实现。”

“还有很多类似的例子，如以前基本上什么业务都要‘本人持身份证现场办理’，后来有的业务慢慢变成‘本人持身份证拍照上传’，而现在只需要填写一些字段就行，智能信贷的后台技术能够验证你的身份，看你是不是你本人……”

“再比如购买记录，以前电商的使用并不普及，购买记录覆盖面不广，无法作为重要的数据源，现在基本每人都网购，‘双十一’一天就破了1200亿元，这就是很好的信用数据。现在来看，很多电商开始与读秒合作做金融，也是近几年的事情。”

“随着互联网的发展，数据量上百倍、上千倍地翻，模型用到的变量也翻十倍、百倍，计算复杂度更是差乘地增长。但是现在，只要在十秒之内就能完成以前传统银行几周几十人完成的信贷审批任务。”

再如璇玑的系统。如果个人要做资产配置服务，以前需要理财师和你聊很久，各种解释某种理财方案，然后录音、签字，而现在我们用系统自动判断每个人的风险差别和实时的市场变动，马上就能完成10个大类资产10^{36}的计算量，给你定制最合适的资产配置方案，从而将传统金融机构因为人工成本限制只能提供给高端人群的资产配置服务，也很简便地提供给普通人使用，大大降低了金融服务的门槛。

金融的本质没有变，技术对它只是视角和方式上的改变，如边际成本、效率、普惠程度等有改变。但从金融本质上来讲，无论是传统信贷还是所考虑的因素，如信贷，智能信贷仍然都需要考虑还款能力、还款意愿、逾期等；无论是传统理财还是智能理财都仍然需要考虑财富管理目的、风险收益比等，这都是没有改变的。

回过头来，我们再回答这个问题：金融科技改变了金融的哪些方面？我们再重述一遍，金融科技的终极目的是：更高的金融服务效率和更低的金融服务成本。它的现实组织形态如图3–7示。

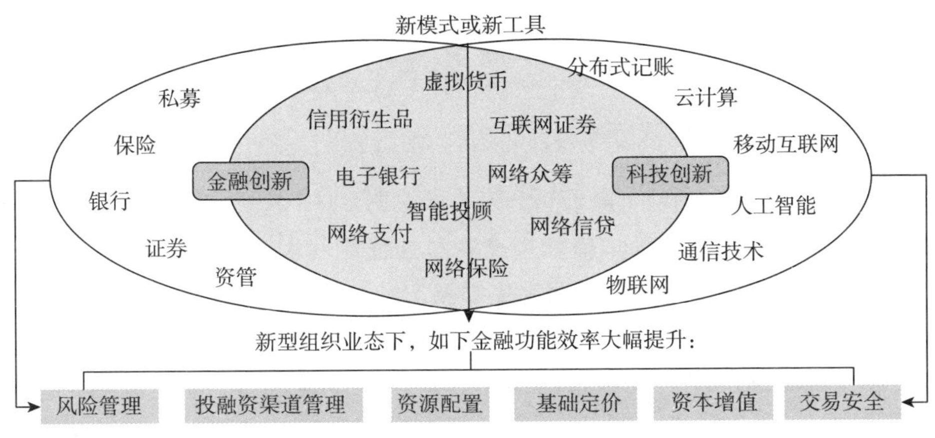

图3–7　FinTech的新模式和新工具

图3–7清楚地展现出了FinTech的强大威力。它用自己的方式将科技创新与金融创新联结在了一起，或者更准确地说，是合理、有效、有依据地联结在了一起。所有的金融业态都要涉及风险管理、投融资渠道管理、资源配置、基础定价、资本增值和交易安全这几个方面。FinTech找到了这几个行业痛点，通过技术的孵化来完成对这几个方面的更新。

在这个过程中，FinTech展现出5个基本特征：①外部性。从研发到生产再到产品，FinTech创新外部性根据社会价值分为正、负两种外部效应；②超前性。竞争驱动创新，典型企业如想要摆脱跟随战略，就需在产品研发、技术投入上做出超前行动；③高风险性。FinTech的风险流动会双向传导，对企业主体与市场都会产生影响；④层次性。初级的创新是产品组合及渠道终端的改变，深度的创新是指产品属性改变，与原产品产生本质不同；⑤动态性。由于金融产品的复杂性特征，创新产品从诞生至普及、到监管约束到位等会产生时滞，且保持处于动态调整过程。

这5个特点从不同角度告诉了我们同一件事：FinTech是冒险家们为探寻宝藏而精心打磨、锻造的武器装备。它很锋利也很危险，需要冒险家们在战略上“激进”一些而战术上非常“谨慎”，它需要在底线思维的基础上改变，需要调整，需要不断适应。

覆灭、新生与重构，不只是改变了技术

目前来看，FinTech主要改造了资产端、资金端、通道建设、传统机构、投资管理五个方面的经营思维。

从资产端来看，我们举三个小例子来说明。①P2P：大数据量化建模可以通过对借款人用户行为、借款用途和过往信用状况进行分析，指导决策；②消费金融：同样是通过大数据采集交易、社交数据来构建用户画像并形成完整的数据库；③供应链金融：通过大数据、机器学习等技术对核心企业、经销商、供应商的经营数据进行分析，简化供应链融资流程。在资产端，FinTech不仅强调了数据的作用、搭建了高效率的风控模型，更加传播了两个共识：①风控信息共享。为了使量化结果的可信度更高，不同平台间的信用数据必须要打破孤立的形式，形成联网共享的状态；②跨领域合作。通过与各类资金端对接，提升自身算法和数据分析水平，并引进第三方征信数据、政府数据库、网络公开信息来提升运营效率。

从资金端方面来看，我们主要从几个角度来认识。首先是财富管理或资产管理平台，FinTech为这些平台提供了一个便捷操作的范式，就是搜索、推荐功能，在搜索推荐功能的基础上提供个性化的财富管理、资产配置方案。

相比于去专业的财富管理公司进行咨询，这大大降低了用户的管理门槛。再者是交易平台，线上交易平台早已不是新鲜物，但是FinTech通过算法设计量化交易策略并帮助用户实现套利听起来就“高大上”了好几个级别。最后是工具的角度。FinTech通过生物识别、图像识别等技术能够简化用户日常管理现金流的事务性工作，如录入票据、整理消费信息等，通过工具的革新将过去无法直接搜集的数据可视化，形成可以识别获取的有效数据。

在通道建设方面，FinTech通过创建优质的技术方案来改善支付平台、支付集成、跨境支付、支付安全等领域的支付体验。比如说移动支付市场的主流平台支付宝和微信支付通过二维码收付款、小额免密支付、手机银行等提升支付的便捷性；境外接入国内支付渠道以适应不同国家的支付习惯、利用区块链点对点支付来省略结算流程使跨境支付不再烦琐；指纹识别、人脸识别、动态验证码等方式为支付安全增加了可靠性。

FinTech与传统金融机构的竞合关系成为近期大家讨论的热点。最明显的一个例子是，银行业相当可观的一部分业务收入正被一些新型金融科技公司分流，传统银行必须要加速朝智能化、轻型化方向转型。我们看到现在有3家网络银行：微众银行、网商银行和天津金城银行。它们在IT建设、数据分析、风险预警和数字化营销方面可以为传统银行提供可以参考的经营方案，同时服务类的金融科技公司也正在从这几个方面帮助银行进行流程优化、风控方案和业务解决方案的设置，使传统银行尽快转型。

更加宽泛一点说，FinTech使传统金融机构从单一渠道向高水准场景化、垂直化转型。效果最快、最显著的非保险企业莫属了。

众安科技认为科技是保险价值链运行的基础，如图3-8所示。显而易见的是，渠道入口、产品创新和产品定价已经借新的基础设施的东风迅速地丰富起来，价值链得到了横向和纵向的拉长。以互联网保险为例，互联网保险公司主要开展细分领域的保险服务，逐渐发展为针对个人或企业定制保险、提供差异化服务的垂直型网站或是代销平台。这两年网络互助的发展得到了多方的支持，其运作形式主要是自发组织平台、收取小额费用，在成员发生需要赔付的情况时，利用互助资金池实时帮助，这十分有赖于风控体系的搭建。

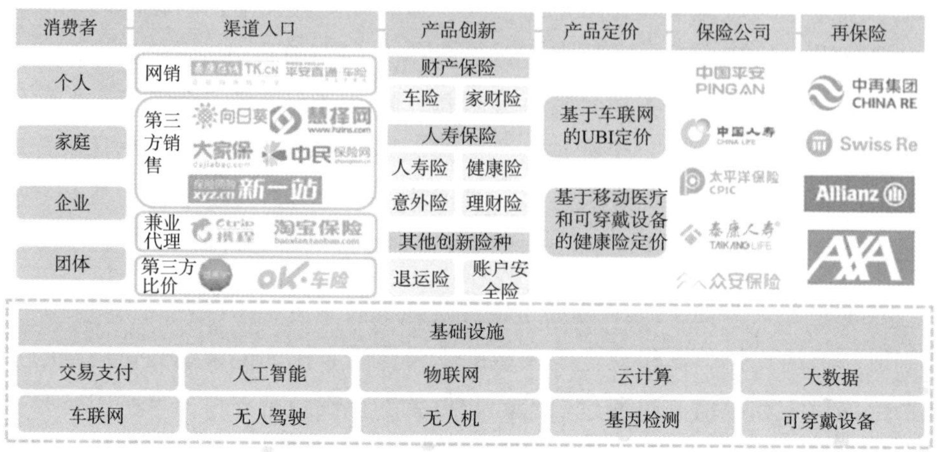

图3–8 保险价值链运行示意

在保险科技下，新的保险生态系统由传统保险公司、初创科技企业、金融投资机构、保险中介机构、保险消费者、其他行业巨头和监管机构组成。传统公司现在已经在推广的如精准营销、移动理赔和保险投顾等服务都归功于保险科技的应用。核心业务如险种开发、产业服务模式创新也在积极稳步地推进中；初创科技企业可以改变信息采集、分析和使用的方式，如现在已经广泛运用的无人机查勘定损、可穿戴设备量化自我及物联网技术下的医药供应链管理等，这些科技企业能够拓展保险服务的外延，以技术促进服务；保险中介机构通过运用大数据等技术进行定价，实现供给与需求、线上与线下的匹配和互动；而保险消费者能够受惠于保险科技的浪潮，量化自身风险、认知自身需求、与保险公司紧密沟通、有效交互、主动消费；而和保险产品相关的上下游企业也是保险科技的主要呈现者，如汽车厂商、医疗机构、电商平台、共享经济下的产品提供者等；最后，毫无疑问，监管机构将会推进优化现有监管制度，并且采取松紧适宜的监管政策鼓励和规范保险科技的发展。众安科技总结了保险科技在保险行业应用的机遇，如图3–9所示。

最后，FinTech很好地解决了长期以来投资管理业务的痛点：信息不对称和交易成本。这里主要指的是数字化资产配置或是智能投顾，就是前面介绍的璇玑公司的技术。智能投顾能够降低用户门槛，同时服务多个客户，并为客户一键定制多元化组合的资产管理方案，利用算法分散投资风险，利用技术节省线下成本，并且能够客观理性地作出决策。具体的操作步骤也不难理解，就是“三步走”战略：①收集投资人历史行为数据，分析风险承受能力和风险容忍度；②自动识别金融产品的风险程度进行筛选；③推荐匹配投资人状况的资产配置组合。虽然好理解，但是真正实现智慧、智能，需要一套非常“人性化”的细分算法。

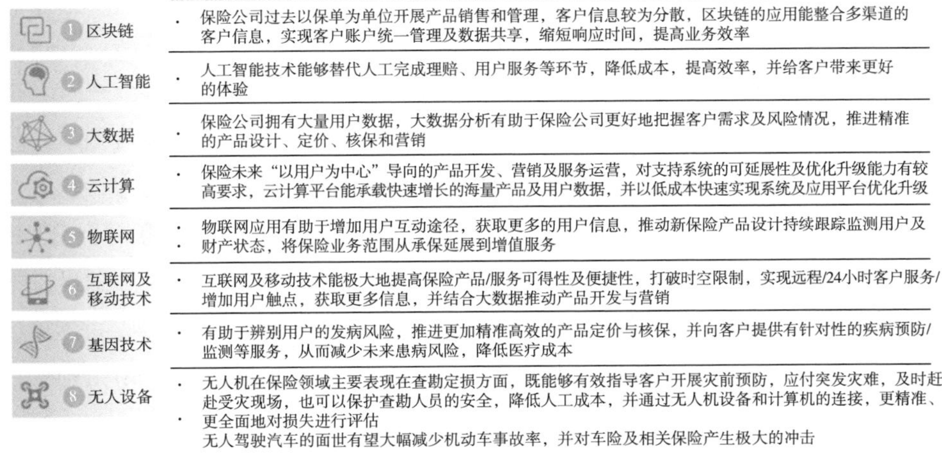

图3-9　科技在保险行业应用的新机遇

上面结合了保险科技的发展大致将金融科技在金融领域中的变革进行了概述——颠覆正在切实发生。不过，颠覆的表现形式并不是让既有的公司因为科技创新的崛起而倒闭，而是促使它们转型。当然，并不是所有的公司都能完成转型。有些公司脱颖而出，有些公司落伍，落伍者很可能会被迫退出角逐。从长远看，监管部门是会赞同这种转变，还是会为了金融稳定反对这种转变呢?

金融业务的风险具有隐蔽性、滞后性和重大性等特点，金融机构的风险存在巨大的外部效应。因此，代表社会公众利益的监管者对从事金融业务的机构进行监管是必要的。在金融科技和与之伴随的金融创新迅猛发展的今天，监管理念和监管手段也在随之变革，但金融监管的核心目标始终不变，即维护金融系统稳定，保障消费者权益、维持金融市场运作秩序。金融科技除给行业带来技术输入以外，更加重要的是为行业带来了思维模式的切换：参与和关注金融科技发展的各方，及时跟进监管动态，与监管者保持良性互动，共同推动新创领域的立法立规，支持金融科技行业的健康发展。

在中国经济结构转型的背景下，金融科技的诞生与发展除了与系统内部的“技术流”密不可分外，还与外部环境息息相关。

宏观一点来讲，首先，政策环境为金融科技在我国的发展提供了支持：比如说，互联网金融首次被纳入政府工作报告，并被写进“十三五”规划；政府围绕建设科技强国的战略目标，陆续发布一系列鼓励科技创新的政策如鼓励促进大数据发展、人工智能发展以及国家信息化发展等；其次，经济环境为金融科技的发展创造了条件：居民可支配收入增加使居民对金融资产的配置需求加大、长尾客户对差异化财富管理方式的需求提升；供给侧改革核心之一是金融改革，也就是降低企业的融资成本，提升资金利用率；再次，社会环境的复杂化和国际化使得金融对创新的诉求日益强烈：互联网金融“由表及里”进程深化，渴望接轨国外互联网金融模式；围绕数据的基础设施搭建逐渐完善，移动终端的普及和成熟；最后，技术环境为金融科技的落地生根提供了动能：大数据技术的快速普及、物联网技术的萌芽、生物识别和语言处理等技术带来的变革。

逆转时间，金融科技并不神秘

其实“FinTech”这个名词是20世纪80年代出现的。当时IBM、微软这类公司就在做，主要是银行的无纸化，也就是电子化改造，这是金融科技的第一波浪潮。全世界的银行都是数字化的生意，它从第一天开始，就是最早将新科技落地的一个产业。银行一直非常科技，只不过应用的领域不同，它们的金融科技更多体现在基础的流程、数据等层面。

关于这一点，多位银行从业者都有共识。他们一方面承认新兴公司的创新意识和执行力；但另一方面，他们认为金融科技并不是一个从天而降的“未来武器”。银行就没有技术含量了吗？并不是！因为，银行的运营就建立在强大的技术后台的基础上。“这么多年，你的网银交易出过错吗？哪怕当年的存折时代，你的账户出过错吗？没有科技保障，能做到这种效率吗？”很多银行每年的研发投入，比一般互联网公司都要大。这方面我们必须要尊重银行。

银联总裁时文朝2017年3月曾撰文指出，金融是最早利用科技提升自身的行业，没有电汇技术的飞速发展就没有现代国际银行业的产生。我国银行业IT系统建设一直以来都以极高安全标准和高规格的开发、运营投入著称。在所谓的传统金融领域，其实很多地方堪称技术含量满格。举例来说，中国移动支付目前全球领先，人们看到了支付宝和微信的强大实力，却很少关注到，这种成就的取得，离不开作为基础设施的中国现代化支付系统（CNAPS），这是各商业银行电子汇兑系统资金清算的枢纽系统，是连接国内外银行重要的桥梁，也是金融市场的核心支持系统。概言之，金融业绝对不是没有科技，而是无处不在，只不过大部分我们看不见。在行业里，中国平安银行和兴业银行，很早就开始对外输出科技能力。金融科技的缘起，最早能追溯到20世纪50年代金融后台业务的电子化。

大概从20世纪50年代开始，金融电子化进程就已拉开大幕。直到20世纪70年代，当大多数行业对信息技术还非常陌生时，发达国家就已经将信息技术引入金融行业，以提高金融业务的处理效率。IBM公司正是在CEO郭士纳的领导下，通过抓住金融电子化的历史机遇，将IBM公司成功转型为一家提供企业电子商务解决方案的巨头。

不难想象，在没有电子化的岁月，银行柜台以及证券交易大厅前聚集大量焦急的客户，随处可见被沉重的工作压得喘不过气来的金融从业人员的无奈表情。其实，此情此景即便在20世纪90年代初的中国银行业，也仍随处可见。

巨大的社会需求总是催生出革命性的事业，一筹莫展的银行家们忽然意识到日新月异的信息技术，正是提高整个金融体系运转效率的不二法门。在这种背景下，历史悠久的金融业与朝气蓬勃的信息技术业有了第一次亲密的接触。果然不负众望，信息技术对金融后台业务处理效率的提升是史无前例的。从银行业的支付结算系统、会计系统、资金转账系统到证券市场的电子交易系统，随处可见信息技术带给金融业的变革，使千千万万的金融从业人员从重复、繁重的体力劳动中解放出来。以前需要几个人聚精会神计算几个小时的工作量（有时还会出现错误），电子计算机可能只需一秒钟即可精确地完成。在这次成功的融合中，比这些可见的战绩影响更深远的是对银行家们内心的震撼，正应了那句话："用兵之道，攻心为上，攻城为下。"银行家们从未如此确信，信息技术的强大威力将会给未来的金融业带来更大的想象空间。

进入20世纪80年代，信息技术行业在摩尔定律的"福泽"之下迅猛发展，从软件到硬件均取得了举世瞩目的成就。1981年，IBM公司推出具有划时代意义的个人电脑IBM PC。1984年，苹果公司推出配有图形界面操作系统的麦金塔（Macintosh，Mac）电脑，同年微软公司推出可在麦金塔上运行的办公套件Office。这些看似与金融业无关的成就，实则昭示信息技术业蕴藏着推动金融业新一轮变革的潜能。

伴随20世纪80年代开始的经济全球化进程，即便是后台业务已高度电子化的金融业也仍然无法满足与日俱增、无时无刻不在发生的金融需求。银行家们为了分流银行营业网点的压力，开始广泛部署ATM和POS机，自助银行服务得以逐渐普及，金融业的前台业务开始加速电子化。ATM满足了人们7×24小时的取款需求，人们可以在任意时间，无须营业网点工作人员的帮助，自行通过ATM机完成取款业务。在支付领域，人们也无须去营业网点取现金消费，只需通过商家提供的POS机刷银行卡即可完成支付结算。事实证明，信息技术的发展再一次带动了金融业的腾飞。

20世纪90年代初，英国科学家蒂姆·伯纳斯·李（Tim Berners-Lee）——万维网之父，发明Web浏览器"World Wide Web"，标志信息技术业迈入互联网时代。互联网的强势崛起立刻带动全球经济的迅猛增长，引发了全球性的商务革命和经营革命，一批伟大的互联网公司相继诞生，如Yahoo公司、Google公司、Amazon公司以及中国的百度、阿里和腾讯等。金融行业作为最早引进信息技术的行业之一，自然不会错过这一波互联网浪潮。

银行业纷纷搭建自己的网上银行。美国富国银行1992年即开始建设网上银行，如今已拥有全美第一的网络银行服务体系，更在2013年成为全球市值最高的银行，获得包括巴菲特在内的诸多投资者的青睐。如果说ATM机实现7×24的自助银行服务，那网上银行更是将服务的便捷性演化到了极致。通过网上银行，人们可以随时随地享受银行服务，诸如转账汇款、网上支付业务等。而对于证券业同样如此，传统的经纪业务也可以在互联网上进行交易，美林证券于1999年推出ML Direct和Unlimited Advantage互联网经纪业务，并大获成功，继而成为信息技术与金融业务融合的业界典范。后来，甚至出现了没有实体营业网点的纯网上银行、网上证券等金融机构，颠覆了传统的经营结构。如成立于1994年4月的美国安全第一网上银行（SFNB）以及E-Trade于1996年重组为一家纯网络经纪公司，直接向投资者提供在线证券交易服务，并于当年8月成功登陆纳斯达克（NASDAQ）资本市场。

国内金融行业的电子化起步较晚，通过借鉴发达国家的宝贵经验，可充分发挥后发优势，努力实现“弯道超车”。一方面，中国银联的迅速崛起就是国内金融电子化的一个经典案例。中国银联在强大的国际支付品牌的竞争压力下，基本实现了“一卡在手，走遍全球”的目标。目前，银联卡的交易规模已位居全球第三，超越美国运通卡和日本吉士美卡等国际强敌；另一方面，进入20世纪90年代后，中国金融业监管层将金融电子化列为国民经济的基础性建设项目，以四大国有银行工、农、中、建为例，已相继建立起网上银行服务体系。值得一提的是，自1996年开始，在中国人民银行的主持下，现代化支付清算系统开始立项实施，目前已成为我国金融体系中最核心的业务系统。商业银行、证券公司、保险和基金公司等金融机构在不同层级与央行支付清算系统实现对接，每天庞大的资金流和信息流在这张庞大的网络上流动，支撑整个金融体系的平稳运行。

在经历了近乎40年的认知革命后，传统金融机构并不像外界形容的那样“因循守旧”“冥顽不化”，而且也远没有那般脆弱。当前，在金融科技这件事情上，持牌金融机构不仅没有被颠覆，反而正在凶猛地反扑之中。传统金融机构和新金融创业公司，它们之间应当是合作互补，而不是你死我活。

华夏银行行长张建华在一次论坛上坦诚地说：“互联网时代要有开放的心态，要实现合作共赢，任何一家金融机构都不可能大包大揽，要聚焦主业和自身最具竞争力的领域。华夏银行愿意与其他银行同业、非银行金融机构、金融科技公司以及外部的大数据公司共同合作。”“银行的科技能力更多体现在内功上，但在与用户的触达上，还远远不够。”“银行缺什么我们就补什么，核心点就是基于互联网的海量交易的大数据、云计算，以及互联网化的获客与用户运营，这些不是银行的强项，它们在补这个短板，所以机会也一定出现在这个短板上。”在日前发布的题为《中国银行业转型20大痛点问题与金融科技解决方案》的报告中，毕马威（中国）指出，在推进金融科技的过程中，银行可以：其一，自行研发创新金融技术，构建产业生态；其二，采用与金融科技公司合作的形式；其三，利用“投贷联动”等产业政策契机，投资或参股金融科技创业公司。对于大型金融机构而言，它们实力强劲，拥有很多选择，不过体制决定了它们的转型还取决于很多非市场化因素；对于中小金融机构来说，选择相对有限，更需要与金融科技公司合作。这将是一个庞大的金融科技服务市场。

从蚂蚁金服、众安保险到PINTEC，都在积极“跑马圈地”。它们不仅提供技术输出，还能在获客和运营上提供支持。2016年8月，蚂蚁金服上线开放平台，向商业机构全面开放包括支付、安全等在内的12大功能。自2017年以来，蚂蚁金服将理财平台向基金公司、银行等各类金融机构开放，并开放了最新的AI技术。众安保险通过开放平台向金融行业提供解决方案，还成立了全资子公司众安科技，基于人工智能和区块链等技术，提供积分、防伪溯源、风控反欺诈和智能客服等能力。

可以预见的是，随着传统金融机构与新兴金融科技创业公司的不断协作与磨合，原先的偏见与敌意终将逐渐消弭，而“传统金融机构”这个词，亦将退出历史舞台。

第二篇

模　糊

第四章　模糊的金融

金融是连接储蓄决策和投资决策之间的桥梁。基本矛盾的演变导致实体经济对金融业的需求也在发生转型。原有的金融服务供给与新经济环境、新经济结构之间出现了一定程度的错位。中国金融业正面临一个前所未有的挑战——如何管理和分配如此巨大规模的社会储蓄和社会财富。这既是中国金融业的挑战，也是中国经济的挑战。该挑战既是历史性的，也是世界性的。

互联网金融将用户交易从线下转移到线上，去中心化确实降低了中间成本、简化了复杂的流程并且扩大了用户交易量，但也存在过度去中心化问题，导致金融业无土扎根、出现空心化现象。互联网金融的优势范围是有限的，不能一味地将所有的金融业务无差别地植于互联网金融中，只有将金融科技融合于自身的体系当中，将金融元素糅合在自身各业务环节中，打造自身的生态金融，才能发挥各方最佳的效能。

正如雷吉·德·范尼克斯和罗杰·佩弗雷里合著的《重塑金融服务业——消费者对未来银行和保险业的期待》所描述的那样，金融服务业的消费者行为模式已经发生变化，这种趋势为金融服务业的未来设定了舞台，而且是未来可能成功的金融企业在制定整体规划时必须加以考虑的关键因素。

- 客户与金融机构之间的关系已经改变，陷入认同危机与客户关系危机的金融机构必须努力重建消费者信任；
- 消费者希望获得更加透明和简单的金融服务体验；
- 消费者更倾向于独立自主地作出金融决策并掌握整个服务过程的主动权；

• 消费者更加依赖群体智慧，网络和社交媒体对于消费决策的影响日益重要；

• 消费者正在重估服务价值，金融机构的名誉和社会责任成为影响消费者选择的重要因素；

• 消费者更喜欢“贴心”的服务，在全球化与商品化的大潮中，消费者更希望获得空间感和归属感，更青睐独特性和原创性。

第一节　金融供需的矛盾：需求的变化与供给的滞后

需求在变化、金融在变迁

金融需求是指人们在金融市场上获得所需要的金融产品并具有购买能力的欲望。

在中国实行改革开放的30多年里，特别是进入21世纪以来，中国金融消费者的需求特点与行为模式显示出三大变化趋势：一是消费者的金融服务需求更加多样化和复杂化；二是消费者的自我权益保护意识开始觉醒并不断强化；三是消费者的“金融选择权”显著扩大。来自消费者的这三大变化趋势，对金融的客户服务模式形成了显著的冲击和挑战，同时也为中国金融服务业的转型发展提供了最重要的外部动力。客户金融服务需求更趋复杂化和多样化，要求金融服务更加综合化和个性化。

当前，我国经济正处于由高速增长转向高质量发展的关键阶段，正处在转变发展方式、优化经济结构、转换增长动力的攻关期，在金融业发展中也还存在不少矛盾和问题，面临不少风险和挑战，这无疑对我国金融业的改革发展提出了更高的要求。站在新的起点上，新时代金融业要有新作为，要抓住新矛盾，助推新战略，实现新目标。

党的十九大报告中指出，经过长期努力，中国特色社会主义进入了新时代，这是我国发展新的历史方位。报告同时指出，中国特色社会主义进入新时代，我国社会的主要矛盾已经转化为人民日益增长的美好生活需要和不平衡不充分的发展之间的矛盾。

中国基本矛盾的变化导致中国经济对金融业的需求结构在发生转型，原有的金融服务供给与新经济环境、新经济结构之间出现了一定程度的错位。这意味着，金融业必须进行供给侧结构性改革，加强适用于新经济环境和新经济结构的金融能力建设，才能更好地服务于实体经济，从根本上解决资金脱实向虚的问题。

近年来，金融创新从根本上改变了整个金融业的面貌。但随着新市场和新技术的不断开发，许多传统风险和新增加的风险往往被各种现象掩盖，给金融体系的安全稳定带来了一系列问题。金融创新实际上是掩盖了日益增长的金融需求模糊，是一种金融上的围堵政策，最终激励了基于难以实现的未来收入流和资产价格预期之上的金融需求模糊。

新时代的社会需求具有“动态性”“提升性”和“延展性”等特征，具体表现为三个方面：一是水平不断提高。人民对美好生活的向往，会随着时代进步而不断变化、不断提高，这是一个动态发展的过程；二是范围不断扩大。过去的“物质文化生活”需求，逐渐扩大为包括民主、法治、公平、正义、安全、环境等全方位的诉求；三是结构更加复杂。需求结构要素更加丰富，既有生活质量的需求，也有情感归属的需求，还有自我实现的需求；既有生存的需求，也有健康、娱乐休闲的需求，还有公共服务需求等。不断提升、拓展和多元化已经成为人民群众需求的时代特征。这意味着对需求的满足提出了更高、更多维、难度更大的要求。

供给在滞后，金融在失衡

金融供给包括金融供给主体和金融供给服务，其中金融供给主体是指各类金融机构，金融供给服务是指金融机构所提供的各类金融产品和服务。

从不平衡、不充分的角度来看，从金融领域现在发生的整体变革中也可以看出。不平衡不是说大银行和小银行一定要平衡，而是说金融发展系统对于实体经济的服务，在不同领域、不同地区、不同群体上，不同服务的不平衡、不充分。

金融系统是通过把资金从富余者手中转移到稀缺者手中从而起到资源优化配置作用的。金融有效供给意味着投资者（或投资代理人）对市场信息能够进行正确地识别，从而发现投资项目的真实价值；意味着投资者能够以合理的价格为资金需求者提供融资服务，从而使那些具备创业精神与创新才能的企业家得到急需资金；意味着借贷双方能够以适当的方式分摊项目风险，从而形成有效的激励与约束。总之，通过有效的信息甄别、合理的价格形成、适当的风险分摊三大机制，有效的金融供给实现对企业的正确选择和资金运用的合理引导，由此带动供给结构改善与全要素生产率提高，激活供给侧改革的一池活水。

在金融创新与发展过程中，最大的特征是界限变模糊，边界越来越不清晰。这种特征具体表现在五个方面：一是传统金融过去更多着眼于大客户，未来关注点可能会向“二八现象”里的80%转移；二是融合混业的趋势在加速，新金融为混业的新发展带来了一个非常好的契机；三是基于科技金融的效率在提升；四是资源集聚速度明显加快，可能通过跨界购并、跨界合作、跨界交融实现；五是在新金融趋势下，传统金融和新金融的融合必然会带来风险管控的新特征。

正如习近平同志在十九大报告中指出的，中国特色社会主义进入新时代，我国社会的主要矛盾已经转化为人民日益增长的美好生活需要和不平衡不充分的发展之间的矛盾。同样，金融供给的模糊与金融需要的模糊之间存在一种非均衡状态，这种非均衡状态需要一种新技术、新思维、新方略、新路径。

从供给来看，“不平衡”和“不充分”分别对应供给的结构性问题和水平不够高的问题，二者本质上都属于供求不契合、不对应的问题。从原来的供不应求到现在的供求不匹配，具体表现为三个方面：一是总体性的需求与供给矛盾被结构性的需求与供给矛盾取代；二是短缺社会中的生存型矛盾被丰裕社会中的发展型矛盾取代；三是因物质匮乏而导致的单一矛盾被因经济、社会、文化环境不同步发展而导致的多元矛盾取代。供不应求，社会需求总体上得不到充分满足可能会产生发展动力不足的问题，而供求不匹配，社会需求满足的群体性、区域性和类别性差异可能会直接产生激化群体矛盾、区域矛盾等各类社会矛盾和冲突。

第二节 金融需求的模糊：新时代、新变化、新矛盾

人类的疯狂，金融投资的泡沫

“历史并不会重复它本身，但是韵脚却非常工整”（“History does not repeat itself， but it does rhyme”）

——马克·吐温

“我能计算出天体的运行轨迹，却难以预料到人们如此疯狂”。

——牛顿

（一）郁金香泡沫

位于莱顿附近的库肯霍夫郁金香花园是大多数在荷兰生活的人都耳熟能详的一个地方，园内的千百种郁金香惹人怜爱；但可知那朵朵看似美丽的鲜花，对四百年前的荷兰，却是一个挥之不去的噩梦。

作为一个今天领土面积只有4万多平方千米的弹丸之国，说荷兰是一个“大国”恐怕很多人会有意见。然而，如果回到17世纪的欧洲，你会觉得这个称呼一点都不夸张。17世纪的荷兰几乎参与了那个时代所有的“大阵仗”，它跟前霸主西班牙打了80年战争（居然还打赢了），带领新教国家打了与天主教国家分庭抗礼的30年战争，垄断了东印度和日本的贸易权，征服巴西大部分领土，占领加勒比海各岛屿，并且建立了当时世界上最大的经济中心阿姆斯特丹。当时，过气的霸主西班牙暮气初显，后来的霸主英国还在被一堆家务事搞得焦头烂额，唯独荷兰风景这边独好。因此，以当时人的眼光看来，这个“小而强”的国家未来称霸全球似乎并非是不可能的事情。在那个大国崛起的时代，荷兰人凭借着那股天生的冒险探索精神，成了当时西方世界的“领

头羊”。由于航海业的高度发达，荷兰获得了“海上马车夫”的称号。当时仅仅东印度公司，竟然占据了全球一半左右的贸易量。

经过国际贸易，荷兰人累积了大量的真金白银；但真的是“福兮，祸之所倚”。巨额的财富竟然同时构造了人类历史上的第一个金融大泡沫——郁金香大泡沫。

郁金香原产于小亚细亚，1593年传入荷兰。17世纪前半期，由于郁金香被引种到欧洲的时间很短，数量非常有限，因此价格极其昂贵。在崇尚浮华和奢侈的法国，很多达官显贵家里都摆有郁金香，作为观赏品和奢侈品向外人炫耀。1608年，就有法国人用价值3万法郎的珠宝去换取一株郁金香球茎。不过与荷兰比起来，这一切都显得微不足道。

当郁金香开始在荷兰流行后，一些机敏的投机商就开始大量囤积郁金香球茎以待价格上涨。不久，在舆论的鼓吹之下，人们对郁金香表现出一种病态的倾慕与热忱，并开始竞相抢购郁金香球茎。1634年，炒买郁金香的热潮蔓延为荷兰的全民运动。当时1000元一朵的郁金香花根，不到一个月就升值为2万元。1636年，一株稀有品种的郁金香竟然达到了与一辆马车、几匹马等值的地步。面对如此暴利，所有的人都被冲昏了头脑。他们变卖家产，只是为了购买一株郁金香。就在这一年，为了方便郁金香交易，人们干脆在阿姆斯特丹的证券交易所内开设了固定的交易市场。正如当时一名历史学家所描述的：“谁都相信，郁金香热将永远持续下去，世界各地的有钱人都会向荷兰发出订单，无论什么样的价格都会有人付账。在受到如此恩惠的荷兰，贫困将会一去不复返。无论处在哪个阶层，人们都将财产变换成现金，投资于这种花卉。”1637年，郁金香的价格已经涨到了骇人听闻的水平。与上一年相比，郁金香总涨幅高达5900%。1637年2月，一株名为“永远的奥古斯都”的郁金香售价高达6700荷兰盾，这笔钱足以买下阿姆斯特丹运河边的一幢豪宅，而当时荷兰人的平均年收入只有150荷兰盾。

这无疑是在诱导所有人停下手中的活计，投入到这场赌博中。史学家说，“在当时的荷兰，‘贵族、商人、手工业者、船员农民、泥炭搬运工、烟囱清洁工、小伙子、姑娘们，或是收破烂的妇人，所有人都有着一个共同的嗜好’，买卖郁金香成为一场全民运动。”

既然是泡沫，就总会有破灭的那一天。就在郁金香被炒到最高点后没多久，1637年的2月4日，忽然有很多人开始抛售郁金香，大量的抛售使市场陷入极度恐慌中。仅仅七天后，郁金香的平均价格已经下跌了90%，而那些普通品种的郁金香更是贬得一文不值，甚至不如一个洋葱的售价。一夜间，几乎所有参与投机的人连抱头痛哭都来不及，他们背上了还不清的巨大债务。为了避免导致更严重的社会动荡，荷兰政府于1637年4月27日宣布强行终止所有的合同，禁止投机式的郁金香交易。人类历史上第一个“泡沫”郁金香泡沫破灭了，成千上万的人流离失所，工厂倒闭，商店停业，资金链突然断裂，让人们第一次真实经历了金融泡沫这个魔鬼的恐怖。而随着这个泡沫一起破灭的，是无数荷兰人的发财梦，以及荷兰这个正在上升的帝国原本光明无限的国运。

（二）牛顿也疯狂：南海泡沫

英国大诗人蒲柏有一首描写整个英国卷入“南海泡沫”的嘲讽和讥笑的诗句：“终于，腐败像汹涌的洪水，淹没一切；贪婪徐徐卷来，像阴霾的雾霭弥漫，遮蔽日光。政客和民族斗士纷纷沉溺于股市，贵族夫人和仆役领班一样分得红利，法官当上了掮客，主教啃食起庶民，君主为了几个便士玩弄手中的纸牌。不列颠帝国陷入钱币的污秽之中。”

这个故事其实稍微了解点经济史和证券史的人都会知道大致的内容，并且还知道牛顿在这场投机中损失惨重。“南海泡沫”发生于17世纪末到18世纪初。长期的经济繁荣使英国私人资本不断积聚，社会储蓄不断膨胀，投资机会却相应不足，大量暂时闲置的资金迫切寻找出路，而当时股票的发行量极少，拥有股票是一种特权。在这种情形下，一家名为“南海”的股份有限公司于1711年宣告成立。

南海公司成立之初，是为了支持英国政府债信的恢复（当时英国为与法国争夺欧洲霸主发行了巨额国债），认购了总价值近1000万英镑的政府债券。作为回报，英国政府对该公司经营的酒、醋、烟草等商品实行了永久性退税政策，并给予其对南海（即南美洲）的贸易垄断权。当时，人人都知道秘鲁和墨西哥的地下埋藏着巨大的金银矿藏，只要能把英格兰的加工商送上海岸，数以万计的“金砖银块”就会源源不断地运回英国。1719年，英国政府允许中奖债券与南海公司股票进行转换。同年底，南美贸易障碍扫除，加上公众对股价上扬的预期，促进了债券向股票的转换。自南海公司开始股票换国债的行动后，全民疯狂追捧南海公司股份，有人说“政治家忘记政治、律师放弃打官司、医生丢弃病人、店主关闭铺子、牧师离开圣坛，就连贵妇也放下了高傲和虚荣”。为了促销股票，南海公司又向有意购买股票的人士大举放贷，让他们有能力购买大手股票，然后再由他们分期摊还贷款。南海公司宣称，自己拥有垄断南美洲西班牙殖民地奴隶买卖的权利，并可通过奴隶贸易获利。但事实是西班牙不允许此类交易，所以，南海公司所谓的国王授予它的特权几乎毫无价值。

看到南海公司的成功，很多其他的冒险家似乎也嗅到了巨大的投机机会。一时间无数股份公司如雨后春笋般从社会各个角落冒了出来。这些公司很多就像我们现在所说的“皮包公司”，并没有具体的业务。数以百计的股份公司随之涌现。当然少数如皇家交易所保险公司（Royal Exchange Assurance Corporation）是从事正当生意，但大部分都是浑水摸鱼，旨在骗取公众的金钱。这些后来被称为“泡沫公司”的股份公司，大多模仿南海公司的宣传手法，在市场上发布虚假消息，声称正进行大宗生意，从而吸引市民购买股票。其中一些公司更荒诞不经地声称正研发“可以永久转动的车轮”，有些则甚至只表示“正进行有潜力生意”，但市民仍然盲目地追捧，使这些公司的股价连同南海公司股价一同上涨。据悉，这些“泡沫公司”在市场上计划吸纳的资金高达3亿英镑。投资者趋之若鹜，其中包括半数以上的参众议员，就连国王也禁不住诱惑，认购了价值10万英镑的股票。由于购买者踊跃，股票供不应求，公司股票价格狂飙。从1720年1月的每股128英镑上升到7月的每股1000英镑以上，6个月涨幅高达700%。

1720年6月，为了制止各类“泡沫公司”的膨胀，英国国会通过了《泡沫法案》。自此，许多公司被解散，公众开始清醒过来。对一些公司的怀疑逐渐扩展到南海公司身上。自大量“泡沫公司”被取缔后，社会大众才如梦初醒，对股份公司怀有戒心，连带南海公司也受牵连。从7月开始，首先是外国投资者抛售南海股票，国内投资者纷纷跟进，南海股价很快一落千丈，9月跌至每股175英镑，12月跌到124英镑。自7月以后，随着热潮减退，南海公司的股价由原本1000英镑以上的价位急速下滑，情况不受控制。9月9日，南海公司股价已暴跌至540英镑，为了挽救跌势，南海公司董事与英格兰银行董事在9月12日商讨解决方法。会后误传英格兰银行决定注资600万英镑，一度令南海股价重上670英镑，但到同日下午，市场证实消息乃子虚乌有，南海股价随即跌至580英镑，翌日再下试570英镑，收市时更急挫至400英镑。此后，市场上人心虚怯，人人设法抛售南海股票，到9月28日的时候，南海股价已暴泻到190英镑，到12月更跌剩124英镑。

南海公司的股价暴跌，使数以千计的股民血本无归，当中不乏上流社会人士，另外部分人更因为欠债累累而出逃国外。自经济泡沫发生后，社会舆论随即强烈要求对有关官员及南海公司的董事展开调查，以追究事件责任。1720年底，政府对南海公司的资产进行清理，发现其实际资本已所剩无几，那些高价买进南海股票的投资者遭受巨大损失。许多财主、富商损失惨重，有的竟一贫如洗。此后较长一段时间，民众对于新兴股份公司闻之色变，对股票交易也心存疑虑。历经1个世纪之后，英国股票市场才走出“南海泡沫”的阴影。

在这次失败后，牛顿说出了那句名言：“我可以计算出天体运行的轨迹，却计算不出人内心的疯狂。”其实牛顿计算不出的不仅是人内心的疯狂，更计算不出人性对于金融需求的模糊。

投资的盲点，信老婆还是信顾问?

许多人会觉得金融学者研究的问题离普通人的生活有十万八千里，但其实不然。有些学术问题甚至也是普通人关心的有趣的问题，如在股票投资者中，有男有女，那男女投资者谁赚的钱更多呢？换言之，炒股是否该听老婆的？

据社会心理和行为财务学的研究指出，一般而言，男性比女性更为过度自信。Barber和Odean（2001）的研究发现，在美国股票市场，虽然男性投资者比女性投资者更为频繁地交易（男性交易量多过女性45%），但最终的投资回报率却比女性投资者的低。也就是说，女股民赚钱的概率要大些，也就是说女人投资股票比男人投资股票更容易赚钱。

（一）投资的性别差异：该不该听老婆的话？

为什么会出现这样的局面，研究发现这是由于男女在心态、性格、感觉等方面的区别所导致的。财经学者Malmendier和Tate在财经类的权威期刊*Journal of Finance*发表的研究指出，管理者“过度自信”（Over Confidence）是公司投资扭曲的关键因素之一。研究同时显示，男女的差异不仅体现在投资上，也体现在管理上。和非过度自信的管理高层人员相比，过度自信的管理者所进行的投资，具有更高的现金流敏感性。换言之，过度自信的管理者往往高估自己的能力和公司未来的前景，当企业有额外的现金流入时，他们会进行过度投资。相反，非过度自信的管理者的投资决策不会受企业现金流短期变化的影响。

既然结论已经很明白浅显了：投资决策该听老婆的。那么我们简单总结一下，女人炒股赚钱概率高于男性的表现方面。

第一，从选股方式看：女人更精细，男人更粗糙。男人选股很激进、很冲动，看好哪只股票很快就下定决心买进了，研究不深，很容易犯错误；而女人不一样，选股就要比男人要犹豫些，处处小心翼翼，选择面非常宽泛，了解方方面面后才做买卖决定，买进的股票都是精挑细选的，成功概率自然要大些。

这点其实与女人们买东西有点相似，如买件衣服，男人第一眼看中了，试穿一下合适，掏钱就买下了。女人则不同，挑来挑去，穿上又放下，有时，还要多跑几家店，货比三家，到最后，可能腿都跑断了，仍一无所获，或者又来个回马枪，又回到第一家店才最终下决心买，你说纠不纠结。真是太纠结、太折腾了！但正是因为这样女人们才更容易买到好股票。

第二，从买股票心态看：女人心态好，见好就收。男人在自身身体素质方面具有天然的优势，从而形成天生好赌与胆大，在炒股的时候，很多男性投资者炒股都抱着发大财或改变生活的想法，一旦赚钱了，就会变得越来越贪心；一旦亏了，则继续追加投资，想挽回败局，其结果可想而知，越输越多。

相反，女人比男人身材娇小，相对来说胆小，所以做事情的时候相对谨慎，不容易形成贪心，更容易得到满足。对她们来说，赚个柴米油盐钱就会开心得不得了。这种见好就收、落袋为安的炒股心态，往往让女人们赚多赔少。

第三，从对炒股的态度看：女人把炒股当作投资、亏了耐得住寂寞。男人们炒股基本上都是有时间天天盯盘，这样的话往往喜欢追涨杀跌，一天不操作心里发慌，巴不得股票是T+0操作，容易在频繁的操作中犯错误，有句话说得好："操作越多失误越多。"但女人只是把炒股当作一种投资方式，一种消遣，不会盲目地把家中所有家当都投资进去，更不会卖房炒股，很懂得用闲钱来做投资。因为她们知道炒股是很难的，不容易驾驭，投资了能赚多少就多少，不亏就行。

而平时她们还要忙家务、与朋友逛街、带小孩，这样一来，不会经常看盘，常常是把股票放在那儿，想起来了，打开账户看一看，赚了马上卖出，贴补家用；而当市场不好时，耐得住寂寞，她们也不急于割肉跑路，而是慢慢等待行情反转，反正有的是时间，总之要等到赚钱才出货，绝不做赔钱的生意。

（二）投资的专业性：专业投资顾问?

另外一个有趣的投资决策现象是是否需要专业投资顾问，也就是是否相信专业的投资技能者能够带来更高的收益？这个问题也是金融学者们广泛关注的一个话题，有趣的是，这个问题的一个重要体现是中、美两国百姓在理财方式上的区别：我国绝大多数股市参与者是散户；而美国绝大多数股市参与者是机构。这个现象也被国人戏称为"好赌"，那么中国人和美国人在股票投资上存在怎样的差异呢?

（1）中国人：喜欢追逐短线热点，对证券公司依赖性不强，投资以短线为主。

在各种投资理财产品中，中国投资者对股票的投资偏好是最强烈的。工行连续发布的《工行投资理财指数报告2010年第四季度》选取了16个包括一级、二级及中小城市在内的家庭理财投资数据，结果显示，在家庭收入6万元以上的投资者中，拥有股票投资的比例为46%；其次为分红险，所占比例为38%；拥有基金的投资者为33%。

对中国的投资者来说，证券经纪业务主要由证券公司提供，国内共有100多家不同规模的证券公司，证券经纪业务的竞争也很激烈。相对来说，小型证券公司提供的交易费率比较优惠，这也是他们的主要竞争优势；同时，不同的客户按照他们的资金量、交易金额等级能够获得不同的费率优惠，证券公司为了留住大客户，往往愿意给予较低的交易费率。

很有意思的是，尽管中国拥有庞大的股民群体，但是，股票投资者对证券公司的依赖性并不强。直到最近几年，不少证券公司开始推出全方位的理财服务，如对资产达到一定规模的客户配备专门的理财经理，理财经理将为客户提供投资方面的建议和咨询，以及包括资产配置规划等。同时，证券公司也推出了不少自己进行投资管理的券商理财产品，它们的运作模式接近于开放式基金，投资范围也很广泛。

在股票交易过程中，个人投资者普遍喜欢短线交易，特别愿意追逐热点板块，如大比例送转的股票，各种题材股等，都是投资者比较青睐的交易品种。由于不用缴纳资本利得税，短线获利成为股票投资的主要盈利模式。即便像基金这样的机构投资者，一年的换手率也要超过200%，个人投资者的换手率还要更高。由于长线投资者较少，所以现金分红对投资者的吸引力并不大。加之股票的分红派息，投资者需要按照红利所得来缴纳所得税，适用的税率为20%，目前暂按实际税率的50%比例征收，比起其他分红方式，现金分红并不太合算。而一旦股票被套牢，愿意割肉离场的人并不多，大部分人都希望等解套后再抛出。

（2）美国人：长线持有不折腾，经纪公司种类多，长线投资是主要投资方式。

2002年美国人投资股票市场的人数比例曾高达67%，在2007年也曾有65%的美国人投资股票市场。但金融风暴以后美国人对股票市场失去信心，投资股票市场的人数比例一路下滑，2008年为62%，2009年为57%，2010年为56%。

不可否认，在美国股票市场上市的公司基本都是美国乃至国际上著名、知名品牌产品的公司和企业，无论是能源、工业、农业、消费品还是医药、食品和饮料等行业。

投资美国股票市场，首先要选择一个适合自己的证券经纪公司。美国的证券经纪公司很多，交易费用也千差万别。投资人要根据自己的投资品种、资金规模和交易频度来选择合适的证券经纪公司。提供全面服务的经纪公司不仅是替客户买卖股票，而且还要充当客户理财顾问的角色。经纪公司需要了解客户的经济状况，以便为客户提出最好的投资组合和设定中长期投资规划。经纪公司对客户的每一笔投资进行具体的操作，同时也为客户提供市场发展动态的信息。

折扣经纪公司和高折扣经纪公司的经纪人同样也是投资理财方面的专家，但他们并不充当指导客户投资的角色。他们只是依据客户的要求买卖股票，形象的说法是折扣经纪公司经纪人是在替客户做买卖，而不是为客户当家理财。

由于提供的服务不同，全面服务的经纪公司和折扣经纪公司对客户的收费自然也不同。全面服务的经纪公司收的是投资理财交易佣金，折扣经纪公司挣的则是股票交易的管理费。因此，如果投资金额较大，找全面服务的经纪公司来管理投资是较佳的选择。个人投资金额不多，为降低成本利用折扣经纪公司作股票交易则较为实用。

在美国人中投资股票作短线交易（或每日交易）的人不多。一来没有那个专门时间；二来大部分人投资股票市场是为了长期的获利，而并非依一日之功来成为富翁。同时短线交易每次买卖都要付佣金，投资成本也会增加。另外，从节税的角度来说，美国的股票投资人更愿意持有盈利的股票，而卖掉亏损的股票。

那么如何看待中美在投资文化和行为上的差异呢？或许一个根本性的差异是个人是否具有对专业投资能力的信任。在美国的历史上，曾像中国近几年一样出现过“股疯”。经过多年的磨砺，如今美国人在股市上更加理性成熟，也更加专业化。美国人最常见的投资做法是委托理财专家提供共同基金的资讯、考虑投资组合并决定如何投资。由专业理财专家管理个人在共同基金上的投资，对不熟悉金融市场的人来说是一种好的选择。美国信托（US Trust）的一项调查结果也证实了这一点，该行客户中“富有”人士（指可投资资产超过300万美元的人士）中的绝大多数都依赖专业投资顾问来投资，而且富人的年龄越大，对投资顾问的依赖程度越高。

不同国别在投资文化和行为上的差异现象也是个人在金融投资行为上的模糊性的另一个体现。

数据的膨胀，“碎片化”保险

（一）盲目崇拜大数据

大数据正在改变人类的生活乃至理解世界的方式。但我们不应盲目崇拜，而要正视潜藏的风险和挑战，避免在大数据的洪流中迷失。

（1）大数据的“去人性化”忽视人的主体价值和数据的社会文化意义。如果人及其各类社会行为都仅被看作一个个数据符号，那我们就很难从中解读出充满朝气、富有激情的人，也就很难从数据塑造出来的没有个性特征的人中去推导群体样态和社会构成。现在一些大数据研究存在的一个重大缺陷是，它只关注“客观数据”的呈现，而缺少对“主观数据”的反映。从社会学的角度来看，所有数据说到底都是有关“人”的符号。而符号所蕴含的社会文化意义，才是我们真正需要了解和掌握的内容。

（2）大数据的“巨量化”强化数据霸权。大数据的复杂性不仅在于其数据样本巨量，更在于其多源异构、多实体和多空间之间的交互动态性。当前只有少数人掌握处理这种复杂的巨量化大数据的技术，因此容易导致“数据暴力”。如何防止大数据霸权，是一个需要认真对待的问题。

（3）大数据的“碎片化”导致人们难以系统认知复杂事物。当前，许多数据仅停留在“碎片化”阶段而难以被真正挖掘和分析。对这些碎片化的数据进行清理，进而形成规整的结构，是大数据能够得到充分利用的根本所在。在大数据中，其研究范式重在发现而不是推论；不是像传统的社会调查方法那样通过假设检验来进行推论，而应通过数据的总体归纳来达成对社会现象的总体分析。这不仅要求我们在数据清理技术、存储结构上进行优化，而且要在数据采集环节尽可能做到规范。

（4）大数据的“模糊化”产生了大量信息垃圾，从而为数据造假和不当传播打开方便之门。在大数据时代，我们想要获取的信息资源可能只占数据总体的万分之一甚至更少。从这个角度来说，大量的信息其实都是垃圾。不仅如此，许多大数据本身就是模糊的，其中含有虚假和有害的内容。如果纯粹凭借数据来判断和分析，甚至不假思索地利用和传播，就会导致许多误判。因此，未经前期调研论证和规范分析所获取的信息，其数据量越大可能越模糊，得到的垃圾信息也就可能越多。

（二）“碎片化”保险需求

互联网时代的金融科技还在人的保险需求上拓展了边疆：过去传统保险公司不能投保，或者无法“计时”灵活投保的保险能够以个性化的方式实现。真正实现保险保障个人定制，一键开关。下文举例分析一家科技创业型的保险公司Trov，其定位于服务特定一代人。这家公司清晰地描述了这代人的需求特性，并与保险结合，在保险行业掀起了互联网保险消费方式的革命。这家公司也深受资本青睐，融资之路一帆风顺，是2016年成长最快的金融科技企业之一。这家公司叫作Trov，成立于2012年，位于美国加州的丹维尔。

（1）Trov与美国“Y代人”

故事首先要从这代人说起。在美国，有这么一个名词Generation Y来代指一个年龄层的群体，翻译过来也就是“Y代人”，指的是美国的“80后”与90年代中以前的“90后”。那么，为什么叫“Y代人”人呢？其实很简单，因为之前的那一代人被美国人称为“X代人”。“Y代人”又往往被称为“千禧一代”（Millennials），这个词最早是由美国的历史学家威廉·斯特劳斯（William Strauss）提出的。那这代人有什么特质呢？其特质与其成长经历分不开，“Y代人”在青少年时代就接触了互联网，并经历互联网从无到有改变着生活；所以网络和电子产品对这个群体犹如空气和水般必需。

Trov的创始人Scott Walchek看中了保险行业蕴藏的最大机会，这是少有的未被新兴移动互联网科技影响的巨无霸行业，Walchek意识到了保险行业迟钝的嗅觉和保守的方式和美国“婴儿潮”规模最大的一代人——“Y代人”的生活方式格格不入。位于美国的加州，Trov自然是一家科技公司，更准确地讲应该是科技保险平台。虽然仅仅成立3年多，但Trov已经完成了2550万美元的C轮融资，投资方包括Oak HC/FT、Suncorp Group、Guidewire等。

（2）Trov的保险业务模式

Trov解决的是“Y代人”电子化收藏和管理物品需求，提供的Trov APP实现云端管理物件，并能随时匹配该物件的市场价格，将管理、整理和收藏物件变得方便和灵活有趣。当用户需要录入产品时，包括珠宝、汽车、电器、手机、笔记本、乐器、滑板等，仅需要在Trov APP上输入产品VIN型号，或扫描产品的条码、票据，或拍照上传等简易方式即可。

此外，Trov还能够自动为用户匹配该产品现在的市场价格和二手价格，以及产品其他的信息。

看到这里，生活中也许一些人习惯了不管理贵重的电子产品和其他东西，亦或许一些人习惯了在抽屉里保存贵重家电物件等东西的保修单等信息，目前国内还缺少这类的流行APP，或许这使得我们对Trov提供的自主的物件管理需求和便捷性难以有切身的体会。那么，Trov在美国的“Y代人”中究竟有多受欢迎呢？仅在2013年上线的当年，Trov云端储存的物件就超过了94万件，总价值超过了850亿美元。

既然Trov APP满足的是美国“Y代人”对物品电子化管理的需求，对实时价格的跟踪等，那么它如何提供保险服务呢?

Trov APP根据用户上传的物件信息，提供智能灵活化的投保功能，并提供最及时的保费价格。Trov APP提供的保险保障用户该物品意外损失、丢失和盗抢等损失，Trov在提供保险服务方面有如下革命之处：互联网便捷化的投保方式。

当Trov用户需要投保某个物件的时候，仅需要在软件上打开该物件的“保护”滑块，对该物件的保险即可生效。这样的投保过程是极具互联网的思维和属性的，而更具颠覆性的是，当Trov用户认为不需要保障的时候，只需要关掉“保护”的滑块，保险就中止，不再扣费。同时，Trov的理赔也是互联网化的方式，完全基于APP线上解决。

Trov这种即开即用的保障方式被称为“按需”模式（On-Demand），相较于传统保险的年化投保模式或者约定日期的投保方式，这种便捷的投保做法无疑是颠覆性的。这种“按需”模式无疑更加满足投保人的需求，举个例子，如骑行爱好者往往收藏爱车，平时往往是放在车库安全地方很少有保险需求，而在出行的时候又往往需要丢失盗抢险，这种“按需”模式无疑很好地契合了这类群体的风险保障需求。

其一，归根结底Trov的本质是保险经纪人或保险中介的角色，只不过颠覆性采取了互联网方式和需求设计了新的产品。Trov的这种“按需”模式提供的保险保障来自于两家合作的保险巨头企业，由于美国法律的监管原因，目前保险产品已经在英国和澳大利亚上线。

场景化是互联网保险营销的重要思路，Trov保险模式的成功借鉴之一可以说是“没有场景，创造场景也要上”。Trov创造的“场景”满足了美国“Y代人”的物件智能管理需求。风险保障的需求是存在的，用互联网思维做保险，第一件考虑的事情，应该是如何找到你的目标客户？像斑马社一样的2B2C是一种思路，像众安卖运费险特定场景也是思路，Trov为互联网保险提供的借鉴是：抓住一群人的特性和痛点，然后去满足它。

其二，Trov保险模式最博人眼球的是开创性地在消费险产品上创造了“按需”模式。已有UBI车险在试水“Pay As You Drive”的模式，即车险的保费与行车公里数挂钩；但Trov更进一步直接提供随时“开关”的意外保险，这种极致的方便用户方式或许将是下一代互联网保险更好地满足客户需求的一个突破点和借鉴思路。

也许不久，类似Trov模式也会出现在我国的互联网保险产品中，那时，也许会有这样的善意提醒，“不要忘记关保险，土豪请忽略”。

第三节　金融供给的模糊：新时代、新情况、新问题

麦道夫骗局，信息的模糊

“直到潮退的时候，你才知道谁在裸泳。”

——巴菲特

历史上任何的金融骗局，都是利用了信息不对称的模糊性，以及钻营任性的弱点进行行骗的。如果说评选人类金融历史上最成功的两个骗子，那一定是开山鼻祖庞兹，之后人们甚至用“庞氏骗局”来命名其手法，而另外一位就非麦道夫莫属了，人们也给它起了一个专门的名字——麦道夫骗局。

2009年6月29日，世界金融历史上最大的金融欺诈案主犯伯纳德·麦道夫被纽约南区联邦法院判处150年监禁，同时他被罚款1700亿美元。法院还要求麦道夫出售其在曼哈顿的价值700万美元的公寓，在佛罗里达的1100万美元房产及价值400万美元的住宅，一艘价值220万美元的游艇。

麦道夫骗局是人类历史上最大的庞氏骗局，主要体现在以下几个方面：首先涉及金额迄今最大，超过600亿美元；其次，该骗局潜伏了长达20年的时间，包括美国顶级的投资机构、审计机构乃至美国证监会，竟然都没有及时发现这个骗局；最后，这个骗局的受害者，不是普通投资者，而都是商界精英和专业投资机构，足见该骗局非同寻常。

（一）从庞氏骗局说起

庞氏骗局是一种最古老、最常见的投资诈骗。在我国又被称为“拆东墙补西墙”“空手套白狼”。庞氏骗局就是利用新投资人的钱来向老投资者支付利息和短期回报，以制造赚钱的假象进而骗取更多的投资。这是金字塔骗局的一种变体，很多非法传销集团就是用这一招聚敛钱财的。

“庞氏骗局”是查尔斯·庞兹（Charles Ponzi，1878—1949）“发明”的。

他是一个意大利人，1903年移民到美国。在美国干过各种工作，包括油漆工，一心想发大财。他曾经在加拿大因伪造罪而坐过牢，在美国亚特兰大因走私人口而蹲过监狱。经过美国式发财梦十几年的熏陶，庞兹发现最快速赚钱的方法就是金融。于是，从1919年起，庞兹隐瞒了自己的历史来到了波士顿，设计了一个投资计划，向美国大众兜售。这个投资计划说起来很简单，就是投资一种东西，然后获得高额回报。但是，庞兹故意把这个计划弄得非常复杂，让普通人根本搞不清楚。他宣称，购买欧洲的某种邮政票据，再卖给美国，便可以赚钱。

"庞氏计划"书面承诺在90天内给投资人带来50%的回报，但口头上庞兹走得更远，居然告诉很多人他可以在45天里完成50%的利息支付。这也就意味着投资人的钱在90天的时间里可以增长一倍。而且，他还提供"眼见为实"的切身感受：最初的投资者的确在规定时间内拿到了庞兹所承诺的回报，于是，后来者大量跟进。在1年左右的时间里，近4万名波士顿人，成为"庞氏计划"的投资者，而且大部分是穷人，资金以迅雷不及掩耳之势源源不断涌来，最多的时候一周之内他竟然吸引了超过100万美元的投资。

当时的庞兹被一些愚昧的美国人称为与哥伦布、马尔孔尼（无线电发明者）齐名的最伟大的三个意大利人之一，因为他像哥伦布发现新大陆一样"发现了钱"。庞兹住上了有20个房间的别墅，买了100多套昂贵的西装，并配上专门的皮鞋，拥有数十根镶金的拐杖，还给他的情人购买了无数昂贵的首饰，连他的烟斗都镶嵌着钻石。可是好景不长，1920年7月20日，《波士顿环球报》率先发难，对他的回报计划提出质疑，当局随即对他展开调查并要求他在结束调查之前停止接受投资人的新投资。与此同时，嗅觉灵敏的投资人开始排队要求赎回他们的投资，就像当初排队要求接受他们的投资一样。随着资金链断，闹剧戛然而止，"庞氏计划"彻底破产。8月13日，他被波士顿当局正式逮捕。经过调查，当局发现在短短一年时间里，竟然有4万人购买了超过1500万美元（相当于今天的1.4亿美元）的"庞氏计划"。这些资金可用来购买1.8亿份传说中的邮政票据，而他实际上只购买过2份！当局用了8年的时间进行清算，最后没有来得及撤逃的投资人在8年之后拿回了当初投资的37%左右的资金。1949年，庞兹在巴西的一个慈善堂去世。死去时，这个"庞氏骗局”的发明者身无分文。自此以后，“庞氏骗局”便成为金融集资骗局的代名词。

（二）伯纳德·麦道夫

伯纳德·麦道夫出生在纽约一个犹太人家庭。1960年，从纽约赫福斯特拉私立大学法学院毕业后的他靠利用暑假打工当救生员和安装花园喷水装置赚来的5000美元，还向妻子露丝的父亲借了间办公室，创立了伯纳德·麦道夫投资证券公司，从事证券经纪业务。证交委员会从来没听说过有人用5000美元起家的。

经过多年的摸爬滚打，麦道夫凭借聪明才智渐渐成为华尔街经纪业务的明星。20世纪80年代初，麦道夫在华尔街积极推动场外电子交易，将股票交易从电话转移到计算机上进行。当时，麦道夫公司已成为美国最大的可独立从事证券交易的交易商。1983年，麦道夫公司在伦敦开设了办事处，并成为第一批在伦敦证券交易所进行交易的美国公司。1991年，伯纳德·麦道夫成为纳斯达克董事会主席。在其带领下，纳斯达克成为足以和纽交所分庭抗礼的证券交易所，为苹果、思科、Google等公司日后到纳斯达克上市作出了巨大的贡献。2001年，麦道夫公司被称为纳斯达克股票市场的三大提供上市咨询的经纪公司之一，纽交所第三大经纪公司。因为设计一种庞氏骗局（层压式投资骗局），令不少著名投资者金融机构损失500亿美元以上，曾逃过美国证券交易委员会等机构的监管。英国“金融时报”引述有心人士说，汇丰控股对这次麦道夫诈骗案潜在风险可能负责15亿美元。麦道夫还领导一项投资顾问业务，这一业务专为富人、对冲基金和其他机构投资者理财。

（三）经营麦道夫骗局

2000年功成名就后，麦道夫的人生轨迹发生了巨大转变。他精心设计了一个巨大的“庞氏骗局”，以稳固的高投资回报率使自己再次成为华尔街的传奇人物，直到2008年12月初露馅。

（1）打入精英俱乐部拉客户

棕榈滩乡村俱乐部成立于20世纪50年代，这是一个高端犹太人俱乐部，只有300名会员。要申请加入其中，不仅要足够富有（会费30万美元），还必须是品德高尚的人士，每年的慈善捐款记录不少于30万美元。

麦道夫很轻松地就打入了精英云集的乡村俱乐部，并吸引了众多富有的犹太会员。麦道夫很会揣摩投资者的心理，他刻意营造出一种排外气氛，并实行“非请莫入”的政策，只有经过邀请的投资者才能成为公司的客户。这意味着，成为麦道夫的客户有点像加入一个门槛很高的俱乐部，光有钱没有人介绍是不能进的。

这一策略非常成功。在很多人看来，把钱投给麦道夫已成为一种身份的象征。麦道夫从不解释投资策略，而且如果你问得太多，他会拒绝接受你的投资。

在俱乐部的高尔夫球场和鸡尾酒会上，人们不时提到麦道夫的名字。一些犹太老人称麦道夫是“犹太债券”，能给出8%~12%的投资回报，而且每年如此，不管金融市场形势如何。麦道夫曾吹嘘：“我在上涨的市场中赚钱，下跌的市场中也赚钱，只有缺乏波动的市场才会让我无计可施。”

（2）交情老友照样骗

95岁高龄的俱乐部成员、服装大亨卡尔·夏皮罗是此次骗局的最大受害者之一，他认识麦道夫近50年了，曾邀麦道夫参加他的95岁生日宴会，和他一起旅行，甚至带他的曾孙玩。夏皮罗旗下的公益基金向麦道夫的基金投资了1.45亿美元。此外，夏皮罗及其家人还将另外的4亿美元交给麦道夫管理。

随着客户的不断增多，麦道夫要求的最低投资额也水涨船高。从最初的100万美元升至500万美元，然后又到1000万美元。至少有1/3的俱乐部会员投资了麦道夫旗下的基金。由于回报稳定，所以麦道夫的名声越来越大，会员都以拥有麦道夫投资账户为荣。

（四）麦道夫骗局的曝光

2005年，麦道夫的投资基金逐渐变成了一个新的“庞式骗局”，所有返利均来自新加入的投资者。投资人并不知道，他们的回报是来自自己和其他顾客的本金——只要没有人要求拿回本金，秘密就不会被拆穿。

2008年12月初，麦道夫向儿子透露，客户要求赎回70亿美元投资，令他出现资金周转问题。12月9日，麦道夫突然表示提早发放红利。12月10日，麦道夫向儿子坦白称，其实自己“一无所有”，而是炮制了一个巨型金字塔层压式“庞氏骗局”，前后共诈骗客户500亿美元。10日当晚，麦道夫被儿子告发，引爆史上最大的欺诈案。12月11日，麦道夫被捕。

案发前，人们信任麦道夫，麦道夫也没有让他们失望；他们交给麦道夫的资金，都能取得每年10%的固定回报，这是非常令人难以置信的回报率。但事实上，麦道夫并没有创造财富，而是创造了别人对他拥有财富的印象。顾客们并不知道，他们可观的回报是来自自己和其他顾客的本金——只要没有人要求拿回本金，秘密就不会被拆穿。但当有客户提出要赎回70亿美元现金时，游戏便结束了。

截至2008年11月30日，麦道夫的公司账户内共有4800个投资者账户。这些受骗的投资者包括对冲基金、犹太人慈善组织以及世界各地的投资者。

假如不是因为这场全球性金融危机的话，也许这场骗局还能够继续延续下去。但危机使一切显形，麦道夫承认了自己的行为。正如巴菲特所说的那样——直到潮退的时候，你才知道谁在裸泳。这一事件脱掉了如此之多的成熟的投资者和银行家们的游泳裤。数以百计的银行、对冲基金和富裕的个人都放心地把自己手中的钱交给麦道夫基金。因为，他承诺的是一个如此诱人的数字——即使是艰难时势，一年也仍有10%~15%的增长率。受害的银行来自全球各地，Banco Santander（欧元区最大的银行），BNP Paribas（2012年世界第四大银行）和汇丰这三家直到目前为止还在金融危机中幸存的银行这一次也深深地中了招。更惨的是很多美国人，他们在这场危机中除了麦道夫的基金，已经一无所获。2009年6月29日麦道夫被纽约南区联邦法院判处150年监禁，现年76岁的麦道夫将在监狱里度过他的余生。

（五）麦道夫骗局的教训：财务状况的模糊性

“庞氏骗局”的核心在于用后面投资者的钱去完成前面投资者的暴富梦想，反过来再用这种暴富梦想的实现去激励更多的人从自己的兜里掏出更加后面的钱，幻想可以这样环环相扣、一棒接一棒地永远循环下去。联邦调查局的起诉书显示，麦道夫对公司财务状况一直秘而不宣，而投资顾问业务的所有账目、文件都被麦道夫“锁在保险箱里”。直到由于面临高达70亿美元资金赎回压力，无法再撑下去，才在12月10日向两个儿子，也是其公司高管坦白其实自己“一无所有”，一切都“只是一个巨大的谎言”。

对外的信息不对称，特别是财务信息的模糊性是庞氏骗局不可或缺的一个重要特点。而最令我们瞠目结舌的是，麦道夫骗局正是发生在今天的金融市场。假如不是因为这场全球性金融危机的话，也许这次骗局还能够继续延续下去。

次贷危机，评级的失灵

谈起评级机构，有这么一种说法“世界上有两个超级权力拥有者：美国和穆迪债券评级公司。而且，有时候，我们并不清楚谁拥有的权力更大。”这一说法或许有点言过其实，但信用评级机构在金融和资本市场上的确扮演十分重要的角色。

信用评级自诞生以来，由于它自身特殊的评价功能，为市场投资者、投资机构以及相关金融行业提供了一条相对来说更快捷、更方便、更可靠的渠道来获取所关注企业及其发行债券的信息。信用评级所提供的信息帮助投资者作出投资决策，使投资者的收益回报能与其所承担的信用风险相匹配。

（一）信用评级机构的重要角色

信用评级机构最早出现在20世纪初期的美国，目前已经遍布全球，并呈现明显的增长趋势。由于铁路融资需要所引发的美国债券市场快速发展，直接导致了信用评级的大量使用，这奠定了信用评级机构第一波的发展繁荣。后来，在巴塞尔委员会所创导的改革中，明确了在确定银行资本质量时，要使用信用评级。最初，信用报道机构（如当今的Dun和Bradstreet公司）、专业的新闻媒体和投资银行家在向投资者提供信息方面起到了非常重要的作用，但最后，为投资者提供最终投资决策信息的依然是信用评级机构。信用评级机构在为金融市场提供信息上起一定的重要作用。

例如，希腊的主权债务危机，惠誉国际信用评级有限公司于2009年12月8日将希腊主权信用等级由“A-”下调至“BBB+”，同月16日，标准普尔信用评级公司亦宣布希腊长期主权信用等级将被下调一档，亦是由“A-”下调至“BBB+”，并且“威胁”希腊政府如果不采取任何应对改进措施将对其主权信用等级级别进行相应下调。此番针对希腊的一系列信用降级对于本已严重的债务危机而言无疑是雪上加霜，并诱发了后来的希腊债务危机。

2010年，标准普尔开始对爱尔兰国家如法炮制“希腊债务危机”。8月24日，将爱尔兰国家的主权信用等级从“AA”下调到“AA-”，并公开评价其主权信用前景为“负面”。市场以信用评级公司的评级为风向标，纷纷对爱尔兰国家主权信用产生怀疑并对其所发国家债券不信任致使大量抛售，面对全球市场的压力，爱尔兰国家从“凯尔特之虎”变成了向欧盟索要850亿欧元援助的“病猫”。至此，三大信用评级机构在欧洲大陆上制造的信用恐慌并未终止。葡萄牙、西班牙等国的主权信用等级也纷纷被下调，信用恐慌继续在欧洲大陆上蔓延。

（二）次贷危机中的信用评级失灵

2007年夏天爆发了美国次贷危机，以它为导火索引发了迅速蔓延至世界各国的金融危机。这次席卷全球的金融危机被视为继1929年世界经济大萧条以来最严重的经济危机，对全球各国的经济都带来了深重的影响，这种影响从虚拟经济一直冲击到实体经济。众多企业面临破产倒闭，数以千万计的工人面临失业，全球经济下滑倒退，次贷危机作为始作俑者受到全球政府和普通百姓的关注。

次贷风险显露于2007年4月，即美国新世纪房屋贷款公司宣布申请破产的那一日。紧接着2008年9月15日，华尔街迎来了其历史上最富悲剧色彩的一日，也是这一日将次贷危机推向了高潮，同属于五大券商之列的美林证券和雷曼兄弟公司，一个被美国银行以500亿美元的价格“贱买”，另一个终于丢盔弃甲宣布了申请破产的消息。五大券商中的贝尔斯登也未能幸免，于2009年3月被摩根大通收购。究其原因，证券公司的倒塌是2002—2006年极其风光的次级抵押贷款证券价值严重缩水的缘故，这类证券是以次级抵押贷款为基础的资产证券化产品。

这些本存在问题的次级贷款何以能成为令投资者追捧的投资级产品呢?答案是信用评级机构为其穿上了光鲜的外衣，让其成为投资级产品，更有甚者，次级抵押贷款经过一系列复杂的金融创新之后成为令人艳羡的“AAA”级产品。于是，随着次贷危机的全球性扩散乃至蔓延，标准普尔、惠誉、穆迪三大信用评级机构在继“安然事件”之后，再一次被推到了被全球质疑的风口浪尖上。三大信用评级机构对次级贷款不客观、不公正的评价，严重误导了投资者，客观上对次贷危机的全面爆发产生了不可小视的推波助澜的作用，使它们的权威性公信力评级受到严重质疑并引发了人们对于信用评级机构甚至整个行业的深刻思考。

（三）金融危机中信用评级的推波助澜

次贷危机的核心是资产证券化产品债务抵押债券（CDO），包括房地产金融机构、投资银行、评级机构及投资机构在内的市场参与者都围绕这一产品进行相关活动。次贷危机的传导机制是，住房者或者借款人从房地产金融机构借钱，房地产金融机构将贷款转给具有特殊目的的公司（SPV，由投资银行组建），投资银行把贷款打包并证券化，在这些债券经过评级机构评级后，将其中信用级别比较高的债券出售给保险公司、养老基金、共同基金等投资机构，信用级别比较低的出售给对冲基金等投资机构，也有一些个人投资者。在这个过程中，评级机构起到了“分离器”及“守门人”的作用。一方面，评级机构将CDO按照信用等级差分成了高级（Senior）、中级（Mezzanine）、低级/次顺位（Junior/ Subordinated）及股本（Equity Tranche）四系（其中前三个系列公开发行，股本系列不公开发行，该系列多为发行者自行购买）；另一方面，评级机构作为金融市场的“守门人”必须保证这些在市场上发行的债券具备一定的信用级别。

信用评级机构通过风险评价，引导金融资本决策和投资，从而决定金融产品的定价标准。基于次级贷款的MBS和CDO，是本次金融危机的种子。其产品销售使风险从最初发放次级贷款的银行进入资本市场，并不断放大。在这个过程中，按揭公司或银行、投行、投资者、监管者和评级机构都负有责任，评级机构在链条中起着承前启后的作用。由于风险的不透明性，信用评级机构给予次贷产品的虚高评级有效连接了次级按揭贷款和二级市场，使风险放大成为可能。

在整个金融体系中，评级机构扮演金融市场“守门人”的角色，通过“评级”来反映相关资产投资的风险度，他们亮出的“3A”评级被视为安全投资的黄金标准。然而，面对次贷危机的恶劣后果，美联储前主席格林斯潘曾指出，次贷风波的爆发，技术上的原因是某些评级机构将远远不合乎“3A”标准的次贷和次贷产品评为“3A”。以往，美国非金融企业发行的证券能得到“3A”评级的比例很小，但近年来几乎90%的次级债被评为“3A”级。仅2002—2007年，三大评级机构就将华尔街制造出的数千种创新债券评为最适宜投资的“3A”级。

然而，2006年危机苗头初现时信用评级机构反应迟缓，没有任何的预警行动。当次贷危机真正爆发时，又开始大范围大幅度地降低次级债券的评级，造成投资者纷纷抛售所持有的次贷产品，对市场造成了很强的冲击。2007—2008年，信用评级机对这类结构性融资证券信用等级的紧急降低无论从数量还是下调幅度来说都是空前的。造成投资者信心丧失的同时，还产生了对信用评级机构评级程序及评级方法的怀疑，认为信用评级机构对结构性融资证券的评级是失败的，投资者的退出对市场的流动性造成了严重的影响。

（四）信用评级失灵的原因

2007年爆发的美国次贷危机已经过去10年，但人们对次贷危机的反思并没有结束。次贷危机引发的金融风暴导致全球经济增长放缓。人们在反思危机的过程中，也将更多的批评目光投向了资信评级机构，尤其是国际三大信用评级机构。

在次贷危机爆发前，包括穆迪、惠誉和标准普尔在内的国际三大评级机构仍然把以次级抵押贷款为基础资产的结构化金融产品评为高信用等级。这对广大投资者产生了严重的误导。因为，对广大投资者尤其是中小投资者而言，其对债券的风险评估会严重依赖第三方评级机构提供的评级结果。美国的评级机构在次贷危机中暴露出来的主要问题可以总结为如下三个方面：

（1）寡头垄断的评级市场并不利于评级机构提高评级质量

截至2015年底，美国共有10家评级机构被确认为全国认可的统计评级机构（Nationally Recognized Statistical Rating Organizations，NRSRO），但穆迪、标准普尔和惠誉三家的市场占有率却超过95%，形成了评级市场的寡头格局，这种现象恰恰是评级机构的监管部门促成的。

20世纪70年代，为了规范评级的使用，美国证券交易委员会（SEC）给予穆迪、标准普尔和惠誉这三家评级机构第一批NRSRO的资质，那些没有获得该资质的评级机构逐渐失去了市场。

（2）发行人付费模式带来的利益冲突

美国的三大评级机构都采取发行人付费模式，这种模式意味着三大评级机构的评级收入来自债券发行人，这就必然会带来发行人和评级机构之间的利益冲突。原因很简单，既然高评级能够降低发行人募集资金的成本，那发行人都希望尽可能获得较高的评级。由于评级机构的评级收入来自发行人，评级机构的分析师就有可能调整其评级模型，或者建议发行人向有利于获得更高评级结果的方向调整。

在次贷危机之前，三大评级机构都深度参与了结构化金融产品的设计过程，为次级债券的分层、信用增级等提供建议，从而收取相关费用。

（3）评级和监管的顺周期性

评级具有顺周期性，是指在市场繁荣的时候评级机构倾向于给出高评级，在危机发生之后立即调整评级，这种"顺周期"的做法给投资者带来了很多负面影响。例如，尽管次贷危机在2006年就已经初现端倪，但评级机构对绝大多数交易都保持沉默。而在危机发生之后，三大评级机构在没有预警的情况下，短时间内大范围地降低次贷产品的信用评级，引发投资者大量抛售这些债券，进一步加剧了市场的恶化。同样，作为监管机构的美国证券交易委员会也是在危机发生后才采取严格措施加强监管来应对危机，而一旦市场恢复后又对评级机构"不闻不问"。

区块链，技术的迷雾

区块链是伴随比特币产生的一个概念，诞生于2008年，它代表了一种去中心化的数据组织、存储和管理方案。比特币创始人中本聪为实现点对点的电子现金系统而提出和构建了这一方案。它可以在没有中央数据库的情况下实现多点数据的可靠传输、存储和更新。区块链的概念早期被虚拟货币爱好者喜爱和宣传，影响力较小。从2015年开始，区块链忽然成为一个热门词汇，大量创业机构、投资机构、金融机构乃至监管机构纷纷拥抱区块链，将其称为“价值网络”“下一代互联网的基础设施”“下一轮互联网革命”等。

为什么区块链在短短几年的时间里忽然变成“显学”，区块链到底有什么优缺点，适用什么样的问题和领域，有没有大规模普及和应用的潜力，是不是一个适合创业的领域？这些问题并没有得到严肃、认真的解答。大量报告和专家热衷于宣传“去中心化”“去信任”“零知识证明”“密码学”“智能合约”“分布式安全”“价值传输”等似是而非的概念，反而使区块链蒙上了一层迷雾。

（一）区块链的技术实质

尽管区块链采用了大量复杂的技术，但要说清楚它的技术实质并不困难，我们可以从它的三个主要组成部件来理解。

（1）分布式总账本

不要中央数据库还要存储数据，要么把数据存储在若干个独立的数据库中，要么存储在用户的计算机上。区块链采用了后者，即把所有数据都存储在用户的计算机上，每个用户存一份，这样即使部分用户的数据丢失、被损坏或者关机了，都没有关系，其他用户都有全部数据。比特币区块链中的数据都是关于账目的数据（包括比特币“生产”数据和用户转账数据），因此称为账本，从比特币诞生以来的全部数据称为总账本。所有用户都有一份总账本，如此一来，想删除或者阻止访问所有的总账本基本上是不可能的。

（2）竞争性审核

每个用户都有一个总账本，也就是意味着每个用户都可以修改这个总账本，那么对于无数个总账本，到底哪个才是正确有效的？这就需要一个审核机制，保证整个比特币网络只有一份正确的总账本，所有用户的总账本与该正确总账本保持一致。比特币区块链引入了竞争性审核方法，原则上每个用户都可以审核总账本，但是谁的算力（计算机的计算能力）强，谁的审核就有效，谁就得到奖励。如果某个人要篡改总账本，他得保证自己的算力强于51%的用户算力之和，这是很难达到的。因此，竞争性审核一方面保证了总账本的正确性；另一方面不设置固定的审核人，让审核人（俗称“矿工”）始终处于竞争状态，避免固定审核人作弊。

（3）链式结构

比特币区块链的总账本不仅记录当前的“账目”信息，而且记录以前所有账目的索引，可以根据该索引一直回溯到总账本历史上的第一条账目。具体做法是，比特币网络在诞生之时产生第一份账单（创世区块），大约10分钟后产生了第二份账单，该账单包含了第一份账单的索引，可以根据该索引查看第一份账单的内容；再过10分钟又产生第三份账单，包含第二份账单的索引，依此类推。这样做有两个好处：其一，审核者可以根据历史账单确定用户当前的操作是否合法（如根据历史账单可以计算出某个用户A拥有10个比特币，现在他竟然要向别人转账11个比特币，这显然是不行的），从而拒绝虚假交易；其二，增加了“坏人”篡改账本的难度（如用户A想向人“证明”他有11个比特币，他就得篡改上一份账本，甚至上上份乃至上若干份）。

以上简略的总结基本上涵盖了区块链的主要技术实质，其余技术细节（如点对点通信、哈希加密、公钥地址、私钥密码）都围绕这些技术实质服务。这些实质也构成了“去中心化”“去信任化”的技术源头：比特币用户可以互相不了解、不信任，但是一个用户向另外一个用户转账比特币，只要收款方给的地址是正确的，比特币一经汇出和审核，双方便无法否认这笔转账。因为这笔转账反映在每个用户的总账本上，双方均无法篡改，甚至无法勾结审核人篡改——因为每份账单的审核都需要竞争，审核人是不固定的。

（二）区块链的创新实质

如前所述，以比特币为代表的区块链技术实际上是一个去中心化（分布式）的数据组织、存储和管理方案。它对于分布式系统的创新可以从CAP定理说起。

CAP定理是指在一个分布式系统中，数据一致性（Consistency，C）、可用性（Availability，A）和分区容错性（Partition Tolerance，P）三者不可同时兼得。数据一致性指所有人在同一时间读取数据库都能读取到相同（一致）的数据；可用性指数据库一直是可以访问的；分区容错性指可以容忍数据库的不同分区出现不一致。

例如，为了分散数据库的负担，让用户能够更快地访问数据库，我们可以在多个地方放置多个数据库服务器（即分区），不同用户访问不同的服务器，服务器之间后台进行同步，保证各个服务器上的数据都是相同的。但是很可能因为网络原因，后台不能及时同步，在这种情况下，要保证所有用户都读取到相同的数据，我们应该把数据库系统关闭，等后台同步后再开放给用户读取，但是这种情况是不可接受的——用户访问不了数据库会抓狂。因此我们既然对数据库进行了分区，而分区又出现了不一样的状况（即分区容错性P），我们又想让用户时刻都能访问数据库（即可用性A），我们就没法保证用户读取的数据都是一致的（即数据一致性C），反之亦然。

（1）区块链采用分布式总账本可以满足极高的可用性要求

由于每个用户自己都有一份总账本，因此总账本总是可以访问的，对账本的更新采用点对点机制，不存在中央服务器，也就不会因为中央服务器的故障而影响区块链网络的使用。同时，想关闭区块链网络（让其不可访问）是极其困难的，除非所有的区块链用户和审核人都关闭程序或者关机，或者切断他们之间的所有通信。

（2）区块的实质是定期结算，可以满足高容错需求

每个用户都有总账本，相当于每个用户的计算机都是一个数据库分区，而用户的网络千差万别，在某个时间段内的数据不一致是必然的，分区容错需求必然要保障。而为了让数据定期同步，保持一致性，区块链采用了定

期结算方式，即每隔10分钟更新一次账本。在这10分钟内，节点可以出现故障，数据可以出现错误，读写可以产生不一致，10分钟后，错误的数据会被系统忽略，正确的数据则被打包成区块保留。定期结算使得区块链系统具备高度的可访问性和容错性。

（3）链式结构蕴含的技术原则是只增不改，旨在降低审核的技术复杂度

如果数据能够及时得到审核和确认，并不需要完整记录数据的全部历史状态。但在高度容错且错误可能持续很久的情况下，完整的数据记录可以帮助矿工更好地追溯数据根源，为其验证和审核提供依据。同时，链式结构蕴含的原则是只能增加数据，不能删除、修改已有的数据，这就简化了数据操作，避免了记录、判断（可能有错的）数据的复杂状态，便于数据查询和计算，并可保证数据的最终一致性。链式结构与分布式账本的结合还可以实现原始数据的永久化存储，几乎不可消灭，这对于审计和监管具有极大价值。

（4）区块链是分布式系统在CAP定理框架下的一个创新实现

区块链采用分布式总账本提升了系统的可用性（A），利用定期（延迟）结算和竞争性审核获得数据的最终一致性（C），同时保留高度的分区容错性（P）。它折中了C、A和P，在一定程度上降低数据一致性要求C（每10分钟数据才会“一致”一次），然后大幅度提高A和P，使数据系统的耦合性大大降低，分区之间几乎永不互相影响，系统几乎总是稳定、总是可用的。

这是区块链在分布式系统方面真正的创新，而其链式结构只增不改的设计，也正是业界所谓的“击败”CAP定理的方法（当然不是真的“击败”CAP，而是尝试对数据存储系统进行重新设计，以可控的复杂度来实现较为均衡的CAP）。

（三）区块链的矛盾

区块链是一项创新的解决方案，通过组合现有的各项技术构建一个新的CAP范式。它不包含底层技术（如密码技术、数据压缩存储、网络传输）创新，故而不可能从根本上提高分布式系统的效率，而是开辟了一类要求高可用、高容错、低短期一致性、高最终一致性的应用领域。

（1）分布式总账本提高了可用性，但带来了极高的数据存储和传输成本

如果采用中央数据库，整个系统只需要一份数据，每个用户如果需要存储数据，也仅存储和自己有关的数据即可。而采用分布式总账本，每个用户都需要保存一份完整的数据（包括完整的历史数据），假设系统有N个用户，带来的数据存储和传输成本就是以前的N倍，用户越多，冗余和浪费就越多，整个系统的边际成本几乎是恒定的，没有规模经济效应。

大量的创业者和研究报告都忽略了这一点，他们认为数据传输、存储至用户计算机是没有成本的。但是如果大量应用都使用区块链来存取数据，用户硬盘和网络均会遭受巨大压力，其上升的速度远远高于存储价格和通信费用下降的速度。极端点讲，如果所有的应用都采用区块链的分布式总账本，就相当于每个用户的计算机需要装下整个Internet。

如果考虑对分布式总账本方案进行折中，不要求每个用户都存储一份完整账本，而是放在若干台服务器上，用户从这些服务器存取数据，则意味着安全性和可用性的降低，这与目前的数据分区、数据缓存方案无本质区别，区块链的最大优势将荡然无存。

（2）定期结算满足了高容错需求，但大大降低了数据一致性

以比特币区块链为例，每10分钟结算一次等同于数据每10分钟刷新一次，考虑区块链冲突、分叉的情景，有时候需要60分钟才能真正刷新一次，加上审核者（矿工）的选择性审核，比特币转账经过一天甚至更长时间才能确认并不罕见。这对实时性强、数据一致性要求较高的场合是不适用的。

而要提高数据刷新频率，就必须缩短定期结算时间，定期结算时间一缩短，分区容错性和可用性必然有一个下降（CAP定理）。在这方面，区块链也没有什么好办法。

（3）安全是有代价的，区块链的代价未必比传统安全机制低

区块链设计的核心是安全，而且是没有中央数据库、没有权威监管方前提下的安全。分布式总账本、定期结算和链式结构的引入也是围绕安全特性，带来了额外的可用性和分区容错性的优势，但如前所述，这些技术的引

入是以高昂的存储、传输和时间成本为代价的。区块链安全的另外一个重要机制是竞争性审核。即由矿工竞争记账权，赢得竞争的矿工获得奖励，奖励则是竞争性审核，或者说区块链安全的另外一块成本和代价。

仍以比特币区块链为例，2011年1月—2016年6月底5年半的时间，比特币的全网算力从0.1TH/S量级跃升到1000000TH/S量级，增长了1000万倍。因此，人们说目前比特币的安全已经固若金汤，几乎没有人能聚集这么大的算力对比特币系统进行破坏了，即使有，成本也过于高昂，完全不划算。这已经成为区块链拥护者宣称区块链“无比安全”的最好宣传（注意：不仅仅是比特币区块链，所有从事其他区块链开发的人也会毫不犹豫地如此宣传）。

但与此同时，我们应该注意，算力的飙升也伴随着比特币价格的狂涨，同样是5年半的时间，比特币价格由0.4美元/BTC上涨到约600美元/BTC，增长了1500倍。2011年1月，全体矿工的收入约为3000美元/天，2016年6月则达到约240万美元/天，5年半的时间增长了约800倍。比特币算力与价格的关系不言而喻（因为矿工记账获得的奖励就是比特币），比特币的价格上涨必然会导致矿工收入增加，矿工收入增加必然会加大设备投入，这反过来意味挖矿成本的上升。而矿工为了保持自己的利益最大化，也会不遗余力地炒作比特币，使比特币升值。

正是因为矿工的收入在5年半的时间里增长了800倍，比特币区块链的安全才会固若金汤。这就像一个企业用股票来支付员工的工资，员工的主要任务是维持企业的工资支付系统，收入则来自于炒买炒卖企业股票，除此之外无其他事情可做。因此，比特币的成功是一个特例，它具有长期的炒作题材。其他机构要开发区块链应用，幻想获得如同比特币一样的安全性，就需要务实考虑到底能给矿工多少报酬，能不能鼓动矿工炒作报酬，报酬不够，算力壁垒无法形成，所谓的安全性就成为一句空话。

（4）区块链不是端到端安全的

即使区块链能够在数据的传输、更新方面做到极其安全，但是由于数据存储在用户本地，它无法保证存储的安全。举例来说，比特币不能伪造和双花，但是比特币区块链无法阻止黑客盗窃他人的比特币钱包从而非法拥有他人的比特币，更无法阻止欺诈、违法交易等行为，而且在所谓的“去中心化”“社区自治”的框架下，这类问题根本就没有解决方案。

据不完全统计，被黑客盗取或者被骗子骗取的比特币已经高达数百万枚。2012年9月，比特币庞氏骗局“比特币储蓄信托”骗取用户超过70万枚比特币；2014年2月，老牌比特币交易所Mt.Gox宣布被盗比特币高达85万枚；2016年8月，香港比特币交易平台Bitfinex受到攻击，将近12万枚比特币被盗。从这些典型事件可以看出，比特币区块链远没有人们宣传和想象的安全，存在很多力有不逮之处。

2016年6月，曾创造世界众筹历史之最的以太坊去中心化自治组织项目DAO因代码安全漏洞被黑客窃取360万枚以太币。所谓的社区只能以笨拙方式回应，导致DAO项目的清盘以及以太坊网络的分裂，这是比比特币被盗更加棘手的问题。当人们相信一个技术系统的安全，又依靠该系统进行“自治”时，系统却存在漏洞，此时便存在矛盾：应该由谁决定谁来负责（说好的万无一失呢）？人们信任的到底是系统还是系统开发者/维护者？

（5）区块链并不能提供确权和权益保护机制

区块链可以确定哪些资产属于哪个地址，却不能确定其权益归谁（真正的人），更无法保护所有人的合法权益；除了纯粹的虚拟货币，区块链甚至不能确定绑定于其上的资产的真假。例如，某个人甲声称拥有一副名画乙，给名画乙设定了一个数字签名丙，然后把签名放在区块链上，区块链只知道某个地址丁在某个时间向区块链记录了一个据称是代表名画乙的数字签名丙，至于乙是否存在，是否属于地址丁后面的人甲，区块链一无所知。要解决这个问题只能依靠传统方式，如由公证员公证名画乙属于甲，甲拥有区块链地址丁。

实际上，在目前的现实环境下，完全的去中心化是无法实现的，绝大多数社会主体并无能力依靠自身的技术力量保障其财产安全。举例来说，如果人们现在达成这样一个共识，银行的账户系统只能依靠银行自身的技术能力保证其安全，任何人只要攻破银行系统窃取了银行的资金，他便“合法”地拥有了这些资金而不会受到任何惩罚，那么银行系统的安全成本将上升到无法忍受的程度，即使这样，最终结果也很可能是银行的资金被少数几个顶尖黑客窃取。

因此，仍然有必要引入外部管理力量来避免区块链技术及其缺陷被非法利用，而外部力量一旦引入，整个系统的运作模式很可能又恢复到“去中心化”之前的情况，带来巨大的监督、监管成本，形成权威中心。此时，相比于传统技术方案，区块链技术是否还能占有压倒性的优势，就是一个非常值得衡量的问题了。

（四）区块链的前景

综上所述，区块链技术方案在某些方面存在激动人心的创新，但是在很多方面又存在悖论。人们宣传其安全性，而其安全性需要花费巨大的代价才能获得，并且目前还是很脆弱的。为了弥补其脆弱的安全性，只能引入非技术的外部机制，而外部机制必然又与区块链“去中心化”“去信任”的理念相违背，并降低了区块链系统的综合成本优势。

从技术上彻底解决这些问题是非常困难的，设想我们所有的物品都有一个智能标签，该智能标签唯一确定了该物品的实质、权属，几乎可以与物品本身画等号。将该标签写入区块链，就等于在网络上进行了确权，即使有人盗走了物品实际所有人的标签，他也无法更改进而占有相应的物品，这样区块链便更值得信任。即便如此，我们又如何确定谁有权利生产、设置智能标签，又如何防止黑客在标签上弄虚作假呢？依此引申下去，问题将层出不穷，向区块链上添加的数据越来越多。最终我们获得的可能是一个超出人类存储、通信能力的“价值网络”，更加可怕的是，我们还得让每个人的计算机上都能装下这个超出人类存储、通信能力的“价值网络”。

同时也应看到，一些传统机构拥抱区块链，表达出强烈的尝试意愿，但其主要意图并不落在区块链的成本、效率优势上，而是想借助区块链“去中心化”的思路摆脱当前的中介、协调机构，导致区块链沦为利益纷争的工具——尽管这对区块链创业者是有利的，可以销售或者受托开发相应的系统，提高自身收入及估值。

当然，上述分析并非否认区块链的价值，也不是说区块链不值得重视，而是在讨论它的前景之前，需要理性分析其优劣和利弊。对于可用性要求高、分区容错要求高、短期数据一致性不那么高的应用，区块链无疑是非常合适的，包括公用信息的发布、公有资源的使用、电子证据的保存等。企业之间采用联盟链或者私有链的形式降低系统耦合度、简化数据互操作、降低对账成本；企业内部采用区块链加强数据共享和透明度、便于审核和回溯、防止内部人员作弊等，均具有很高的潜在价值（至于在成本上是否划算，需要具体考察）。尤其是这些应用与当前的社会规范相兼容，基本上不会遇到技术之外的“去中心化”问题，不会带来额外的社会变动成本。

鉴于区块链的热度和近期发展情况，它有可能像2013年的3D打印一样，受到人们忽然的、短期的热捧，认为是一项可以解决企业生产、制造乃至家庭及个人个性化物品制作的颠覆性技术，位列当年十大最有前景的创新领域。3D打印确实具有颠覆性，但是它在当时还很不成熟（现在也不够成熟），不能大范围解决材料、工艺、建模等规模化或便利化生产所遇到的种种问题，只能在某些具体领域（如高端制造、医学、军事）发挥作用。因此，2013年之后它逐渐失去关注，由过度炒作转为稳定发展。

事实上，国外近期对区块链公司的投资热度已经有所降低。主要原因在于系统开发缓慢，除了个别所谓概念验证的玩具系统和虚拟货币应用，即便那些名噪一时的明星公司甚至都没有交付过可真正使用的系统，情况还不如当年的3D打印。预计最近一两年区块链行业就会迎来第一个拐点——不是加速向上，而是增速下滑甚至暂时归于沉寂。但这未尝不是一件好事，毕竟现在离区块链真正大规模、革命性的应用还有很长的距离，在这样的距离上，正需要创业者安下心来，找到区块链真正适合的领域，做一些长期、踏实的工作。

第五章　金融的智造

金融供求失衡是指金融供给与需求不相适应，表现为金融供给大于金融需求或金融供给小于金融需求。金融科技要回归金融本质，强调科技在金融风险把控上的作用，唯有如此，金融才能在良好的秩序上正常运行。《金融监管蓝皮书：中国金融监管报告（2017）》指出，金融科技为金融体系带来的变化，金融科技的发展使移动互联、大数据、云计算、人工智能以及区块链等全面深入地应用于金融体系中，助力金融回归本质，解决金融供需之间的非均衡。

大数据、云计算、区块链以及人工智能等现代科技手段不断融入金融领域，通过“金融+科技”的深层次融合，形成不依附于传统金融机构与体系的金融科技，已成为金融业的发展趋势。金融科技通过改造提升传统金融服务与产品、开辟新的产品和服务领域，已在支付清算、借贷融资、财富管理、零售银行、保险等诸多金融领域得到应用，为实体经济提供更丰富的金融服务产品。通过发展数字普惠金融增加金融服务的覆盖面、可获得性和便利度，提高服务效率和精准度，使金融朝着个性化、多元化、产品服务精细化等方向发展。

金融科技并非因为科技的先进性而加上独树一帜的光环，而是作为联通社会各行各业的基础设施，带动社会的全面大跨步。金融科技是对传统金融的补充和改进，而非替代，科技的发展并不是专属金融行业的利器，也可以应用于社会发展的各个领域，目的是实现科技社会和智能社会。金融作为一个基本元素，不可避免地参与到人的生产生活中，金融科技也将作为基础设施，服务、连通社会的整体发展。

- 金融科技（FinTech）的定义；
- 金融科技对金融的颠覆与突破；

- 通信、交易和全球化需求的初级产物；
- 行为方式转变引发数据诉求的变化；
- 智能理财：大势所趋、炙手可热但难题多多；
- 挖掘生活中的潜在需求，金融包含在生活的方方面面；
- 整合账户信息，金融科技让生活尽在掌握；
- 物联网：连接世界，让世界在网络中触手可及。

第一节　不充分问题：金融科技变模糊为清晰

保险的“奥斯卡”，可穿戴设备与金融

从这款手环（如图5-1所示）说起，看着它，告诉我你首先想到了什么？

像手表？科技感十足？还有奥斯卡？你一定纳闷，莫非是奥斯卡奖得主的奖品？或者是颁奖现场观众的纪念品？

都不是！事实上，这是一款买保险送的手环，而这家美国互联网保险公司叫作Oscar，也就是奥斯卡。

买保险送手环？新鲜事儿！而事实是还不止如此！

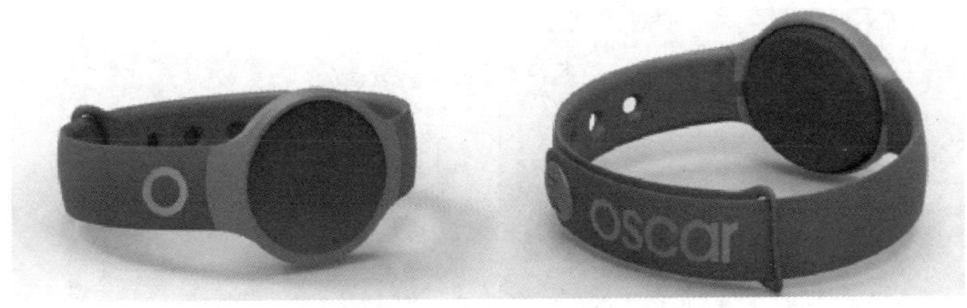

图5-1　可穿戴设备

Oscar公司定位于用互联网的方式提供商业医疗保险，主张的是保险应该发挥出激励人们去预防疾病、保持健康的功能。所以，Oscar的客户佩戴该智

能手环，当一天内运动步数达到一定值时，Oscar就奖励该用户1美元。当攒够了20美元，Oscar公司就以亚马逊购物卡的形式返还给用户。

（一）连接行为与风险

或许你听说过UBI车险：在车内安装黑匣子记录你的行车习惯、里程等数据，车险的保费则根据采集的驾驶行为、里程等数据计算得到。在UBI车险模式下，低风险的驾驶者付较低的保费，而高风险的驾驶者付较高的保费。Oscar公司的思路与UBI车险的异曲同工之处在于，通过行为与风险付费的联系希望引导和培养良好习惯。

那么，Oscar公司提供的商业医疗保险是什么样的产品呢？长期以来，美国商保长期被United Health、Anthem和Humana三家巨头高度垄断。得益于奥巴马医改开辟的医保增量市场，像Oscar这样的创新保险公司才获得进入医保市场的机会。

Oscar的网站上提供多种医疗保险，区别在于客户最高自费额的不同，自然最大自费额越低价格越高，提供的医疗保险通常的缴费方式是月缴费方式（如图5-2所示）。

产品

- 通过简单问卷调查，Oscar提供含分层选项的健康保险方案
- 保费可按月支付（短期）
- 未来，能根据每位消费者的风险高低，实现在个人层面进行定价
- 多数保险方案将提供数个免费项目（如两次免费的医生诊疗）及一些共同支付（co-pay）项目；一旦超过自付费用上限，剩余部分由Oscar承担
- 所有保险方案都提供每周7天/每天24小时的免费远程医疗服务（如与医生在线通话）
- 会员仍然可以找医生看病，利用移动端app查看附近医生与其专长领域，以及查看所需费用估计

客户

- 主要针对美国特定地区，包括纽约州、新泽西州、德克萨斯州和加利福尼亚州
- Oscar主要瞄准个人消费者（B2C）、新组建的家庭、自由职业者、新生代群体，以及那些不符合政府医疗保障标准（Medicaid和Medicare）的群体*
- 瞄准更健康的低风险的年轻健康客户群体，并给予一定优惠
- 精通科技和重视效率及全套流程整合的消费者（如可穿戴设备）
- 与"奥巴马医改"政策的推行一起，Oscar瞄准那些目前无法投保但在寻找投保机会的群体
- 喜欢保费支付方式较富弹性（如按月支付）的消费群体

渠道和销售

- 通过线上网站直接销售
- Oscar主要通过其自身网站进行销售，但消费者也能在其他第三方网站上注册成为会员
- Oscar网站的用户体验很直观，搜索工具简单方便
- 消费者仅通过回答几个问题就能进行注册成为其会员

创新的整合科技模式解决了医疗服务无法随时、随地提供的难题

图5-2　Oscar商业模式

实际上，Oscar公司提供的医疗保险更像是一种医疗管理服务计划，具体包含基本模块、药物报销和医生家访三大服务模块。以月缴费额126美元为例，其基本模块包括免费的随时医生电话咨询、预防保护（流感预防针等），还有我们提到的免费手环与计步回报，同时该计划还提供总共3次的医生上门初诊服务以及后续计费服务，该款保险用户当年需要自费的额度最高为6850美元。

长期以来，美国的保险巨头虽然生意做得很红火，但是用户满意度极差，这让他们甚至无法找到一种与用户对话的方法。而Oscar就是要利用这种关系裂痕，重塑保险和用户之间在情感上的关系。定位于互联网保险公司，Oscar始终注重网站的通俗友好性，其在网站上提出了“保险是复杂的，但我们让它简单”（Insurance is Confusing，Oscar Makes it Simple）。Oscar网站和APP设计非常精美，导航清晰，容易理解，用户操作起来非常方便。会员登录后可以看到病历的快照，包括已经开具的处方药和已经见过的医生。除此之外，Oscar还为用户提供一些健康奖励计划。

互联网基因和主张的便捷性、产品的易懂性和健康奖励计划都让这家创新的医疗保险公司与传统保险公司对比时更吸引客户的眼球（如图5–3所示）。

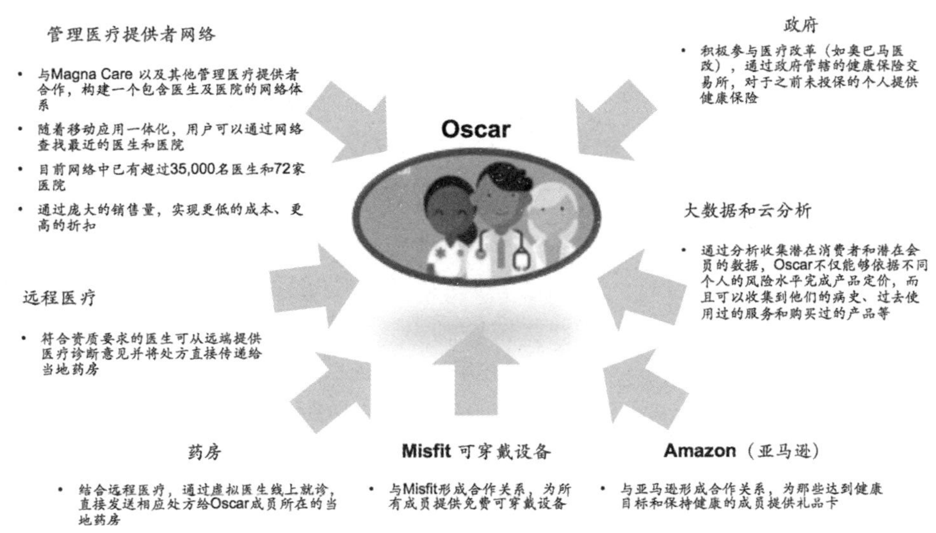

图5–3　Oscar商业生态圈

（二）可穿戴设备的颠覆

从概念上来说，智能穿戴设备（又称可穿戴设备、穿戴式智能设备等）泛指内嵌在服装中，或以饰品、随身佩带物品形态存在的电子通信类设备。具体来说，智能穿戴设备是把信息的采集、记录、存储、显示、传输、分析、解决方案等功能与我们的日常穿戴相结合，成为我们穿戴的一部分（如图5–4所示）。

图5–4　可穿戴设备

智能穿戴设备具备两个特点：首先，它是一种拥有计算、储存或传输功能的硬件终端；其次，它创新性地将多媒体、传感器和无线通信等技术嵌入人们的衣着中或使其更便于携带，并创造出颠覆式的应用和交互体验。在目前的可穿戴市场，占主导地位的是运动追踪设备，它们的形态多种多样，主要功能包括计步和睡眠追踪，可以和移动设备连接传输数据。这些设备的主要消费群体是年轻、爱好运动且有能力购买电子产品的人。然而可穿戴不仅仅只是计步器和腕带设备。我们已经见到过全尺寸的机器人服装以及小到可以植入人体内的传感器。传感器是可穿戴设备的核心，随着传感器技术的进步和种类的扩大，其收集数据的精度和广度将大大提高，我们将看到可穿戴设备进入更广泛的市场。

基于移动互联、穿戴式设备、大数据等新一代技术正在快速颠覆各行业的生存业态。在迅猛发展的医疗领域，这些新兴技术与新商业模式的结合正在全面颠覆我们以往对医疗的认知结构，可以预见，医疗的各个细分领域，从诊断、监护、治疗、给药都将全面开启一个智能化的时代，结合商业医疗保险机构，全新的医院、患者、保险的多方共赢商业模式也在探索中爆发，基于医疗大数据平台的诊断与治疗技术也将把个性化医疗推向一个前所未有的空间，传统的医疗器械和医院的商业模式或将被全面颠覆，我们定义为“智慧医疗”。

例如，可穿戴医疗设备对血糖、血压、血氧等的监测数据不仅可以与智能手机相连，还可借助云存储技术将监测数据通过云端进行存储和分析，并与医院的病例系统和监控中心相连，有异常及时提供预警以及相应的诊治意见。可穿戴医疗作为未来移动互联新的入口，最大的潜力不在于硬件本身，而在于通过硬件黏住客户，在于硬件背后收集到的医疗云端“大数据”，以及由此衍生出的商业模式：利用医疗云端“大数据”为用户提供个性化的远程服务、为企业进行精准的广告投放、为临床外包机构提供研发服务、为医院提供自动分诊服务、为医生提供应用性极强的再教育服务以及和保险公司合作绑定客户。李克强总理在2013年8月召开的国务院常务会议中明确提出，鼓励商业保险机构经办医保服务，可穿戴医疗设备厂商可通过利润分成的模式和保险公司合作获得广大的客户群。

（三）金融科技的双赢模式：可穿戴设备＋保险

对健康医疗类商业保险公司而言，盈利的基本逻辑在于概率计算和评估风险。关于大数据的价值挖掘对保险公司而言，很大程度上意味着对患病概率更精准的判断。此外，如果未来人们的健康状况越来越糟糕，患病概率增大，保险理赔金额也得增加。如果在用户支付同样保费的前提下，能通过互联网医疗创新手段降低患病概率或病情加重概率，理赔金额自然也会得到下降，最终增加利润空间。

显然，保险公司已经开始行动。我们已经看到全世界提供健康险的保险公司，通过不同的商业模式尝试发掘智能可穿戴设备的潜力。Oscar将穿戴设备与保险结合就是一个很成功的例子，用技术手段解决体验性与反馈性。有一个基本模式：保险公司与可穿戴厂商合作，以补贴价甚至是免费为保险用户提供设备，用户佩戴设备收集的健康和运动数据反馈给保险公司，保险公司据此设定保费上的奖励或惩罚标准，如，用户达到每天运动的目标就减少其保费。这样用户会为降低保费而尽力改善其健康水平，保险公司因此付出的医疗费用会下降，而可穿戴厂商则获得了用户和市场，形成共赢的局面。

例如，众安公布其与智能手环相结合的互联网健康险产品“步步保”授权用户已经达到了千万人。在区块链、人工智能势头的掩盖下，我们似乎很少去关注可穿戴设备与保险的结合。但实际上，随着科技的发展，可穿戴设备不仅仅是一种硬件设备，更可通过软件支持以及数据交互、云端交互来实现强大的功能。如何利用可穿戴设备进行商业模式的创新，是值得各保险公司展望和探讨的一个课题。

综上所述，可穿戴设备为保险公司带来的巨大价值表现在以下几个方面：第一，提供差异化的方案，吸引更多潜在客户。考虑可穿戴设备实时收集用户健康数据，保险公司可以根据从用户身上收集的数据为每名用户设计个性化的风险模式。如此不同的人可以支付与自身情况相符的保险费用，而不是所有人都一样；第二，提升受保人的健康状况，降低赔付率。穿戴设备跟踪用户的生活习惯，并提供指导改善建议，记录他们的进步并激励他们去达到设定的目标。加上保险公司在保费上的一些激励，我们将看到更健康的客户群；第三，开发更精准的定价模型，提高保险公司的盈利能力。从可穿戴设备上收集到的数据，也为保险公司提供了风险评估的依据，保险公司能够根据这些数据做到产品更精准的定价；第四，可穿戴设备让病人可以随时随地把身体的信息分享给医疗服务提供者和保险公司，双方对病人同样知情，这样各方可以一起合作为个人的治疗做出最好的方案。

新时代的支付变革，不止于支付

互联网技术进步和应用的普及在支付领域和支付市场正进行一系列变革。正确认识这一系列变革，以及发展趋势和由此带来的影响，对未来支付市场发展，对更好地发挥支付服务经济金融和社会生活有积极意义。日新月异的金融科技正在许多方面对支付行业起到促进作用。

（一）新技术的支付方式：新技术的支付安全性

如今，大多数人已经习惯了购物使用手机APP支付，支付宝和微信在各行各业进行移动支付已十分普遍。在技术手段上，移动支付已经实现了从扫码支付到NFC支付、声波支付，再到现在的指纹识别支付。移动支付正在与生物识别技术深度融合，如刷脸支付，技术的创新驱动着移动支付产业的升级。由于各种创新的移动支付技术层出不穷，移动支付方式也在不断地变化。

随着用户消费习惯的改变，移动支付方式正在不断地变革。把生物识别技术应用到移动支付中，相比用数字或字母构成的密码，生物识别完成支付的时间非常短，可以减少用户支付的操作步骤，使用更加便捷。而移动支付应用场景的增多让支付安全面临更加严峻的考验，只有保证了支付安全才能在这场竞争中胜出，才能在未来的移动支付市场中赢得一席之地。

第一，NFC支付。虽然NFC支付技术已经相对成熟，但NFC支付需要整合软硬件，NFC移动支付就分为NFC解决方案、SIM卡解决方案及MicroSD解决方案。NFC支付不同于扫码支付，推广难度颇大。既需要银联提供终端支付设备支持，又依赖运营商的网络支持。NFC上游是复杂的芯片供应商，在中游手机厂商需要面对上游供应商的合作，同时需要跟银行、商户和手机消费者的多重关系进行整合，实现NFC支付依旧长路漫漫。

第二，声波支付。声波支付是指利用声波的传输，完成两个设备的近场识别。其具体过程是，在第三方支付产品的手机客户端里，内置有“声波支付”功能，用户打开此功能后，用手机麦克风对准收款方的麦克风，手机会播放一段“咻咻咻”的声音。接收端接收周围的声源并分析声源是否具备交易号的信息，获取到信息后再告诉服务器，继而完成具体的付款操作。商户需要一台带有声波模块的接收设备，目前普及度较低。

第三，指纹支付。指纹支付是采用已成熟的指纹系统进行消费认证，通过指纹识别即可完成消费支付。指纹支付可以省去输入多位数密码、更节省时间，免去忘记密码的麻烦，更重要的是，指纹支付可以防止输入密码时被旁人偷窥。由于指纹的可复制性，所有的指纹信息均保存在本地，以防止信息的泄露。

第四，“刷脸”支付。“刷脸”是指一款基于脸部识别系统的支付平台，支付时只需要面对POS机屏幕上的摄像头，系统会自动将消费者面部信息与个人账户相关联，整个交易过程十分便捷。在面部识别的时候，系统需要借助云计算技术处理大量的数据信息，包括面部结构、五官以及肌肉等方面的数据，在信息匹配后即可进行后续的支付。表情、角度、光照条件、整容等对于利用人脸识别效果的稳定性和准确性也带来了一定的挑战。

（二）未来支付：不仅仅是支付

支付的价值将超越支付本身。传统支付，是为了交易双方最终完成交易而进行的付款人对收款人的货币债权转移。在这一过程中，银行作为支付中介，其目的单一，所掌握的信息十分有限。在互联网时代，特别是为了满足电子商务快速发展的需要，支付的目的虽然没有实质改变，但支付活动所能够掌握的客户信息、交易信息等各类信息大大增加，使得支付的价值不再局限于支付本身，支付的基础功能被急剧放大。通过对这些数据信息的收集、整理和分析，能够对客户信用、行为、爱好等进行全面的了解和掌握，从而为其他业务提供必要的基础性支撑，为支付服务提供者有针对性地营销客户、维护客户、推销产品和服务等提供有效的保障。此外，这些大数据还能变革征信模式：数据分析，尤其是支付数据可通过互联网上留下的这些“足迹”清晰地描绘出一个人。各家机构还在不断尝试把控数据源的“量”与“度”，清晰地刻画个人信用，如芝麻信用、前海征信、腾讯征信等。

金融科技的进步带来的不仅是支付本身更好的体验，也将改变未来货币的携带与使用习惯。银行卡与信用卡的发明对于货币发展的意义不亚于纸币取代了金属货币在流通中的进步，而金融科技将彻底带领人类的未来支付走出这个时代，走进无卡化的“空付”时代。

随着电子支付方式的发展，在零售支付领域，支付工具由纸基迅速向卡基转变。随着互联网时代来临，以银行卡为主要表现形式的卡基支付工具正在走向顶峰。尽管新兴的网络支付还难以完全摆脱银行卡独立存在，但其依赖性正随着无卡支付的发展而降低，并且由于技术进步，速度在不断加快。支付工具的多样化和无卡化趋势，可能需要支付服务提供者将其注意力转移到账户服务本身，并由此考虑业务创新、产品创新和安全机制。互联网金融最典型的特征之一是金融“脱媒”，但就互联网支付而言，“脱媒”将是一个十分漫长的过程，其中一个重要原因，就是银行账户服务。因为无论哪一种支付工具和支付方式，最初和最终的资金转移都必须通过银行才能完成。除非现行的法定货币发行权和货币发行机制被彻底改变，或者支付机构依法转变为银行。当然，非金融支付服务机构通过提供支付账户服务，在有限范围内和一定程度上还是实现了支付“脱媒”。正因如此，才形成了支付机构与银行在支付市场的竞争。

大数据征信，还原真实的你

芝麻积分可以办理签证的消息一石激起千层浪。例如，卢森堡的“信用签证”服务在阿里旅行平台正式上线，芝麻分在750分以上的用户，可通过阿里旅行办理卢森堡的“信用签证”。此外，在阿里旅行的电子签证平台，用户的芝麻分高于700分就可申请新加坡签证。无须提供在职证明、个人信息表、户口本、身份证复印件等资料。据透露，阿里旅行、芝麻信用未来将与英国、韩国、日本、斯里兰卡等出境游热门国家进行接触，这些国家也有望支持“信用签证”。那么，阿里的芝麻积分究竟是凭什么能够保证信用呢？这就涉及互联网时代下的新金融科技，利用大数据解决个人征信的问题。如今随着大数据时代的到来和发展，可用于评估人们的数据越来越丰富，如电商的交易数据、社交类数据（强社交关系如何转化为信用资产）、网络行为数据等，来自互联网的数据将帮助金融机构更充分地了解客户。

（一）大数据征信与传统征信的区别

我国征信业刚刚起步，发展时间并不长，根据发达国家的经验，建成征信数据库至少需要3~5年的时间。数据库建设滞后导致市场上的征信产品和服务并不丰富，这是我国征信业发展的现状。

从类型上看，传统征信公司采用的是同业信息分享模式，即客户查询一条信息需要先共享一条相应的信息；而互联网公司则是利用自身的海量数据优势和用户信息，从财富、安全、守约、消费、社交等几个纬度来评判，为用户建立信用报告，形成以大数据为基础的海量数据库。具体来说，传统个人征信的分析维度包括以下几个维度：

①个人基本数据，如年龄、性别、职业、收入、婚姻状况、工作年限、工作状况等；

②信贷情况，主要是信贷和信用卡相关数据；

③公共数据，包括税务、工商、法院、电信、水电煤气等部门的数据；

④个人信用报告查询记录。

传统征信模式面临的难题是征信数据不全、平台上传数据积极性低、更新不及时、接入门槛高等问题。而大数据征信模式，其优点在于数据来源广泛，弥补传统征信覆盖面不足的缺陷；数据类型多样化，不局限于信贷数据，更能全面反映个人信用情况。其难点在于，信息过多引起的数据杂乱，整合多方数据困难，且数据相关性分析需要较长时间和实践来检验，短期内信用评价数据精准性较低。此外，大数据征信也面临法律风险，在个人隐私保护上较难把控。

（二）新金融科技：大数据征信

随着国家推动社会信用体系建设的步伐不断加快，大数据征信的概念得到广泛传播，已被越来越多的公众所认知。大数据征信代表未来征信业的发展方向，将深刻改变商业交易模式，成为支撑市场经济健康快速发展的基础性产业。什么是大数据征信呢？支付宝花呗、京东白条、P2P网络借贷等都是建立在大数据基础上的信用贷款模式。

目前，对大数据尚无公认的定义，一般认为大数据是指所涉及的资料量规模巨大到无法通过目前主流软件工具，在合理时间内达到撷取、管理、处理并整理成为服务经营决策的资讯。简单地说，电商行业如淘宝网、京东电商做出判断的消费数据信息就是大数据征信，他们和一些第三方的互联网金融机构都有属于自己的可靠大数据征信来源。而这些依靠大数据为信用依据所给出的网络虚拟信用贷款服务，似乎已经成为互联网金融未来的发展趋势。

中国的大数据征信行业还处于起步阶段，已经受到了资本和市场及互联网金融企业的追捧。大数据征信前景广阔，在资本市场、商务合作和终端消费市场，征信产品的需求已经显现出来，金融机构、企业和消费者对通过第三方大数据征信机构在经济活动中考察合作和交易对方的信用状况抱有很大的期待。从目前实践情况来看，目前主要存在几家不同数据来源的互联网大数据征信的模式。

（1）侧重电商：芝麻信用

以芝麻信用所构建的信用体系来看，芝麻信用分根据当前采集的个人用户信息进行加工、整理、计算后得出的信用评分，分值范围是350~950分，分值越高代表信用水平越好，较高的芝麻分可以帮助个人获得更高效、更优质的服务。芝麻分综合考虑了个人用户的信用历史、行为偏好、履约能力、身份特质、人脉关系五个维度的信息。其中来自淘宝、支付宝等“阿里系”的数据占30%~40%。主要包括以下几点：

①信用历史：过往信用账户还款记录及信用账户历史。目前这一块内容大多来自支付宝，特别是支付宝转账和用支付宝还信用卡的历史。

②行为偏好：在购物、缴费、转账、理财等活动中的偏好及稳定性。例如，一个人每天打游戏10小时，就会被认为是无所事事；如果一个人经常买纸尿裤，这个人便被认为已为人父母，相对更有责任心。

③履约能力：包括享用各类信用服务并确保及时履约。例如，租车是否按时归还、水电煤气是否按时交费等。

④身份特质：在使用相关服务过程中留下的足够丰富和可靠的个人基本信息，包括从公安、学历学籍、工商、法院等公共部门获得的个人资料，未来甚至可能包括根据开车习惯、敲击键盘速度等推测出个人的性格。

⑤人脉关系：好友的身份特征以及与好友互动的程度。根据“物以类聚，人以群分”的理论，通过转账关系、校友关系等作为评判个人信用的依据之一。其采用的人脉关系、性格特征等新型变量能否客观地反映个人信用，但目前还没有将社交聊天内容、点赞等纳入参考。

（2）侧重社交：腾讯信用

腾讯信用主要是基于社交网络，通过QQ、微信、财付通、QQ空间、腾讯网、QQ邮箱等社交网络上的大量信息，如在线时长、登录行为、虚拟财产、支付频率、购物习惯、社交行为等，利用其大数据平台TDBank，在不同数据源中，采集并处理包括即时通信、SNS、电商交易、虚拟消费、关系链、游戏行为、媒体行为和基础画像等数据，并利用统计学、传统机器学习的方法，得出用户信用得分，为用户建立基于互联网信息的个人征信报告。腾讯信用评分以星级的方式展现。信用星级一共7颗星，亮星颗数越多代表信用越良好。星级主要由四个维度构成：

①消费：用户在微信、手机QQ支付以及消费偏好；

②财富：在腾讯产品内各资产的构成、理财记录；

③安全：财付通账户是否实名认证和数字认证；

④守约：消费贷款、信用卡、房贷是否按时还等。

（3）侧重运营商：聚信立

聚信立主要是基于互联网大数据，综合个人用户运营商数据、电商数据、公积金社保数据、学信网数据等，形成个人信用报告。聚信立通过借款人授权，利用网页极速抓取技术获取各类用户个人数据，通过海量数据比对和分析，交叉验证，最终为金融机构提供用户的风险分析判断。聚信立以报告形式展现，报告主要由四个维度构成：

①信息验真：通过交叉比对验证用户是否为真实存在的人，是否有欺诈风险；

②运营商数据分析：分析用户生活、工作及社交范围，与家人朋友的联系频率等；

③电商数据分析：分析用户消费能力及消费习惯，判断用户是否有能力还款；

④其他数据分析：包括公积金社保数据、学信网数据、全国高法执行名单、黑名单等数据，判断用户是否存在欺诈风险。

聚信立的底层IT架构为丰富的技术线提供稳定支持，对所有数据源网站进行实时监控，人工智能自动排错，可用率超过90%。

（4）侧重信用卡：51信用卡

51信用卡主要是基于用户信用卡电子账单历史分析、电商及社交关系强交叉验证。根据用户的信用卡数据、开放给平台的电商数据所对应的购买行为、手机运营商的通话情况、登记信息等取得多维信息的交叉验证，确定用户的风险等级以及是否贷款给该用户。51信用卡风险等级由五个维度构成：

①账单管理时间：信用卡有效存续时间越长，用户风险越低；

②账单表现：根据用户的授信卡数、授信额度，以及还款比和账单完整度判断用户的还款能力和诚信程度；

③手机入网期限：手机入网期限越长，用户风险越低；

④运营商：通过近4个月有效通话记录以及通讯录中是否存在负面联系人，判断用户自身的可靠程度；

⑤淘宝：主要看常用收货姓名及电话号码是否与申请人预留号码一致。

（三）大数据征信前路漫漫

当前国内的大数据征信行业还存在诸多难点。例如：

第一，大数据整合难，信息孤岛难题待解。央行征信系统并未开放，征信机构无法获取珍贵的信贷数据，而央行对企业在小贷、租赁金融的信贷行为也难以全面掌握；公共数据广泛分散在工商、质检、海关、税务等政府和业务管理部门，虽然建设统一信用信息平台已提上日程，但数据孤岛的问题仍难解决；芝麻信用、腾讯征信等所背靠的集团，以及各类P2P平台自建的征信公司本身存在业务交叉和竞争关系，共享“黑名单”易，共享“白名单”难等。

第二，征信数据缺乏统一标准。到底哪些信息需要列入征信评估范畴还没有一个统一的界定。越来越多的信息被纳入征信范畴，交通违章、地铁逃票等似乎什么都可以往里装，这些都可能构成个人不良征信记录影响个人信贷。

第三，公信力遭质疑。“征信采集者与使用者没有任何关系”的独立第三方原则被模糊。首批入围的民营征信机构数据的采集和使用都与自身有着千丝万缕的联系，这决定了现在市场中很多模型只能适用于自己的小生态，同时民营征信机构既做裁判又做选手，最终评价的公正性或在市场份额争抢中失衡。只根据数据分析出的规律并不全面，如果仅据此进行风控审核，难免会出现疏漏或偏差。大数据只能作为辅助手段，不能作为风控的决策依据。

我国将互联网大数据应用于征信的实践尚处于探索中，探索互联网大数据与征信的内在联系，通过金融科技创新，帮助越来越多的贷款人尝试摆脱传统的信用评估方式，寻找新的方式评估没有传统信用记录的潜在客户。

量化投资的黑盒，另辟蹊径

在寂静的清华园里有着一栋不起眼的红色两层小楼，平日里校园里的学生和老师形色匆匆地路过，很少有人注意到这栋楼特别的名字：陈—赛蒙斯楼（如图5-5所示）。这栋楼是为了纪念两位世界级的数学家：陈省身教授和赛蒙斯教授，为了纪念这两位数学家联合发表了著名的论文《典型群和几何不变式》，创立了著名的陈—赛蒙斯理论，所以在楼盖成的时候定名为陈—赛蒙斯楼。

图5-5 陈-赛蒙斯楼

（一）数学天才基金经理：詹姆斯·西蒙斯

我们对于数学大师陈省身的名字都不陌生，但是或许你对西蒙斯这个名字很陌生。虽然西蒙斯行事低调且不为外人所知，但无论是从毛回报率还是净回报率计算，西蒙斯都是世界上最伟大的对冲基金经理之一。

西蒙斯出生于美国波士顿郊区牛顿镇，是一个制鞋厂老板的儿子，3岁就立志成为数学家。西蒙斯从牛顿高中毕业后，进入麻省理工学院，从师于著名的数学家Warren Ambrose和I.M.Singer。1958年，他获得了学士学位，仅仅三年后，他就拿到了加州大学伯克利分校的博士学位，一年后他成为哈佛大学数学系的教授。西蒙斯很早就与投资结下缘分，在1961年，他和麻省理工学院的同学投资了哥伦比亚地砖和管线公司；在伯克利，他尝试做股票交易，但是交易效果并不太好。

1964年，他离开了大学校园，进入美国国防部下属的一个非盈利组织——国防逻辑分析协会，进行代码破解工作。没过多久，美国《时代周刊》上关于越南战争的残酷报道让他意识到他的工作实际上正在帮助美军在越南的军事行动，于是反战的他向《新闻周刊》写信说应该结束战争。当他把反战的想法告诉他的老板，很自然地被解雇了。

后来，他重新回到学术界，成为纽约州立石溪大学（Stony Brook University）的数学系主任。1968年被石溪大学授予数学学院院长的职位时年仅30岁。在那里他做了8年的纯数学研究。1974年，他与陈省身联合发表了著名的论文《典型群和几何不变式》，创立了著名的陈—赛蒙斯理论，该几何理论对理论物理学具有重要意义，广泛应用于从超引力到黑洞。1976年，西蒙斯获得了每5年一次的全美数学科学Veblen奖金，这是数学界的最高荣誉。

在理论研究之余，西蒙斯开始醉心于股票和期货交易。1978年，他离开石溪大学创立私人投资基金Limroy，该基金投资领域广泛，涉及从风险投资到外汇交易，最初主要采用基本面分析方法，如通过分析美联储货币政策和利率走向来判断市场价格走势。

（二）大奖章基金的辉煌业绩

1988年，西蒙斯成立一支大奖章对冲基金。最初主要涉及期货交易，和华尔街很多人一样，采用基本面分析的方式判断外汇和商品的价格走势，不同的是西蒙斯还联合了一些与投资毫无关系的专家，统计学领域的佼佼者—里昂纳多·鲍姆，他以著名的鲍姆—威尔士算法为基础编好了模型给西蒙斯，用来做外汇交易，还请到了石溪大学数学系教师埃克斯加盟，对鲍姆的模型进行加工改进，对各种金融价格之间的关联关系进行研究，以找到获利的规律。

西蒙斯把这个模型用在他管理的大奖章基金投资中，第一年，大奖章赚了8.8%，而1989年则开始亏损，西蒙斯不得不在1989年6月停止交易。在接下来的6个月中，西蒙斯和普林斯顿大学数学家Henry Larllfer重新开发了交易策略，并从基本面分析转向数量分析，将过去模型中有关宏观经济数据的部分完全剔除，只留下技术性数据，同时把注意力都集中在短线交易时间上。

在修正好模型和投资方案后，大奖章基金的奇迹开始上演：1990年净回报率为55.9%，翌年为39.4%，之后两年分别为34%和39.1%；1994年美国债券市场回报率为-6.7%，大奖章基金却净赚了71%；2000年科技股灾，标准普尔美国股票指数下跌了10.1%，大奖章却获得了98.5%的高回报；2008年全球金融危机，大部分对冲基金亏损，大奖章赚了80%。从1998年成立到2008年的20年间，大奖章基金的年平均回报率是35.6%，而同期标准普尔美国股票指数每年平均仅涨了9.2%。如今这枚华尔街的“大奖章”仍在不停地赚钱。

从1998年成立至1999年12月，大奖章基金总共获得了2478.6%的净回报，是同时期中的第一名；第二名是索罗斯的量子基金，有1710.1%的回报；而同期的标准普尔指数仅为9.6%。即使2008年面对全球金融危机的重挫，大奖章的回报率也高达80%。不过，大奖章基金公司所收取的费用，高得令人咋舌。一般对冲基金的管理费及利润分成的比例分别为2%和20%，但大奖章基金所收取的费用分别为5%和44%，几乎与客户对分利润。因此，西蒙斯的年薪高达25亿美元，勇夺2008年“对冲之王”的宝座。经历了1998年俄罗斯债券危机和2001年高科技股泡沫危机，许多曾经闻名遐迩的对冲基金经理都走向衰落。罗伯逊关闭了老虎基金，梅利韦瑟的长期资本管理公司几乎破产，索罗斯的量子基金也大幅缩水。与之相比，西蒙斯的大奖章基金的平均年净回报率高达34%。高额回报和高额收费使西蒙斯很快成为超级富豪，在《福布斯》杂志2006年9月发布的“400位最富有的美国人”排行榜中，西蒙斯以40亿美元的身家跻身第64位。

经过几年炫目的快速增长，大奖章基金在1993年达2.7亿美元，并且开始停止接受新资金。1994年，大奖章基金公司从12名雇员增加到36名，并交易40种的金融产品。现在，公司有200多名雇员，交易60种金融产品，基金规模达50亿美元。在200名雇员中有1/3以上是拥有自然科学博士学位的顶尖科学家，涵盖数学、理论物理学、量子物理学和统计学等领域。所有雇员中只有两位是华尔街老手，而且该公司既不从商学院中雇用职员，也不从华尔街雇用职员，这在美国投资公司中几乎是独一无二的。在纽约，有一句名言是：你必须非主流才能入流，西蒙斯的经历似乎刚好是这句话的注解。

（三）西蒙斯与大奖章基金的黑盒：量化投资模型

《美国海外投资基金目录》的作者本海姆指出，西蒙斯创造的回报率比乔治·索罗斯、马克·金顿等传奇投资大师都要高出10个百分点，在对冲基金业内几乎无出其右。作为一个交易者，西蒙斯正在超越有效市场假说，有效市场假说认为市场价格波动是随机的，交易者不可能持续从市场中获利。大奖章基金历经数次金融危机，始终屹立不倒，令有效市场假说也黯然失色。而西蒙斯依靠其交易模型，获得了如此惊人的成就，其最核心的就是量化投资模型。

与巴菲特的“价值投资”不同，西蒙斯依靠数学模型和电脑，管理着自己旗下的巨额基金，用数学模型捕捉市场机会，由电脑作出交易决策，通过搜集分析大量的数据后，在全市场360度寻找投资机会，利用电脑来筛选投资机会，将投资思想或理念通过具体指标、参数的设计体现在模型中，并据此对市场进行不带任何主观情绪的跟踪分析，借助计算机强大的数据处理能力来选择投资，以保证在控制风险的前提下实现收益最大化。

大奖章基金主要通过研究市场历史数据来发现统计相关性，以预测期货、货币、股票市场的短期运动，并通过数千次快速的日内短线交易来捕捉稍纵即逝的市场机会，交易量之大有时可能占到整个NASDAQ交易量的10%。当交易开始，交易模型决定买卖品种和时机，20名交易员则遵守指令在短时间内大量交易美国和海外的期货，包括商品期货、金融期货、股票和债券。但在某些特定情况下，如市场处在极端波动的时候，交易会切换到手工状态。

西蒙斯所创办的大奖章基金公司主要由三部分组成，即电脑和系统专家、研究人员以及交易人员，大奖章的数学模型主要通过对历史数据的统计，找出金融产品的价格，市场指标、技术指标等各种指标间变化的数学关系，发现市场目前存在的微小获利机会，并通过杠杆比例进行快速而大规模的交易获利。

针对不同市场设计量化的投资管理模型，并以电脑运算为主导，在全球各种市场上进行短线交易是西蒙斯的成功秘诀。西蒙斯用事实向我们证明，在零和博弈的游戏里，一套富有逻辑性、交易经验的函数是能够创造奇迹的！

FinTech新边疆，人工智能与金融投资

随着谷歌人工智能围棋程序AlphaGo战胜围棋世界冠军李世石，AlphaZero战胜AlphaGo，全球人工智能热潮迅速兴起。人工智能已成为全球科技巨头新的战略发展方向，人才、资本迅速聚拢，中国著名科技企业百度不久前也发布了“All-in-AI”战略。

未来人工智能技术的可能应用遍布各个行业，人工智能技术将在投资，特别是量化投资行业，定义出新的边疆。2017年5月19日，微软人工智能首席科学家、IEEE院士邓力透露自己已经离开微软，加入美国基金公司Citadel担任首席人工智能官（Chief Artificial Intelligence Officer）。在金融投资领域，科技对量化对冲的介入已有一段历史，也有不少计算机科学等专业的科技人才或金融与IT结合的复合人才进入到金融业，以推动金融科技的发展，但如此重要的一位人工智能学界翘楚加入基金公司巨头，确实是AI落地、金融业务变革中不可忽视的举动。

（一）FinTech 新趋势：人工智能与金融

人工智能的到来对金融投资来说也并非是突如其来的科技变革，投资的发展一直由科技所引领。例如，20世纪70年代以前主要是通过电话来交易，管理人通过自己的经验进行判断；后来计算机出现了，对信息的处理和分析能力随之加快，开始出现批量交易，即一次交易几百只股票。而随着科技的发展，我们知道虽然未来是不可预测的，但是风险可以预测。所以，对冲基金出现了——通过计算、严谨分析以及大量风险对冲，可以实现更稳健的收益。回顾中国证券市场20多年的发展，技术提升效率、降低成本是一条主

线。在1990年中国证券市场建立之初，确定的市场组织基本特征就是典型金融科技的应用场景。例如，上交所开业就选择了电子化交易系统撮合。从技术实力上来讲，这些年证券行业在云计算、大数据领域也开展了大量前沿探索和应用。例如，阿里、腾讯所强调的大型分布式系统，沪深交易所分别于2009年、2016年完成系统分布式架构迁徙；交易所、登记公司更是早在10多年前就构建了企业级数据仓库，技术挑战丝毫不亚于任何互联网公司。同时伴随整个行业的发展，越来越多市场参与者的核心竞争能力将建立在其技术服务水平提升的基础上。从这个意义上来说，证券行业将会是金融科技的下一个主战场。

因技术变革而至的金融科技（FinTech）是当前的一个热门话题，在过去几年中呈现运动式发展，除了BAT（百度、阿里、腾讯）等互联网公司，其他新兴公司，银行、证券、保险、基金公司等传统金融机构都被卷入这场变革式洪流中。金融是把社会资源更好地配置，很多资源是能够优先才能成为“资源”，如果能够比别人更快地知道一些有价值的信息，就能提前知道机会，就比别人有竞争优势。投资是竞争非常激烈的行业，谁能领先一步作出有效的决策，谁就可能获得一个很高的回报。而发现这些机会的前提，是更强大的计算和预测能力。

什么是人工智能？从字面理解，人工智能是对人的意识、思维的信息过程的模拟。它能够完成过去只有人的智能才能够完成的复杂事情。具备人工智能的软件系统，从最初的工具属性开始逐步具备分析等高级能力。随着AlphaGo在围棋领域大获全胜，越来越多的人开始相信人工智能将会在各个领域逐步取代人类。证券投资领域也不例外，国内外很多技术先进的金融和技术公司都在积极投入这一领域的研发，尝试打造投资界的AlphaGo，利用智能算法与大数据一同打造具备投资能力的AI系统。

从证券行业属性来看，公众接受证券业服务的首要目的是财富管理，是希望获得投资收益，或者提高投资决策效率和收益。在直接的金融收益驱动下，对创新技术和科技手段的重大突破和应用，首先也更容易集中在投资管理领域，这是证券行业独到的优势和魅力所在，也决定了证券行业金融科技的实践会成为下一个焦点。按照人工智能、区块链、大数据等不同新技术划分，金融科技在证券行业的应用将会出现很多条分支。其中，人工智能必然对金融投资领域的应用和发展带来较为深刻和明显的变化。

（二）人工智能在投资领域的应用

通常我们把利用人工智能技术辅助到投资领域的智能系统称为智能投顾系统。一个理想中的完整的投顾流程大致可以分为用户分析、资产配置、投资分析、策略生成、交易执行、分析反馈几个阶段。对应金融投资的不同业务阶段，所用到的智能系统的职责也大不相同。因此，按照阶段出现了三种类型的智能系统：第一，应用于销售前端的大类资产配置型智能投顾，主要是通过用户分析为客户解决大类资产配置问题，如Wealthfront应用于投资分析阶段的投研型智能投顾；第二，主要通过海量数据挖掘和逻辑链条解决投资研究的问题，如Kensho应用于策略、交易和分析的智能量化交易系统；第三，主要通过人工智能手段取代交易员，应用于投资交易，如Water Bridge桥水基金的全天候人工智能交易。

不只是Citadel，全球著名对冲基金如Man Group、Winton、Aspect Capital也都在充实自己的机器学习和人工智能专家队伍，以利用人工智能技术在证券投资业获得更高的收益。根据三种不同类型的智能投顾系统，人工智能技术对于证券投资的业务变革有如下几种应用前景：

（1）大类资产配置型智能投顾

近年来，智能投顾迅速崛起，作为新的投资模式尤其在美国深受欢迎。它为顾客提供动态的、基于算法的资产配置建议。所谓智能投顾，即“智能”+“投顾”，首先它是一个投顾，取代的是人工投顾的工作。根据投资者的实际状况，如收入状况、年龄、投资目的、心理风险承受能力等因素来评估用户实际风险偏好，并推荐相对合理的投资组合建议，其投资标的主要为各类ETF基金，属于资产配置型的被动投资。

相比于传统的投顾，智能投顾有更低的成本，使普通家庭也能够享受专业的投顾服务。智能投顾发挥算法优势且由机器自动执行。因此配置和执行更为高效。而传统财富管理则存在覆盖面有限、资源配置效率低下、普通消费者缺乏财富管理意识以及刚性兑付未完全打破等短板。

这里我们以美国智能投顾企业Wealthfront为例做进一步分析。Wealthfront利用现代投资组合理论（Modern Portfolio Theory，MPT）为用户推荐投资组合，该理论是诺贝尔经济学奖得主马克维茨和威廉·夏普创造的理论，通过分散的投资组合在降低风险的同时不会降低预期收益率，投资者能够在同样的风险水平上获得更高的收益率，或者在同样的收益率水平上承受更低的风险。平台选择的资产种类多达11类。一方面，有利于提高分散化程度，降低风险；另一方面，具有不同资产的特性能为用户提供更多的资产组合选择，满足更多风险偏好类型用户的需求。

相比于美国市场，国内的大类资产配置型智能投顾仍处于萌芽阶段，发展模式也有不少差异。首先，国内与国外的市场差，国外交易品种主要为ETF，证券市场相对稳定，被动投资往往能获得不错的正收益，并且大部分智能投顾平台具备税收管理能力，能够帮助投资者合理避税，而国内证券市场个人投资者占据大部分，市场成熟度相对较低，波动性较大，同时ETF品种也较为匮乏，因此以ETF为标的的不同组合有较大的雷同性，个性化满足程度低，也没有税收管理的需求；其次，国内不允许全权委托下单，有监管壁垒，这也直接导致了以ETF为标的的智能投顾在国内发展难度较大。因此，国内的智能投顾并非以ETF为主要标的，而是以不同类型的基金和理财产品为标的，以招商银行的摩羯智投为例，配置的投资标的主要为货币基金，固定收益类、股票型基金和债券，同样可以满足用户的需求。

（2）投研分析类智能投顾

资产配置型的智能投顾目前的主要投资标的是大类资产，目标客户是广大群众，并非是专业投资者，因此其实质还是在销售端。当投资到具体的如ETF、基金、债券等产品时，在产品端这一层实质是专业的资管产品。如ETF的建立、股票或商品标的的选择、择时的把控等。这时就需要投研分析类的职能投顾来辅助进行投资研究。

投研分析首先是数据分析，随着互联网时代的到来，获取数据已经不再是难事。在金融投资领域，数据正变得越来越透明且及时，信息不对称的现象被网络逐步消除。然而，面对海量的数据，从中提取能够用于投资与决策的有价值数据，却变得越来越困难。以基本面研究为例，研究员与分析师每天面对的各类研报，涉及大量上市公司信息和相关新闻，除此之外还要参考市场各类宏观信息，想要研究一个公司究竟是否值得投资，何时进行投资，是一个非常复杂的过程。利用人工智能技术，可以帮助从业人员更快地从海量数据中发现不同信息的逻辑关系，从而更加精准快速地作出决策。

要从海量数据中提取数据并建立知识图谱进而最终进行展示，一般而言需要通过数据获取、数据清洗、数据分析、建立关联、推导统计等多个步骤。其中数据清洗和逻辑关联的建立是最为复杂的。在数据清洗与分析阶段，需要通过语义理解、正则库等各种技术手段去自然语言中提取实体信息。如果同时需要去建立实体间的逻辑关联，还需要通过语义理解和神经网络等技术手段。目前，在中文语义理解层面，尚不能做到具备强语义理解和逻辑推理的人工智能。主要原因在于，人工智能的开发需要大量的有效数据进行训练，虽然大数据时代信息海量，然而被标记的数据太少，用于训练理解语义逻辑关系的样本则更少。一条可行的发展路径是通过人工辅助的手段去逐步完善，从行业的维度逐个建立行业图谱以及语义理解库，从工具的角度入手，完成信息梳理和基础关联为主。因此，与其使用人工智能完全取代分析师投研，不如以智能化工具的手段辅助和提升投研效率更为可行。

（3）量化交易智能投顾

投资研究的最终目的是进入市场进行交易并获取投资收益，因此整条投顾业务链在交易这一层，量化投资领域，同样有人工智能大量的用武之地。量化投资在国外已有大约30年的历史，随着资本市场越来越成熟，金融衍生工具不断涌现以及技术的不断发展，量化投资正迎来国内最好的发展机会。将程序化决策应用到金融投资领域越来越得到市场人士的认可。量化投资通过对历史数据进行分析，借助一系列的数学方法进行归类和判断，因此与纯粹的主动投资相比更具理性，其风险控制也显得更为严格。然而量化投资的策略本身依旧是人来制定的，是将人的投资经验和策略赋予程序，然后通过不断回测和改进最终形成的策略。因此，量化投资策略最终是人的策略，并非是机器的策略。

如同图片特征可以被识别一样，市场特征也可以被识别，将图片中的每一个像素理解成影响市场行情的因素，这些因素构成了可用于预测的特征图。那么接下来从技术的角度进行分析，这类技术同样可以应用于交易。人工智能技术领域有一个分支称为神经网络，也就是通常所说的深度学习。图像识别通常是使用卷积神经网络从大量像素中提取特征，降低数据纬度。无论是图像识别、AlphaGo、还是自动驾驶等，都是通过大量数据对神经网络进行训练来得到模型。在行情预测方面，同样可以构建一个多层次的异构学习系统，利用正向和反向激励机制寻找数据中的相关性和潜在规律。通常使用得最多的是多层感知和递归神经网络共同完成特征的识别和数据的预测。

虽然目前技术还达不到具备完全投资的人工智能机器人，但是结合了机器学习、神经网络等人工智能技术的量化投资和策略交易，能够最大程度地将人的因素降到最低，把经验性的投资策略也赋予机器。

早在2015年，就有消息称桥水基金正在组建人工智能团队，该团队将设计交易演算法，通过历史资料和统计概率预测未来。其实，许多量化投资公司都在招聘工程师和编程人员来扩展人工智能团队，其中包括管理着240亿美元资产的Two Sigma量化投资公司和管理着250亿美元资产的Renaissance Technologies公司。作为人工智能爆发的元年，随着大数据的海量化，更多的结构化数据被挖掘和提取，以及算法性能的提升，很多看似遥远的黑科技已经逐步出现。虽然具备主动感知能力的超级人工智能在现阶段来看并不现实，但是在金融投资领域，人工智能的应用是在每一个小点上开花结果，并且会越来越深入到每一条业务线中去。

第二节　不平衡问题：金融科技助力回归本质

P2P保险，互联网保险新模式

《圣经》中有这样一个故事，巨人歌利亚所向披靡，每天在山顶向以色列人挑战。他的盾之沉重，即使是以色列军队中最强壮的士兵也无法举起；他的剑之锋利，即使是最坚固的盔甲也无法抵挡。以色列人对其毫无办法，没人敢出来应战。来给哥哥送饭的牧童大卫看到这个情形，勇敢地站了出来，他敏锐地发现了巨人歌利亚前额上头盔的连接处，用力拉起自己平时惯用的投石器，将石头重重击向歌利亚的额头。歌利亚的身体晃了两下后，轰然倒地。

21世纪，如果说传统金融行业里有哪个行业是相对而言还没有被互联网变革所撼动的，当属传统保险业了。或许对于保险巨人歌利亚，牧童大卫可能已经出现。

在我们日常生活中，经常会出现用户购买了保险，但实际上很少或者并没有使用保险保障功能的现象。在这种情况下，用户缴纳的保费，保险公司也是不予返还的。除了车险之外的其他保险，对于表现良好，一直没有出险的客户，保险公司也不会提供优惠或者奖励措施。因此，对于这部分长期不出险的客户，存在一定的不公平，实际上他们长期为高出险用户承担了理赔支出。2010年，互联网时代催生了保险业的牧童大卫：Friendsurance保险经纪代理公司成立于德国柏林，成立的目的主要就是为了帮助表现良好、出险率低的客户解决面临的不公平现象。Friendsurance也创立了一种新的保险模式——P2P保险。

（一）Friendsurance 运营模式

2010年，Friendsurance公司（如图5-6所示）成立于德国柏林，成立的目的主要就是为了帮助表现良好、出险率低的客户解决面临的不公平现象。目前，保险的经营范围主要涵盖家庭财产保险、个人责任险以及法律支出保险。

从Friendsurance的客户使用流程做一个简要的举例介绍：某一种小额保险，投保人缴纳一定的保费后，与投保人列表上的人建立互助关系。一旦对方出险，分担最多30欧元的损失，投保人在该时间段没有出险，则有一定的奖励返还。例如，缴纳保费100欧元，其中的60欧元进入保险资产池作为大金额赔付资金来源，剩下的40欧元作为未出险奖励和小额赔付资金来源，平均来讲，返还金额占比33%。

线上**P2P**保险

通过社群媒体网络连接的人越多，现金回报越多

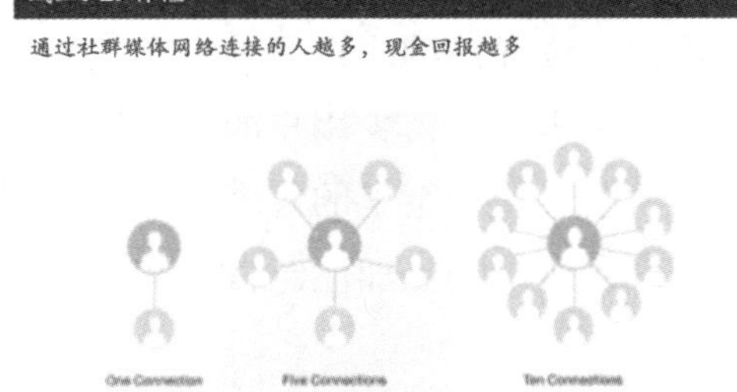

- 当两个人在friendsurance平台上形成连接关系，他们同意若任一方发生可索赔事件时，另一方会支付一笔小额做为补偿
- 形成连结关系的人数越多，发生可索赔事件时得到帮助的金额越大
- 保险公司只负担超出资金池部分的赔付（即P2P成员彼此补偿的金额之外），同时也提供被保险人现金回报
- 如果与多人形成连接关系，最高可达到保费40%的现金回报

保险公司的利益

- 新型分销模式
- 更好的触及具有吸引力的客户群体
- 降低赔付率
- 降低保费欺诈行为
- 更好的风险选择
- 减少中间过程成本
- 降低客户获取成本

客户的利益

- 保费折扣力度大
- 便于使用的保险服务

图5-6　Friendsurance商业模式

（1）互助保险+传统保险模式

Friendsurance投保模式不是以个人为单位，而是以小组为单位，人数不超过15人。每个人缴纳的保费会分成两部分，60%的保费用于购买传统的保险产品，剩余的40%保费，成立以小组为单位的保费基金，由公司管理。如果在小组中有人出险了，假如金额较小，直接由保费基金理赔，如果超过了保费基金的金额，则由保险公司理赔。如果在保险期内，小组中没有人出险，到期末就会返还保费基金。这样，出险率低的用户就可以获得实质性的返现奖励。根据Friendsurance数据统计，大约有94%的用户获得了现金回馈。

Friendsurance通过采用传统保险加互助保险的模式，解决出险率低用户存在的不公平现象。互助保险，出现于17世纪，当时的工人劳动强度大，容易遭受工伤和疾病，但当时社会的医疗和救助条件较差，所以工人自发形成了一个组织，每个人缴纳一定的费用，如果组织中有人生病，就用大家缴纳的保费支付医疗费。Friendsurance中的保费基金模式就是互助保险的模式，体现了个人对接个人的概念，这就是Friendsurance提出的P2P保险的概念。

（2）小组投保降低道德风险

Friendsurance的小组投保目前有两种方式：一种是公司分配，公司会根据相同类型的保险分配到一起；另一种是用户通过Facebook和LinkedIn邀请朋友、家人加入一个小组。通过小组的模式，帮助公司减少诈骗事件，降低道

德风险。公司对发布了诈骗或虚假信息的注册投保者，采取减少保费返现的方式作为惩罚，并记录存档，为这类用户后续在该网络进行社交、加好友，参与投保活动制造障碍。通过社交的方式来组队会减少用户的道德风险，是因为小组里面的成员都是认识的人，用户会希望小组里的每个用户，在到保险期结束的时候，都可以获得保费的返现，所以会更加注意自己的行为，减少出险的概率。

（3）成本削减效应

一些小的索赔项目直接通过保费基金在线上完成理赔，无须通过保险公司，帮助Friendsurance减少了业务处理成本，节省了代理人的时间以及人力成本，同时减少了管理成本。通过以一个用户为中心点，以线上传播分享的方式拓展到社交平台，快速积累用户数量，节省了销售成本，无须通过传统保险业，通过代理人、电话销售等方式开拓前端市场。

（二）P2P 保险

德国Friendsurance是全球首家提出P2P保险运营模式的公司，对其他国家P2P保险的发展奠定了基础。关于P2P保险的定义，暂时没有统一的说明。P2P保险通常是指保险+社交：每个成员可通过社交功能自行选择互相分担风险的成员，并缴纳一定的金额。保险公司（承保人）保存这部分费用，如果有人出险需要赔付，赔付的金额首先从与之建立互助联系的成员的缴纳金额中出，如果这部分不足以支付赔付金额，保险公司（承保人）可能会出剩下的费用，取决于承保人的盈利模式。如果没有人出险，那么小组成员会拿回部分费用或留到下一年。目前，P2P保险的品类大多为住房保险、汽车保险、电子产品保险。

P2P保险产生的背景主要包括：

第一，传统保险行业是以销售为驱动，有较为庞大的中介群体组织，他们的使命就是让你买保险。虽然中介有其存在的必要性，如向你详细地解释保险产品，但他们的存在也无疑提高了保险产品的价格。

第二，对传统保险公司来说，他们的盈利模式是收取的保费减去赔付后的金额。因此，为了提高自己的利润，他们拒绝赔付的动机会加强，这也使用户在索赔时总是遇到各种困难，甚至不敢购买保险，这将是一个恶性循环。

（三）P2P 保险创新模式

目前，其他国家已经出现了不少P2P保险公司，近期美国一家Lemonade P2P保险大放光彩，尚未上线，就已经获得了红杉资本1300万美元的投资，是红杉资本有史以来最大的天使投资额。我们可以期待，Lemonade将以什么创新式的P2P保险运营模式出现。围绕P2P保险国外还延伸出了许多模式，比较引人关注的有Lemonade和Uvamo。这两家平台在P2P保险模式上衍生出了更多有趣的商业模式。

（1）Lemonade

Lemonade前段时间推出了专门针对业主和租贷人的保险产品，你可以为自己家中的一些贵重设备购买保险（如电视机、洗衣机）每月只需5美元，家庭保险每月低至35美元。

用户所交的保费分成两部分：一部分保费平台会用来购买传统保险公司的再保险产品；另一部分保费存入组内成员之间的资金池。若在保险期内没有发生索赔，可按特定比例返还资金池内的大部分保费，若发生小额赔付，先使用资金池内的资金进行赔付；若发生重大保险事故，资金池内资金不足以支付索赔时，由传统保险公司进行赔付。

大多数保险公司通过客户支付的保险金来获取收益（当然这里要除去所有索赔），Lemonade选择将保险金的20%作为其公司的固定收益份额。如果客户支付的保险金总额有剩余，那么Lemonade将会把钱捐献给客户自主选择的慈善机构，它可以是自己孩子所在的学校，也可以是一所特立的慈善机构。

（2）Uvamo

Uvamo是将保险者和计划投资保险业的投资者联系到一起的保险平台。一般来说，绝大部分投保人缴纳的保险费并没有完全用于损失赔付，而是变成了保险企业的利润。保险公司很赚钱，但普通投资者却无法参与其中，因此，Uvamo让普通的投资人也能从保险业中获利。

其产品流程是，用户可直接在平台上选购财产保险；平台将所有投保人的保险单进行分类，组合成不同的保险资产池。可以间接理解为有同质保险需求的用户组成一个小组，缴纳保险费用形成一个共同的基金池；平台会对每个保险资产池（小组）进行风险评级，投资人可以对保险资产池进行投资，补充所需后备资金。当所有索赔案件结束后，资产池中剩下的钱则归投资人和Uvamo所有。一般而言，资金池中的保险费足以支付所有索赔案件。若不足以支付时，投资人的钱就起到了作用。

（四）P2P 保险的创新与网络互助

P2P保险的创新之处着重体现在两点：保费价格的降低以及风险的控制。

（1）保费价格的降低

传统保险业的主要目标客户群体是20%的高端用户。但互联网其实是想降低保险的费用，为80%的长尾用户提供保险服务。那么互联网是通过什么方式来降低保险费用的？其实，互联网对不同环节的改造，对保险费用降低的程度是不一样的：

第一，互联网发挥渠道作用，降低保险企业的营销成本。渠道的核心价值在于借助互联网和用户起到面对面的交流作用，结果有两个：一是借助场景聚集用户形成规模效应；二是根据不断收集的用户需求来优化传统保险。

第二，互联网介入保险的风控环节，降低企业管理和风控成本。如运用技术手段筛选出低风险人群；运用技术手段或者设备实现线上理赔审核，同时提高防欺诈能力；利用社交网络，通过熟人关系降低信息不对称，加强成员间的监督。

例如Lemonade等产品，它是想打造纯互联网保险平台，而不是处于中介地位。第一，它打造了标准化的保险产品实现线上购买和理赔，大大降低了中间的人力等费用；第二，通过数据分析对不同的用户设定风险等级，从而收取合理的价格；第三，他们改变传统保险企业的赢利模式，通过收取固定费用来赢利，而不是“收取高额保费”。虽然单个用户对平台创造的价值很小，但是，平台以优质的服务、较低的价格吸引了更多的用户，长尾用户带来的聚集价值也是不容忽视的。

同时，复杂、高昂的保险产品不适合线上选购的特点，也注定了互联网必须大力覆盖长尾用户。

（2）风险控制

与P2P保险相似的，是中国的互助类产品。中国的互助类产品更多聚焦大病类互助，还没有向其他保险品类拓展。目前中国的大病互助产品面临的困境有：风险难以控制，可能存在虚假欺诈；如果用户参与数量不足，用户很难获得高额的治疗费；平台盈利方式不明。P2P保险则首先借助熟人关系和小组机制来形成一个自发的监督机制，减少道德风险和骗保行为发生的概率。

为了能够有充足的保障资金，Uvamo吸引投资者参与进来，而且保险业的优势在于保险需求不随经济衰退而低迷（影响较小）。因此，对投资人来说，这种投资方式可作为一种有效的分散风险方式。只要平台对风险的定级是准确的，且当年没有发生特殊的灾害。Lemonade则一边积累扩充资金池，边为用户购买再保险来降低平台风险。

根据P2P保险的国际经验，对国内互助保险的发展，有以下两点建议：第一，国内的大病互助所需要的费用较高，必须让更多的人参与进来，但如果没有对他们进行合理的风险定价，不但会提高平台风险，也会造成不公平，建议对用户群体进行进一步的细分。而且国内大多是一群陌生人聚在一起，陌生人之间难以建立信任机制。不妨从低金额的领域入手，如汽车、电子产品等。找寻优质的领袖用户，再由他们分别引入熟人来形成优质的低风险小组；第二，为保障平台资金充足，要建立良好的收费机制，如Lemonade让用户稍微多交一点，来买再保险，如果多了就帮用户捐出去或者回馈给用户，这样能够在一定程度上打消用户的顾虑。

P2P网贷，互联网金融主战场

自21世纪以来，互联网信息技术突飞猛进，在互联网概念的影响下，原始的P2P金融借贷模式发生了根本的转变，最初的P2P信贷方式结合互联网思维重塑形成了新的互联网金融P2P信贷模式。这种新的信贷模式在互联网信息平台的基础上超越了熟人范围的限制，成功实现了陌生人之间个人对个人的无抵押信用贷款。P2P是英文Peer to Peer的缩写，意为“个人对个人”，其雏形是英国人理查德·杜瓦、詹姆斯·亚历山大、萨拉·马休斯和大卫·尼克尔森4位年轻人共同创造的。

我们现在所说的P2P信贷是逐步兴起的新型民间借贷方式。这种新型的民间小额借贷本质上就是那些有闲置资金并且想让闲置资金升值的个人，通过P2P中介平台牵线搭桥，用小额贷款的方法，把自己的闲置资产出借给那些有借款需要并且愿意支付相应利息的个人。其中，起到中间人身份的P2P平台会定期严格地考察借钱人的资金情况，用以督促他们及时还钱，尽量规避借款方的信用风险。而P2P中介平台依靠收取相应账户管理费和中介服务费获得利润。

互联网金融P2P信贷模式把借款者和投资者以一种新的形式联系到一起。既能够帮助借款人筹集资金，也给予有闲钱的投资人以丰厚回报，同时，它利用互联网思维分散了风险，也以另一种方式解决了传统小额信贷机构资金供给不足的难题。

（一）P2P 网贷历程

2005年2月，第一个针对个人小额融资的贷款网站Zopa在伦敦正式营运。经过7年多的发展，Zopa的业务已经扩展至意大利、西班牙和日本。截至2013年1月，贷款累计规模达4.2亿美元。作为全美最大的P2P平台，比Zopa晚1年成立的Prosper已经拥有了160万名用户，贷款累计总额约为4.45亿美元。P2P贷款在美国和英国已成为除了传统储蓄和投资外的另一种选择。Lending Club和Prosper从一堆P2P初创公司中脱颖而出成为最早的借贷平台。Lending Club于2014年底上市，很快OnDeck也追随其脚步上市了。OnDeck是提供与P2P借贷市场一样的低利率、低风险的商业模式、连接小企业和机构贷款人的一个创业公司。所有上述公司都依赖在线平台以降低成本，依靠数据分析来评估信贷风险，这种模式最终被熟知为“市场借贷”。

Zopa、Lending Club和Prosper的成功，让国内的P2P借贷也开始萌芽。互联网P2P信贷自进入中国以来，获得了突飞猛进的发展，国内P2P信贷机构如雨后春笋般纷纷冒出。国内最早的P2P网贷于2007年被引入，在其后的几年里发展缓慢，鲜有创业人士涉足。直到2010年网贷平台才被许多创业人士看中，陆续出现了一些试水者。当时绝大部分创业人员没有民间借贷经验和相关金融操控经验的现实，决定了P2P网贷最初发展仅仅属于国外P2P网贷的舶来品，以信用借贷为主要借贷业务。但由于我国的公民信用体系并不健全，平台与平台之间缺乏联系和沟通，从而出现了借款人在多平台重复借款和大量逾期的问题，纯网络信用借贷模式最终没有在我国发展壮大。进入2012年以后，一大批既具有民间借贷经验了解民间借贷风险，又熟悉互联网的创业人士开始探寻符合中国国情的P2P网络借贷模式。他们吸取前期平台的教训，以寻找本地借款人为主，采取线上融资线下放贷的模式，实现了民间借贷在互联网上的延伸，借款人和投资人通过P2P借贷平台实现资金对接，平台对借款人进行调查和相关的资料审核，P2P网络借贷的中国模式在这一阶段初具雏形。

随着2013年以来国家金融政策的不断调整，国内各大银行开始收缩放贷资金，进一步促进了民间借贷的活跃，同时也拉高了民间借贷的利率。由于中国P2P网络借贷模式实现了民间借贷与互联网的有机融合，因此，其主要业务模式必然与民间借贷利率有密不可分的联系。但是在这个过程中也有一些不规范的P2P信贷平台浑水摸鱼，披着P2P的外衣实施诈骗，严重影响了P2P行业的健康发展。截至2017年11月底，因经营不善导致跑路的P2P平台累计有1000多家，涉及资金超过300亿元，这些连续出现的金融P2P平台跑路也给互联网金融P2P信贷的发展前景蒙上了一层阴影。

（二）互联网时代的去机构化

P2P信贷按其字面意思就是个人对个人之间的借贷。这种借贷方式自古就有，如朋友之间的借贷、亲戚之间的借贷等。总之，不经过正规金融机构的借贷都属于这个范畴，我们称为“民间借贷”。P2P信贷最初是源于普通个人与其熟悉的人之间的一种借贷，这种借贷没有抵押，只是根据熟人之间的相互信任形成了借贷关系，熟人间原始的借贷一般数目比较小，普遍认为是一种小规模信用贷款。

随着社会的发展，借贷需求也不断增加，最初小范围的熟人借贷不再能满足社会发展的需要。为了适应借贷范围的扩大，社会上诞生了专门为借贷双方服务的金融机构，这种金融机构可以将社会上一些人闲散的钱收集到一起，再借给那些想要借钱的人，实现了不认识的人之间的成功信用借贷。专业金融机构所采用的这种方式不但提高了陌生人借款的成功率，同时也降低了借贷的成本，这就是原始的P2P平台机构。但是这种金融机构也存在一定的弊端。由于信息的沟通不畅，以及贷款资源掌握的不平衡，成功率低造成了高成本。垄断了这个行业的银行，数百年来其实一直是“躺着赚钱”。

数百年来，银行等传统金融机构在自身生产效率方面一直提升缓慢。当电子信息技术与银行业、证券业相结合才迅速改变了金融行业，带来了近30年的飞速发展。时至今日，传统金融机构尤其是大多数银行在信贷业务方面已经失去了不断提升生产力的内生性动力，无论从项目开发效率、评审效率、审批效率、放款效率和对风险的实质性把握方面，都已经逐渐固化乃至僵化。从来没有一个行业可以从内部酝酿出变革的种子，一切关于大企业有资源更有能力创新的想法都是可笑的，传统金融机构庞大的人员、机构和不断追求资产规模的粗放增长，所造成的路径依赖，在提升生产效率面前却恰恰成了沉重的包袱。

P2P网贷在金融资源的生产组织形式上具有天然优势。互联网和金融的融合极大地提升了投资人与借款人的匹配效率，减少了中间环节，让个人投资者足不出户就可以投资全国各地脚踏实地的企业家，在获得较高收益的同时也帮助了那些真正创造价值的企业家。

P2P网络借贷解放了被束缚的信用要素，以及服务实体经济，重新分配金融资源。目前国内P2P网络借贷平台借贷业务主要有如下几点：

第一，个人信用借贷业务。通常为1万~20万元，但风险巨大。目前国内各个P2P网络借贷平台个人信用借款坏账率都很高，一般超过10%甚至个别的网络借贷平台超过20%。

第二，抵押借贷业务。包括动产和不动产（二手车、房产、生产设备、生产厂房、土地等）抵押，值得一提的是，国内一些P2P网络借贷平台为了控制借贷风险引进了类似金融租赁的概念，如一个企业将旧生产设备先卖给P2P网贷平台，每月向平台交付租金，当借款完成后平台再把设备转让回企业。

第三，小微企业贷款业务。目前国内大部分P2P网贷平台对小微企业贷款控制在200万元以下，但也有部分有实力的网贷平台对小微企业放款超过500万元乃至上千万元。一般这种类型的平台都是抵押借贷类。

第四，银行转贷业务。这部分P2P网贷平台风险很高，一旦银行拒绝重新放款，将导致P2P网贷平台资金链断裂，造成挤兑现象。

第五，其他网贷业务。例如，承兑汇票模式、信用证借贷模式、购买资产包模式、企业产业链上下游模式等。

（三）P2P 网贷的作用

我国P2P网络借贷模式是国内互联网金融创业人士基于国外P2P网络借贷的基础上开创的有益探索和实践。依靠民间借贷与互联网的有机融合，较好地解决了我国由于公民信用体系不健全给网络借贷发展带来的种种问题，有效降低了网络借贷的风险，为我国P2P网络借贷迅猛发展奠定了良好的基础。综合评判我国P2P网络借贷，其对于借贷和融资起到了一定的鲶鱼效应，主要表现在以下几个方面：

第一，降低民间借款利率成本，对进一步推进民间借贷利率市场化、透明化具有积极作用；第二，使国家更加系统地掌握民间借贷资本数据，为国家宏观调控提供更加翔实的资料；第三，有助于解决小微企业短期资金困难问题，对扶持小微企业发展，解决小微企业短期临时性资金周转具有很大意义；第四，中国P2P网络借贷模式以其“资金到账时间快、贷款门槛相对银行更低”的特点成为国内各大银行的有益补充，对进一步推进市场利率化具有促进作用；第四，P2P网络借贷模式为部分有理财需求的投资人提供了全新的理财渠道，使“市场在资源配置中起决定性作用”这一重要论断得到了充分体现。

总之，在互联网金融迅猛发展、势不可当的今天，我国P2P网络借贷模式正在以一个全新的姿态粉墨登场。P2P网络借贷强劲的发展势头和诸多优势势必为国内互联网金融今后发展带来一场全新的革命，开启全新的征程。

众筹，金融科技老歌重唱

众筹并非一个新生概念，为什么在互联网时代的今天，众筹重新焕发活力，成为金融创新的热点，成为所谓的新金融。你或许看过《大圣归来》，但是却不知道它与众筹之间的故事：众筹帮助几近“烂尾”的《大圣归来》电影的筹资。2006—2014年，《大圣归来》电影主创团队的精耕细作与投资方的急需获利心理开展了艰苦卓绝的拉锯战。2014年6月，北京天空之城买断这部电影版权的时候，它只有近10分钟的正片，接近于烂尾。2014年11月，天空之城创始人路伟先生在他的微信朋友圈发起一个众筹，为《大圣归来》影片募集宣发经费。89位众筹投资人，合计投入780万元，预计可以获得超过3000万元的回报。《大圣归来》是中国电影众筹的典型案例。

今天，互联网众筹成了一个炙手可热的词汇，据零壹研究院数据中心不完全统计，截至2016年10月31日，我国互联网众筹平台（不含港台澳地区，下同）至少有567家。那么互联网众筹是什么样的金融科技？它对亟待融资的创业企业有什么样的意义，是雪中送炭还是锦上添花？

（一）众筹：新坛子里的旧酒

众筹的雏形最早可追溯至18世纪，当时很多文艺作品都是依靠一种叫作“订购（Subscription）”的方法完成的。例如，莫扎特、贝多芬采取这种方式来筹集资金，他们去找订购者，这些订购者给他们提供资金，当作品完成时，订购者会获得一本写有他们名字的书，或者协奏曲的乐谱副本，或者可以成为音乐会的首批听众。类似的情况还有教会捐赠、竞选募资等。但上述众筹现象既无完整的体系，也无对投资人的回报，不符合商业模式的特征。

很多人可能并不知晓，今天象征美国的自由女神就像是300多年前的众筹产物。1885年，为庆祝美国百年诞辰，法国赠送给美国一座象征自由的罗马女神像，但是这座女神像没有基座。《纽约世界报》出版商约瑟夫·普利策（Joseph Pulitzer）为建造这个基座，发起了一个众筹项目。他把这个项目发布在报纸上，承诺对出资者做出奖励：捐助1美元，就会得到1个6英寸的自由女神雕像；捐助5美元，可以得到1个12英寸的雕像。最后得到了世界各地共计超过12万人次的支持，尽管80%的人捐赠金额都不到1美元，最终筹集的总金额却超过10万美元，为自由女神像顺利竣工作出了巨大贡献。

（二）互联网众筹

众筹商业模式（Crowd-Funding Business Model），又称为大众集资、众募或众融，是众包（Crowd-Sourcing）商业模式的变体，意为创意者或小微企业等项目发起人（筹资人）在通过中介机构（众筹平台）身份审核后，在众筹平台的网站上建立属于自己的页面，用来向公众（出资人）介绍项目情况，并向公众募集小额资金或寻求其他物质支持。所筹资金起初由众筹平台掌握，并不直接到达筹资人手中。项目若在目标期限内达到募资金额，则项目筹资成功，所筹资金被众筹平台划拨到筹资人账户，待项目成功实施后，筹资人将项目实施的物质或非物质成果反馈给出资人。而众筹平台则是通过接受和审核筹资创意、整理出资人信息、监督所筹资金的使用、辅导项目运营并公开项目实施成果等价值活动，从所筹资金中抽取一定比例的服务费用作为收益。如果在目标期限内未达到募资金额，所筹资金就会被众筹平台退回至出资人，项目发起人则需要开始新一轮的筹资活动或宣告筹资失败。

作为商业模式，众筹模式完全符合企业价值创造的核心逻辑。即价值发现（筹资人和出资人的投融资需求）、价值匹配（与商业伙伴的合作）、价值获取（与筹资人分成获利）。当前，众筹商业模式的实践尚处于摸索与起步阶段，国内外学术界对众筹商业模式的理论研究也处于空白状态。因此，对其做出系统研究不仅有助于把握众筹商业模式的发展脉络和趋势，更有助于提供一种研究的视角和方法论。对企业界来说，则有助于提供一种全新的商业思维逻辑，促进商业模式的创新和实践。

众筹并非一个新名词，它之所以再度跻身热门话题，是因为“互联网+众筹”这种新形式的出现。互联网众筹指的是，项目发起人通过互联网向投资人发布其创意，以实物、服务或股权等作为回报而募集资金的模式。筹资人、平台和投资人是互联网众筹的三要素。筹资人就是项目发起人，在众筹平台上创建项目，介绍自己的产品、创意或需求，设定筹资期限、筹资模式、筹资金额等；平台运营方就是众筹互联网平台，负责审核、展示筹资人创建的项目，提供服务支持；投资人则通过浏览平台上的各种项目，选择适合的投资目标进行投资。

（三）互联网众筹的优势

传统金融在解决这类问题的时候，有以下几个特征：第一，大多数交易结构以股权的形式进行；第二，通过私募融资；第三，强调选择具有承担风险意愿和能力的投资者。另外，在这个过程中资产管理人的角色非常重要。它通过信息采集和处理来甄别项目，通过用手投票来控制风险，通过良好的声誉赢得投资人的信任。而监管则以信息披露和审核投资者适当性为主。传统的金融框架以风险匹配、信任关系、用手投票为核心关键词。传统体系客观上产生了一定程度的金融抑制，造成的主要问题是不能充分满足投资者和融资方的需求。

互联网金融的无间断、无时空限制的服务，大大提高了金融服务效率。可以用非常低的成本触达所有潜在用户，服务所谓的长尾客户。而长尾投资者多为传统金融中定义的不合格投资者，面临高风险项目时，很有可能发生由于风险错配伤害投资者的利益。通常认为，互联网众筹有两个方法管理高风险：一是通过分散投资、限制投资金额来控制每一个投资者的损失。但是，采取这种方式带来的问题是融资规模不容易提升；二是产品的结构化设计，即设计不同风险收益特性的证券卖给不同特性的投资人。如果基础资产具有巨大风险，仍然可能造成风险的实际错配，即优先方和劣后方，都承担了高于预期的风险，这对于众筹平台的持续发展极为不利。

互联网收集和处理数据的能力有了巨大提高，加快了信息传递的速度，使社交网络达成共识的成本降低，失信成本上升。理论上，既有利于对各方“靠谱程度”的甄别，也有利于建立更广泛的信任关系。然而，大数据也产生了大量的信息“噪声”，信息被人为操纵的可能性提高，虚假信息的传播能力也随之增强。因此，建立信任关系仍然不可一蹴而就，还是需要大量资本和人力的投入，亟需在信息分析的技术层面获得突破性进展。另外，高风险项目常常是非标准化的，投资者保护严重依赖“用手投票”机制，具体反映在投资前的谈判以及投资后的管理，在这个方面，互联网目前本身没有提供更好的方案。

回到《大圣归来》众筹，投资前期进入的投资人，无疑承担了很大的风险。项目发起人利用自己的熟人社交圈发布信息，并且建立了良好的信息披露和后期沟通机制。试想，如果发起人是在一个陌生的社群发起众筹，达成共识的成本则会陡增，甚至可能导致融资失败。我们也必须承认，基于互联网社交网络发挥了重要的作用。试想在15年以前，这样的案例是几乎不可能实施的，"熟人圈+交易结构+互联网"是案例的关键。互联网众筹是一个新的思路，但针对高风险项目，是否能够成为"雪中送炭"的方式，目前还没有肯定的答案。无论称其为"金融互联网"还是"互联网金融"，尊重金融的本质才是根本。如何解决金融的老问题，是金融人和互联网人面临的共同挑战。

总体而言，互联网众筹对社会有降低融资门槛，有效促进微创业，以及激发"草根"创新的效应。

第一，微创业，是指使用微小的成本，以微平台或网络平台为重要载体，在细微的领域进行创意开发的创业活动。其主要特点是可批量复制、投资微小、产生效益快。项目发起人通过众筹平台汇集大众的微小资金，以获得从事某项创业活动的资金，突破了传统融资模式的束缚，每个投资人也可以参与项目的策划、咨询、管理与运营，由于互联网的开放性特征，投资人不受地区、职业和年龄等限制，只要具有一定的资金能力、管理经验和专业技能即可；第二，众筹模式不仅是一种投融资活动，还作为一种创新模式，激发"草根"创新。众筹模式为每个"草根"创新者（即项目发起人）提供了获取资金、市场和人脉等重要资源的平台。而不同的投资人因为有不同的专业背景以及不同的价值观，他们可以直接对项目提出自己的观点和意见，项目发起人会对此认真评估并进一步完善方案。

UBI车险，科技改变保险定价

几乎每个车主都研究过车险，比较过哪个必须买？哪个值得买？选择哪家保险公司？但是，对一个优质的低风险客户，他可能很少开车，或者驾驶习惯很好，基本零事故，却也和与上述情况相反的人群缴纳一样的保费，这样合理吗？

保险保费作为用户转移风险的代价，其本质是所有的风险承担者共同承担风险。毋庸置疑，公平的定价方式应该是任何个体都充分反映其风险（如图5-7所示）。新的保险科技就实现了这个美好的理想。

平等　　公正

图5-7　UBI定价的原理

（一）UBI 车险的定义

UBI（基于驾驶行为的保险），一种基于车载自动诊断系统（OBD）设备记录的行车数据（如行驶里程、急转弯、急刹车、加速度等）而设计的创新车险产品。对于UBI，通常有两种解释：一种是Usage Based Insurance，即基于使用量的保险，由于UBI主要在车险领域被提出，所以又被称为Pay As You Drive（PAYD），即按里程付费的保险；另一种是User Behavior Insurance，即按驾驶人行为来设计的保险。虽然两种解释完全不同，但是本质上差不多，都是通过车联网硬件（原厂T-Box、车机、OBD等）采集车辆数据，再由数据公司进行算法分析得出车主的驾驶行为，从而匹配浮动的保费，以使车主获得最优化的车险。

这种模式起先流行于欧美等地，通过收集驾驶员在驾驶车辆过程中的行为数据，用算法对用户驾驶行为进行分析与处理，从而判断车主应该享受多少车险保费优惠，进一步为车主制订更为优惠的车险保费定价方案。UBI车险，其理论基础是驾驶行为表现较安全的驾驶员应该获得保费优惠。保费取决于实际驾驶时间、地点、具体驾驶方式或这些指标的综合考量。UBI是一套基于大数据分析和车联网技术的用户定制化车险业态运营体系，保险公司将UBI硬件安装在汽车上进行实时监测，通过对驾驶员的车速、刹车使用情况、驾驶时间、驾驶习惯等综合数据记录的分析，建立风险评测模型，确认返保比率和保险定价。目前，UBI硬件多是植入在OBD（车辆诊断系统）盒子中。

（二）UBI 车险：个性化定制

在汽车保险体系中，车损险占很大一部分。保险公司依据车价给出保费额度，通常是比较高的，这样的保险定价模式对同价位、不同款车型一概而论，往往忽视了车型的差异性。不同的车型，易损件也不同，保费的统一化、单一化让大部分车主所支付的费用没有发挥出价值，车主也没有因保险而受益。另外，据交管部门相关数据显示，大部分车祸是人为造成的，这些车祸中多数车主有不安全的驾车习惯。

所以，对车主来说，UBI车险可以保证车主汽车保费的弹性使用，缴纳的车险金也能够发挥最大的收益价值，对比较优惠；于保险公司而言，UBI可以避免一些不可控成本的付出或者投入过大的赔偿再或陷入纠纷，同时还能提升客户的消费体验，增加续约率。

保险个性化定价模式是对细分市场的把握，能够满足多类客户的需求，便于保险公司丰富产品线，提升效率和有效控制成本。定制化的车险业务，能够更好地为客户提供服务。

以美国的车险提供商Progressive为例，其可谓是行业巨擘，模式较为成熟。它向加入UBI车险计划的会员配发一个Snapshot OBD盒子安装在车内，以此监测车主的驾车情况，共分为多个观察期，监测期到后将每期收集到的数据进行汇总并多维度分析，最后给车主一个优惠的定价。这样便打通了车主与保险公司之间经常剑拔弩张的隔膜，双方最大化地释放了利益，实现了弹性付费及弹性赔付。

（三）变革的驱动力：UBI 对保险公司的直接价值

说起革命，必定有颠覆与创新的意义赋予其中。新能源汽车，正在逐步革燃油动力车辆的命；车联网，正在革传统低端车载应用系统的命；ADAS，正在革车辆驾驶系统的命；那么UBI，便是在革传统车险的命。UBI对保险公司的直接价值包括以下三个方面：

第一，UBI实现了车险的精准定价。传统车险定价因子主要由三大类构成：

①从车因子，如车型、车龄、里程数等；

②从人因子，如年龄、性别、婚姻状况等；

③其他因子，如业务渠道、免赔额等。

虽然过去的经验数据显示，此三类定价因子对驾驶风险有一定的预测能力。但是，这些定价因子还是使车险成本计算基于间接的“风险特征”因素，而不是计量风险本身。根据国外的经验，真正对车险成本预测能力最强的因素是驾驶行为本身。UBI通过分析车载设备采集到的驾驶行为数据和环境数据，在传统车险定价因子的基础上增加了一些非常关键的风险信息，从而使车险定价变得更加准确。

第二，UBI降低了理赔成本。自2011年起，整体车险市场利润率有所下滑。主要原因之一是汽车零件价格与维修人力成本都有大幅上涨，从而直接导致商业车险理赔成本上升，利润率随之下降。在这样的市场环境下，保险公司控制理赔成本的能力尤为重要。UBI产品为保险公司带来的重要价值主张之一则是降低理赔成本。

UBI主要通过以下三个方面为保险公司节约理赔成本：

首先，优质客户自我选择。UBI的定价是基于对实际驾驶行为的监控。换言之，驾驶行为越好，保费越低。因此，相比于驾驶行为不佳的客户，认为自己驾驶行为良好、风险低的客户更倾向选择UBI产品。因此，从短期来看，UBI方案的出现会激励优质客户的自我选择，为保险公司吸引越来越多低风险的驾驶员。随着优质客户的逐渐增多，车险事故将大幅度减少，保险公司的理赔开支也随之下降。

其次，改善驾驶行为。吸引优质客户是UBI产品为保险公司带来的短期效益，对保险公司而言，改善高风险客户的行为往往更有助提高公司的长期利益。从长远的角度来看，UBI通过对客户驾驶行为的实时监控和为安全驾驶行为提供保费折扣，能够有效地给客户的行为形成一种约束力，从而逐渐改善客户的驾驶行为、降低出险频率与案均赔款，从根本上降低理赔成本。

最后，缩短理赔周期、减少理赔渗漏。传统车险报案模式所花费的时间往往较长，这不仅有损客户体验，还降低了事故定损的准确性。因此，如何缩短理赔周期，是保险公司一个很重要的管理诉求。实践表明，汽车联网对缩短理赔周期有相当的应用价值。一般来说，保险公司会成立专门的理赔小组处理新增的车联网信息。当事故发生时，车载移动设备通过互联网第一时间向保险公司报案，并传输车辆数据信息，帮助保险公司判断可能出现的损失，并及时向客户提供援助、最大化地降低损失。另外，传统事故定损往往缺乏对事故前车辆行驶信息以及事故现场还原的客观了解。车联网设备通过对事故前后行车信息完善地记录，能客观地还原事故发生时的详细情形，为保险公司提供更为科学的定损信息，同时也能有效地防止保险诈骗。

第三，提升客户终身价值。随着车险市场竞争的日益加剧，客户资源已然成为保险公司最重要的战略资源。如何吸纳更多的客户资源以及如何利用现有的客户资源为公司带来更高的价值，已经成为增强保险公司核心竞争力的焦点。客户终身价值是用以度量客户在当前以及未来可能为公司带来的收益总和的指标。对保险公司而言，客户终身价值的决定因素主要为保费收入与利润和客户忠诚度。

一般来说，UBI方案主要从三个角度为公司提高保费整体收入。首先，UBI产品通过折扣与增值服务可以吸引新业务；其次，车联网提供的各式增值服务能够有效提高服务收入；最后，通过收集UBI产品的客户行为数据本身有巨大的潜在价值，通过挖掘可能成为新的收入来源。

随着我国车险费率市场化改革的推进，传统车险市场竞争可能逐步加剧，保费加速下滑可能导致部分保险公司出现亏损。而且，费率市场化必将推动以驾驶行为为基础的定价改革，这无疑为UBI创造了历史性的发展机遇。随着车联网技术的快速发展，以大数据作为支撑，定制化的精准营销和弹性的资源利用，必将引领行业发展动向。UBI现处于萌芽成长期，这一车险行业的创新点，所带来的价值我们不能否认。要想全面推行UBI体系，还需要车商、保险公司、OBD厂商、车主多方面的共同推进。

FinTech新战场，数字资产与数字货币

比特币自从2009年1月3日诞生至今8年多以来，从默默无名的极客玩家成长为备受关注的新闻热点，其价格也上升了数百万倍。比特币脱胎于中本聪《比特币：一种点对点的电子现金系统》一文，该文明确了比特币是一种电子现金，即一种新型的货币形式。但8年多来，对比特币到底是不是货币充满了争议，各方专家众说纷纭，各国政府的态度也千差万别。截至2017年10月21日，比特币的价格上涨了780多万倍，充分表明了其作为数字货币在公众中的接受程度。

（一）比特币的货币属性：信用与价值

货币被公认有三个作用：价值尺度、支付手段、价值存储工具。货币的形式经历了四个发展阶段：实物货币、贵金属货币、纸币、电子货币。纸币一开始只是贵金属货币的代币，1971年美元与黄金脱钩之后，全球进入纯纸币时期，这种纸币就是信用货币，即以信用背书发行货币而不是以贵金属作为支撑。

数字货币是网络社会经济发展到一定阶段出现的一种新型货币，以满足用户的安全性与便利性需求而存在，它代表了未来货币存在形式的发展方向。它产生于互联网，并在网络社会中完全或部分地充当一般等价物，数字货币是一种实实在在的货币，具有货币的基本属性，但它是虚拟的，依赖于网络虚拟环境。数字货币与生俱来的无国界性，使其在全球范围内比传统货币更具流动性。虚拟世界与现实世界相对应，通过数字货币与传统货币的兑换关系发生联系，在一定条件下，特定的数字货币可以购买实物商品，传统货币也能购买特定的虚拟商品。

货币本身是一种信用。只要接受货币的人相信，这次收到的这些货币下一次仍然可用于等价的支付即可，货币本身是否具有价值和使用价值并不重要。比特币的底层是基于一个没有中心服务器的点对点网络，网络上的每个参与方电脑都安装相同的节点软件，节点软件中已经包含了既定的运作规则，任何一方单方面修改无效。网络中发生的交易都是以没有固定对象的广播方式发布到全网。各参与方节点把一定时间内收到的交易打包成区块

（BlockChain），并计算该区块的谜题，最先计算成功的节点得到记账权，可以在区块链发起一笔给自己一定数量比特币的交易作为奖励，计算谜题就是挖矿，奖励即比特币的发行。民众通过参与挖矿或购买比特币让渡权利给比特币网络（比特币公有链），而比特币网络采用算法（加密、数学公式）制造比特币，而算力是比特币的安全保障。从这个角度上来看，比特币与主权货币的信用来源是一致的。本质上都属于纯信用货币，只是民众权利的受让方和货币的发行方不同。同样地，比特币与法币一样不具备使用价值，保障其信用和交换价值的是无懈可击的密码学算法和公开的发行机制。

目前，全球比特币交易量已达每天20万笔以上，接受比特币支付的商家已达数十万户，并且正在飞速增长，在一些发达国家，只使用比特币已经可以满足日常生活所需。比特币诞生8年多来，遭受了无数次的黑客攻击，但从未被攻破过，其安全可靠性得到了充分的验证。历史上发生的Mt. Gox等黑客盗取比特币事件，都是由于比特币交易所内部管理不善、系统安全不足乃至监守自盗引起的。再加上比特币2100万发行上限所形成的天然稀缺性，可媲美乃至超越金银，从而比大多数法币更值得信赖。

（二）数字货币：未来的主权货币

比特币价格创下历史新高之际，数字货币再次站在风口之上。随着互联网技术的发展，国内外对数字货币都在大力推崇，数字货币取代纸质货币已是必然趋势。由各主权国家中央银行发行的数字货币更具革命性，将会对未来的各国及世界经济产生深远的影响。

数字货币不仅能节省发行、流通带来的成本，还能提高交易或投资的效率，提升经济交易活动的便利性和透明度。由央行发行数字货币还保证了金融政策的连贯性和货币政策的完整性，对货币交易安全也有保障。数字货币的“留痕”和“可追踪性”能够提升经济交易活动的便利度和透明度。同时，随着区块链技术的应用，将建立全国甚至全世界统一的账本，让每一笔钱都可以追溯。逃漏税、洗钱行为会在监管范围内，甚至有可能实现在刷卡机上自动扣税。

2017年9月17日，国际清算银行（BIS）发布了一份报告，认为各国央行不应对目前存在的数字加密货币坐视不理，并需尽快决定是否要发行自己的数字加密货币。同时，国际清算银行还表示，区块链技术通过共享总账可以在几分钟之内对交易进行核对、记录并完成。国际清算银行认为，虽然比特币和其他数字加密货币看起来不太可能取代主权货币，但它们已经显示出在基础区块链或分布式账本技术方面的能力，数字加密货币所依赖的分布式账本技术有其可取之处。自国际清算银行发布了这份报告后，关于数字货币的讨论一度成为热门话题，区块链技术也成为热点，而关于央行是否发行数字货币的言论更为炙热。

（1）英格兰银行模式

英国中央银行的数字货币（BDC）与比特币不同，作为主权国家发行的数字货币，其模式是有中心化的分布式体系。中央银行作为BDC体系的核心，控制货币发行以及搭建区块链清算体系。基于英国传统中的小政府概念，BDC采用“瘦银行体系”（Narrow Bank）。以前中央银行与商业银行打交道，商业银行与企业和个人打交道，现在央行与全民打交道，商业银行作为并列的一级。央行使用区块链技术，设计一个云存储式的分布式账本，作为所有资金转账的清算，全民在央行开户，所有个人、企业以及商业银行间的转账全部使用区块链清算。

央行间接控制区块链，摆脱了很多传统业务，只负责调整货币供应量和系统维护，极大地提高了效率，节省了成本。得到政府授权的商业银行将负责区块链系统的写入交易信息的任务，同时商业银行取消清算功能，业务收缩，仅限于提供其他金融类服务，如理财、保险、贷款等。

（2）央行对数字货币布局

在2017年的全国“两会”记者会上，央行行长周小川表示：“人民银行认为科技的发展可能会对未来的支付业造成一些巨大的改变和进步。人民银行高度鼓励，同时也和各种业界共同合作，发展金融科技，包括数字货币的发展，也包括区块链等新技术。”

其实在数字货币这条路上，央行早就走在了世界的前沿。早在2014年，央行就已经成立了研究团队，确定了发行数字货币的可行性。在2015年，央行也曾发布了关于数字货币发行、业务框架及法律等相关问题的报告。2016年1月20日，央行数字货币研讨会于北京正式召开，明确了央行发行数字货币的战略目标；随后，央行正式筹备成立数字货币研究所，用于研究数字货币技术和应用。

2016年8月，央行在《中国金融》上发表了法定数字货币的研究报告，展现了央行对数字货币取得的阶段性成果。随后央行又于9月成立了数据票据交易平台筹备组，2017年春节期间，央行宣布数字票据原型实验测试成功，引发了世界各个国家的高度关注。2017年5月末，央行任命原科技司原副司长姚前为数字货币研究所所长，副所长职位由原中国丝路基金IT总监狄刚担任。而同期央行旗下的中国支付清算协会也成立了金融科技专业委员会，用于加强金融科技工作的研究规划和统筹协调。

中国人民银行的清算体系（CDC）与BDC有很大的不同。CDC模式仍然采用传统银行的二元结构，由各商业银行负责清算工作，区块链只负责存储清算结果。由最底层的清算中心（市县级）首先进行清算；其次将清算结果提交到上一级清算中心（省级）；再次由省级清算中心提交到央行进行总清算；最后将清算结果写入区块链。各商业银行作为节点，需得到央行的授权。央行直接控制区块链及省级清算中心，间接控制省级以下清算中心。央行的相关部门可以利用区块链中的信息，通过数据挖掘开展相关工作，如反洗钱、反贪污，制定经济政策等。

CDC发行的数字货币更多的是基于传统货币的电子化，本质上是一种类似于现金的货币文件模式，此文件会记录此货币从诞生到消失的所有交易信息。与BDC不同，CDC模式中的数字货币，本质上是货币的流动，而不是解锁货币的钥匙在流动。

第三篇

规　则

第六章　三个阶段

科技的进步正在极大地重塑金融服务业。在展望金融服务业的未来时，我们可以适当地回顾过去，这可能会有所帮助。早在1967年，当巴克莱银行（Barclays Bank）实实在在地在墙孔安装了一台ATM时，人们承认这种做法是一种创新，但是直到20世纪80年代当磁条卡成本下降使银行能够大量使用时，ATM机才得以广泛应用。科技的创新是有条件的，从历史的轴线上回望金融科技的发展，更能让我们看清楚金融与科技联合发展的脉络。

1946年，通用电子计算机诞生以来，基于计算机、软件、通信、互联网、大数据、人工智能等技术的数字经济，经历了数字技术向社会经济领域渗透的数字化发展阶段。1998年，美国商业部发布《浮现中的数字经济》研究报告，在IT技术扩散和渗透的推动下，对从工业经济走向数字经济的发展趋势，做出了极富预见性的轮廓描述，可以称为数字经济1.0时代。经过近20年的技术进步、应用渗透、商业创新和生态演化，数字经济的发展进一步升级，迈入了以互联网平台为载体、以数据为驱动的数字经济2.0时代，呈现出平台化、数据化、普惠化的发展特征。在可以预见的未来，线上线下逐步融合、智能化和智慧化将逐步成为数字经济的新特征，平台经济体成为最重要的经济组织形式之一，即数字经济3.0时代。

经济的发展与金融创新紧密相连，而金融创新又与科技进步息息相关。以计算机和互联网技术为代表的信息革命，创造出由科技驱动的金融创新——金融科技（FinTech）。伴随数字经济的发展脉络，中国正在从依托互联网和移动互联网的金融科技1.0阶段快速迈入云计算、大数据、区块链和人工智能等技术驱动的金融科技2.0阶段。随着技术的发展、融合，全新的金融将逐步形成，即金融科技3.0阶段。

- 科技和金融结合的历史道路和阶段划分；
- 发展：技术逐渐成熟，落地应用大规模涌现；
- 融合：技术走向融合，金融新物种大量出现；
- 形成：全新金融基础设施形成，机器对人替代开始萌芽。

第一节　FinTech 1.0：信息技术推动金融服务数字化

金融科技的古老预言

纵观FinTech的发展史，不难发现，它其实是一部金融圈的科技变革史。

1866年，第一条跨大西洋电缆的成功铺设不仅开启了人类的电报时代，而且预示金融全球化的实现。电报、电子交易等FinTech技术的广泛应用，在很大程度上促进了金融业的发展。

在银行领域，1918年开始，电报逐渐成为美国联邦电子资金转账服务系统的重要基础设备。联邦电子资金转账服务系统是一个专用通信系统，旨在为联邦储备银行处理12个储备银行间的资金转账服务。一直至20世纪70年代早期，该系统一直利用电报处理银行转账业务。

历史时钟走到1946年，这一年，在美国宾夕法尼亚大学诞生了世界上第一台通用电子计算机（ENIAC），掀开了人类信息时代的新篇章。随后，从电子技术逐步衍生出计算技术、通信技术、网络技术、软件技术……从个人计算机发展到超级计算机、网络计算机、量子计算机……从科学计算应用逐步延伸至企业管理、生活娱乐、消费购物……从少量科研人员专用到全球32亿人使用。

以1948年香农提出信息论为标志的近代通信时代，第一次将信息科技与金融牵起手来。

20世纪50年代，信用卡的出现预示电子交易技术在金融领域的首次应用，与纸币的发行有异曲同工之妙，其目的都是提供方便快捷的金融交易服务。20世纪60年代，银行通过自助取款机替代了部分柜员和出纳员的工作，进一步提高了金融服务的效率和降低了人工成本。1966年，全球用户电报网络建立，为未来金融技术的全球化发展提供了框架，随后建立的跨银行支付清算系统允许世界上最活跃的银行以美元结算付款。

在证券领域，FinTech最早的应用案例可以追溯到1969年，全球第一个金融交易系统——奥特斯（AutEx）的面世。那时它有140家用户，其中75家是机构投资者而不是经纪人。这个系统旨在处理机构投资者的大宗交易，通过电话线将各个用户的键盘与显示屏连接起来。奥特斯平均每天可以处理15笔大宗交易，总值达520万美元。20世纪70年代开始，电子股票交易在交易所交易大厅进行。最具有代表性的是纳斯达克（NASDAQ）电子交易系统。

纳斯达克是"美国证券交易商自动报价系统"（National Association of Securities Dealers Automated Quotation System）的缩写，这个系统孕育并启动于20世纪60年代末期，它从一开始就使用计算机系统，比奥特斯和其他类似系统要复杂得多。纳斯达克于1971年2月5日正式开始投入运营，800多家交易商与之签订了协议，该系统可以为它们提供2400种未挂牌证券的信息。

纳斯达克集中提供未挂牌证券的信息，并且允许不同的做市商进行竞争。由此缩小了买卖价差，并使交易者有一个更为便捷和可靠的渠道来获取信息。一年内，纳斯达克的交易量就达到了800万股，超过了一直以来紧随在华尔街之后的美国证券交易所，同时纳斯达克的交易量也超过了所有地区性证券交易所交易量的总和。而且，它也开始有选择地提供交易所挂牌证券的信息。当这些证券在纳斯达克系统的交易量迅速增加时，纽约证券交易所开始警觉了。

1975年，美国国会下令建立一个真正的跨市场系统后，纽约证券交易所和它的竞争者们开始筹建跨市场交易系统（Intermarket Trading System，ITS）。这个系统于1978年正式投入运营，它将9个市场相互连接在一起——美国证券交易所、波士顿交易所、辛辛那提交易所、中西部证券交易所、纽约证券交易所、太平洋证券交易所、费城证券交易所、芝加哥期权交易所以及纳斯达克市场，这个系统可以使你及时获得所有纽约证券交易所挂牌证券的交易信息，而不管这些交易发生在哪个市场。

最好的价格出自最大的市场，这一规律依然成立。19世纪40年代，遵循这条金融的“万有引力定律”，电报的发明使纽约证券交易所不仅成为全美最大的市场，而且成为全美占主导地位的市场。20世纪60年代末70年代初，由于系统陈旧无法进行有效的竞争，纽约证券交易所的市场份额不断减少，20世纪70年代，ITS和计算机的出现起到了同样的作用，技术的进步使那些从华尔街流失的生意又回到了华尔街。到20世纪80年代末期，美国事实上只剩下两个证券交易市场：一个是纽约证券交易所；另一个是纳斯达克市场。

彭博机叱咤风云的时代

彭博（Bloomberg L.P.），这家以媒体身份为大众所熟知的美国公司，在金融市场拥有更具商业价值的标签：全球最大的金融数据服务公司。

从20世纪60年代开始，个人投资者在华尔街所占的份额就已经开始下降，他们越来越多地将资金交给投资机构去打理，到如今作为机构投资者如果不使用彭博终端机（Bloomberg Terminal，简称彭博机）就相当于被排除到信息圈之外。2015年稍早时候彭博机曾经历过数小时的停摆，爱尔兰首席经济学家菲利普·奥沙利文（Philip O’Sullivan）当时发了条推文：“彭博终端死机让我终于体会到了Facebook崩溃时青少年是什么感觉。”

在华尔街乃至全球金融领域，彭博终端机是一个神一样的存在，它可以将新闻、数据、分析工具、多媒体报告和“直通式”处理系统前所未有地整合在一起为客户提供服务。即是有价值的信息渠道，也成为使用者的身份和地位的象征。虽然它看起来界面比较粗糙老旧，但客户就是离不开它，拥有彭博终端机甚至成为一种身份的象征。独立性、权威性、丰富性是彭博资讯的成功之道。彭博通过建立这样一个无与伦比的组合，迅速地建立起了全球范围内的客户群体：发行人、金融中介机构以及机构投资者。它连接世界上顶级的金融专业人才，是全球增长最快的实时金融信息网络。马云进军财经传媒领域，入股收购多家财经媒体。然而，真正让马云垂涎的却是彭博终端机。

经过20多年的发展，至2004年4月，它以179271台终端的销售收入首次超过了路透，一跃成为世界第一，对世界信息业霸主路透集团构成了绝对威胁，这也导致了2007年的路透社与汤姆逊公司的合并。

1966年，从哈佛大学取得MBA后，迈克尔·布隆伯格（Michael Bloomberg）加入了美国所罗门兄弟公司，用了6年的时间成为公司的合伙人。主要负责股票交易、销售和系统开发业务。1981年，由于所罗门公司被飞波公司（Phibro）收购，作为公司合伙人之一的布隆伯格被辞退，获得1000万美元的遣散费。

他选择了一个全新的开始，这个开始源于他之前工作中所发现的一个令金融界苦恼的问题：资讯服务的普遍缺乏。他凭借自己金融市场的背景以及对计算机的经验，将两者结合起来开始了一个全新的业务，设想通过建立一个计算机化的信息系统，可使市场的实时数据、财务计算以及市场预测通过这个系统直接到达华尔街公司的办公桌上，同时将目标客户定位在每一个在金融证券投资领域工作的专业人士。

彭博公司提供的这些服务，正是布隆伯格在他的交易员生涯中梦寐以求的。即使在当时那些原始的电子设备上，这些信息服务也十分令人难忘。据一位当年的华尔街员工回忆，那时的服务演示是在“一台与终端机相连的老式IBM电动打字机上”进行的，就算从当时的角度来看，这类设备都已过时。然而，只有精明的交易员才知道这种服务中蕴含强大的力量。

现在，全世界正在使用的彭博机达30万台，每台每个月能为公司带来2000~2500美元的收入，彭博终端机拥有超过32.5万个专业金融客户和机构，并向他们收取大约2.1万美元的年订阅费。在彭博公司接近90亿美元的年收入中，彭博终端机贡献的收入占比超过80%。

彭博机虽然样式老套价格昂贵，但其对交易员使用场景的理解无人能出其右，在其服务中某些内容还极具个性化和价值，有个非常有趣的例子：失业的客户可以在家继续使用彭博机，时限为4个月，不收取任何费用，也不会缩小服务范围。也许，只有像布隆伯格本人这样，曾经有过交易员的工作经历，也亲身体会过被炒鱿鱼的落寞，才能如此真切地理解客户身处的麻烦和困境，也才能发挥出如此生动的想象力，提供这样的服务。

20世纪80年代，除了彭博终端这样强大、实用的信息系统外，大型计算机、超复杂数据处理电子系统的崛起也预示FinTech 1.0的时代特征发生了质变。1982年，FinTech真正意义上见诸公众得益于电子商务的发展。电子商务和网络支付使电子交易系统对个人投资者开放。到20世纪90年代中后期，网络技术的高速发展，使网络证券经纪业务、网上银行业务的开展成为现实，网上银行、网络券商等大获成功。而网上银行、网络券商业务是由FinTech服务提供商精心打造、别具匠心的个人投资者服务，它们的出现逐渐替代了以电话、柜台驱动的传统零售银行和券商业务模式。

数据即服务市场

“市场的边界不超过信息能够及时到达的范围。”

——金融格言

彭博终端机是承载彭博金融数据服务的核心产品。无论是在证券交易机构，还是在商业和投资银行，甚至在国家金融监管机构中，彭博终端机都极为常见。其服务的客户包括金融业的分析师、交易员、投资经理等，他们通过该产品获得实时的金融市场交易数据、分析和各类行业资讯，以此判断下一步的投资和交易方向。

彭博有一项永恒的战略，那就是把所有想得到的数据，所有可能的服务都集合到终端上。彭博不但运营一个庞大的新闻通讯社，为订户提供实时信息，还一直允许其他新闻服务（包括英国《金融时报》）加入到彭博的资讯流中，甚至为此付费。

这样一来，用户就永远都不用离开彭博终端的数字怀抱。英国保诚集团（Prudential）旗下的投资公司M&G Investments的罗素说：“无论你掌握了多少种用法，你总是觉得自己对彭博终端功能的了解仅是皮毛。”

为了吸引用户，彭博终端围绕核心数据和新闻服务，建立了一个只有内行才看得懂的生态系统，提供小众市场的额外内容，让彭博终端越来越紧密地融入金融世界。

彭博终端有些较为流行的功能，但用户只有键入相应指令才能访问这些功能。例如，DINE和FLY指令可让金融家们快速检索本地餐厅和航班，其中DINE得到了志趣相投、对价格不敏感的同僚及对手的审核与评论。但POSH指令也许能让人最深刻地洞察金融界。

这项永恒的战略——把所有想得到的数据，所有可能的服务都集合到终端上。在互联网时代，这种思维正是“数据即服务市场”的体现。

1992年，中国金融科技促进会正式成立，旨在探求并满足科技金融事业跨部门、跨领域、多学科、交叉性、集成性等特点需求，为科技和金融多种形式的结合，拓宽科技投融资渠道，推动科技成果产业化作出应有的贡献。1993年10月1日，《中华人民共和国科学技术进步法》开始施行，突出自主创新、明确政府职责以引导和动员社会力量开展科技创新、强调企业技术创新主体地位、强化对企业技术创新的扶持、强化资源整合、调动和保护科技人员创新的积极性等方面的内容，促进科学技术进步，发挥科学技术第一生产力的作用，促进科学技术成果向现实生产力转化。这些标志政府主导、资本扶持技术的金融科技萌芽阶段在中国正式拉开了序幕，也是此后的十几年间，以数据促进业务发展的理念渐渐深入到金融业的发展中。图6–1展示的是在不同服务场景下的数据特点。

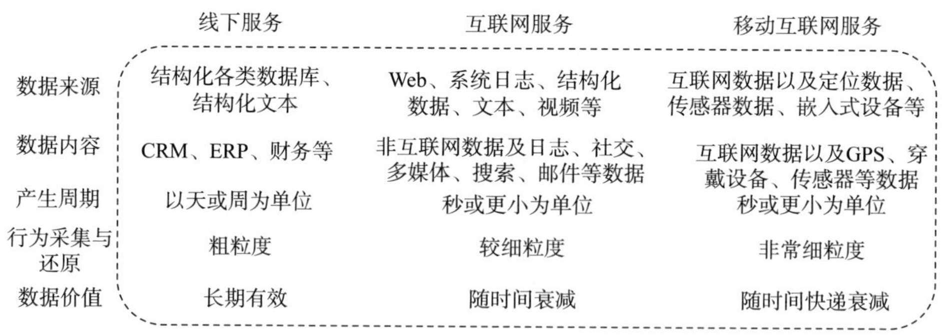

图6–1　不同场景下的数据特点

在20世纪90年代互联网兴起后，数据的获取变得非常容易。1994—2004年的10年里，语音识别的错误率减少了一半，而机器翻译的准确性提高了一倍。其中，20%左右的贡献来自方法的改进，80%则来自数据量的提升。虽然在每一年，计算机在解决各种智能问题上的进步幅度并不大，但是，十几年量的积累，最终促成了质变。

数据驱动方法从20世纪70年代开始起步，在八九十年代得到缓慢但稳步的发展。进入21世纪后，由于互联网的出现，使可用的数据量剧增，数据驱动方法的优势越来越明显，最终完成了从量变到质变的飞跃。如今很多需要类似人类智能才能做的事情，计算机已经可以胜任了，这得益于数据量的增加。

互联网2.0时代的技术更新，对各行业来说是一把双刃剑，不少传统企业湮灭于此，同时也使紧贴互联网技术发展且具备创新思维的传统企业取得了更迅速的发展。

各种规模的商业机构经过长期运营已形成完备的业务流程，各业务部门不断协作，但在竞争日益激烈的互联网2.0时代，有不少亟待解决的问题：信息更新效率无法满足高效部门间共享的需求；信息整合速度无法满足快速审批与执行要求；因人工投入耗费量大等原因造成管理成本增加。

与此同时，全世界各个领域数据不断向外扩展，渐渐形成了另外一个特点，那就是很多数据开始出现交叉，各个维度的数据从点和线渐渐连成了网。或者说，数据之间的关联性极大地增强，在这样的背景下，就出现了大数据。

仔细推敲英语中Big Data的说法，我们不得不承认这个提法非常准确，它最重要的是传递了一种信息——大数据是一种思维方式的改变。现在的数据量相比过去大了很多，量变带来了质变，思维方式、做事情的方法就应该和以往有所不同。这其实是帮助我们理解大数据概念的一把钥匙。在有大数据之前，计算机并不擅长解决需要人类智能来解决的问题，但是今天这些问题换个思路就可以解决了，其核心就是变智能问题为数据问题；而在数据观上，则要从确定性思维转变为不确定性思维。

回顾一下自17世纪以来，一直指导我们日常做事行为的先前最重要的一种思维方式——机械思维。不论经济学家还是之前的托勒密、牛顿等人，他们都遵循机械思维。机械思维更广泛的影响力是作为一种准则指导人们的行为，其核心思想可以概括成确定性（或者可预测性）和因果关系。牛顿可以把所有天体运动的规律用几个定律讲清楚，并且应用到任何场合都是正确的，这就是确定性。类似地，当我们给物体施加一个外力时，它就获得一个加速度，而加速度的大小取决于外力和物体本身的质量，这是一种因果关系。没有这些确定性和因果关系，我们就无法认识世界。

从牛顿开始，人类社会的进步在很大程度上得益于机械思维。但是到了信息时代，它的局限性也越来越明显。首先，并非所有的规律都可以用简单的原理描述；其次，像过去那样找到因果关系已经变得非常困难。因为简单的因果关系规律性都被发现了。另外，随着人类对世界认识得越来越清楚，人们发现世界本身存在很大的不确定性，并非如过去想象的那样一切都是可以确定的。

不确定性在我们的世界里无处不在。我们经常看到这样一种怪现象，很多时候专家们对未来各种趋势的预测是错的，这在金融领域尤其常见。如果读者有心统计一些经济学家们对未来的看法，就会发现它们基本上是对错各一半。这并不是因为他们缺乏专业知识，而是由于不确定性是这个世界的重要特征，以至于我们按照传统的方法——机械论的方法难以做出准确的预测。

世界的不确定性来自哪两方面呢？首先是当我们对这个世界的方方面面了解得越来越细致后，会发现影响世界的变量其实非常多，已经无法通过简单的办法或者公式算出结果。因此，我们宁愿采用一些针对随机事件的方法来处理它们，人为地把它们归为不确定的一类。

在信息时代的方法论：谁掌握了信息谁就能够获取财富，这就如同在工业时代，谁掌握了资本谁就能获取财富一样。

当然，用不确定性的眼光看待世界，再用信息消除不确定性，不仅能够赚钱，而且能够把很多智能型的问题转化成信息处理的问题。具体来说，就是利用信息来消除不确定性的问题。例如，下象棋，每一种情况都有几种可能，却难以决定最终的选择，这就是不确定性的表现。再如要识别一个人脸的图像，实际上可以看成是从有限种可能中挑出一种。因为全世界的人数是有限的，这也就把识别问题变成了消除不确定性的问题。

互联网使传统企业纷纷成为可识别、可记录、可优化的在线“大数据”企业，“大数据”背后蕴藏的是“大信息”，“大信息”背后蕴藏的则是“大机遇”“大未来”，由此催生了“数据即服务市场”。

数据即服务的特征是通过处理高增长的数据以形成价值、驱动业务。在这样的需求下，大数据与数字经济成为FinTech 2.0阶段的关键命题。

第二节　FinTech 2.0：平台化、数据化、普惠化的数字金融

顺应数字革命潮流

数字转型正在影响企业和社会的方方面面，迅速改变消费者、客户、公众和企业的行为方式。数字转型需要不断扩张信息获取的通路。数字化从本质上影响个人和企业互动的方式、时间和地点，具体表现在以下几个方面：①具有颠覆性的竞争对手正在进入市场，带来了完全不同的成本基准和客户体验；②个人联系更为紧密并且被赋予更多权利，这导致对信息获取、普遍性和透明性的期望不断攀升；③强大的分析可带来更深入的消费者情报和更敏锐的洞察力。

数字化带来一种新兴的业务模式，也是一种数字生态系统，是公立或私立机构、消费者、客户或公众之间任意组合，相互依赖与协作的关系。通过共同合作，将信息、专业知识和资产融为一体，生态系统可创造价值并将价值分配给各个成员，它作为一个整体所创造的经济价值比每一个个体自行其是的价值总和更大。

数字生态系统起源于其运行所采用的“货币”，数据、分析以及越来越多的洞察力。这些信息和资产的交换创造了优化运营、扩大技能集、聚焦于核心竞争力的能力。与此相对的，企业必须要调整数据分析的战略，与新的市

场参与者进行互动——要超越数据管理战略的范畴，纳入更广泛的分析战略并识别支持高级分析、算法开发、更新管理和不断扩充的分析解决方案工具集的要求。

数字生态系统的核心，是将一系列外部数据纳入基于事实的决策过程。数据可从各种各样的外部来源获取，其中包括政府、报告机构、气象中心和社交平台。经过组合和分析后，它可以对哪些客户是个体、哪些客户需求最大、世界如何运行等问题建立更丰富、更细致的理解。这些额外数据源可以帮助“优秀”的分析解决方案变得“卓越”。例如，需求预测算法和客户流失率分析等示例就是这种趋势的证明。这个过程，是建立数字生态系统的过程。

数字生态系统包含广泛的数据和分析要求。例如：①数据可能包括结构化或非结构化文本、信号代码、音频、视频、地理或参考数据；②数据可能包含个人、敏感或唯一标识信息。数据可能是一个或多个支持数据发现、分析、临时调查和报告的数据存储库；③数据分析需要在“正确的”决策时间进行；而这越来越多地是指“实时”进行；④数据必须是可交换的，这通常是指通过基于云的服务和API驱动型应用进行存储和传输。

为了支持这些数字要求，大多数企业已经实施或正在计划实施5年前尚不存在的技术。例如，实时数据的传输技术、自助服务分析技术、基于云的数据或分析服务、物联网技术、Hadoop/Spark大数据平台。

管理这种新型数据基础架构需要有关如何摄入、管理、分析、分布和存储数据的新思维。使用过去的技术，即2010年以前的技术，无法满足数字生态系统需求。企业正在采取两大关键行动来实现向数字化企业的转变：增加大数据和分析技术、为动态数据和分析进行架构设计。

由于数字生态系统的互联化特性，当今的企业能够访问到海量的情境式数据，这在5年以前完全是不可想象的。借助政府数据、社交网络数据或全球天气实时数据等情境式数据，以及当今的高级分析功能，企业能够完成从“推测”到“了解”的飞跃。他们能够以更高的准确性预测成效并采取及时明智的措施。

这种从“推测”到“了解”的转变，有助于企业更准确地了解消费者、客户、业务合作伙伴、潜在投资及竞争对手。结合正确的技能和工具，企业还可以改善几乎所有服务或运营职能。举例来说，航空公司将能够了解乘客的习惯，还可以通过机载传感器优化运营水平，这些都是会显著影响损益的基本业务指标。

数字变革带来了思维变革，思维变革的基石是工具变革。对各行各业尤其是金融行业来说，“技术”这个关键要素在数字经济的崭新历史阶段里显得尤为重要。2008年，中国的金融科技迈入了2.0阶段——技术推动金融创新、驱动政策完善的阶段。在这一阶段：

（1）技术拓展经济边界。云计算、大数据等技术群落崛起，在经济社会领域的渗透日益深入，未来经济发展的技术延展性不断增强，商业、产业、企业活动的边界不断拓展。在数字产业方面，据阿里研究院相关报告，2015年网络零售已占中国社会零售总额的12.9%，智能制造和智能产品成为德国工业4.0、中国制造2025、美国工业互联网战略的核心诉求，智慧物流、普惠金融成为服务新业态。在数字生活领域，网络游戏、网络约车、分时租房、智能交通等新业态和新商业模式日益活跃。在社会领域，基于大数据、信用的市政管理、城市交通、企业生产经营决策、行政管理，日益成为管理者创新和变革管理模式的重要选择。2017年，天猫“双十一”全球购物狂欢节1682亿元的销售额、25.6万笔／秒的支付峰值、4200万次／秒的数据库处理峰值，是未来5年消费场景的实战性预演，背后是云计算、大数据等最新技术力量的支持。

（2）数据驱动经济增长。从计量的角度看，PB是大数据的临界点。根据IDC《数字宇宙报告》，到2020年人类拥有的数据量以ZB（1ZB＝1048576PB）计量。预计，随着互联网技术的应用普及和在线化，人类将迎来“数据核爆”。数据将如同农业时代的土地、资源、劳动力，工业时代的技术、资本一样，成为数字经济时代的重要生产要素。

（3）在线常态化。2016年，全球网民达32亿，智能手机用户达25亿，在线用户逐步拓展到每一个角落、每一个人。截至2016年6月，中国互联网网民达7.1亿，渗透率已经超过50%，日均上网达3.8小时。网络购物、支付宝、滴滴打车等已经成为路边小贩卖菜、偏远农村地区大妈购物、上班族出行的新常态，在线化已经成为中国经济社会发展的普遍存在。

大数据驱动城市从IT建设向DT运营升级

人类文明经历了从石器时代到信息时代的变迁，而随着当今信息的爆发性增长和科学技术的突破，人类文明正从信息时代（Information Technology）向数据科技时代（Data Technology）飞速变革。

在IT时代，IBM提出“智慧城市”，以“信息化解决方案”为驱动力促进城市发展，“智慧城市”是以有限资源、集中式治理、解决城市优先级最高的少数问题。通常采用集中化的资源、思维模式、技术来解决城市中少数集中的问题，掌控在少数精英部门机构中，通过信息化产品、小数据实现城市的“集中式”管理，从城市上层管理者出发，强调人为控制。

在DT时代，阿里巴巴、蚂蚁金服、微博推出“DT城市”（如图6-2所示），“DT城市”是以海量社会资源、生态化治理，解决每一位市民、每一个企业的个性化需求。开创性地采用分布式的资源、思维模式、技术来解决城市中每一个市民、每一个企业遇到的难题，充分发挥社会化力量与智慧，通过云计算、大数据等领先技术，从市民、企业等城市服务对象出发，以激活数据资源、社会化赋能，充分利用政府、传统服务业、互联网企业的各自优势，用社会的创新力量解决社会的问题，实现“分布式”运营、“数据化”创新、“生态化”治理。

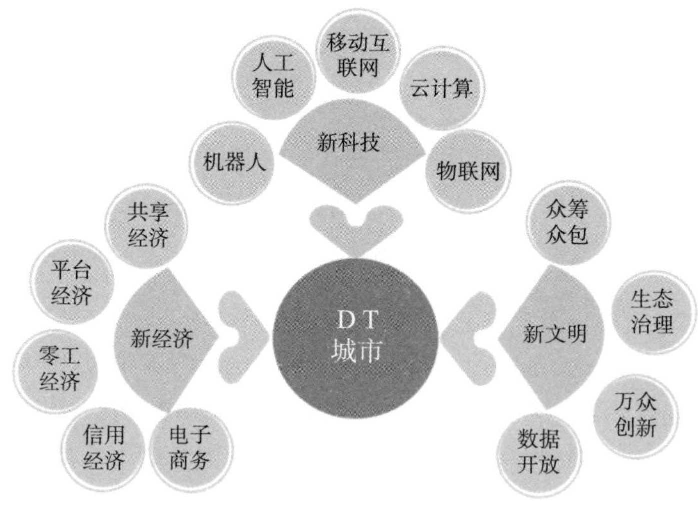

图6-2 “DT城市”的三大要素

从“智慧城市”升级到“DT城市”，必须以“大数据创新”和“互联网平台”为城市赋能，帮助“IT智慧”升维到“DT智慧”。

阿里巴巴集团、蚂蚁金服、微博共同探索适合中国的DT城市生态，用“智能服务指数”来指引城市创新发展。

有研究表明，2014年，全球TOP 300的大城市创造了将近一半的全球经济（47%的世界经济产值和40%的全球经济增长），而这一重大价值仅由占世界1/5（20%）的城市人口创造。城市经济体的持续发展，是国家经济繁荣的重要保障。

从1949年中国城市化（10.64%）开始起步，长期发展较慢；从1998年（30.4%）至今（52.28%）加速发展，城市人口规模快速膨胀，城市数量增多，第二产业（工业）、第三产业（服务业）主导区域经济和社会生活的发展，预计未来20年我国将处于城市化加速进程，全球增长最快的城市集中在中国。

与此同时，以控制为出发点的IT时代，正在走向激活生产力为目的DT时代。“DT城市”，是以“云网端”为城市新型基础设施，以大数据为城市新型生产资料，以数据驱动的人机智能为城市服务中枢大脑和创新经济引擎。“智能服务”即通过“DT城市”创新思想，逐步实现城市服务的在线化、平台化、数据化、智能化，是DT时代中国城市群现代化发展的新方向。DT时代的快速到来，在城市经济体转型升级过程中已经初步展示出广阔无边的巨大潜力，以及一个令人心仪的美好未来。

中国城市是居民、企业和其他组织开展各类经济社会活动的载体，也是政府面向社会提供公共服务的载体。DT时代的商业活动将城市的地理空间与信息空间合二为一，以“网”经“商”，以“业”兴“城”，大力发展以互联网特别是移动互联网为载体、线上线下互动的政务、医疗、健康、养老、教育、社会保障等城市服务，催生网上商店、移动支付、网络租车、社区服务、文化旅游等“衣食住行游购娱”的便民服务新业态，成为创新政府服务模式、增加政民互动的新途径，成为激发城市经济转型升级的新动力。

“DT城市”的三个关键点是云网端、大数据和智能服务体系，其中云网端和大数据已经有了一定的操作基础。在打造“智能服务体系”方面，应重点把握城市建设的三个主体方向：政务服务、便民服务、基础服务。政务服务实现“C2G”治理模式（Citizen to Government），坚持以“服务对象”的需求为政务服务中心，打造“为民城市”。便民服务实现“一体化”保障模式，坚持为所有城市居民提供O2O、门对门、全生命周期的“淘宝式”综合服务，打造“便民城市”。基础服务实现“平台+端”运营模式，坚持以“云网端”为服务平台，运营“DT城市”新型生态，帮助大众创业、万众创新，激活“共享经济”，打造“助民城市”。

“DT城市”现在距离我们似乎还有一点遥远，但是我们可以从阿里巴巴、蚂蚁金服、微博联合推出的《中国DT城市智能服务指数研究报告》中看出，它已经成为互金巨头和社交媒体巨头在2~3年前联合布局的对象。

2014年，马云的一封内部邮件一度成为阿里人茶余饭后讨论的热点，其中主要表达了对阿里巴巴未来发展的愿景的看法。马云战略的核心观点是：阿里的未来将由“云计算+大数据”组成。阿里正在建设一个大数据环境，让数据变成工程，围绕数据提供一整套的精细化服务。云计算使中小企业可以在阿里云上获得数据存储、数据处理服务，也可以构建自己的数据应用。阿里的大数据开放之后，线上线下的数据能够串联起来，所有人都是数据提供方，也是数据的使用者。

马云已经在整个数据应用上确定了两个方针：一是从IT到DT，从管理、控制到点燃和激发，DT就是点燃整个数据和激发整个数据的力量，为社会所用，为销售所用，为制造业所用，为消费者信用所用；二是让阿里巴巴的数据、让阿里巴巴本身今天所有做的这些工具能够成为中国商业的基础设施。

在阿里数据平台事业部的服务器上，攒下了超过100PB已处理过的数据，约等于1.04亿个GB，相当于4万个西雅图中央图书馆，580亿本藏书。淘宝和天猫每天会产生丰富多样的数据，阿里巴巴已经沉淀了包括交易、金融、SNS、地图、生活服务等多种类型的数据。这些数据相互关联或产生巨大的能量。

直观的布局数据或许更有说服力，阿里巴巴旗下有天猫和淘宝，都是巨无霸式的存在，还有支付宝，让阿里巴巴一直作为中国互联网领域的扛鼎企业。不过，你要是以为上面这些就是马云的阿里巴巴的全部家当，那就大错特错了！事实上，在阿里巴巴旗下，还有很多收购的、投资的、战略性入股的牛气冲天的公司。阿里巴巴的帝国版图如图6–3所示。

图6–3　阿里巴巴的帝国版图

资料来源：IT 桔子。

阿里巴巴收购的企业主要都是跟业务互补或者有帮助的互联网公司。看看这些名字：高德地图、UC浏览器、豌豆荚、优酷土豆、虾米音乐、巨人网络等都是在互联网相关领域大名鼎鼎的公司。阿里巴巴收购的范围很全面，从地图导航到浏览器，从APP分发到视频网站，从在线音乐到网络游戏，几乎构成一个完整的互联网生态系统。

除了收购，阿里巴巴还投资了很多互联网领域已经或者可能成长为“独角兽”的公司，如美团点评、Snapchat、滴滴、陌陌、优酷土豆、饿了么……个个都是来头不小、名声在外、用户量巨大的公司。

另外，作为未来战略布局的一部分，阿里巴巴战略投资了不少企业。其中既包括苏宁云商这样的线下零售巨头，也包括“魅族”这样的主流手机厂商，还有媒体传播领域的微博和第一财经，物流快递业的圆通，影视行业的华谊兄弟和博纳影业……其中，阿里巴巴入股中国邮政储蓄银行最值得寻味。

上述企业，个个都是鼎鼎大名，放在其细分领域，几乎每一个都是该领域的霸主。其中，部分企业已经是上市公司，部分企业估值超过了10亿美元甚至100亿美元。从长远来看，阿里巴巴将从这些投资企业身上获取丰厚的回报。这样看来，“DT城市”的概念由阿里巴巴集团牵头提出，似乎并不虚无，而是指日可待。

告别公司，拥抱平台经济体

平台是FinTech 2.0 阶段的基础。依托“云网端”新基础设施，互联网平台创造了全新的商业环境。信息流不再被工业经济供应链体系中的巨头所阻隔，供应商和消费者的距离大大缩短，沟通成本大大降低，直接支撑了大规模协作的形成。信息的透明使企业信用不需要和规模挂钩，各种类型、各种行业的中小企业通过接入平台获得了直接服务消费者的机会。

平台提供基础服务，个性化服务由生态系统内各种服务商提供。

在物种上，成熟的数字经济2.0平台上的物种极为丰富。以阿里巴巴为例，平台为买卖双方提供了基础、标准的服务，大量个性化的商业服务，则由生态系统内各种各样的服务商所提供。目前，服务市场已聚集数万家服务商及服务者，为千万淘宝及天猫卖家提供服务，年交易规模数十亿，提供了包括店铺装修、图片拍摄、流量推广、商品管理、订单管理、企业内部管理、人员外包等相关服务与几十万个工具。

借助FinTech 2.0平台能够实现超大规模的协作。在大淘宝的零售平台上，大淘宝平台4亿消费者和约1000万在线商家，共同构成了一个超大规模的分工/协作体系。截至2016年9月30日，Facebook月度活跃用户为17.9亿人。据百度财报，2016年移动搜索月活跃用户数也超过了6亿人。这种超大规模的用户数，是工业时代的公司无法比拟的。

阿里研究院院长高红冰说：“我们已经进入一个告别公司，拥抱平台的阶段。”我们深表认同。平台化、数据化、普惠化是数字经济2.0的核心特征。波士顿咨询（BCG）在《迈向2035，4亿数字经济就业未来》报告中指出：20年后，中国总劳动力人口50%即4亿人将通过网络自我雇佣和自由就业，8小时固定工作制将被打破。其中，以阿里巴巴为代表的中国数字经济规模将达近16万亿美元，就业容量将达4.15亿，包括新零售板块以及服务、物流、云计算等在内的整个阿里新经济生态体系将创造超过1亿的就业。

从淘宝、滴滴、美团、今日头条、陌陌等大平台中我们可以初见端倪，“大平台+小个体”时代正在逐步到来，一个个淘宝卖家组成阿里的大电商，一个个司机组成滴滴出行这个独角兽，一个个小餐馆组成美团生活服务大家庭，一个个自媒体小编组成头条内容分发机制，一个个“明星”“网红”构成一直播、陌陌、映客这样的直播现场。

在出租行业，工业经济出租车公司共有200万出租车司机，今天以滴滴披露出来的数据，注册司机已经超过1500万名。也就是说，更大的开放体系，动员了更多社会资源参与，造成了大规模的协作体系。快递物流方面，邮政时代达到10亿件次已经触顶，今天看到整个电商包裹达300亿件，互联网分布式计算让整个商业组织形式发生翻天覆地的变化。金融领域银行卡支付，形成交易峰值就是1.5万笔/秒，“双十一”的时候12万比/秒，每年都在刷新这个记录。

目前，大量互联网公司形成了平台经济体。第一类是纯粹原生互联网平台经济体，基本上提供数字内容，进行数字贸易。另外一类，像滴滴、淘宝把网络跟实物经济结合在一起，形成一个新的经济体。

平台经济体不仅仅是纯互联网公司。苹果的应用平台吸引了近40万APP开发者加入其生态系统，开发了上百万的APP，完成了千亿次的用户下载，是其获得手机行业90%利润的决定性因素。工业设备、汽车、医疗巨头也都以机器互联为突破口，构建自己的平台。平台化成为跨国公司未来重要的发展方向。

平台经济体发展迅速，按2016年12月23日价格计算，十大平台经济体市值（苹果、谷歌、微软、亚马逊、Facebook、阿里巴巴、腾讯、Priceline、百度、Netfix）超十大传统跨国公司市值（伯克希尔·哈撒韦、埃克森美孚、强生、摩根大通、通用电气、富国银行、美国电话电报公司、宝洁、雀巢、沃尔玛）。十大平台经济体中，中国占三席。

十大平台经济体平均年龄仅为22岁，而十大传统跨国公司平均年龄达129岁。最年长的平台经济体苹果和微软分别为40岁和41岁，其他基本上都在21岁以下。反观传统跨国公司，大部分都在100岁以上，花旗银行甚至高达204岁。

从PC互联到移动互联，再到万物在线互联，新产业建立在数字融通的基础上。个人在经济上参与的广度、频度、深度甚或强度都获得了极大的提升，成为社会经济体系中最为活跃的部分。居民家庭部门庞大的经济实力能得到极大的释放，使之成为社会经济体系中最为活跃的部分。企业部门必须直面数量庞大的个人用户，个人选择直接成为经济活动中最为强劲的力量，企业选择则退而求其次，努力与居民家庭部门的经济决策相适应。生活、零售、制造、金融的产业图景都将发生本质性的变化。

（1）新零售。商品是数据化的商品，消费者是数据化的人，既有“实像”又有“虚像”。消费者实时“在线”，品牌商与零售商利用数字技术随时捕捉全面全域信息感知消费者需求，完成供需评估与即时互动。利用数据化技术，在全域范围内塑造品牌形象，传播品牌知识，营销品牌商品，提供多样化服务，将品牌商品与服务通过经数据化管理的各个通路呈现至消费者面前，在线流转智能计算即时生产的数据知识，产生千变万化的双向即时互动，最大限度地即时影响消费者，激发消费者潜在的消费需求，服务消费者作出消费决策。

“以消费者为中心”的核心思想始终贯穿于企业间流通环节的流转设计，以及企业内全供应链的设计。技术带来数据的流动，流动带来流通链条与供应链条的柔性与自适应性。数据化管理为实现最优最短流通路径，库存最优化乃至“零库存”提供精细的决策支持，“智能仓配一体化”“智能供应链”“智能物流”的发展，将大大提升流通业的整体效率，流转耗损最终朝着无限逼近“零”的理想状态发展。

（2）新金融。新金融打破了传统商业银行体系对于账户资源的垄断，一系列的网络交易平台提供了大量的账户资源，个人或小微企业开立了大量的虚拟资金账户，用以操作支持其金融交易活动。在印度，电子钱包Paytm拥有1.35亿活跃用户，每9个人中就有1个人使用Paytm。2014年底，Paytm正式推出了基于手机终端的电子钱包。支付场景日益丰富，用户能在更多地方不受限制地使用自己的电子钱包。目前，Paytm已经获得印度央行发放的第一张支付银行牌照，并获准在印度市场开展支付、储蓄、汇款、转账等银行业务，为印度小微企业和低收入家庭提供低费率金融服务。

第三节　FinTech 3.0：技术走向融合，金融新物种大量出现

新的时代，新的FinTech

FinTech 3.0将在优化整合的基础上持续创新，具体有如下三个方面：

第一，跨界合作日益加深。例如，传统银行一直有全方位覆盖贷款客户的痛点，特别是中小客户。2015年12月，传统投行JPMorgan投资入股网络借贷平台Prosper，同时与网络券商OnDeck合作开发小企业贷款产品。银行和网络借贷、网络券商平台的混合模式的合作，不仅可通过银行进行信贷审核，而且可由网络平台带来新客户、维系老客户。从风险管理、精准营销的角度来看，这是一个三方共赢的局面。跨界合作还体现在“人工智能+”“P2P财富管理+”等角度。

第二，产品形态持续优化，技术和服务作为FinTech企业产品的核心价值，重要性不言而喻。随着市场的日益成熟，FinTech公司的市场扩张策略将从现有产品的市场渗透到全新产品的研究开发。另外，将产品线整合优化，利用更好、更新的科技手段，实现产品服务之间的无缝对接，科技的核心作用将日益凸显。此外，金融和科技领域结合的产品迭代速度日渐加快，如何在拓展新市场的同时，提高保有客户的忠诚度，成为FinTech企业必修的课程。

第三，多层次智慧监管体系逐步构建，不再局限于监管机构多级管理的

传统监管模式，尝试区块链等新兴技术来对金融机构、科技企业从事金融业务进行实时、有效、分中心化的公共管理。多层次智慧监管体系依赖监管私有链的权限设置，对不同的监管对象，设置相应的管理规则，加强监管层、行业协会、金融科技企业的合作交流，推动FinTech在松弛有度的适宜环境中健康有序地发展。

如果说1.0阶段是信息技术对金融的改头换面和监管的助推，2.0阶段是大数据和云计算对于数据观的重塑和深化认识以及监管的调整和规范，那么3.0阶段将会是以人工智能为核心、以区块链技术为保障的全社会所有主体间金融资源和数据资源的流动、感知和解放。

认识迎面走来的“AI+”时代

1950年，艾伦·图灵的图灵测试提出了机器学习、数学证明、知识推理等技术和应用。但是在当时，计算机的技术还没有那么发达，逻辑算法也还没有形成体系，人工智能的发展因此受到了一定的局限。1955年，科学家做了一个“逻辑专家”的程序。这个程序将所有问题做成了一个树形的模型，进而选择正确的一个来求解，这个程序被认为是最早的人工智能。1956年的达特茅斯会议上，人工智能的概念被正式提出来，约翰·麦卡锡（John McCarthy）在此次会议上给出了人工智能的定义：人工智能就是要让机器的行为看起来就像是人所表现出的智能行为一样。然后，有科学家利用轰炸机上的装置模拟出了40个神经元组成的网络。但是在那个时候，由于计算机硬件条件的限制，人工智能并未引起重视，甚至有些人认为，人工智能无法实现。到了20世纪70年代，基于符号学派技术的产生让人工智能有了新的作为。但是这时候的人工智能是由专家编制规则，然后进行符号推理，所以机器只能作为被动的输出方，并未进行自主的学习和推理，也无法自行改变逻辑。这一时期提出了机器视觉方面的理论。

20世纪80年代，“机器学习”开始出现。利用统计模型，将问题转化成统计学概率分布，用这样的概念去发展人工智能，使用最多的传统方法为贝叶斯方法。人工智能在苹果机和IBM上的应用软件，出现了语音和文字识别。与此同时，人工搭建的神经网络也开始发展起来。科学家提出了强人工智能和弱人工智能的概念。强人工智能观点认为，机器是可以有自己的观点、知觉和意识的，能够像人类一样思考。弱人工智能观点认为，机器不会拥有自己的逻辑和意识。从2010年开始，随着深度学习技术的成熟，人工智能开始逐渐普遍地应用于我们的生活中。到今天，各行各业开始意识到人工智能对于行业的重要性，并将人工智能的应用和发展提上了日程。如今的人工智能技术，除了加深逻辑思维的开发，更多地考虑了人们生活的实际需求。例如，应用在医学领域的IBM沃森系统，保密系统的人脸、声音识别，网上购物的推荐，等等。目前这些应用已经在发挥自己的作用，但是依旧有一些缺陷需要科学家们去解决，优化算法以得到更准确的信息反馈，提高机器的学习能力。

根据Gartner 2017年7月的新兴技术成熟度曲线可以看出，感知智能机器时代正在来临，33项技术之中，与人工智能相关的技术占到一半的比例，其中，最值得关注的是机器学习技术已经到达曲线顶峰，预示未来2~5年会得到广泛应用（如图6–4所示）。

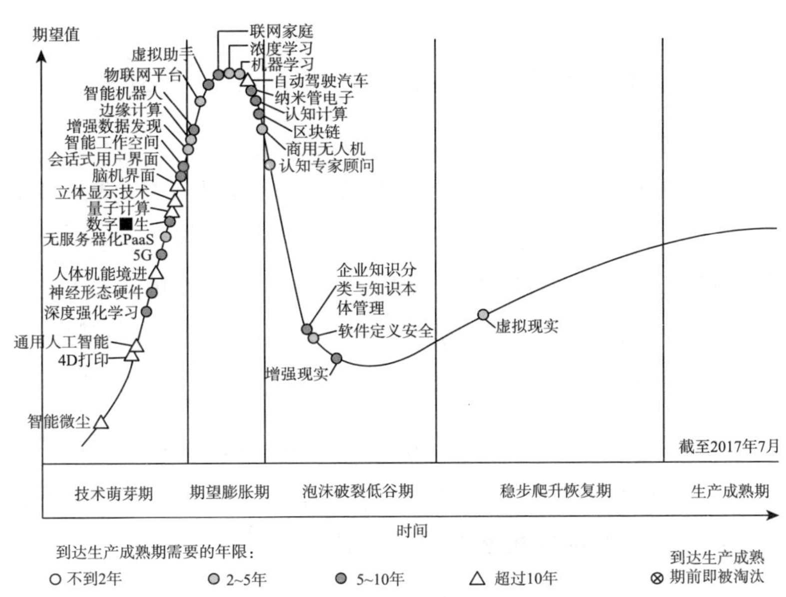

图6–4　2017年新兴科技技术成熟度曲线

对于AI未来可能带来的颠覆性变化也得到了全球知名金融和咨询机构的支持。根据美银美林的预测，2025年以前，人工智能“每年产生的创造性破坏的影响”可能会达到14万~33万亿美元。其中，包括因人工智能实现了知识工作自动化，导致雇佣成本减少的9万亿美元，制造业和医疗护理开销减少的8万亿美元，以及部署无人驾驶汽车和无人机后因效率提升增加的2万亿美元。而麦肯锡全球研究院则给出更加激进的预测，人工智能正在促进社会发生转变，这种转变比工业革命“发生的速度快10倍，规模大300倍，影响几乎大3000倍”。

今天的人工智能技术由很多算法组成。随机森林、机器学习、元逻辑、量子计算等，这些理论和逻辑推动了人工智能的不断前行。不过，人工智能崛起初期，有三大技术基础——大数据、计算能力和深度学习。算法的成熟和发展为人工智能的落地奠定了基石。

第一，人工智能对计算能力的要求很高，而以前研究人工智能的科学家往往受限于单机计算能力，需要对数据样本进行裁剪，让数据在单台计算机里进行建模分析，导致模型的准确率降低。伴随云计算技术和芯片处理能力的迅速发展，可以利用成千上万台机器进行并行计算，尤其是GPU、FPGA以及人工智能专用芯片（如Google的TPU）的发展为人工智能落地奠定了基础计算能力，使使用类似于人类的深层神经网络算法模型的人工智能应用成为现实。

第二，伴随互联网的飞速发展，在线数据变得异常丰富，多来源、实时、大量、多类型的数据可以从不同的角度对现实进行更为逼近真实的描述，而利用深度学习算法可以挖掘数据之间的多层次关联。人工智能是互联网驱动下的一个重要领域，其发展是因为互联网在不断完善，数据变得随处可得，离开互联网孤立地来看人工智能，是没有意义的。

第三，算法的发展尤其是Geoffrey Hinton教授于2006年发表的论文，开启了深度学习在学术界和工业界的浪潮，以人工神经网络（ANN）为代表的深度学习算法成为人工智能应用落地的核心引擎。

“计算能力+大数据+深度学习”算法，三者相辅相成、相互依赖、相互促进，使人工智能有机会从专用的技术成为通用的技术，融入各行各业中。我们的日常生活中融入了很多的人工智能技术，从苹果手机的Siri、谷歌翻译、智能家居，到金融行业反欺诈软件、军事训练、城市交通等，这些人工智能的引入，让我们的生活更加便捷。尽管有些人工智能还不能完全做到机器自行思考，但是，已经可以很好地完成指令，对已知事件的预测和执行的准确率已经很高了。与人类作对比，人工智能在某些方面已经可以超越人类的思维。这些人工智能依靠大数据进行学习，从而提高判断的准确率。探寻和训练数据可为未来的发展提供方向（如图6–5所示）。

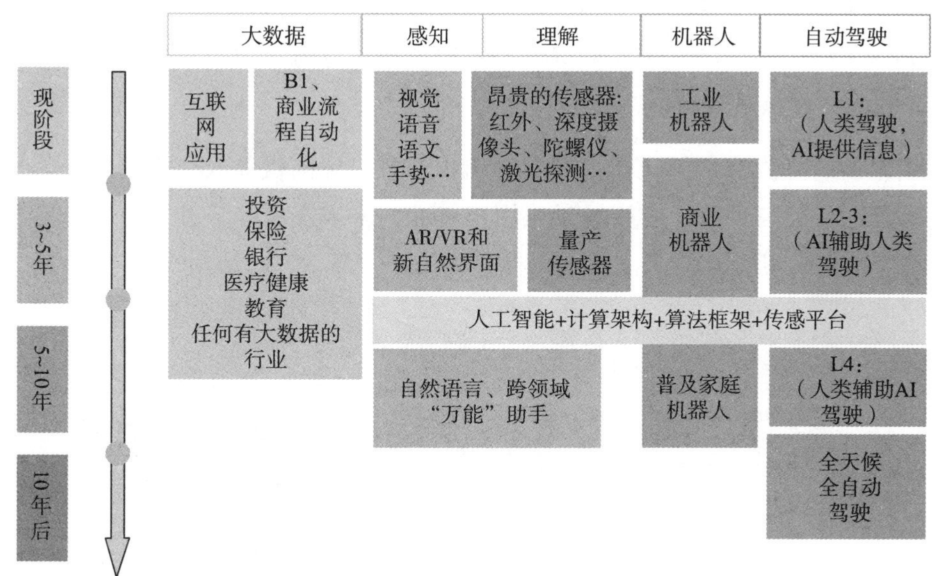

图6–5　人工智能的未来蓝图

在人工智能领域寻求影响力的企业应考虑以下科技：深度学习（Deep Learning）、深度强化学习（Deep Reinforce Learning）、通用人工智能（Artificial General Intelligence）、自动驾驶汽车（Autonomous Vehicles）、认知计算（Cognitive Computing）、商用无人机（Commercial Drones）、会话式用户界面（Conversational User Interfaces）、企业知识分类与知识本体管理（Enterprise Taxonomy and Ontology Management）、机器学习（Machine Learning）、智能微尘（Smart Dust）、智能机器人（Smart Robots）和智能工作空间（Smart Workspace）。

机器人，从执行到决策

近两年，随着大数据、人工智能技术的不断成熟，机器人领域也愈来愈热。机器人已被逐步应用于医疗、农业、金融、军工、物流等多个行业，并逐渐改变原有的产业模式；家庭清洁机器人、娱乐机器人、陪护助残机器人等销量递增，在满足家政服务、老人看护、儿童教育等需求的同时，家用服务机器人或将成为智能家居的控制中心。当下，工业机器人的核心技术依然掌握在国外厂商手中，服务型机器人将迎来新的蓝海。那么，到底如何看待当下机器人领域的局势呢？

易观智库发布的《机器人产业分析报告》对中国机器人产业的定义、发展历程、特征与现状、应用场景、用户属性、未来发展趋势等进行了分析和研究（如图6–6所示）。

图6–6　易观智库分析机器人产业生态图谱

首先，机器人（Robot）是自动执行工作的机器装置。它既可以接受人类指挥，又可以运行预先编排的程序，还可以根据以人工智能技术制定的原则纲领行动。它的任务是协助或取代人类工作的工作，如生产业、建筑业，或者危险的工作。

机器人按其应用行业不同分为工业机器人和服务机器人，工业机器人较服务机器人发展更为成熟。易观智库将非工业领域中的机器人都划分到服务机器人范畴中，按应用场景不同，分为针对非结构化工作场景的专业服务机器人和应用于家庭生活的个人/家用服务机器人。

工业机器人发展较早，在劳动力成本增加的大环境下，工业机器人销量不断上涨，现正处于市场启动期，工业领域正在逐步实现机器换人。

服务机器人对人机交互、人工智能等技术要求更高，发展较晚，现正处于探索期。其中，以扫地、除草等清洁功能为主的家政服务机器人，因为满足了现代人的生活需求，被越来越多的家庭接受。在专业领域中，机器人在客服、餐饮、物流等工作中提供辅助性或替代性工作。

伴随人工智能的发展，机器人向能够感知、认知甚至决策的智能化设备发展，从读取示教存储程序中的信息来再现动作的机器人，到加入传感器的视觉机器人再到依靠人工智能的智能机器人，机器人逐步由流程自动化的机器向能够感知、认知甚至决策的智能化设备发展。机器人与人工智能密切相关、相辅相成，人工智能为机器人提供技术支持，而机器人应用人工智能，成为人工智能技术的载体。

人工智能与机器人强强联合下诞生的智能机器人将成为未来的发展趋势，能够在“自我意识”下实现对周围环境的感知，并进行识别、推理、判断和决策。

根据美银美林估计，2020年，全球机器人和人工智能市场规模将达1530亿美元。那么哪些领域会更容易被人工智能所改变呢？总体来看，机械性或可重复性比较强、规则相对明确的脑力劳动会成为被替代的重点方向，Forrester称，5年内人工智能将取代客户服务、卡车运输和出租服务领域的工作职位，约占目前总工作岗位的6%。世界经济论坛发布的报告显示，提高自动化程度和在劳动力队伍中引入人工智能，未来5年将使15个主要经济体失去710万个就业岗位，而同期技术进步将仅带来200万个新的工作岗位，这些岗位主要集中在更为专业的领域，如计算机、数学、建筑以及工程。

（1）客户服务人员被智能机器人替代。客户服务岗位是很多行业，尤其是需要为消费者提供产品和服务的行业的重要岗位，覆盖银行、保险、电信、零售、制造、电商等多个行业。这些行业主要依靠自建或者租用呼叫中心，雇用大量的客户服务人员提供售前咨询和售后服务，而大部分企业的客户服务中心都是企业的成本中心。

根据Gartner公司的预测，2020年左右85%的客户服务都将由人工智能完成。社交媒体自动分析、客户关系管理软件和个性化聊天机器人的出现将大大减少人工客服的需求量。伴随语音识别、自然语言处理等人工智能技术的融入，客服机器人已经从第一代的问答为主发展到融入深度学习技术的智能客服机器人时代，客服人员可能会在不远的将来被机器代替。语音识别与自然语言处理的成熟会使得智能机器人客服不仅能理解客户语言的上下文语义，还具备自我学习能力，可以理解口语化问题、分辨问题焦点，大大提升服务效率和水平，同时能够给客户提供更好的个性化体验。

以2016年3月阿里巴巴集团正式上线的智能客服机器人“阿里小蜜”为例，它的目标就是致力于成为消费者购物私人助理，让消费者专享一对一的客户顾问服务、全程陪伴式、安全有保障的购物体验。这款应用基于语音识别、语义理解、个性化推荐、深度学习等人工智能技术，支持上下文理解的多轮对话，以及个性化记忆功能，同时机器人每天都会学习几百万条人工的服务记录以及海量的知识源，自动改善智能解决能力。同时，阿里巴巴利用人工智能技术对客户服务。

（2）人工智能解放速记员和书记员。根据Gartner预测，到2018年，客户数字助手将能跨渠道与合作伙伴识别人脸和声音：机器在倾听指令和告诉我们该做什么比真人表现更好。语音识别和自然语言处理技术基础上的人工智能应用场景非常丰富，速记员和书记员的未来可能被智能机器人替代。

例如，在阿里云2016年会上，阿里云ET的速记能力就曾在准确率方面以0.67%的微弱优势战胜第50届国际速联速记大赛全球速记亚军姜毅。9月13日，浙江省高级人民法院对外宣布，将在全省105家法院全面上线智能语音识别系统。该系统由阿里云人工智能ET 提供技术支持，能够快速、准确地完成庭审记录，承担起“书记员”的角色。在上线之前，系统曾在西湖区人民法院试点，准确率高达 96%。这些都是阿里人工智能技术与行业应用场景落地的案例。

（3）医疗养老和教育领域。当你老了，走不动了，会是一种怎样的感受？城市老龄化一直是备受关注的社会问题，使用传统的方式来解决养老问题可能跟不上老龄化的速度。因此，机器人技术的普及成为积极探索通过创新科技解决相关社会问题的重要手段之一。

目前，山东大学科学家宣布已研发出一款家庭智能陪护机器人，名为“大智”，具有视觉、听觉和嗅觉，可在家庭警卫、保姆、伴侣等角色间自由切换。“大智”还能定时、定点、定人，在家中自动巡逻，发现水、电、气等情况异常会主动报警。

除此之外，陪护机器人还可通过语音的形式给老人进行测量血压、血糖等基本身体检查，还可给老人读时事新闻、播放戏曲节目、普及健康知识等。在教育领域，陪护机器人也可成为陪伴青少年成长的良师益友。

（4）前段时间在2017年CES上最出彩的要数机器人路萌了。赛格威机器人（Segway Robotics）发布了Alpha开发者版本的产品，公布了全新的外观设计，并将Segway Robot正式命名为Loomo（路萌，如图6–7所示），在展会上路萌还担当了宝马的自动驾驶泊车助理。

图6–7　机器人路萌

宝马是赛格威机器人正式对外公布的第一个第三方开发者，但赛格威机器人的开发者并非只有宝马一个。自宣布开发者计划后，赛格威机器人已经陆续收到来自全世界的数千份开发者申请，开发者所在的机构包括斯坦福、宝马、英特尔、Facebook、亚马逊、谷歌、MIT、eBay等。此外，MIT 与宝马合作，发现机器人与人类合作的组合最佳，比只有人类或者只有机器人的团队在生产力方面高出 85%。

赋能自动驾驶，英特尔解决“数据”难题

最初，人们提出“自动驾驶”这一概念，除了基于其“能够解放驾驶者的双手和时间”的考量外，安全是最应考虑的因素之一。

随着技术不断进步，人们的出行安全也越来越受到保障，尤其是人工智能融入自动驾驶中感知、融合和决策各个阶段。无人驾驶时代到来，人们不仅憧憬解放双手、释放巨大的经济潜能，还在讨论人类是否应该完全信任机器。这无疑凸显了乘客和无人驾驶汽车之间不可忽视的重要关系。

2017年8月24日召开的2017全球汽车AI大会上，英特尔公司人工智能产品事业部兼业务拓展及解决方案部署负责人Fiaz Mohamed分享了英特尔如何通过端到端的人工智能技术支持自动驾驶，以应对其所带来的数据挑战，并阐释了实现标准化和产业协作是加速自动驾驶的关键。英特尔认为，在乘客真正信任一辆无人驾驶汽车之前，他们必须对自己与车辆交互的基本方式充满信心。英特尔正在研究不同的人机界面和技术并为其开发原型，以帮助OEM（Original Equipment Manufacturer，定点生产，俗称代工）和一级供应商解决这些信任问题。

随着自动驾驶时代的来临，司机不再需要集中精力用双眼来看路，面对紧急情况，也不需要立马经由大脑进行判断并作出决策。“机器驾驶员”则会把采集到的海量数据，实时汇入、更新到高精地图中，再通过大数据和机器学习来做出判断。因此，高精地图可以将一切路况尽收“眼”底，并告诉车辆具体位置和周围的环境如何，接下来要如何规划路线驶向目的地。

高精地图对于无人驾驶车辆的导航、定位、路径规划与控制至关重要，直接影响了车辆行驶的效率与安全程度。由英特尔与HERE共同研发的高精地图正是无人驾驶车辆实时洞察路况、及时作出决策的关键所在。

未来，一辆无人驾驶汽车在90分钟内就会产生4TB的数据量，这些数据

可帮助汽车了解周围环境，让车辆可安全行驶在复杂的道路上。如果没有车内人工智能利用机器视觉和深度学习实时对数据加以分析，无人驾驶汽车就很难轻松上路。但这类人工智能负载通常需要消耗非常多的电力，并且难以在车内有限的功率下运行。因此，如果能用更低功耗来支撑更强大的计算，就会更有效地利用人工智能帮助汽车作出决策。

英特尔®GO™平台的人机界面（Human Machine Interface，HMI），可以适应不同乘客的喜好，并且进行安全的变道，同时创建一系列新的交通警告以监控驾驶员、乘客和行人的安全，帮助乘客建立信任，从“司机”完全变成“乘客”。这既是解放双手的第一步，也是无人驾驶发展必须实时更新升级的关键技术。

英特尔对乘客与无人驾驶汽车之间信任的研究着眼于驾驭和管理数据的方式，同时关注如何将最重要的信息用最高效、最简洁的方式传达给乘客，从而让乘客感到安全、放心，对车辆尽在掌控之中。

英特尔发布的“乘客经济”报告显示，2035—2045年，自动驾驶汽车将挽救58.5万条生命，与交通事故相关的公共安全成本可能会节约超过2340亿美元。在全球最拥堵的城市，自动驾驶汽车每年预计将节省 2.5 亿小时的消费者通勤时间。

而自动驾驶为人类节省的时间，将催促全新“乘客经济”时代的到来。以自动驾驶为基础的“乘客经济”，让人们完全脱离与汽车的一对一关系，转向出行即服务，从而加快新兴服务模式和商业模式的兴起。据英特尔推测，到2050年，“乘客经济”的规模将达7万亿美元。

据Fiaz介绍，目前，英特尔除了利用自身资源和优势在车载和云端实现数据的传输与计算外，还与OEM、宝马等传统企业合作，希望实现端到端的全范围覆盖。

无人驾驶汽车可能成为未来自动化城市的关键组成部分，或许会造成司机的失业，但同时也会带来监管和法律政策领域的新问题。系统将不再需要红绿灯和交通标志，而驾照也将是个过时的概念。谷歌、Uber、特斯拉、Intel已经走在无人驾驶汽车商业化的路上。例如，谷歌已经把无人驾驶汽车部门从X实验室分离出来成立了Waymo公司专注于该领域，并且宣布与本田展开合作；Uber的无人驾驶汽车已经在路上开始试运行，虽然闯了红灯，但这是大势所趋。

在无人驾驶汽车背后，我们更多思考的是这项科技是否具备金融科技的逻辑？这项科技是否能够变革金融领域的业态？换句话说，是思考——无人驾驶汽车出现后，对金融业的第一个直观的影响是什么？驾驶事故的减少。

沃尔沃公司CEO 哈坎·萨缪尔森曾预计到2035年，因为无人驾驶汽车的普及，交通事故将减少80%。到2020年，全球车险保费收入将减少200亿美元。无人驾驶汽车满街奔跑，但冰冷克制，不再有抢道、酒驾等人为因素，事故将大大减少。但这并不让保险行业欣喜，风险的降低，意味人们再无欲望购买保险。

虽然，一直以来国内保险公司经营车险的逻辑都是：依靠车险跑马圈地，获得资金用于投资，直接靠收取车险的保费对大多数保险公司来说是不能赚钱的。然而，在国外，保险行业已觉得危机四伏。美国的一些大保险公司，如Liberty Mutual、State Farm和Allstate都已预备了数百万美元进行研究和创新，专门应对即将来袭的无人驾驶。一场血雨腥风就在眼前，国外的保险公司为何有强烈的危机感呢？

其实，保险这块肉，车企早已虎视眈眈。但困于精力有限，车企们一直未敢涉足保险。2000年，福特就曾尝试，整合从支付计划到废旧车处理等所有的购车用车元素，结果导致业务失焦，未能成功。传统而陈旧的汽车行业，恐怕很难切下这块蛋糕，但科技的进步却带来了转机。车联网、定位等技术的出现，让汽车厂商对车辆信息的掌控越来越强。

事实上，车企已经开始行动了。例如，特斯拉CEO埃隆·马斯克就提出过一套计划，用户为特斯拉电动汽车支付一次性保险保养费用，覆盖汽车生命周期。如此，直接将车险完全吞噬。而国内的车企也在偷偷布局，部分车企正在尝试购买保险代理牌照或销售牌照，但门槛很高，需要保监会审批等，至少需要5～10年时间。当无人驾驶推出后，车企将完全掌握车辆的运行轨迹和运行风险——他们终于等到了将车险的蛋糕一口吞下的时机。车险的定价思维和产品形态将会驾驶技术的逻辑而快速更新，如，之前未推行起来的基于驾驶人因素的车险形态可能会被抛弃。

除了车险行业即将面对血雨腥风外，还有哪些金融链条会被改变？近两年来，汽车金融成为风口下的宠儿。去年，汽车金融的市场规模达到8000亿元。很多分析机构预测到2020年，这个行业规模将会达到2万亿元。无人驾驶到来后，车辆的供求链条将改变。这个万亿元的汽车金融市场，面临被彻底重塑的命运。目前，大多数汽车是闲置的。据摩根士丹利统计，目前美国一辆车一年平均仅有4%的时间在真正使用。“无人驾驶将对共享模式探究得更加彻底。”朱瑞解释，无人驾驶具备招之即来、挥之即去的特点，提高利用率的同时，也符合用户使用习惯。这意味，未来将出现一大批共享租车平台，他们将拥有大量的无人驾驶汽车。一旦有人要用车，附近一辆无人驾驶汽车就会启动马达，自己开过来接人。业内人士一致认为，这将成为未来趋势。普华永道估计，运用自动驾驶技术后，道路上99%的车辆都会消失，美国汽车保有量将从现在的2.45亿辆大幅减少到仅仅240万辆。这个预言仿佛一枚核弹，将整个万亿汽车市场瓦解、重构。众所周知，汽车金融主要由资金渠道、车源、C端消费者三方构成。一旦C端个人角色抽离，诸如新车消费、融资租赁等建立在大众消费者基础上的行业都将不复存在。二手车金融和车抵贷也不会好过，只会留下与车商相关的B端车商贷继续发展。除此之外，无人驾驶将把车联网推到极致。维修、检测等数据会被实时监控和记录，传统汽车金融行业的诸多不透明现象，也将彻底解决。直接好处是估价体系标准化，骗车骗贷、交易不透明等情况或将消失。市场会越来越规范化，小的中介平台将被市场剔除。

第七章　三重境界

随着移动互联、云计算、大数据等新一代信息技术不断取得突破，现代科技与旺盛的金融需求相结合，我国互联网金融市场迸发出了巨大的创新动力。在这种背景下，“金融科技”的概念在我国迅速走红。然而，金融科技有时却有一种让人雾里看花的感觉，虽然美丽却不甚了然，谁也不能说清楚金融科技究竟是什么。唐代禅宗大师青原惟信提出了参禅的三重境界：“老僧三十年前未参禅时，见山是山，见水是水。及至后来，亲见知识，有个入处，见山不是山，见水不是水。而今得个休歇处，依然见山只是山，见水只是水。”其实世间诸事，何曾不都是经历三重境界之后，方见大成？金融科技的概念，也一定是一条上下求索之路；而金融科技的演进，也必定是过一座山，进一重境的。

历史上每一次科学技术的变革，都会带来金融的变革。一旦与“钱”有关系，人们都会变得很敏感，因此资金的操作需要一个专用的、保密的技术系统；资金的交易和投放需要一个规模较大、交易流程顺畅的技术系统。为了打破单个市场或者单个区域的限制，扩大资本流动的规模，实现全球化，信息技术的基础设施作用更加明显，科技与金融的结合也日益紧密起来。

金融科技的引入和发展并不代表未来金融就会消亡，或者变成自金融。因为在信息世界，尽管有一些技术可以实现系统的收集信息，但仅靠这种挖掘信息的方式是不够的，还有很多需要沟通和对话的工作无法以此实现。但是，随着金融科技浪潮的兴起，云计算、大数据、人工智能等新技术正越来越深入地应用到金融信息服务中，从一定程度上指引金融的未来走向。

- 金融科技的核心不是金融：以输出技术能力的方式，服务全部实体经济；

- 金融科技不是互联网金融的简单升级版，也不是马甲版，而是一种比互联网金融更加广泛，能够更加准确地体现行业发展现状的概念；
- 金融科技时代需要改变，呼唤改变。只有真正改变才能发现互联网金融未来的发展方向，解决当下互联网金融面临的问题；
- 借助人工智能、大数据、新技术等先进的手段，不断找到它们与金融之间的结合点，再将这些结合点无限放大，或将是未来金融科技的发展正道。

第一节　新金融：见山是山，见水是水

金融科技可以理解为一种“新金融”

金融科技已经成为近两年的年度热词，然而，金融科技有时却有一种让人雾里看花的感觉，虽然美丽却不甚了然，谁也不能说清楚金融科技究竟是什么。唐代禅宗大师青原惟信提出了参禅的三重境界：“老僧三十年前未参禅时，见山是山，见水是水。及至后来，亲见知识，有个入处，见山不是山，见水不是水。而今得个休歇处，依然见山只是山，见水只是水。”其实世间诸事，何曾不都是经历三重境界之后，方见大成？金融科技的概念，也一定是一条上下求索之路；而金融科技的演进，也必定是过一座山，进一重境的。

金融业本质上是一个数据密集型行业。从早期利用穿孔卡片辅助数据处理到使用计算机实施会计电算化；从借助大型机进行综合业务处理，到利用互联网开拓网络金融等，信息技术一直为金融业注入了强大的创新动力。从这个意义上说，金融科技并非始于当今，而是早已有之。

但是，在互联网和信息技术革命推动下，金融业架构中的“底层物质”已经发生了深刻变化。移动化、云计算、大数据等大趋势引发金融业“基因突变”。这种变化使得传统金融业版图日益模糊，促使传统金融业务与互联网技术融合，通过优化资源配置与技术创新，产生新的金融生态、金融服务模

式与金融产品。反映在金融市场上具体表现为：金融要素市场化、金融主体多元化、金融产品的快速迭代过程正在发生，我们称为“新金融”。“新金融”可以从以下几个角度来理解：

第一，服务者。它跟传统金融机构以程序和手段当作目标不一样，新的服务者可以回到金融服务的原点，回到真正的客户需求上来优化、调整、开发自己的服务。

第二，服务对象。金融业现在的“二八”理论未来将向“八二”理论转变，80%的中小企业和创业企业将成为主要服务对象，向普惠金融迈进。

第三，金融生态。传统金融业壁垒分明，透明度不高，而新金融更加透明、更加公平。

第四，效率与风控的新平衡。由于有互联网、大数据等信息化工具，金融服务效率被大大提高，与此同时，金融风险控制也在信息化时代突破了原来的盲区，金融效率与风险控制将达到前所未有的平衡。

第五，收益。客户有了更多的获得收益的途径和保持流动性的机会，而不再只是做定期存款或者购买国债。

第六，成本。效率提高必定带来成本的下降，这将惠及整个产业链条，但由于服务范围的扩大，整个金融业的规模将变得更大。

马云在2016年云栖大会上提出“新金融”时，他指出：“过去两百年的金融界普遍认为，只要支持20%的大企业就能拉动世界80%的发展。但未来新金融必须去思考，如何支持那些80%的中小企业、个性化企业、年轻人以及消费者。诞生互联网金融后，希望解决的是更加公平、更加透明、更加支持之前那些80%没有被支持到的人，所以今天新金融的诞生势必对昨天的金融机构有一定的冲击和影响。”

当前，科技冲击使传统金融要素的边界变得更模糊，金融科技着眼于功能的实现，典型的银行类机构变得不像银行；产品也在不断跨界，无论是银行理财产品，还是保险公司的万能险，在某种意义上都更接近私募的特征，要素边界不再像过去那样泾渭分明。在新思路导向下，金融科技正在促使金融要素市场化、金融主体多元化、金融产品快速迭代化。因此，当我们回过头再来看“新金融”的概念，首先就可以把金融科技理解为是一种“新金融”。

金融科技的落脚地仍是金融

一直以来，互联网金融创新本质上是“将业务迁移到互联网上”的模式创新，改变的是传统金融机构与物联网公司对既有市场的横向分配。而在互联网金融趋于成熟的基础上，市场的成长方向已经悄然向产业链纵向迁移：以科技进步和变革为驱动力的创新依然成为金融业发展的核心力量，一批以大数据、人工智能、区块链等为主的金融科技与金融服务紧密结合，极大地提升了运营效率并降低了成本，甚至在某种程度上改变了传统金融的业务生态，这就是“新金融”。

在许多人眼里，“金融科技”的本质与互联网金融一致，落脚点应放在“金融”上。

互联网金融协会会长李东荣在谈到金融科技是“科技”还是“金融”时，他给出的答案是“金融”，在李东荣看来，金融科技的本质还是金融，它是金融与科技深度融合与创新的活动。

陆金所CEO计葵生则将过去的5年视为用渠道模式做金融的5年，在计葵生看来，未来的5年更多的应该是用大数据、处理能力、各种运算能力等，去改变经营模式。“如果过去5年讲金融科技，今后5年更多的是科技金融的概念。科技会改变金融，这是我们的基本思路。”

京东金融CEO陈生强表达了类似的观点，在参与博鳌金融科技分论坛时，陈生强表示，互联网金融更多的是一种渠道的延伸，而金融科技则是用科技来重塑金融产品，这不仅仅是一个渠道的概念。

招商银行原行长马蔚华表示，通过大数据、云计算、人工智能，一直到区块链，能够给我们这个信息社会，在底层建筑层面，带来一个金融的质的改变。这种重塑可能意味对金融底层结构的改变。

佰仟金融创始人刘实表示随着技术的进步，金融最终会变成一种基础设施，就像电力系统一样，各种新技术和模式会在这一基础设施上进行更新颖的开发和应用，从而让金融服务普及到更为广泛的社会经济单位。

英国政府首席科学顾问发布的《金融科技未来》报告认为，金融科技通过金融与科技的融合，有望创新和颠覆传统金融模式和业务，为企业和个人提供一系列全新的金融服务。

在新技术爆炸时代，用户在金融上的需求和习惯已经发生了极大的改变，金融行业所面临的市场环境也已经发生了质的改变。所以，金融业也需要做出改变，完善自身的能力。金融科技所坚持的模式和方向，恰好能帮助金融业完善基础设施建设，为金融业提供能力补充。从这个角度而言，金融科技的本质仍是金融。

金融科技是互联网金融的一顶“新帽子”

实际上，在“金融科技”被提出之前，人们更熟悉“互联网金融”的概念。但随着以e租宝500亿元骗局为代表的P2P跑路诈骗事件的爆发，整个互联网金融行业被蒙上阴影，人们甚至将P2P等同于“互联网金融”。与此同时，政府监管也在不断收紧。于是不少互联网金融公司“摇身一变”，自称为“金融科技”公司。因此有人说，金融科技是“互联网金融”的一顶“新帽子”。

京北金融创始人、上海交通大学互联网金融研究所所长罗明雄认为：“两者其实没什么区别，金融的本质首先是信任和风控，很多新兴互联网金融企业，明明是互联网公司，也要做很多线下网店，通过线下建立信任，做好风控。”

金斧子创始人兼CEO张开兴表示：“互联网金融和金融科技应该是一样的，互联网金融主要被P2P搞坏了。但是金融科技可能更贴切，通过科技力量改变金融行业效率。”

不过对这样的看法，也有不少人持不同的意见。

苏宁金融研究院高级研究员薛洪言便认为，互联网金融可以看作是金融业务科技化特定阶段的特定概念，随着金融体系融入更多元的科技因素，如智能机器人、VR、生物验证技术等，互联网金融一词就显得捉襟见肘了，金融科技的概括性更强，有望取而代之。网贷之家首席分析师马骏表示，金融科技更偏向科技，而互联网金融更多的是指一种商业模式。

在图灵科技联合创始人高杰看来，两者还是有不小的差别。他分析称："一般有两个因素决定一家公司的性质：一个是公司的收入来源；另一个则是支出，看一个公司主要把钱投到哪方面。"高杰说："你要是把钱花在收账的公司，或者铺排很多门店放P2P贷款，那就是P2P。其实，你花了多少钱在AI以及技术研发上，公司请了什么人，有多少技术的产出，就决定了你到底是P2P，还是一家注重与科技结合的公司。"

中欧陆家嘴国际金融研究院执行副院长刘胜军指出，金融科技FinTech这个词比"互联网金融"内涵更加广泛，未来将"传统金融"和"新金融"对立的局面也会逐步转化为加速融合。

其实，在互联网时代，我们整个社会运行的底层规则发生了变化。第一，在技术层面出现了聚合涌现效应。这种技术的影响不仅是快捷应用，还会影响一些新模式的产生；第二，在经济层面出现了成本趋零效应；第三，在社会认知层面出现了时空塌缩效应。因此，如果说互联网金融是使原有的金融信息流转渠道更加强化，那么金融科技将可能打破原来以人际关系维系的渠道和商业模式，在统一的数字化资本平台上基于资金本身的属性进行配置、风控和产品设计，省略了传统模式中不必要的中间环节。

在新金融模式下，金融科技提升了金融整体的服务效率，降低了金融交易的成本。所以，它绝不是"互联网金融"的另一顶帽子这么简单。

互联网大数据模式下的"新金融"

随着利率和费率市场化的推进，我国长期处于"卖方"市场的金融行业正逐步转变为"买方"市场，由"以产品为中心"向"以客户为中心"转型已成为金融业的共识。但从实践来看，互联网是一个典型的买方市场，每一个互联网用户都可以用关注度和点击率来表达自己对任何一项互联网产品和服务的意见，因此互联网企业一直以来都非常重视跟踪、记录、收集和分析客户在互联网上的一举一动，形成了大量有价值的数据，也探索出了行之有效的大数据分析方法。这就说明真正“以客户为中心”的创新需要建立在“大数据”的基础之上。而一些以大数据为代表的金融科技，正在打造一种互联网大数据模式下的“新金融”。

一是相较于传统金融，由于互联网、云计算、大数据等方面的技术革新，金融数据的批量化传播和流程化处理方式已成为可能。以大数据技术为代表的金融科技与生俱来的数据挖掘、量化存储、快速处理等优点，开拓了支付手段和风险管理体系的新领域，扩大了金融服务的范围，提高了金融服务效率，推动了整个金融体系的发展。

二是海量数据的掘取与处理、信用审核的流程改进以及信用评价体系的不断完善为我国信用体系建设提供了可行之道。大数据的发展和普及，为征信和风险控制提供可靠保障。借助大数据技术对金融行业积淀的海量数据进行分析，能够有效降低信用评估、产品研发、机构运营和决策制定等环节的金融风险，大幅降低金融行业的风险损失，推动传统和新型金融业的发展。在大数据背景下，许多原本不相关的数据可以成为信用数据，进而转化成信用价值，从而实现“人人有信用，信用有价值”的目标。

三是金融业同时是大数据的重要产生者，也高度依赖大数据的应用。大数据在帮助金融机构降低成本方面，发挥了重要的作用。第一，金融机构借助大数据，能够获取全面细致的用户画像，由此获知真实有效的用户偏好、未来购买意向以及购买动机，在此基础上进行产品个性化推荐和实时营销。与传统营销方式相比，大数据营销能够有效降低金融机构的获客成本；第二，金融机构运用大数据可以建立高效快速的决策支持系统，及时根据金融市场的变动调整运营决策，更好地规避因决策支持系统时滞带来的经济损失，并且由于市场情绪在很大程度上能左右金融市场的价格走势，通过分析挖掘海量社交媒体数据中蕴藏的市场情绪信息，金融机构能够较为精准地预测未来的市场走向，更好地规避因错误判断市场走向而引起的经济损失。

四是金融机构在业务开展的过程中能够获取海量高价值数据，基于这个特性，金融行业天然地具备将数据价值变现的巨大潜力。金融机构可以根据金融科技的大数据对用户的精准画像，在用户意识到自己真正需要什么金融产品之前，分析出用户的潜在需求，及时向用户推送符合用户需求的金融产品，提高产品销售精准度，并且可以将用户的兴趣与产品捆绑，提高用户的忠诚度，带动营业利润的增长。

五是大数据在金融领域的应用场景也正在逐步拓展，在全球范围内，大数据已经在金融行业的风险控制、运营管理、利润创造和监管领域得到全面应用。在“大数据金融”这场产业融合与变革中，机遇与挑战前所未有。

六是在金融科技风口浪尖上，传统金融在“新金融”的冲击下，正改变自身的业务模式和服务方式奋起直追。传统金融与“新金融”都已经站在竞争的舞台上，谁能够更快、更好地接受大数据时代的经营新思维，谁就有机会占领新的阵地。

七是随着金融大数据共享程度的提高，“新金融”成为发展普惠金融的新路径。大数据作为金融行业服务创新和产品创新的驱动力，进一步拓展了金融业态的触角，将若干场景结合，并且形成某个场景下的金融服务闭环，助力普惠金融和实体经济发展。

由此可见，以大数据为代表的金融科技作为重塑新金融格局下的重要支撑与抓手，可以为金融行业的转型带来创新动能，在金融领域产生更大的商业价值，成为互联网大数据模式下新金融发展的重要引擎。

新科技、新监管正在催生“新金融”

当今之世，以大网络、大数据、大计算、大智能为代表的金融科技和以法律规章监管、职业道德监管、利益分配监管、社交人文监管等为代表的金融监管，正在推动金融产业发生明显的变革，安全、高效、公正、透明的新金融正在形成，而金融业的发展也将呈现出五大趋势：数字化、网络化、智能化、微利化和标准化。

一是数字化，数字货币逐步替代实体货币，引发纸质货币后的又一次货币革命。大数据、区块链等技术推进数字货币替代纸币，电子账本替代纸质账本，身份识别、综合信息（经营、信誉、生活、社交、健康）逐步替代资质评级的过程。在无人商店出现后，有专家预测会出现无现金社区，甚至出现无现金社会。

二是网络化，网上银行进一步替代实体银行。运用新一代网络、区块链、物联网等技术，实现分布式记账、无线支付、网上借贷、消费痕迹、金融搜索等金融活动，网络银行进一步替代实体银行。

三是智能化，即通过云计算、人工智能、智能机器人等技术，实现投资分析、信用评级、风险评级、智能获客、智能投顾、投资报告自动生成等金融活动。

四是微利化，即利用现代信息技术逐步使金融活动标准化、透明化、程序化、科学化，防止出现暴利，有效打击金融欺诈，促进金融与实业的有机结合、协同发展。

五是标准化，即通过区块链、客户预警、欺诈识别、智能监测（人文监管，社交、信誉、健康）、多网互联（银行、证券、保险、信托、消费、公安、通信等）技术，提升金融监管能力与效率，促进金融活动程度化、科学化、信息化，每一类金融活动成为一个标准化的模块，防范金融风险，反假账、反流失、反洗钱、反腐败，大幅度提高金融工作效率、保障金融安全。

总体来看，“新金融”将会呈现“四少一多”的明显变化，纸币少了，实体银行少了，金融职工少了，暴利少了，监管多了。

第二节　非金融：见山不是山，见水不是水

金融科技是“科技”而“非金融”

说起“金融科技”一词，它最初来源国外FinTech，即“Finance + Technology”的缩写，英文原意是“金融+科技”。但是在中国，科技比金融的概念更为模糊。这一方面源于人们认知门槛过高；另一方面源于科技这个概念内涵太大。而金融的概念却比科技理解起来简单得多。所以，当我们把“金

融科技”看作一种“新金融”对待时，在另一部分人眼里，他们认为“金融科技”已经不能再以“金融”的概念去定义，而是比“互联网金融”和“科技金融”在形态上更前进了一步，落脚点应放在“科技”上，是“非金融”。

金融科技不仅能够从用户端获得更多改变，而且能够让金融行业本身利用科技进行一些有益的改变。这些改变包括大数据对于金融产品的分析与整理，研发出全新的金融产品，包括区块链对于金融产品的交易记录进行记录和分析，为用户提供更加精准的风险管控。

蚂蚁金服总裁井贤栋认为：“FinTech并非简单地在‘互联网上做金融’，而是基于移动互联网、云计算和大数据等技术、实现金融服务和产品的发展创新和效率提升。”

太平洋保险杨晓灵认为，金融科技更多讲的是传统的金融企业，利用科技的工具，来实现业务模式的创新和流程的再造，是传统金融企业的防守和反击。

京东金融副总裁许凌认为，金融科技更多的是技术的变革，只有通过技术变革，才能让远方有更多的暖意或更多创新点。

铜板街创始人兼CEO何俊强调，金融科技不是金融，而是用科技为金融提供服务，类似于恒生电子，类似于东方财富网，类似于铜板街。其本质的属性是科技公司，定位于科技，公司不去承担金融的信用风险和流动性风险。

从各大搜索引擎上我们也不难发现，关于金融科技的概念，金融科技更多被解释为，金融科技是指科技在金融领域的应用，旨在利用科技去创新金融产品和服务模式、改善客户体验、降低交易成本、提高服务效率，更好地满足人们的需求。一些国外学者的解释为，金融科技是一种足以引发金融界创新海啸的科技手段。牛津词典则将金融科技定义为，用于支持或促进银行和金融服务业发展的计算机程序和其他技术；而百度首次定义金融科技为，以科技驱动金融。

金融科技之前更多地被称为科技金融，强调科技服务金融。如今更名为金融科技后引发了不少人的质疑，是否重点也转变为科技而非金融？其实金融科技强调的是以金融应用为主的科技创新，并非不强调金融，而是强调金融应用和科技创新的多层次、多角度的融合性。

金融科技是以技术创新为驱动的“非金融”模式

俗话说，科技创新是打破垄断的不二法门，这样的例子在科技行业屡见不鲜，近几年类似的事情在金融行业也发生了。首先传统金融机构的金融商品变化小、品种少。例如，我国有诸多商业银行，但经营的业务仅有几种，可以说基本上还是传统的信贷业务，新业务虽有发展，但也是你有我也有，很少有独家创新，几乎没有新业务开发的动力。从银行利率上看，因国有商业银行的绝对垄断地位，很少能反映组织资金的真正成本和市场对资金的真正需求，每次变动基本上都是“人为”的调整。这种调整后的价格，虽然也对经济起到促进或抑制作用，但就其实质而讲，它是一种资金的垄断价格，而不是市场价格。

随着人工智能等前沿技术应用于金融领域，金融服务打开了新的天地。新兴的民营金融力量开始与银行并存，几乎所有的互联网金融平台，都意识到了其中的机会，并很快投入其中，让金融科技一时间蔚然成风，由此打破了传统金融机构对金融业以外的产业的金融垄断，形成了互联网金融与传统金融平分市场的局面，逼着四大行也喊出了拥抱金融科技的口号。可以说，金融科技带来的改变是革命性的，未来谁拥有更好的技术实力，谁就能在垄断的市场中脱颖而出，形成一种新的竞争力。

金融科技的兴起虽然突然，但其背后隐含的是较为确定的逻辑：首先，移动互联、云计算、大数据和人工智能几个重大方面的技术已经相当成熟或已取得重大突破；其次，金融业本身属于承担资源配置效用的顶层应用，不同于其他商业领域应用，其自身数字化程度已经很高，数据和技术方面的突破非常容易给行业本身带来代际重构；最后，相比其他行业，金融类应用的门槛和回报依然较高，资金和政策扶持上都给予了重大的投入和引导。因此，金融科技的核心是强调以科技手段对金融服务进行改造和颠覆，而不是互联网化。

普华永道在发布的《全球金融科技报告》中提出：“预计未来3~5年，新兴金融科技公司将抢走大型金融机构24%的收入，超过82%的金融机构希望加强与金融科技企业的合作。”

人人聚财CEO许建文直言：“金融科技与传统金融的合作才刚刚开始。正是因为互联网金融的一系列信息化，降低了成本，提高了精准度，客户群体在不断渗透和下沉，机构面向零售端，尤其是面向C端的零售客户渗透率大大提升。未来两三年，技术会越来越精准，金融服务的客群范围会越来越广。”

可以说竞争与合作，是我国金融业未来发展的主旋律。中国整个传统金融行业对金融科技行业的态度转变，证明了经过多年的慢慢积累，金融科技行业的优势已经慢慢被大众所看到，并获得大众的认可。在这个市场下，金融科技必将打破传统金融机构垄断金融市场格局，形成一种以技术创新为驱动的“非金融”模式。

用战术与技术向“非金融”模式变更

随着近年来科技发展日新月异，传统金融业正在被改写、被重构。有业内人士认为，在日益强大的科技力量面前，金融业将面临两大趋势：一是业务外包；二是业务拆分。同时，产业发展也将面临两个趋势，颠覆和融合。无论是外包和拆分，还是颠覆与融合，金融科技都创造了新的业务模式、应用、流程以及产品，从而对金融市场、金融机构或金融服务产生重大的影响，这些都将进一步改进金融的功能和属性，向“非金融”模式变革。

从战术上讲，金融机构在新兴的数字化业务领域的竞争，必须依赖大量科技力量，在金融产品创新、客户营销模式创新、服务管理创新方面建立优势。还要快速建立这种竞争优势，现阶段传统金融企业的IT水平和治理模式，也必须顺应趋势进行变革，才能使他们在面对来势汹汹的互联网企业玩家时具备相匹配的应对能力。这是传统金融机构面对金融科技发展和数字化业务转型的一个首要挑战。

从技术上讲，云计算为金融业提供了强大的支持，以此为基础，挖掘金融大数据成为可能，提供智能服务也不再是天方夜谭。利用大数据、人工智能和云计算，金融机构可以对客户画像，然后实施精准营销。使用智能投顾则可以减少金融机构对人员的需求，缩减物理网点面积，大大降低运营成本。同时人工智能又是一种大数据学习能力，可以帮助金融机构从海量信息中甄别风险，改变金融机构风险甄别成本和效率。因此，利用金融科技将科技与金融互相结合后，原来没有服务到的客户，现在可以服务到；原来客户体验不好的地方，现在可以通过科技手段改善客户体验等如此种种，都让现在的金融业与以往的金融业呈现出不一样的形态。

毫无疑问，金融科技的到来，已经改变了金融格局，重构了金融产业链条，为金融业带来新的金融方式和金融精神。让金融与生活紧密结合，让金融在服务好生活场景的同时，回归金融初心；传统金融机构将在金融科技的撬动下，通过运营再造、流程再造、组织架构再造、业务服务再造，在嵌入消费、商业和社交场景的同时，可以对客户需求做出快速响应，从而让原来的很多“不可能”，逐渐变成“可能”。

史无前例的科技力量之争

近年来，传统金融企业的市场竞争正逐步面临拥有数字化业务平台和客户基础的非传统市场参与者的有力挑战，而移动支付、众筹、P2P、量化投资、智能投顾等新型金融服务的推广和应用，更是将整个金融行业带入史无前例的科技力量之争。

“非金融”的特质就是科技，在很长一段时间，国内的传统金融机构并未如此迫切地感受到科技创新与业务发展的密切关联。过去，传统金融机构依靠政策优势、稳固的第三方获客渠道关系，以及与客户之间不太对称的信息交互方式，都在很大程度上保障了金融业务“保守、稳定”的发展格局。然而，随着国内金融科技与生态的迅猛发展，互联网巨头和诸多新生科技力量渗透入金融领域业务竞争，仿佛一夜之间，在技术手段支撑下的“互联网金融”打破了整个金融行业的平静。

一方面，互联网巨头们拥有更为强大的客户数据基础，快速高效的移动互联沟通方式。更方便触发客户直接交互的销售场景，这些都成为互联网巨头们进军数字化金融业务的竞争优势；另一方面，越来越庞大的消费者群体也在近十年来高速发展的互联网业务熏陶下逐步适应了这种数字化的消费行为模式，从而形成了日益庞大且发展迅猛的数字化金融业务市场空间，为互联网金融乃至金融科技的发展奠定了基础。

面对迅猛发展的互联网企业，“拥抱互联网、新科技”不再只是一个口号，也不再只停留在业务层面，越来越多的传统金融机构已经“觉醒”，开始向金融科技转型方面倾注更多的资源。传统金融机构纷纷接力扛起“金融科技”的大旗，如招行要做金融科技银行、平安立志成为科技公司、兴业成立金融科技公司、交行“牵手”苏宁金融等。传统金融机构开始真正发力，金融科技开始登堂入室，逐渐成为传统金融机构的战略重点、转型方向甚至终极定位。

在金融科技这个生态体系下，真正的胜利者，是属于那些能够充分利用技术思维打造自身优质与特色产品的金融企业，谁能够收割用户群体，谁能够整合和吸引那些并不拥有优质周边业务的规则制定者，谁就能在这场科技力量之争中脱颖而出。

金融科技是“互联网金融”的科技再进化

金融科技有一个很大的特点，就是金融与科技两大领域的融合将会进一步加深，而不再是和互联网与金融一样，仅仅是两种元素的简单相加。在经历了移动互联网时代摧枯拉朽般的改变后，人们的行为方式和行为习惯以一种颠覆性的方式进行了改变。网络化、科技化、电子化成为这个时代最为鲜明的特征，科技对人们生活方式的改变已经开始。随着科技对于人们生活影响的逐步深入，人们的生活更多地与科技联系在一起。金融行业作为与我们生活的每一个环节都息息相关的行业，它的发展需要进行同样的科技化，才能跟得上人们生活科技化的步伐。

金融科技时代的到来让很多在互联网金融时代无法破解的痛点和问题找到了解决的方法。借助它，我们不仅能够改变传统金融的顽疾，而且能够带给用户体验的提升，这种体验恰恰是用户真正需要的，同样是金融行业应该追求的，那就是安全与稳健。

以蚂蚁金服为例，它已经形成了以支付宝为核心的一整套生态系统，通过将人们生活的相关环节纳入支付宝的体系之下，我们生活的每一个环节都能够在蚂蚁金服所搭建的生态体系下得以完成，形成了一个完美的生态闭环。蚂蚁金服之所以会出现并不是它自然萌发的结果，而是与人们生活科技化的外部环境有相对较为密切的关系，正是由于人们生活的科技化，才导致人们出现了不同的需求，而满足人们这些需求的同时来拓展产品外延则让蚂蚁金融的疆域不断得到扩大。

金融科技时代的来临是满足人们不断增加的新需求的结果，同样是人们生活与科技联系日益紧密的重要标志。未来随着以AI、大数据、VR为代表的新技术时代的到来，人们在这个时期的需求又将会出现诸多可能，正是在不断满足这种可能性的前提下，金融科技时代或许还将呈现更多的变化可能性。

由此可见，人们生活的科技化最终导致了金融科技时代的来临，用户需求的嬗变则造就了金融科技的发展。随着金融与科技融合的深入，金融本身或许将会发生更多的改变，一个以互联网金融的科技再进化为主要标志的“非金融”时代终将来临。

第三节 “无金融”：见山只是山，见水只是水

金融科技发展的最高境界是“无金融”

最初谈金融科技，我们谈的是金融产业与科技产业相融合。但在考虑这对关系时，更多考虑的还是金融对科技的单向支持，相关部门出台的政策，潜意识都指向金融如何更有效地服务于科技创新。之后再谈金融科技，思路又不是完全单向的了，而是在更高层面上实现了科技与金融的融合，一方面强调将以信息技术为代表的新技术应用到金融产业链中，实现金融功能的优化；另一面基于科技的发展，会带来一些过去技术不发达下难以想象的金融模式。金融科技同时也不是简单的虚拟经济，它使金融与实体在更多层面上有效融合，虚拟与实体的划分并不容易。因此到最后，我们越来越发现金融

科技既不是金融也不是科技，但它又是一种金融与科技结合的生态，所以金融科技发展到最后其实是“无金融”。传统金融机构、互联网企业以及其他跨界公司在技术上和思维上都会运用金融科技来提升、改造金融产品和服务，这是金融科技发展的最高境界。

“无金融”可以理解为社会的无金融性。“无金融”并不是人们不要金融，而实际情况往往是社会为了某种目的而带来金融需求与供给的自我平衡，人们不需要也不可能再产生额外的金融需求。它符合四种基本假设：

一是金融体系是理性人假设。金融需求方、金融供给方、金融中介和金融市场中的其他主体都是理性经济人，他们在不损害他人利益的基础上追求自身利益的平衡。

二是金融总体资源均衡假设。整个市场的金融资源不过剩也不稀缺，不会出现金融资源分配不均衡的情况。

三是所有人获得金融资源产生的效益是一致的，穷人获得金融资源产生的效益与富人获得金融资源产生的效益在将来是一致的。这种效益包括经济效益、社会效益等。

四是金融服务不存在门槛，所有人都能享受金融服务。

在无金融体系下，关于金融科技的一个重要问题就是，金融科技必须能够限制或提高人们分配和利用一定数量的金融资源的能力。换句话说，在国民经济发展所决定的金融资源数量既定的情况下，金融科技决定了金融资源配置的效率水平和金融交易者的满意程度，在金融科技一定的条件下，人们调动与分配现有金融资源的能力构成了一个金融资源可分配界限，从而金融科技可以促使整个金融市场需求与供给的均衡。

当然，金融技术所带来的无金融体系并不是独立发生的，它是在现代科学技术发展的背景下，伴随整个国民经济发展对金融资源分配要求的不断变化而出现的。因此，它也将继续依赖现代科学技术的发展和国民经济总体水平的提高。

如何利用金融科技向“无金融”社会过渡

中国金融行业长期以来存在一个很奇怪的弊病，那就是过度集中于金融专业领域，以至于专业到脱离用户、脱离市场的程度。虽然科技与金融的融合极大地提高了传统金融的运作效率，但这对于谨慎的金融行业来说是非常具有挑战性的变革。即便是在金融基础设施和用户素养都比较高的地区，也都很难在短时间内过渡到智能化的“无金融”社会。

不过从目前金融业发展状态上推测，金融科技不同于传统金融和互联网金融，它将会随着金融链条的打通，逐步从金融业务的各个环节纳入到金融科技优化的环节，所以其不可避免地会向非金融领域衍生。而在金融科技的推动下，不同技术间天生的亲和力，又会重新将金融回归至实体经济里，通过结算、生物识别等技术，将金融主体和服务主体联合在一起。因此金融科技可以通过以下三个方面的努力，最终将使人类过渡到“无金融”社会：

一是大数据获取与智能算法的逐步成熟，使金融从业者可以更多、更精准地获取用户需求，并找到相应的资产匹配，解决了金融资金融通的最基本职能。

二是通过生物识别和多种数码与现实交互的技术搭载，用户日常交易亦可通过交易行为背后金融机构的对接替代各类资金收付的交易过程。

三是智能化金融将原有金融服务的提供主体从机构缩小至个人，日常交易智能化逐步演变成投资智能化，摆脱以人力为主体的金融中介束缚，实现“无金融”社会（如图7–1所示）。

图7–1 人工智能助力中国实现无金融社会

“无金融”的前夜是产业金融

当前，凭借自身在账户、流量、数据、技术等多方面的优势，各大产业链核心地位的大型集团纷纷布局金融板块，越来越多的集团企业开始自己投资或设立银行、保险、证券、保理、财务公司等金融企业，构建围绕产业链的自金融生态。这些集团企业通过对资金账户体系和数据信息的掌控，构建自金融体系，最终形成自身的“金融生态圈”，并通过资金的纽带，进行更加合理的组合运用，我们称为“产业自金融”。

“产业自金融”模式也可以说是金融业走向“无金融”形态的前夜。在产业自金融模式下，集团自金融平台将成为整个产业链、价值链和生态链的大数据中心。借助平台数据产生的洞见，平台将对集团下交易企业双方进行精准匹配，降低交易成本，实现智能化撮合，大幅提高成交率。这些集团企业下的金融牌照公司以产业链核心企业为依托，为整体企业提供综合解决方案。集团财务公司则可以推进财银合作，探索开展财务公司延伸产业链金融服务。

自金融平台，在未来将呈现三大特点与三大优势，其中三大特点：①成为内部的资金枢纽或中心以促进内部资金调剂和集中管理；②通过构建自金融平台并延伸到产业链、价值链和生态链；③与各类金融机构合作，共同构建“产业＋金融”的生态。

自金融平台的三大优势：①低成本获客。核心企业往往拥有广泛的线下门店和用户基础，遍布多重线下应用场景。这使它们能够以较低的成本从线下获取大量可靠的用户；②高壁垒优势。核心企业拥有产业链的天然优势，可以主导对全产业链各方参与者的有机整合；③全链条数据。核心企业在数据挖掘和用户洞察上有不同的角度和侧重点，其丰富的交易对手和交易数据往往是从内部ERP系统和管理系统获得，具有更强的准确性和及时性。这些数据既不同于互联网企业的数据，也不同于银行所拥有的金融和财务数据。通过对这些数据的挖掘和理解，核心企业的自金融平台能够站在需求方的角度，以合理的定价和风险评估来设计金融产品。

从根本上讲，集团企业构建自金融可以理解为“资金的高效融通和最优配置”，以及“借助数据和技术控制风险”。自金融生态正是借助自金融的理念对传统的产业通过“产业＋金融”的变革力量进行重构，强化产业链内部控制和流动性管理，推进资金利用最大化，优化产业链上所有成员的资源配置，提高金融服务实体经济的效率和水平，真正发挥集团的中枢价值。而这种自给自足的产业自金融模式，也会为整个金融业在未来走向“无金融”形态打下良好的经验基础。

“无金融”也是一种“共享金融”

随着网络平台兴起、科技深化、消费观念转变，共享经济逐步发展成一种新型经济模式，并大有席卷全球之势。“无金融”也可理解为一种“共享金融”模式，属于一种人们共同占有金融资源、共同使用金融资源、共同分享金融成果的公有制形式。

党的十八届五中全会明确将“共享”作为“十三五”时期的重要发展理念。“共享”已渗透到人民生活的很多领域，如交通出行领域，人们通过Uber把闲置私家车出租，通过Parket My House把闲置私人停车位出租；住宿领域，人们通过Airbnb把闲置房屋临时性出租；工作领域，人们通过Liquid Space将办公场所短期出租；服务领域，Task Rabbit帮助人们把自身技能、时间短期出租给他人。可以看出，随着共享经济的发展，人们生活中的很多领域都趋于共享式发展，作为经济内容的重要组成部分，为实现服务实体经济的本质，“共享金融”也将应运而生。

“共享金融”本质上是整合优化线下金融资源，实现供求双方直接交易。这种互联互通打破了传统工业社会分工越细、专业化越强的社会结构，开始形成产业链垂直整合或横向开放形成产业链、生态圈甚至生态面的格局。而伴随宽带传输技术、移动互联技术、云计算、大数据甚至是分布式、区块链技术等金融科技的广泛应用，人们真正进入了万事万物互联、随时随地互联的新时代，由此可以实现去中介化，并拉近价值创造者和价值需求者、资源拥有者和需求者的供求双方信息的直接距离，提升生产、资源利用等领域的效率。这也正在催生共享经济以及与之相适应的共享金融。

其实无论是直接金融还是间接金融，其本质都可理解为“共享”：无论储蓄者或投资者将其资金用于储蓄，还是购买股权、债权、保险等各类金融产品，都是将资金当期消费的使用权让渡，以换取未来获利的可能性，使资金的需求方得以扩大生产、提前消费，或者获得风险补偿。这类“共享”是金融的核心，这类“平衡”是无金融的价值所在，也是金融科技之所以于建设“美好社会”至关重要的原因所在。

“无金融”的前提是“开放金融”

金融业是一个丰富的大行业，细分子行业多，机构数量众，资源的配置存在巨大的不合理、不平衡和不经济。如果站在“无金融”的视角看，我们就会发现很多新思路、新方法和新路径，借以推动改革、推动创新、推动资源配置。的确，“无金融”可以让更多的人享受金融服务，这不仅是因为自我需求与供给均衡体系的便利，更是因为金融科技可以将提供金融服务的成本做到最低，甚至接近零。但是，要想真正利用金融科技把金融服务的成本做到最低，实现“无金融”体系，前提是开放金融。

金融服务无非是满足广大客户的投资、融资和支付三类需要。传统金融机构对这三类业务都设有门槛，或者是无形的门槛，因为若低于这个门槛，机构就会赔钱。但如果实行开放金融，开放的金融主体越多，开放程度越高，可共享的金融规模越大，共享金融越广泛，才有降低互联互通成本的空间。这都是开放金融带来的实惠，而这恰恰是传统机构运用传统手段所无法提供的。

目前，用户资金流和商品信息流数据是割裂的，传统金融机构掌握了客户的金融行为数据，互联网平台掌握了客户线上消费行为记录，二者之间缺乏数据交换和共享渠道。但如果传统金融机构和互联网平台之间可以通过建立信息共享机制，真正实现将资金和商品信息数据的使用权交给用户。当用户在互联网平台消费时，可以使用在传统金融机构端的存款、账户信息作为信用担保；当用户在传统金融机构端办理业务时，也可以借助在互联网平台的商品交易、销售记录作为资质证明。互联网平台和传统金融机构之间通过客户意愿来实现数据共享，共同搭建数据交换和共享客户关系管理系统，则可以实现用户、互联网平台和传统金融机构三者之间成本的降低与效益的共赢。

开放既是互联网精神的重要属性，也是互联网最显著的金融特征。互联网的特质决定它既没有时间界限也没有空间界限，它无时不在、无处不在，无论是信息的传播，还是服务的提供，都显示出极强的开放性和生命力。同时，互联网的开放精神不仅仅体现在物理时空的开放，更体现在思维空间的开放，不同领域、不同地域的人通过互联网平台实现商品的交换、服务的交换甚至思维认识的交换，而这种交换几乎是无边界的。

我们可以看到，“无金融”体系是依赖于互联网的开放生态的。正如马化腾所描述的，“互联网+”生态以互联网平台为基础，将利用信息通信技术与各行各业的跨界融合，推动各行业优化、增长、创新、新生。在此过程中，新产品、新业务与新模式层出不穷，彼此交融，最终呈现出一个“连接一切”的新生态。

第八章　三个假说

人们在生活实际中，会观察到无数的事实。例如，有雨天也有晴天，有月食也有日食，候鸟春北往秋南归，瀑布溅白雾映彩虹等，人们认识周围的事实，不只是描述它们，还要理解它们，即用科学理论来解释事实。人们对于同样的事实可以提出不同的理论观点，而谁是谁非有时还难以判明。因此，任何新理论的最初提出都具有假定性，它们的真理性如何还有待进一步检验。关于金融科技，不同的人也给出了不一样的解释，我们把它总体归类为三大假说，即工具说、技术说、连接说。

金融科技的落脚点是在科技，以科技作为驱动力推进行业发展，进而服务实体产业，惠及民生。在供给侧改革促进产业升级，品质生活助推消费升级下，科技发展逐步渗透到金融各个领域，金融也从底层的技术驱动发展到中间的场景落地应用，最终形成顶端的金融科技生态圈，由内及外，开放融合。

金融科技，从狭义上看，有时指互联网金融；有时指技术；有时指产品架构；还有时指服务。从广义上看，金融科技的概念则可能涵盖整个金融业态的商业模式。毕马威对金融科技的定义为："非传统企业以科技为尖刀切入金融领域，用更高效率的科技手段抢占市场开拓渠道，提升金融服务效率及更好地管理风险。"

金融科技其实只需做好两件事，即赋能和连接。前一项包含通过技术、产品、风控、大数据、平台、运营等支持实现服务，提高效能效率，防范风险；后一项则是将金融和技术有机地结合起来，在商业模式，产品架构到实施运营等方面，从前到后实现两者连接，实现有效运转。

- 金融科技：载体、工具、通道；
- 金融科技：技术、数据、形式；
- 金融科技：供给、需求、连接器。

第一节　工具说：金融科技的实用观

便利的支付工具就在手边

在2016年全球量化金融峰会上，微量网创始人冯永昌认为："金融科技都是在做工具。"这是一种最典型的金融科技工具说。

中国的互联网之父马云，在谈到科技时说道："我一直都好奇那些程序是如何起作用的，因为不懂，所以我对科技抱有一种敬仰的态度。"但是这种敬仰不能改变他对于"科技只是一种工具，是为人而生"的认知。

可以说，金融科技在许多人眼里被当成是一种服务于金融活动的工具，而且随着经济的高速发展，金融科技的产品类型也越来越多，使用的人群也越来越广泛，一些产品已经成为人们生活中一种便利的工具，其中以电子支付最具影响力。

（1）Alipay（支付宝）——阿里巴巴集团旗下第三方支付工具。支付宝使用极其广泛，涵盖面非常广。

（2）Tenpay（财付通）——腾讯旗下第三方支付工具。按交易额来算，财付通排名第二，仅次于阿里巴巴公司的支付宝。

（3）NPS——位于毗邻香港的中国改革开放前沿阵地深圳市的知名第三方电子支付企业（由深圳市全动科技有限公司开发运营）。其在国内同类付费的在线支付工具中，是最具性价比的，定位于中小型企业及个人团体。NPS支持消费者在网站使用国际信用卡进行在线支付，购买商家的商品或服务。全面支持Visa、MasterCard、JCB等国际信用卡。

（4）Paypal——大多数客户的首选，省时又经济。共分三种账户类型：Personal Account：网上购物，收发款项，但不支持借记卡或信用卡；Premier Account：以个人名义经营网上商城的用户；Business Account：以公司或者团体的名义经营网上商城的用户。

（5）eWAY——澳大利亚的所有在线支付工具中支持最多的Shopping Carts的一种。共分两种账户类型：eBussiness Saver Plan——支持信用卡；eBussiness Standard Plan——支持信用卡、借记卡或BPay（澳大利亚最主要的电子货币支付提供服务商）。

（6）Paymate——澳大利亚和新西兰的个人和商行网上销售，以及37个国家的客户用于购买的工具。共分五种账户类型：标准（Standard）、经济（Economy）、专业（Professional）、重要（Premier）、电子商务（eBussiness）。

（7）Authorize——主要支持信用卡和电子支票。共有两种账户类型：Merchant和Reseller。

（8）Clickbank——支持在Clickbank的Marketplace上面出售电子产品或者零售图书的网上商家。专业性、专门性较强。

（9）Nochex——支持中小型网上商城。

（10）2CheckOut——在美国较为流行，涵盖的货物种类较多。

（11）SECPay——英国最大的在线支付工具。

不难理解，科技是人类认识世界和改造世界的工具和手段，它是从低等的劳动工具进化而来。如果把金融科技看作一种工具，它确实改变了我们的生活。如果没有移动支付，买东西需要去银行取现金，中间存在很多环节，费时费力。

不断演化的金融载体

科学技术是人类经济社会发展的重要组成部分，同时又是人类经济文明发展的强大动力。科学技术的发展，一则可以转化为物质财富，为经济发展增添新的内容，从而推动社会发展，改变社会结构，创造人们的生产方式和生活方式；二则可以转化为社会智能，推动人类思维的发展，成为人类智慧的结晶，进而促使人们思想道德观念的变革，从而推动经济文明的进步。科学技术作为人类经济文明进步的一个重要组成部分，其也推动着金融活动载体不断演化。载体也是金融科技工具说中的一种常见类别。

在《新帕尔格雷夫经济学大辞典》中，金融是指资本市场的运营、资产的供给与定价，其基本内容包括有效的市场、风险与收益、期权定价与公司金融。金融的核心是跨时间、跨空间的价值交换，所有涉及价值或收入在不同时间、不同空间之间进行配置的交易都是金融交易。金融活动一般以信用工具为载体，并通过信用工具的交易，在金融市场中发挥作用来实现货币资金使用权的转移，金融制度和调控机制在其中发挥监督和调控作用。随着科学技术的发展与进步，我国居民使用的信用工具也发生了变化，比较常见的有以下几种：

（1）电子货币（Electronic Money），是指用一定金额的现金或存款从发行者处兑换并获得代表相同金额的数据，通过使用某些电子化方法将该数据直接转移给支付对象，从而能够清偿债务。由于在降低交易费用上的巨大优势，电子货币取代传统通货已经成为一种不可避免的趋势。

（2）数字货币（Digital Currency，DIGICCY）。是电子货币形式的替代货币。数字金币和密码货币都属于数字货币。它不能完全等同于虚拟世界中的虚拟货币，因为它经常被用于真实的商品和服务交易，而不仅仅局限在网络游戏等虚拟空间中。近年来比较流行的数字货币有比特币、比特股等。目前全世界发行有数千种数字货币。2017年2月，央行在发行数字货币方面取得了新进展。央行推动的基于区块链的数字票据交易平台已测试成功，由央行发行的法定数字货币已在该平台试运行，春节后央行旗下的数字货币研究所也将正式挂牌。这意味着，在全球范围内，中国央行将成为首个发行数字货币并开展真实应用的国家中央银行。

（3）电子票据，是出票人以数据电文形式制作的，委托付款人在指定日期无条件支付确定的金额给收款人或者持票人的票据。电子票据的核心思想就是将实物票据电子化，电子的票据可以如同实物票据一样进行转让、贴现、质押、托收等行为。传统票据业务中的各项票据业务的流程均没有改变，只是每一个环节都加载了电子化处理手段，使我们业务操作的手段和对象发生了根本改变。

（4）电子支票，是一种电子货币支付方法，其主要特点是，通过计算机通信网络安全移动存款以完成结算。无论个人或企业，负有债务的一方通过网络签发支票或其他票据，交给有债权的一方，以结清债务。约定的日期到来时，持票人将该票据原件通过网络提交给付款人，即可领取现金。

（5）电子钱包，是电子商务活动中网上购物顾客常用的一种支付工具，是在小额购物或购买小商品时常用的新式钱包。使用电子钱包的顾客通常在银行里都是有账户的。在使用电子钱包时，将有关的应用软件安装到电子商务服务器上，利用电子钱包服务系统就可以把自己在电子货币或电子金融卡上的数据输入进去。在进行付款时，如果顾客要用电子信用卡付款，如用Visa卡或者Mastercard卡等收付款时，顾客只要单击一下相应项目或相应图标即可完成。人们常将这种支付方式称为单击式或点击式支付方式。

（6）电子式国债，是我国财政部面向境内中国公民储蓄类资金发行的，以电子方式记录债权不可交易流通的人民币债券。

可以看出，随着互联网、移动互联、大数据等新兴技术条件的不断成熟和普及应用，数字化、信息化与金融活动日益交汇融合，数据信息正在成为金融业的基础设施、生存环境乃至存在形式。从严格意义上讲，金融科技改变了金融活动的载体，信息技术革命推进了金融电子化的历程，金融业已经迎来数字化生存的时代。

传统金融通道将失去价值

在金融业务的语境下，所谓通道，主要是指受托发行金融产品，不负责资产和资金对接，不承担实质风险，仅收取中间手续费的持牌金融机构。随着互联网时代的来临，传统金融巨头由于思维固化、行动迟缓，现在已经受到互联网巨头如阿里、腾讯、京东金融、蚂蚁金服等的冲击，地位摇摇欲坠，传统金融通道的概念正在发生改变。

通道意味着什么？就像投资人与借款人由于信息不对称、时间空间差异等原因，他们之间存在一个堵隔的大坝，一边是没有出路的河水，一边是干涸皴裂的土地。虽然可以用抽水机把水抽过去，但效率低，成本高。金融科技则负责把河道疏通，使二者之间的距离瞬间缩短，这就是通道。资金在通道中往来，只与两端的交易主体有关，通道不会对其进行截流。

传统金融行业投融资双方信息流严重不对称，但与金融科技结合后，新兴的金融方式让投融资方式有了重大创新。整个金融行业就像是一条巨大的通道，各家平台则是将资金引向各个经济领域的分流管线，投资人与借款人之间的资金转化效率因此得到了极大的提高。

目前，随着监管政策的不断完善，科技成本、效率优势以及金融的产品优势，将协同发挥作用，形成金融的全新业态，其中移动支付已成为新业态中的关键环节。

支付工具的便捷性，让金融在用户触达上更高效。金融涉及资金管理，这一点不仅对于金融机构十分重要，对于用户也不可或缺。发达的移动支付工具，可以帮助用户完成更多的工作。自然地演变下，移动支付工具将越来越像“个人金融机构”，用户可以免费使用它，不管是一般的消费支付，还是更复杂的投资理财，甚至是更为复杂的个人财务管理，移动支付工具都表现得越来越出色。

同时，移动支付在技术上的不断推陈出新，也让金融业在安全和体验上相比以往更具优势。以百度钱包为例，依托人工智能、大数据风控技术，百度钱包已经能够提供7×24小时的实时风险管控和安全服务输出，最大限度地保证支付安全。

而在支付体验提升方面，通过中文语音识别技术，用户可实现语音下单、声纹支付。这些，都是相比传统金融而言的优势所在，也是真正的“互联网+金融”。

如今，通过一个支付工具，科技、金融服务、用户三者之间达成了最完美的串联。所以当人们谈到金融科技对时代的变革时，它其实更多取代的是传统金融的通道业务，而不会完全取代传统金融。但在这种趋势下，未来金融行业的传统通道业务将会越来越不重要。

促进生活方式变革的重要引擎

科技进步能促进金融的发展，科技创新的发展需要金融提供保障，金融的配置和支持决定科技创新成果转化为生产力的效果。只有金融支持的及时跟进，科技创新才能持续。在科学技术转化为生产力的过程中，每一个环节都离不开金融的支持。金融科技通过将金融与科技二者紧密结合促进金融业的飞跃发展，已然成为我们社会发展、生活方式变革的一个重要引擎。

互联网是人类社会有史以来第一个全球性论坛组织形式，它的出现极大地改变了人们的社会交往方式以及生活方式，不仅大大拓宽了我们的交往领域以及交往范围，而且也大大提高了我们交往的效率。人们利用互联网来阅读世界新闻、进行网上购物、参与网络学习等。利用互联网，我们可以打破空间和距离的局限，在任何时间、任何地点都可以通过互联网与其他人进行学习和交流，足不出户就可以看到全世界的电影，进行各种各样的网络游戏，极大地丰富了人们的日常生活。

到了移动互联时代，移动电子商务则更贴近每个人随身的一些需求，而且是一个随身跨界的需求，利用移动通信网和手机的特点，突破了网上和网下，实体和虚拟之间的一个隔离状况，进而产生全新的商务应用与服务业态。近年来，随着4G通信技术的进步及商业化普及以后，智能移动终端又得到了迅速的发展，移动电子商务的市场规模也有了大幅度的提升。这都预示着移动电子商务又将迎来新的变革，产生一种新的产业形态。新的服务手段和应用的组合，将对社会经济的发展和商务活动产生更为深远的影响。

目前，金融科技进一步促使互联网向智能互联模式发展，这必将继续改变人类生存和生活方式，也许人们不再需要简单的劳作，也不需要在特定地点工作。把劳作交给智能机器人，人们只在喜欢的环境，喜欢的场所，做一些创新和设计工作，通过智能互联网交流智慧和情感等。

可以说，随着金融科技的发展，人们的文化品位和生活习惯不断改变、不断进步。在这种科技与金融结合的力量驱动之下，世界正变得越来越小，人与人的距离变得越来越近。金融科技正在引导人们回归自然、热爱生活，化解淤积于心中的苦恼烦忧，从而得以在休闲中尽情品味创业之美、拼搏之美、成功之美。

监管最精准的量尺

当前，中国的互联网金融、海外的金融科技都呈现一个基本问题，就是它们的边界不断与传统金融的发生冲撞，由此产生了如何平衡创新与合法合规的监管难题。要应对这些监管难题，最好的办法就是在加强、改进监管的同时加强科技监管的力量。正如英格兰银行首席经济学家Andy Haldance所言，随着金融服务产业越来越多地使用科技，监管部门也获得了机会以评价之前无法测量的金融风险，并使得风险管理全局化、全体系化成为可能，金融科技就成为监管最好的工具、最精准的量尺。

监管科技的应用体现在以下四点：

一是监管资料的数字化。即将与监管工作相关的全部资料，包括影像、音频、图片、文字等进行数字化处理与存储。

二是预测编码。即将被监管对象的一系列非正常行为数字化标记后，视作一串离散信号，利用前面的多个信号预测下一个信号，然后对实际值和预测值的差进行编码，适用于监管部门遇到一些缺损数据，如影像、音频等，辅助判断是否要对被监管对象进行关注。

三是模式分析与机器智能。即运用模式识别与智能化的研究成果，将计算机视觉和模式识别，图像和视频处理，视频跟踪和监控，鲁棒统计学和模型拟合等先进技术运用于判别、抓取、分析监管对象的非正常行为。

四是“大数据”分析。即消除监管与被监管之间的“信息孤岛”，运用先进算法、网络科学等方法侦测范围更加广泛的全网络中的可疑金融交易与行为，并进行追溯，找到可疑的被监管对象，同时还能分析整个金融网络的特征，以修补网络的脆弱性。

在监管科技的条件下，对于实质从事金融中介业务的金融科技公司，特别是初创型金融科技公司，监管政策就有了调整的空间，即可不强制对该公司施行牌照监管，但要求该公司接入监管部门的技术系统，满足实时合规的技术要求，这实质上是创建了监管部门与被监管主体的非现场“联合办公”机制，同时保证了金融科技“易合规”的基本特征，反过来也发挥了金融科技“量尺”的作用。

第二节　技术说：金融科技的科技派

一场改变信用体系的技术风暴

当前，金融业的社会信用体系正在经历一场变革，对于传统的金融机构来说，随着移动互联网与科技的普及，用户越来越多的行为习惯将会在网上体现，依据线下手段已经不能很好地获得用户的消费习惯和信用状况，以申请信用卡为例，之前没有办理过信用卡的学生群体、自由职业者、蓝领工人等人群，获得金融信贷服务的门槛过高，在传统情况下成功办理一张信用卡，除了要填写一堆烦琐的资料信息之外，往返可能需要花费数月的时间，金融信贷机构也要投入大量的人力物力时间成本才能完成，而这一定是跟不上移动互联时代信贷消费的快节奏的。随着移动互联网与大数据等金融科技手段的兴起，技术风暴正在席卷整个金融信用体系。

金融科技可以让互联网征信巨头们获取到诸多传统征信机构无法跟踪到的更多颗粒化的个人信息和行为习惯。这部分新办卡人群虽然之前没有信贷消费记录，但是通过他们的手机所产生的大量的浏览行为、网购消费、理财信息、社交圈子等数据，都能帮助征信机构快速界定一个陌生人的信息画像，在数秒之内就能描述出他的金融信贷消费能力和风险评估情况，并依据所积累的用户个人数据和网上消费情况，通过技术建模和人工智能加以分析和判断，完全可以实现在线实时征信评分、自动化授信和快速审核消费信贷。所以用户现在仅凭手机就能完成各类金融信贷消费的快速申请和授信过程，这些以往传统金融服务机构无法做到的都正在变为现实。

目前，人类正在大踏步地步入全新的信用消费时代，人们方方面面的信息都会大量存在于网络、手机和社交网络中，一切过往行为是否诚信都会变得有据可查，看不见的数据已开始转化成我们的个人信用和宝贵财富。今后无论是在线下还是线上，我们都必须更加注重个人的信用情况，因为除了现实中的人品之外，金融科技已将你的网品尽收囊中，更加能决定你的信用等级和财富状况，信用不佳的人可能连共享单车都无法使用，公交地铁出行也会受阻，肆意挥霍个人信用的老赖们从此会更加无处可逃。

可见，金融科技正在整个金融业刮起一场技术风暴，让全世界的金融业经历一场新的变革。在这样一个金融与科技互相碰撞、不断交融的过程中，时代未变，未来已来。

一匹改变传统金融格局的数据黑马

在金融科技领域，数据技术已成为金融行业未来发展的核心方向之一，数据与金融两者之间的关系似乎天然就是密不可分的，大数据是金融科技创新的基础，没有大数据一切无从谈起；反之，金融科技又极大地丰富了大数据，为数据获取创造了便利条件。未来谁的数据量更为丰富，来源更加广泛，维度更加多元，将决定谁的精准营销能力更加强悍和完整。正因为金融科技可以利用数据优势迅速改变传统金融行业格局，所以金融科技也被人们称为一匹改变传统金融格局的大数据黑马。

要做好金融科技，就需要做好大数据技术，以提升效率、降低成本、提高风控能力，如华尔街的Goldman Sachs、JP Morgan、Morgan Stanley、Merrill Lynch等顶级券商和投行都拥有数千人的IT技术团队为其提供数据技术服务。

京东金融CEO陈生强在美国康奈尔大学举办的金融科技挑战赛上发表了主题为“数据技术是金融科技的灵魂”的演讲。在他看来，凡是以数据和技术为核心驱动力，能为金融行业提供服务、提高效率、降低成本的公司都可以称为Fintech。京东金融此前更是高调宣布将公司定位为一家“金融科技公司”，并且对外公布了其大数据生态。

百度金融研发负责人沈抖在“饕餮2026·畅想金融科技”的未来十年——毕马威中国领先金融科技公司50颁奖暨研讨会上演讲时表示：“金融科技服

务于金融，既需要我们收集数据，更需要我们用智能的方法把这些数据利用好。”百度金融正以人工智能为核心驱动，通过金融科技升级传统金融、实现普惠金融的梦想。

虽然没有直接提及金融科技，但在谈到互联网金融时，阿里巴巴集团董事局主席马云在2016年外滩国际金融峰会上表示：“没有数据做互联网金融，我认为是胡说八道。一个合格的互联网金融企业必须具备三项要素，首当其冲的便是数据，数据的丰富度、广度、厚度极其关键。”

中国人民银行金融研究所所长孙国峰更是站在金融科技监管的角度，提出要警惕金融科技巨头带来数据垄断，一些金融巨头产品线汇集掌握大量数据，客观上可能会产生数据寡头的现象，可能会带来数据垄断。数据垄断比技术垄断更难突破，容易产生所谓的数字鸿沟问题，形成“信息孤岛”。这不仅是对金融科技利用大数据改变传统金融行业格局的一种担忧，其实也是变相对金融科技具有大数据能力的一种肯定。

金融科技带来了数据观的革故鼎新。绝大多数传统金融机构依据有限的信息做出决策，而Fintech企业依托互联网竭力扩大可用的数据源用以支持决策。大数据时代让我们对数据价值有了新的认识，数据的价值在于技术对数据的分析利用，没有对应的技术创新也就没有数据价值，金融科技让数据与技术紧密结合。

无论是技术还是数据，包括场景，相互之间的促进和协同发展是关键，单一的存在都难以真正承载大数据发展的基石。大数据、人工智能和区块链等技术的终极意义都是为了将人的智慧融入科学和技术里，只有这样，才能真正将数据转化为可以利用的资源。

金融科技已然以万马千军之势颠覆了企业的资源观、数据观，在未来，将会通过定义“共享”观、审视观，更好地将数据与人的智慧连接起来，使资源的价值更上一层楼，也令企业能够更加明晰自身的定位与发展道路。

数字技术下的普惠金融

随着移动互联网、大数据、云计算、智能终端等数字技术的发展，金融科技在推动众多行业的发展方面发挥着越来越重要的作用。其中普惠金融领域由于具有风险大、成本高及收益低三大特征，传统金融在推进普惠金融发展方面动力不足。以数字技术为重要工具的金融科技，在降低金融服务的成本、扩大金融服务的覆盖面和深化金融服务的渗透率三个方面具有显著优势，通过与普惠金融的深度融合，推动普惠金融进一步向数字普惠金融发展。

数字技术具有成本低、运用广泛等明显优势，能有效消除时间和空间限制，在很大程度上降低发展普惠金融的成本和风险，从而让普惠金融更具备“普惠”的意义。一方面，数字技术在解决商业可持续性上具有长尾效应的优势，能够降低提供金融服务的边际成本；另一方面，在金融科技推动下的数字普惠金融，通过对诸如网络银行、手机银行、网上支付、移动支付等金融产品和服务的运用，可以有效填补传统金融通过网点和人工操作无法覆盖的“盲区”。同时，在帮助金融中介机构解决金融交易对手方信息不对称问题方面发挥着重要作用。例如，在普惠金融领域，资金需求方往往主体数量多、信息透明度低、单笔资金量小，具有普惠功能的网贷平台日均交易笔数多，这会增加信息处理的难度和成本。只有依靠计算机、云计算等技术带来的强大计算能力和储存能力进行批量化处理，才能有效解决普惠金融的进入门槛问题。又如在征信层面，贷款的核心问题是信用风险管理，而弱势群体往往缺乏传统信用信息，传统的征信体系已经无法满足其金融需求。在数字技术的推动和应用下，市场上发展起了基于大数据征信技术的贷款服务，弥补了传统征信的不足。

数字普惠金融作为数字技术和普惠金融融合的产物，也为贫困和长尾人群提供了相对公平的共享金融服务契机和增收脱贫的可能性。数字普惠金融主要运用手机银行、网上银行等数字金融工具，为群众尤其是偏远贫困山区的群众提供价格合理、简单快捷、安全高效的金融服务，如存款贷款、转账支付等业务，通过数字金融工具实现服务。

金融科技时代，从国内互联网金融产业发展来看，通过互联网生态衍生出来的以大数据、人工智能、云计算、区块链等为核心技术推动的风控和信用审核工具并且嫁接不同线上用户生态的场景模式，则成为区别于传统金融生态，能够产生资金、风控、技术、用户和金融服务闭环的一个新潜力区域。当前，新一轮的科技革命和产业变革方兴未艾，以数字化、网络化、智能化为特征的信息化浪潮蓬勃兴起。《普惠金融的中国实践：技术驱动变革》白皮书指出，普惠金融正运用大数据、云计算等技术，构建基于知识图谱的风险控制体系，实现金融能力特别是风险控制能力的提升。

惟妙惟肖的用户画像

互联网在逐渐步入大数据时代后，不可避免地给企业及消费者行为带来一系列改变与重塑。其中最大的变化莫过于，消费者的一切行为在企业面前似乎都将是“可视化”的。随着金融科技的深入研究与应用，企业的专注点日益聚焦于怎样利用金融科技来为精准营销服务，进而深入挖掘潜在的商业价值。于是，“用户画像”的概念应运而生。

用户画像，即用户信息标签化，就是企业通过收集与分析消费者社会属性、生活习惯、消费行为等主要信息的数据之后，完美地抽象出一个用户的商业全貌，是企业应用大数据技术的基本方式。用户画像为企业提供了足够的信息基础，能够帮助企业快速找到精准用户群体以及用户需求等更为广泛的反馈信息。在进入大数据时代之后，用户越来越多的信息，包括基本信息、社交信息、交易信息都变得透明且可视化。这也意味着，在互联网中，用户的特征其实一直都是散乱、无序、片段化地存在的，通过一定的技术手段，可将这些不同维度的用户信息整合成用户画像。

百度副总裁张旭阳在2016年金融科技创新峰会上表示，“以大数据、人工智能为核心的技术正在变革财富管理行业，‘人’的行为的数字化与财富管理方式的智能化两者相互匹配、互为驱动。金融科技的一个核心突破点就在于用户画像”。张旭阳认为，在互联网技术和信息技术的推动下，随着人们的行为越来越数字化，多维度、非结构化数据被互联网金融公司充分运用，在金融科技下用户识别、风险偏好识别不断完善。

在当前的金融领域，金融消费者逐渐年轻化，“80后”“90后”已成为金融消费客户的主力，但是这类群体的金融消费习惯正在改变，他们不愿意到金融网点办理业务，不喜欢被动接受金融产品和服务。这类群体将主要的时间都花费在移动互联网，花费在智能手机上。平均每个人每天使用智能手机的时间超过了3个小时，年轻人可能会超过4个小时。浏览手机已经成为工作和睡觉之后的人类第三大生活习惯，移动APP也成为所有金融企业的客户入口、服务入口、消费入口、数据入口。金融企业越来越难面对面接触到年轻人，无法像过去一样，从对话中了解年轻人的想法，了解年轻人对金融产品的需求，这也催生了运用金融科技对客户进行画像的需求。金融企业需要借助用户画像，来了解客户，找到目标客户，触达客户。

换一种习惯去投资

与金融科技化时代之前的理财、投资市场环境相比，金融科技带来的更多改观在于用户投资策略和习惯的变化，不再是通过一些有限的渠道和产品做股票、房产、期货之类的单边“赌博”性的投资，而是客观、理性地认知到未来各种投资理财渠道的细分价值以及合理的全类资产配置，养成良好的投资习惯。

金融科技一个很重要的特点就是用户获得资金的成本开始降低，获得资金的渠道也开始多元化。以往只能通过银行借款，用户只有在准备较多的材料和经历烦琐的风控程序后，才有可能最后获得有限额度的贷款，而利用目前主流的线上大数据风控手段，不光可以获得和消费场景直接打通的各种消费分期产品，还有利用个人信用资料和大数据分析手段直接可以获得的线上、移动端的个人现金贷款。同时，在金融科技的助力下，用户完全可以根据自己投资理财的金额、期限以及风险偏好自主选择产品，在操作上根据自己的时间进行安排，这对用户养成良好的投资习惯是非常有帮助的。

而对于互联网金融平台来讲，通过金融科技精确化的投资者风险测评，平台无须再浪费大量的精力对用户进行前期调查，而是可以让其更注重根据用户习惯和测评结果有针对性地量化客户的风险承受能力、投资偏好、投资模型等，从而为客户提供更加个性化的咨询策略，使给普通人提供个性化投资理财服务成为可能，进一步帮助客户养成良好的投资习惯。

把钱存进银行是老一辈的人喜欢的安全的储值方法，而经济形势的低迷和银行利率的持续走低，让资金的有效保值增值打上问号。事实上，投资理财才是现在的年轻人管理财富的主要手段。但由于缺乏专业的投资策略和理财规划，大多数人管理财富的方法都是存在问题的，而专业的理财规划师成本较高，并非每个人都愿意承担。近年来流行起来的智能投顾恰到好处地解决了这个问题。

在投资策略上，相比传统的投资顾问，智能投顾的出现则体现出金融科技的技术优势，在这个丰富多彩的生态系统中扮演着个人理财游戏规则颠覆者的角色，如降低投资理财的服务费用、提高投资顾问服务的效率、信息相对透明、分散投资风险，以及规避投资人情绪化影响等，帮助投资人克服个体的弱点。它们通过用户可以体验的数字化工具与客户交流，引导用户完成自我评估流程，推动他们的投资行为朝着目标导向的决策转变，并将用户个人放在投资决策流程的中心，通过一些有创意的想法，帮助他们转变思维方式，减少行为金融学和愿景理论指出的偏见，避免做出不一致的决定。

可以说，金融科技的出现，能够让用户以更低的成本，享受到更为全面的理财投资建议、决策和更快捷更高效的服务，帮助用户最大限度获得长期稳健的投资收益，大大改观用户的投资体验，帮助用户养成良好的投资习惯。智能投顾为个人量体裁衣、定制专属的理财规划，并且降低了人工成本，使更多的人能够了解自身的金融需求、规划自身的金融资产。

当我们都在谈大数据、云计算、人工智能、区块链等技术时，却并不清楚应该如何建立场景应用这些技术。新科技运用于新产品的技术红利众所周知，方式方法却鲜有人提。技术是产品创新的基础，创新的应用方法才是稀缺资源。Acorns不同于常规的智能投顾，它瞄准了没有人注意到的零钱整合投资，让毫不起眼的零钱带领它走向了成功。当技术不再成为难题，融合应用、寻找商机才是制胜法宝。可见，智能投顾虽有众多利处，但中国现有的财富管理公司也有不比其差的实力，而智能投顾公司创业前期想要扩展规模困难重重，想打响名号也需要有不同凡响的创新之处。

第三节　连接说：金融科技的赋能论

构建金融新生态，寻找突破新方向

如果说互联网生态是体系、是链条、是环境、是商业模式，它通过利益相关者在这个生态体系上形成流量，最终流量变现，并使得传统金融机构逐渐意识到这样的变化，将互联网开放、合作、共享等创新思维模式融入传统金融形态，从而构建起全新的金融生态，进而以自身为主导建立金融生态圈来获得长期、稳定的客户流量以创造价值，那么金融科技则是将“技术”放在金融服务的中心，正在从根本上改变企业与客户的互动方式。

在金融科技的影响下，金融服务的“扩散”已经产生了各种积极影响，包括增加竞争、降低客户的支付价格、提供比传统形式更广泛的金融服务渠道，等等。而且，这种金融新生态的“进化”才刚刚开始。从中央提出的推动供给侧结构性改革，到互联网金融、科技金融、金融科技等金融新业态的蒸蒸日上，无不反映出当下经济从变革中探寻发展之路的深层逻辑。在这个科技创新带动经济高速发展的时代，所有的产业都将面对不断的革新以适应时代发展的命题，金融科技成为传统金融机构转型升级突破的方向。

在金融科技的支持下，金融子行业的混业经营加速，出现了更加自由化、分散化和民主化的模式，如P2P、众筹模式等。系统经营的风险性降低，单个经营风险更容易被分化。一些原本传统金融机构不能做的客户被纳入可以合作的范围，让一些原来不能做的小微客户能够实现资金可得性或者融资成本降低。金融子行业的业务重叠区域扩大，其竞争与合作程度加强，几乎每项业务都有来自其他金融渠道的竞争，业务边界趋向模糊。

传统金融机构也逐渐意识到这样的变化，开始将互联网开放、合作、共享等创新思维模式融入传统金融形态，从而构建起全新的金融生态。特别是一些大型金融机构更是以自身为主导建立金融生态圈来获得长期、稳定的客户流量，进而创造价值。

从国内监管角度来看，金融科技的运用也正在改变金融行业的生态格局。政府一方面不断推出相关政策支持和促进金融科技行业的发展，另一方面也在持续加强对金融科技行业的深入研究，积极加强行业监管。如何通过金融与科技的有机结合，探索完善的金融服务和监管模式，实现创新与合法合规的平衡，引导金融科技生态建设良性发展，已成为监管部门的重要课题。

行业供给侧改革的重要切入口

移动互联、云计算、大数据等新一代信息技术不断取得突破，现代科技与旺盛的金融需求相结合，迸发出了巨大的创新动力，我国互联网金融飞速发展，取得了举世瞩目的成就。作为金融的重要驱动力，金融科技对实体经济的发展有着重大影响，也是中国金融业供给侧改革的重要突破口，尤其在小微企业融资和普惠金融方面，金融科技的力量不可忽视。

在传统金融欠缺，部分制约我国经济“软实力”的同时，也催生以互联网金融为代表的科技金融业态的兴起，这就为我国金融业供给侧改革提供了绝佳切入点。金融科技作为一种新的模式、新的流程和服务，会对传统金融的服务方式和模式产生重大影响，改变甚至颠覆传统。

目前，中小企业贷款都是非标准化的，而运用金融科技，开发出适合中小企业的产品和服务，把传统的非标操作尽可能地标准化，很适合当下快速成长的民营化、专业化金融科技企业。一方面，它们用自己作为放债的主体及工具，能够充分利用互联网技术和信息技术降低金融服务成本，扩大市场规模；另一方面，它们采用金融技术，使金融和技术紧密结合，在标准化服务和适应多样化的客户需求之间可以找到一个平衡点，效率比较高。

对于普惠金融，按照传统的路径，金融需求一直是供给不足的。但是，随着金融科技的出现，金融科技公司可以通过深挖数据价值，解决海量数据的存储、挖掘以及如何高效使用问题，将技术能力形成服务、用户理解形成产品，从而帮助金融行业更精准获客、降低成本，提升效率，更好地服务于年轻、长尾客群，使金融供给压抑得到极大的释放。这些既是行业供给侧改革的重要切入口，也是金融科技的真正价值所在。

中小金融企业最迫切的内生需求

金融行业从来都是科技的拥抱者，也是金融科技的合作者，金融与科技的融合具有必然性和渐进性。目前中小金融企业是助力实体经济发展的重要力量之一，但是在与传统大型金融机构的竞争中，中小金融企业因为资源、人才等问题，独立完成技术转型并不容易。因此，通过合作和共享的方式规划“科技化”之路成为其重要选项，金融科技也成为中小型金融企业最迫切的内生需求。

中国目前近两千多家农村金融机构和一千多家中小型金融机构，相比大型国有金融企业和全国性金融企业，对金融科技的需求更迫切。这些中小金融企业的物理网点覆盖更加有限，科技专业能力也更加薄弱，但他们的客户群和服务对象中，零售客户、中小型企业客户占比更多，所以他们的服务功能需求错配突出。

就银行发展金融科技的渐进性而言，一方面体现在每一项技术从研发到成熟，具有规律性的渐进过程；另一方面商业银行具有特殊属性，它的风险易感染、易传播。同时，商业银行是各类行业当中负债率最高的一个行业，它在进行技术应用选择时，其审慎渐进的特征会更加明显。

由清华大学提供学术指导、京东金融研究院组织编写的《2017金融科技报告：行业发展与法律前沿》报告显示，传统金融业对金融科技的输入需求将迎来升级和释放，银行业、证券业、保险业与金融科技公司将拥有更多、更为深入的跨界合作机会。例如保险业，一是可以通过物联网或者智能终端创新保险领域；二是借助区块链协议保证保险交易；三是运用人工智能、大数据，能够有效解决传统保险业信息披露不充分、创新力不足、保险欺诈等痛点。

谁能成为解决用户需求根本转变的王者

随着金融科技的不断扩展，尤其是移动互联的发展，云和物联网的重要性日益凸显。在全球范围内，物联网的完善，拓宽了设备互联的可能性；计算和带宽成本不断下降，促进了云时代的到来；互联网渗透率的不断提高，社交媒体互联也已成为人们不可分割的生活方式。在此背景下，如火如荼的颠覆性技术创新已经“在路上”。谁能够利用金融科技满足客户需求的根本转变，谁才能成为新金融市场中的王者。

对于金融科技企业而言，真正要做的事情是怎样通过技术与金融的结合来升级金融服务，进而把传统金融服务的用户或者渴望得到金融机构服务的用户吸引过来。中国有一个快速增长的中产阶层，虽然中产的财富定义在当前还有许多分歧，但是可以肯定的是，在“资产荒”的市场环境中他们缺乏优质的金融服务，他们大量的需求远远没有得到满足。如果金融科技能够很好地满足他们的金融需求，相信客户不是问题。

对于金融科技的现状及未来发展方向，宜信公司创始人唐宁在第十一届中国企业国际融资洽谈会上指出：“金融科技的发展，与其说是技术驱动，不如说是金融创新需求驱动，金融科技的发展归根到底要看解决了用户的什么痛点、什么问题。”

金融科技创新的关键不在技术，而在客户需求特别是隐性需求能否得到满足，能否通过技术创新、模式创新更好地满足客户需求。每个人都会有各种各样的账户，银行账户、信用卡账户、交易账户等，这些分散的账户增加了个体使用和处理的时间，而将多个生活场景的账户信息整合到一起，聚焦用户吃、喝、玩、乐、购等方面的需求，推出融入各类消费场景的产品，通过“场景连接、科技金融”重塑“人与消费”“人与金融”“人与生活”的关系，才是金融科技的真正创新所在。

做金融行业的连接器

互联网金融机构在诞生之际，曾被视为传统金融机构强有力的竞争对手。而如今，在金融科技的带动下，“不与基金公司抢生意”的理念已经深入这些已经被重新定义为金融科技公司的发展策略中。从目前的模式搭建来看，金融科技公司正在将一部分注意力放在为传统金融机构提供技术服务上，将双方优势结合起来达到共赢。而当前新型金融科技公司与传统金融机构的竞合关系已初步勾勒成型，新型金融科技公司纷纷向传统金融机构开放平台，金融科技正在连接更加广阔的金融业态。

京东金融自运营平台“京东行家”相关负责人表示，金融科技公司的其中一个定位应该是“连接”。金融科技公司与传统金融机构、非金机构应该扩大合作，将自身的能力输出给大家，从而帮助他们提高效率、降低成本。

腾讯表示将构建一个以“连接”为定位的合作模式，开放给金融机构、用户。在这个平台中，腾讯将以微众银行、理财通为平台，其中微众银行定位于银行合作平台，将专注于找到具有信用的借款人，把用户的借款需求和其他银行分享；而理财通定位于用户可以信赖的理财平台，将致力于找到业界最好的资产管理者，把不同产品的风险和回报透明地展示给用户，让好的资产管理者找到用户，让用户变成更好的投资者。

百度高级副总裁朱光也宣布打造个人财富管理平台和消费金融平台两个开放平台。他提出的观点正是几家金融科技公司转型的意图所在——“开放平台是我们现在正在重点打造的领域，百度计划把资产的生成能力开放给业界机构”。

“财富号”则是蚂蚁金服旗下的一站式理财平台“蚂蚁聚宝”升级为“蚂蚁财富”后正式上线的一款产品，全面向基金公司、银行等各类金融机构开放。在“财富号”的阵地上，金融机构可以自主运营、销售基金，还可以结合蚂蚁金服提供的用户画像、营销工具、AI技术，有针对性地为不同用户提供差异化服务，持续优化用户的服务体验。

由蚂蚁金服、腾讯、中国平安“三驾马车”联合出资设立的众安科技，目标也是致力于做一个连接器，把一些区块链、人工智能等科技与真正能够带来商业价值的应用衔接起来。

金融科技公司WeCash闪银CEO支正春认为：“科技创新是手段，其终极目的还是服务于人。闪银的价值就是通过科技创新连接金融机构，服务各类生活场景，让每个人的生活能过得更好。”

目前，虽然市场上对这种“新型金融科技公司搭建平台、传统金融机构入驻”的模式非常关注，也议论颇多，认为开放平台能否成功，还需要更多的时间去考察。但事实上，金融科技已经被当作一种连接器，未来金融科技公司与传统金融机构的合作模式将越来越完善，合作的方式也会更加多元化。

第九章　十维空间

20世纪以后，科技的发展速度远远超出了人类为之奋斗的所有其他领域，这使我们有可能利用科学技术创造一系列前所未有的奇迹，全面推进现代文明。而伴随着科学技术的发展，科技知识累积速度加快，科学家数量不断增多，知识产出量不断增大，科技文献量不断增加，科技也促进了数学、物理学、化学等一系列学科的发展，并且不断否定人们过去对科学认知的观念。逐渐地，科学技术日益深入客观世界的更深层次，人们开始追求更高维度的探索，科学技术的理论和知识也越来越超出人们的经验范围。

金融科技的萌生与发展让我们看到了未来互联网金融的发展方向，而在这个发展背后真正需要的是金融与科技两个要素不断打磨、不断融合之后的重构。这种重构是一种再生，更是一种自我革新。重构之后，金融科技才能成为如互联网科技一样的事物，真正与人们的生活密切地联系在一起。

在这种逻辑下，金融科技会成为下一个与人们的生活密切结合的全新个体，它的作用将会和现在互联网科技对我们生活的作用一样。这是一个过程，或许我们现在将金融科技称之为“金融科技”还不完全贴切，但是有一点可以确定的是未来的金融科技将会成为一种生活方式，我们产生的金融科技行为将会如现在的电商购物般普通平常。

金融科技时代终将来临，这场由更多科技元素，更多新奇概念参与其中的全新革新或许将真正改变人们对金融的固有观念，摆脱人们对金融的最初印象。金融科技时代的蓝图正在徐徐展开，我们能够在这个时代获得的东西或许没有互联网金融时代来得慷慨激昂，但是有一点可以确认的是，我们会在金融科技时代获得更多更好的生活，这种生活经历过互联网金融时代的洗礼。

它是一种成果，更是一种必然。

- 我们的世界真的存在十维空间么？
- 科技是否凌驾于我们所处的维度之上？
- 金融科技在十维空间中怎样发展？
- 我们想象中的金融科技未来是什么样的形态。

第一节　十维空间：科技的未来形态

你知道什么是十维空间吗?

人们能从直观上观察到空间三维（或三度）和一维时间，相对论称为“四维时空”。对于超四维空间一直存在支持和反对两种态度。超弦理论认为，世间的一切，都是由极小的弦（能量环）的振动产生的，不同的振动模式形成了不同的粒子。弦的运动是非常复杂的，仅仅三维空间，不足以让弦产生那么多模式的振动。于是在数学的推算下，超弦理论得出了一个结论：至少九个空间维才能让弦完成这么多模式的振动。这样，九个空间维度，加上一个时间维，这就构成了十维空间。

九个空间维是指我们平时所看到的三维空间，加上六个蜷缩的维度，目前对于六个蜷缩维认同最多的一种描述是“卡–丘空间”（如图9–1所示）。

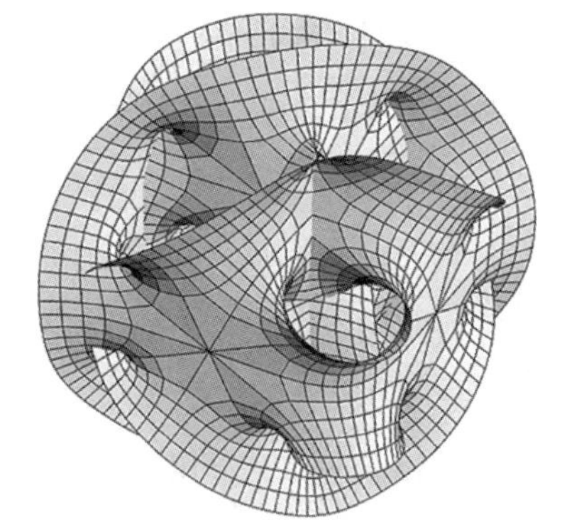

图9–1　卡–丘空间

“卡–丘”空间看起来就像纸团，就像那些你随手扔掉的攥成团的用过的草稿纸那样。然而，“卡–丘”空间的迂回曲折和翻转可比你那随手一攥拧出来的形状复杂得多了，它们像一条条蛟龙，尽情地翻腾，绕着自己，翻过去，再转回来，打成一个个环，丝毫没有一种规则可以用传统的几何描述。可是它们呢？只遵循一种更为抽象的几何学，比如说，卡-丘空间根本不知道什么是直线！

但是，真正的世界也不一定只有十维空间，也许会有十一维空间、十二维空间……就像当我们把时间维也进行折叠，把我们所处的宇宙也进行折叠，空间的概念将无限放大。

那么，如果以这种维度的方式来看技术，我们的技术究竟是处于哪个维度呢？是二维、三维、还是四维？或者，你根本说不清技术存在于哪个维度。但是它却可以超越时间、超越空间、超越我们的认知。又或者，技术本身就是一个更高维度的产物。

奇妙的时空旅行

时空旅行的概念最早出现在科幻作品中，它是最令人激动的想法之一，登上时间机器，一个人就可以利用控制系统确定任何一个日期（过去或未来），然后时间机器就可以在瞬间将他带到那个时代。这并不是不可能的，时空旅行在理论上是可行的，人类可以打开回到过去的大门和通向未来的捷径。

爱因斯坦提出，世上应该存在让时间慢下来的地方，以及让时间加速的地方。时间在地球上比在太空上运行得慢，造成这种影响的原因是地球的质量。爱因斯坦发现，物质会减缓时间运行速度，就像是河的下游一样。物体越重，对时间的阻力越大。这种惊人的事实为通向未来的时空旅行开启了大门。

霍金认为，时空旅行的天然“交通工具”是黑洞。在银河系中心，拥有银河系中最重的天体——一个质量相当于400万个太阳的超大质量黑洞，在自身引力的作用下，它被压缩为一个点。距离这个超大质量黑洞越近，遭遇的引力就越强。一旦距离其过近，连光线都无法逃脱，会被吞噬。这样的超大质量黑洞对时间具有显著的影响，令其减缓的速度远远超过银河系中的任何物体。这使得它成为一台“天然的时间机器”。

实际上，时间确实是可以有快慢之分的，强引力下的时钟会变慢，如果一个人在这种强引力下没有被分解掉的话，他的确会比其他人年轻。但是有一点不同，时间是不能静止的，它总给人一种在不断“流逝”的感觉。而且至少从现在来看，时间是不会倒退的，不能像空间那样可以沿反方向行进。

但是，时空旅行仍然是奇妙的，即便已经发生的事实不可能逆转，但如果你的技术能够在另一个空间比时间跑得更快，你的确可以提前感知到未来的结果，甚至由于它的存在影响了最终的结果，这在理论上是说得通的。就像我们用摄像机记录我们的过往，之后再回看一样，当我们看到录像中的自己时，或许此前的我们就已经存在于未来的录像中。

我们与更高维度的距离

在我们认识的物理世界中，目前已知的最高维度为三维空间加时间，即四维时空。其他五维、六维……都属于猜测推演，并没有实际证实，各方说法也不统一。

对于更高的维度，在我们看来，就像二维的生物理解三维的我们一样，蚂蚁虽在三维空间里但它只感觉到了二维，只能看到三维空间在二维空间中的投影。而我们是不是本身就在四维空间里，却只感受到三维空间，或者是把我们在四维空间里的影子投射到了我们的三维空间上呢？笔者认为是这样的。就像你在地球上沿着地平线一直往北看，但实际你的目光转了一圈又回来了，你一直看到了你的后背。这就说明高维空间要比我们已知的三维空间大得多。我们在观测高维度空间的时候，或许只是看到了它在我们这个空间中的投影。

从通常意义上理解，“点是0维、直线是1维、平面是2维、体是3维”。实际上这种说法中提到的概念是“前提”而不是“被描述对象”，被描述对象均是“点”。故其完整表述应为“点基于点是0维、点基于直线是1维、点基于平面是2维、点基于体是3维”。但假若我们所认为的“点”不是零维，而已经是一个很高的维度，就好比有些人在理解六维以上的空间时，仍把它理解为一个点是一个道理。那么在我们现实的世界中，或许还有许多比我们维度更小的空间，抑或是它们卷曲在普朗克尺度里，我们无法看到它们，这样它们就比我们的三维空间小。

到底哪种观点是对的？是高维空间卷曲在我们的三维空间里？还是高维度空间是把我们自己的影子投射到我们的三维空间上？高维空间比我们的三维空间大？还是小？或是无法比较？我们暂时还无法得知。但是可以想象的是，在人类拥有了互联网以后，我们已经可以连接到了许多原本在有限的三维空间里所不可能触及的人和事，这就说明我们的维度其实还有延伸的可能。利用科技，我们已经能够逐渐感知到更多维度的东西。换句话说，我们离更高维度事物的距离，也许就只差了一个点而已。这个点，需要科技来突破。

时间是理解科技的重要维度

随着时间的流逝，我们的科技在一步一步地进步，如手机现在对于我们来说并不陌生，因为我们现在很依赖手机，走路、坐车都在玩手机。以前的手机只能打电话、发短信，而现在不一样了，随着时间的变化我们的科技越来越发达，我们手机里面的系统软件越来越多，就像一个小型的电脑我们可以随身携带，给我们提供了方便。现在的手机既可以上网，还可以接收卫星信号来进行定位、监控地理位置等。我们只要在手机里面安装一个手机定位软件就可以查看地理位置和查询搜索以及定位等。

那么，我们是不是可以理解为时间是理解科技的重要维度呢？不少技术哲学家都曾将时间与技术联系起来，如芒福德把钟表称为技术的标志性特征；埃鲁尔认为，技术的自主性受制于技术对于钟表的屈从；斯宾格勒则从现象学的时间性出发反思如何构成技术以及从技术性出发如何构成时间性等问题；辛普森则指出，技术的一个全球性特征“涉及技术与时间的关系”，激励了一种不断弥漫于我们文化中的对待时间的态度。

也许从物理学的角度来说，时间只是一个维度，它将空间物体进行了动态演示。时间或许也是被动的，它所做的就是不断行进。它本身也不会证实什么，但是在若干一段时间之后，一切的情况都是变化之后的状态。如果一件事物在时间这个维度上持续发展下去，它也许会形成一种定论，又或者演变成一种新的形态。所以我们总能听到一些话语，例如，时间会证明一切，所有的事情都等待时间来证明。

而科技的发展，更是映证在时间上，伴随维度的延伸，逐渐清晰和明朗。也许在某一时间点上我们并不能证明当时所设想的科技理念是正确的，这或许是因为我们当时所处的时间点下，这个物理世界所形成的生产力水平不足以支持科技设想的存在与发展；又或者是因为在这个时间点上，这个物理世界在演化过程中，决定了这种科技理念本身就应该处于这样一种萌芽的状态。

所以，每当我们提出一种新的科技理念时，不应去害怕它不会被世人所接受，而是要努力前行，不断修正，不断演化。就像人们所说的那样，时间会证明一切。

科技让人类跨越时空

突破光速、跨越时空是不少科幻作品的主题，人们认为它不可能实现。当文明科技发展至某个阶段，技术发展将发生极大而接近无限的进步。此时旧的世界将一去不复返，而未来的世界我们将完全无法理解，就像金鱼无法理解人类文明一样。但实际上，现在我们的认知，还处在几个世纪以来科学给我们塑造的框架中。可以说，这个认知正处在一个革命的前夜。一旦科技突破了关键的几个点，人类并将面临巨大的自我质疑与认知混乱，甚至时空已不再是人类所触及的极限。

科技可以成为人类器官的延伸，能够扩大人类的认知和活动范围，释放巨大的能力，创造巨大的财富。它也可以替代人类本身，将人类的认知和活动缩减到基础水平，而利用科技自身去感知更高层次的维度。人与科技的关系从来都不是单向的，我们往往只注意到人对科技的利用，却忽视了科技对人的改造。凯文·凯利在《失控》和《科技想要什么》里把科技比作一种生命体，认为它与人类是一种共生关系，二者在交互影响中不断演进，最终实现碳基生命和硅基生命的融合，创造出全新的文明。

当前，随着科学研究的日益深化，奠基在包括当代科学之上的技术在内在的结构上呈现出一种不断“虚化”的趋势。对于传统技术，无论是其结构还是功能，它们在人们的日常生活中都是可经验、可感知和可体验的，而现代技术，如信息技术、生物技术，他们强调的是技术的功能或意向，技术的结构完全服务于其功能，这样既能方便使用，又能节约制造成本。从金、银到纸币再到信用卡，从现场到电视再到互联网，现代技术的由“实”入“虚”，也导致人们的生活一步步地走向虚拟化。这种虚拟化的世界，是利用科技手段从物理元素中分离流量的一种方式。当人类的生活进入虚拟世界时，其实人类就已经进入了另一个时空。从这个角度讲，科技让人类跨越了时空。

第二节　十维思考：金融科技的未来形态

金融科技的维度

每一个时代都会出现一种取之不尽、用之不竭的通用型创新技术，使人类社会升级到一个完全陌生的“未来世界”，农民成为工业时代的“难民”，工人成为信息时代的“难民”，公司白领是否会成为人工智能时代的“难民”？这个问题蕴藏着有趣的思考。其实，科技一直在探索复杂事物背后的本质规律，而规律即是在不同起始条件下可供计算的方法——“算法”。所以英国Mathematica软件创始人史蒂芬·沃尔夫勒姆认为“宇宙的本质是计算”（宇宙是元胞自动机），万物皆有逻辑，万事皆可计算。在金融科技发展的背后，是否也存有一套算法与逻辑呢？

在过去的几十年中，科技从只渗入金融业的边缘地带，到如今技术已经开始进入金融业务的核心环节，改变了我们过去一直以来对金融服务的认知和体验。从科技改变金融的维度来看，它与科技发展的维度呈现一致性。

第一次科技改变金融的浪潮是金融数据的数字化，金融行业通过传统的IT软硬件来实现办公和业务的电子化，大量数据储存的媒介从纸变成了电子格式，由此带来了许多金融机构的流程自动化，提高了金融行业的业务效率。而IT公司并不参与金融公司的业务环节，IT系统在金融公司体系内属于成本部门。代表性产品包括ATM、POS机、银行的核心交易系统、信贷系统、清算系统等。金融的数字化，虽然在形式上将金融从实物形态转变为数字形态，但它其实并没有改变两点之间交易的本质，因此从维度上讲，它仍处在一维层面。

第二次科技改变金融的浪潮是伴随着互联网的普及和应用，金融业搭建在线业务平台，通过互联网或者移动终端渠道汇集海量用户，实现金融业务中资产端、交易端、支付端、资金端等任意组合的互联互通，达到信息共享和业务撮合。原来复杂的金融产品能够通过电子渠道接触到更广泛的客户群体，并带来了渠道的互联网化，本质上是对传统金融渠道的变革。代表性业务包括互联网基金销售、P2P网络借贷、互联网保险、移动支付等。金融的互联网化，最大的改变是金融不再受地域的限制，它扩大了金融的覆盖面。因此从维度上讲，我们可以认为它改变的是二维层面。

第三次科技改变金融的浪潮，是金融业通过大数据、云计算、人工智能、区块链等金融科技手段，改变传统金融的信息采集来源、风险定价模型、投资决策过程、信用中介角色等，大幅提升传统金融的效率，解决传统金融的痛点，是金融服务的智能化。代表技术如大数据征信、智能投顾、供应链金融等。金融的智能化，彻底改变了金融生态，将金融与更多的产业结合到了一起。从维度上讲，它是整个金融在形体上的变化，改变的是三维层面。

在未来，我们可以想象，随着科技水平的进一步提升，科技改变金融将会向更高维度演变。如时间维度，未来的金融科技或许可以带来时间上的改变，就像是现在的自己和未来的自己做金融交易，它在改变现在的同时，就已经改变了未来；又如空间维度，未来的金融科技或许藏在很小的层面，在一个点上就已经完成了整个金融交易。

金融科技的奇点

“奇点”本是天体物理学术语，是指“时空中的一个普通物理规则不适用的点”。

物理上把一个存在又不存在的点称为奇点，空间和时间具有无限曲率的一点，空间和时间在该处完结。经典广义相对论预言奇点将会发生，但由于理论在该处失效，所以不能描述在奇点处会发生什么。

科技的发展也总会遇到一个技术奇点，这个技术奇点是一个根据技术发展史总结出的观点，认为未来将要发生一件不可避免的事件，技术发展将会在很短的时间内发生极大的接近于无限的进步，使机器智能超越人类智能，从而让社会乃至全人类措手不及。之所以被称为技术奇点，是因为它就好比物理学上引力接近无穷大时产生的黑洞的物理属性一样，已经超出一般正常模型所能预测的范围。

一般来说，技术奇点的发生是由人类所创造的超越人类智能的各种形式之智能（AI、机器、生物等）所引发。根据数学模型，在未来的某个时间内，技术发展将接近于无限大。在技术奇点到来前的几秒钟时间内，所有可发现的东西都将被发现和利用。无限接近技术奇点的时候，似乎所有能够用来调动的能量将被调用完。一旦创造出远超人类的智能，接下来的发展将超出人类的理解能力。而这些智能将会是人类所发明出来的最后一项发明。

目前已经发明的技术和展望中的技术：

- 公元前 1500000 年 最早的石器（环境限制的突破）；
- 公元前 300000 年火（环境限制的突破）；
- 公元前 70000 年绘画（环境限制的突破）；
- 公元前 45000 年贸易系统（环境限制的突破）；
- 公元前 40000 年木船（环境限制的突破）；
- 公元前 5000 年车轮（环境限制的突破）；
- 公元前 3000 年楔形文字（文化限制的突破）；
- 公元前 500 年指南针（环境限制的突破）；
- 公元前 100 年造纸术（文化限制的突破）；
- 公元 800 年火药（环境限制的突破）；
- 公元 1800 年蒸汽机（环境限制的突破）；
- 公元 1879 年电话（环境限制的突破）；

• 公元 1903 年飞机（环境限制的突破）；

• 公元 1945 年原子弹、计算机（环境限制的突破）；

• 公元 1957 年人造卫星（环境限制的突破）；

• 公元 1969 年最早的计算机网络（环境限制的突破）；

• 公元 1980 年试管婴儿（生物限制的突破）；

• 公元 1996 年克隆技术（生物限制的突破）；

• 公元 2007 年 DNA 端粒延长（寿命延长技术）（生物限制的突破）；

• 公元 2029 年超越人类智能的机器；

• 公元 2045 年纳米技术的普及（生物在化学物质基础限制的突破）；

• 公元 2070 年仿生物技术的大规模普及（生物在化学物质基础限制的突破）；

• 公元 2080 年意识上传（意识突破肉体限制）、狭义技术奇点（生物在化学物质基础限制的突破）；

• 21 世纪以后突破物理定理的限制（突破引力、光速）（物理限制的突破）；

• 21 世纪以后能量表达方式突破 3 维空间的限制（数学限制的突破）；

• 21 世纪以后突破时间的限制，观察到过去、现在和未来，在未来的那个时刻创造我们现在生活的世界广义技术奇点（因果逻辑限制的突破）。

在美国未来学家雷蒙德·库兹韦尔的理论中，他提出了“加速回报定律”（The Law of Accelerated Return）。如果一项科技符合加速回报定律，那么这项科技越先进，它进步的速度就越快，在一段时间以后就会实现指数级进度，这与摩尔定律极为相似，说明出现重大技术进步的时间间隔在缩短。

如果上述观点是真实存在的，那么金融科技的发展也将会出现一个奇点，在一定的时间内有些金融科技一定会产生，并且在某个时间内会加速爆发。也就是说，人类或早或晚一定会通过科技发现一个关于金融的基本定理，然后开始有足够的实力去改变金融这个原有的定理。它的技术形态绝不仅仅是利用大数据、云计算去进行用户画像、智能投顾这种弱人工智能的形式，而到最后，金融科技的形态有可能已经超出我们所能预测的范围，突破到三维空间以外的地方以其他的形式来表达金融的存在。

解决跨时间、跨空间的价值交换

耶鲁大学的金融学教授陈志武在其著作《金融的逻辑》中指出："金融的核心是跨时间、跨空间的价值交换，所有涉及价值或者收入在不同时间、不同空间之间进行配置的交易都是金融交易。"

如货币，它解决了价值跨时间的储存、跨空间的移置问题。货币的出现对贸易、对商业化的发展是革命性的创新。借贷交易则是最纯粹的跨时间价值交换，即所谓的"透支未来"。到了现代社会，金融交易已经超出了上面这几种简单的人际交换安排，变得更为复杂。如股票，表面看也是跨时间的价值配置，但是这种跨时间的价值互换又跟未来的事件连在一起，如分红、清算、再投资与重组，这些事件可以改变空间中其他产业的价值交换，所以股票这种金融交易是一种既跨时间又跨空间的价值交换。而在这些一般性定义和具体金融品种上，人类社会已经推演、发展出了规模更为庞大的各类金融市场，包括建立在一般金融证券之上的各类衍生金融市场，所有这些已有的以及现在还没有但未来要创新发展的金融交易品种，不外乎都是要从时间上或空间上解决价值交换的。

但是在金融交易的过程中，价值交换也遇到了一些问题。如在以前没有金融中介机构的情况下，市场体系中的消费品市场、生产资料市场、劳动力市场、技术市场、信息市场、房地产市场、旅游服务市场等各类市场之间就无法相互联系，资金需求者无法直接通过金融市场向社会上有资金盈余的机构和个人去筹资，金融活动的范围、质量都会受到影响。因此在现代市场经济中，几乎所有的金融活动都是以金融中介机构为中心展开的。

金融中介机构在帮助人们抹平地域限制、汇聚闲散资金、减少信息不对称等方面做了许多事情，但是人们也为这些事情向中介机构让渡了自己本来可以直接支配的价值的部分处置权和交易隐私的知情权，又重新在时间与空间中形成了一道新的障碍。也许正是基于这个原因，当科学技术的发展特别是被称作“金融科技”的技术领域的发展导致价值的部分处置权重新回归价值的真正所有者的时候，中介机构存在的必要性便受到了前所未有的质疑。

“去中介化”，其本质是用技术手段克服时空障碍在商业活动和金融活动中带给人们的不便，这与金融的初衷“在于让资本的供需双方的期望效用在时空维度上最大化”又是一致的。所以如果金融科技是在帮助人们解决金融的核心问题，它其实就是在解决跨时间、跨空间的价值交换问题。

延展从空间上支配价值的能力

货币产生后，商品的价值都是由货币来衡量的。以前经济学上把纸币叫作货币符号，是因为纸币不是真实的货币，本身并没有内在价值。纸币在商品交换中只起媒介作用，只是代替金银作为流通手段的货币符号。但是到后来，一些教材中是这样定义纸币的：“纸币是国家（或某些地区）发行的、强制使用的价值符号。”

人们最初认为，纸币只有一个职能，就是代替金属货币充当流通手段。但是在现实生活中，人们又发现，纸币其实不仅具有货币的职能，一样具有价值尺度的职能。以人民币为例，在市场中，所有的商品都是以人民币标价的，它具有流通职能。人民币也具有支付手段职能，人们的工资都由人民币支付，它也具有储蓄职能。而在国家对外贸易的结算中，也开始允许人民币作为结算工具。这样纸币就不仅仅具有流通职能，也具有其他职能。

但从另一个角度讲，纸币这种东西虽然人们自己可以处置，但这处置却是以随身可携带为前提的。不可随身携带，就相当于在空间上把人与货币分离了。从这一点上看，纸币又不能完全替代货币的职能。所以纸币在消费者手里，其可支配的价值交换跨不过空间的障碍。

为了解决这个问题，在科技的发展下，银行卡成为具有消费信用、转账结算、存取现金等全部或部分功能的信用支付工具，但同样面临银行卡虽然在消费者手里，而卡背后的账户却是商业银行在控制着，使用卡的基础设施也是商业银行在控制着。因此银行卡在解决原本空间中存在的问题的同时又在空间中形成了另一个问题，人们仍然无法跨越空间的限制去支配价值的交换。

而随着互联网的爆发，电子商务和证券交易电子化在一定限度上从空间上扩展了消费者获取交易对价的能力，在一定程度上延展了消费者支配价值的能力，但空间阻隔造成的“供需不见面”仍然是维持交易双方信息不对称壁垒的一个魔咒。

如今，以区块链为重要支撑的金融科技在这个时代诞生了。区块链以互联网为基础，构建传统金融的底层架构，将所有金融服务场景互联网化，改变原有的电路网络架构，在IP网络上重建基础设施，重新释义了价值交换。

比特币可以说是区块链中价值交换最典型的案例。基于分布式的设计，比特币可以在全球范围内完全自由地流通并安全地贮藏，不受国家权力机构控制，无法被伪造，不仅能够帮助“市场之手”顺利地完成调节，甚至能够通过自身数量的改变解决市场失灵的现象。同时它又和市场上任何一种商品一样，它的定价是由供求决定的。可以说抛开政策与监管因素，比特币在帮助消费者实现价值交换上，相对传统的纸币和电子货币，在空间限制方面又有了进一步的突破，这也为央行发行数字货币提供了巨大的想象空间。

现在，在金融以外的其他领域，如商品、物流领域，区块链技术的应用也如火如荼，这种技术手段的提升使物流诸环节的信息不对称进一步减少，成为价值跨空间转移的有力武器。

我们可以看到，此前受技术手段匮乏的影响，空间成为限制人们价值交换的主要障碍。而随着金融科技的不断发展，金融科技已经从空间上极大地延展了人们支配价值的能力，并且这种能力将会进一步地提升，进行价值交换的空间范围会更大。

提升价值跨时间使用的能力

中国改革开放之初，深圳特区有一句名言，就是“时间就是金钱”。抢到时间，就是抢到更有利的赚钱机会。这一切都聚焦在“时间”这个最基本的维度上。价值的跨时间使用，抢先一小步都是重大的先机，抢时间的技术利器在这个大背景下自然得到需求端的青睐。

随着金融科技的进步，供给端的技术条件越来越好，一轮又一轮的“军备竞赛”在这个领域频繁上演，机房、网络、中间件、模型等简直是数不胜数。如交易所端的基础设施，已经能够支持微秒级的时延和每秒几十万笔乃至上百万笔订单的处理能力，而与交易所端基础设施网络连接最快捷的托管机房更是具有一般IDC机房不可比拟的商业价值。

但是，在这些金融科技的“军备竞赛”当中，最具有革命性的，当属人工智能。人工智能作为一个学科从初创到繁荣，已经历了一个甲子的轮回。著名的人工智能软件AlphaGo大胜围棋世界顶级高手李世石，展现了人工智能在博弈方面的巨大实力。金融博弈学专家、上海交通大学的邓小铁教授对此给予高度评价，并坦言在金融领域，人类最终将很难与人工智能算法抗衡。人类有人性弱点，有高压之下的各种不淡定，人工智能算法无须完全预测全部市场的走势，只需相对准确地预测比你“菜”的人群疑似犯错误的时间地点，就可以战而胜之。

人工智能之所以能够在这些环节战而胜之，取决于三种能力：

（1）快速吸收信息、将信息转化为知识的能力。对于传统的量化交易，在对实时和历史的结构化数据的获取能力方面相对成熟，但在对文本、语音和视频等非结构化信息的获取能力方面，受囿于人工智能的发展水平，曾经相对不足乃至无法与人类相比。但是近年来，人工智能在非结构化信息的获取方面出现较大飞跃，人类手工收集、整理、提取非结构化数据中有用信息的能力开始不如人工智能程序，随着人工智能的进一步发展，这方面的差距还会进一步拉大。特别是对于文本信息，在自然语言处理（NLP）和信息提取（IE）领域已经取得了实质性的进展，能够快速获取价值交易相关的信息，如基本面信息，开始显露出优势。这样的优势，也不仅限于二级市场的量化交易。对一个公司上市前各融资阶段的基本面分析、对放贷对象的基本面分析乃至在实体经济中对产业生态和竞争格局的基本面分析等，都可以使用这样的技术来争取时间优势。

（2）在领域建模和大数据分析基础上预测未来的能力。时间最本质的属性就是其不可逆性。未来虽然是不确定的，但又是有规律可循的。从过去预测未来，虽有风险，但比盲目面对未来还是更加靠谱一些，无论在交易趋势分析、风控、信用评估领域还是在反洗钱等监管领域都是如此。而“过去”在比特世界里的集中表现就是大数据。单纯的大数据只说明未来，不说明过去。没有人工智能的大数据，不能将信息转化为知识。而欲将信息转化为知识，最终体现优势的不是知识的“量”而是知识的“质”。如果在一个错误的方向上积累知识，知识越多越糟糕。如果对于“知识长什么样”的基本假设是错的，知识积累就会过早止步于错误基本假设所决定的天花板，再大的数据、再深度的学习也帮不上什么忙。所以，领域知识建模在方法论上的正确性，是决定人工智能应用成功与否的最关键因素。当前，“知识图谱”作为领域知识建模的工具正在受到越来越多的重视，但更多成熟的分析预测算法还是针对结构化、关系型数据的，而不是知识图谱这种半结构化、标签型数据的。基于知识图谱的领域建模、基于规模化大数据的处理能力、针对半结构化标签型数据的分析预测算法三者相结合，是人工智能在时间维度上沟通过去和未来，减少跨越时间的价值交换带来的风险的优势所在。

（3）在确定规则下优化博弈策略的能力。价值交换领域充满了博弈，凡博弈皆需解决两个基本问题：局势判断和最优对策搜索。AlphaGo的成功故事告诉我们：在这两个问题上，人工智能都可以比人做得更好。这是因为：第一，人工智能可以比人更充分地学习有史以来的所有公开对局；第二，人工智能可以比人更充分地利用离线时间采用左右互搏的增强学习策略，尝试在线约束下不敢轻易尝试的各种变化；第三，人工智能可以比人更充分地进行节点（主体）间的分工协作，在涉及智能博弈的场合，几万台电脑之间的协作比几万个人之间的协作要更容易达成。更不要说人类面对利益考量，在巨大压力下还具有各种不淡定乃至贪婪的表现。所以，人工智能在博弈环节的普遍应用，也是一个必然的趋势。

（4）客户资源获取和客户黏性保持的能力。同人类相比，人工智能还有一种占优势的能力，即客户资源获取和客户黏性保持的能力。随着使用自然语言进行人机对话的技术水平的提升，客服的智能化程度越来越高。客服的内容将从简单的、事务性的、事实性的领域向复杂的、业务性的、知识性的领域扩展，对人机对话场景本身的建模分析也将极大地帮助“为客户画像（建模）”这个最关键的任务，前所未有地提高人机界面的友好程度，使之成为金融服务的一个最具价值和黏性的入口。

而金融科技中另一个重要技术区块链，它采用带有时间戳的链式区块结构存储数据，具有极强的时间可塑性和可验证性。此前银团贷款、供应链金融、贸易融资等业务可能涉及不同国家的多家金融机构、多家企业，相互之间需要较强的时间协调，业务办理过程也较为复杂，需要人工进行处理。而区块链技术具有提升不同金融机构间开展业务的自动化程度、简化协同流程、加快协同效率的潜力。

因此，无论是从人工智能分析数据的角度，还是从区块链简化中间流程的角度来看金融科技，金融科技都正在帮助人们提升价值跨时间使用的能力。

第三节　十维演化：金融科技的未来之未来

科幻是科技成为现实的认知雏形

科幻小说作家是生活在未来的人，他们常常有一些疯狂的想法，看上去匪夷所思，然而这些想法都有其符合科学逻辑的推理过程，细思并非全是痴人说梦。其中的部分想法，是根据当时科学技术发展做出的大胆而合理的推测，成为现实的概率相当高。其中最著名的例子，莫过于潜水艇。

法国科幻作家儒勒·凡尔纳在其著名小说《海底两万里》中详细描写了潜水艇“鹦鹉螺号”，这艘潜艇能够无限期在海底航行。“鹦鹉螺号”随着小说的传播而天下皆知。25年后的1894年，美国发明家西蒙·莱克打造出全世界第一艘潜行成功的潜水艇，儒勒·凡尔纳亲自写信祝贺西蒙·莱克的成就。西蒙·莱克也坦言：“儒勒·凡尔纳是我一生事业的总指导。”

儒勒·凡尔纳的想象力的确了得。他描写人坐着大炮上了月球，还用80天环游了地球，这在他那个时代，给人们带来许多想象的乐趣，以及创造更好更快交通工具的动力。

另一位科幻作家阿瑟·克拉克的想象力也非常惊人，他在1945年写了一篇名为《地球外的转播》的文章，详细预言了可将广播和电视信号传播到全世界的远程通信的地球同步卫星的系统。这篇文章给了科学家们极大的启发，2年后，地球同步卫星上天了。地球同步卫星轨道被命名为“克拉克轨道”。阿瑟·克拉克因此还被誉为卫星通信之父。

在想象力洞开创造黑科技的名单上，阿西莫夫也不甘落后，他将大量精力耗费在设计具备“机器人脑”的车辆上，这不就是自动驾驶的预测？他还在1964年描述：“通信将会演变成可视听的模式，你将可以同时看到跟你讲电话的人。”这说的不就是视频电话嘛！

与阿瑟·克拉克和阿西莫夫同名的罗伯特·海因莱因，在他1942年的科幻小说中描述体弱多病的发明家瓦尔多·琼斯发明了遥控机械手。后来为核工业发明的真实的机械臂就被命名为“瓦尔多”。

黑科技有时候也会给科幻作家们带来麻烦。1944年，美国科幻作家卡特·米尔在小说《生死界线》里逼真地叙述了原子弹的技术环节，这引起了美国联邦调查局的调查。调查局误以为原子弹的秘密研究计划泄了密。最终调查证明没有任何泄密行为，小说中的描写只是作者的推测。几个月后，世界上第一颗原子弹在日本爆炸了。

阿瑟·克拉克在他的代表作《2001：太空漫游》中，描述了人类怎样在外星文明的影响下从猿人成长为智慧种族，并最终走出地球，演变了星际文明。这部小说与其同名电影，成为太空题材科幻作品的旗帜，影响了一代又一代人对宇宙的认知。

1977年夏天，托马斯·捷·瑞安的科幻小说《P-1的春天》中描写了一种可以在计算机中互相传染的病毒，病毒最后控制了7000台计算机，造成了一场灾难。此时，绝大部分的电脑专家还无法想象会有一种表现和生物病毒很类似的程序。但仅仅过了6年，计算机病毒就出现了，这种在运行过程中可以复制自身的破坏性程序，在今天已经成为庞大的家族，其中包括电脑病毒、木马程序、蠕虫程序、黑客程序、玩笑程序、流氓软件等各类恶意软件，对信息安全造成极大的威胁。

威廉·吉布森的科幻小说《神经漫游者》，更是因对网络、虚拟空间的深刻理解与前瞻性，成为“赛博朋克”的开启者，创立了以计算机或信息技术为主题的一支科幻小说流派。赛博朋克的情节通常围绕黑客、人工智能及大型企业之间的矛盾而展开，一时间响应者众多，产生了不少优秀的科幻作品。要知道《神经漫游者》是威廉·吉布森1984年的作品，那个时候电子游戏都是稀罕物，网络更是大众极少接触的高新科技。

科幻小说作家的想象力，如果说仅仅是创造未来的某种科技应用，未免太简单了。更重要的是，他们会遵循科学技术的发展规律，去设想未来的无数种可能，思考技术会给整个社会带来什么影响。

虽然科幻小说中的很多设想变成了现实，科幻小说却未必是科学的预测。科幻小说是关于未来的艺术作品，充满虚构和想象。只不过，科幻作家们越洞悉科学技术的发展趋势，他们笔下的未来就越接近那个将要到来的现实，给读者以启示和警醒。

关于科学和科幻的关系，物理学家霍金的一句话说得很清楚：“科幻和科学之间是双向交易。科幻提出一些科学可以容纳进去的想法，而科学有时发现比任何科幻都离奇的概念。”或者也可以说，科幻是科技成为现实的认知雏形。

十大超越人类极限的未来技术

所谓超越人类极限指的是通过先进技术提高人类的能力，这里说的技术当然不是iPad、iPhone、PlayStation这些目前最流行的电子玩意儿所采用的技术，而是为消灭疾病、向世界上最穷的人提供廉价而又质量好的产品、改善生活质量、社会交流以及其他事项所采用的一种重大的战略性技术。

超越人类极限的粉丝们在技术进步这个问题上看得更加长远，他们所展望的未来技术不是5年或10年，而是20年、30年甚至更远。我们都知道，我们展望得越远，预测便越不确定，但有一件事是非常肯定的：如果一项技术在物理上说是可能的，看上去也确实有用的话，人类（或超人类）的创造性会将它视为最终可以获得的技术。随着我们对物质原子结构的控制能力越来越强大，我们的技术目标也变得越来越雄心勃勃，从中获得的回报也越来越大。有时候新技术让我们的生活在很长一段时间里变得更加快乐，互联网就是一个很好的例子。

以下就是这十项超越人类极限的未来技术：

（一）人工智能

未来学派认为这是可能的。如果真是这样，强人工智能真的可行，思维、感知、想象、发现、交流都可实现人工合成的智慧。而串行运算之充分，并行运算之必需，也都能在技术范围达到。现在电脑的运算速度已接近了人脑的运行速度。

世界将被即将到来的人工智能风潮冲击，但谁也无法说明其中的细节。如果像沙子一样的物质也能被制作成电脑芯片并具有一定的智能性，最终太阳系中的绝大多数物质都会变成智能化的，其结果将是“智力复兴期”：智能化的不断扩展超出了人们的想象；相反，如果没有感情因素在其中，人工智能会将人类带向末日。因此我们必须设立最基本的条件，否则必将自食恶果，后悔莫及。

（二）虚拟现实

这张图片（如图9-2所示）看上去可能像一张照片，但实际上它是游戏《Crysis》的一个屏幕截图，这个第一人称的射击游戏于2017年年底推出。从这张截图上你会看出，电脑制图技术已经逼近真实。到2020年，虚拟现实的画面的清晰度将会高得让你难辨真假，到那个时候，虚拟环境将成为你喜欢工作和娱乐的场所。

用不了多久，虚拟现实就不仅仅是视觉上的逼真了，还会有逼真的触觉，它会让你的感觉相信触觉技术正在传递真实的事情。到那个时候，哪是现实，哪是虚拟现实，就更加难以区分了。

图9-2　游戏《Crysis》的一个屏幕截图

（三）意识上传

意识可以依附于一种载体，也就有可能依附在另一种载体上。意识上传，有时是指非生物学智慧，即围绕认知处理过程可以通过本源培养而不是现有的神经元来实现。考虑到神经生理学几十年来的成功经验，和近期世界上首次人脑修复术——人工合成海马体——这些似乎真的可行。

看起来，我们的意识更多地由其表达的信息模式决定，而不是由其特有的硬件配置决定的。虽然很多哲学家早已认识到了这一点，但要使公众在更广泛的范围内接受似乎还有待时日，人们并不愿意承认自己只是一个在生物学神经元上安装了自动计算功能的数据处理装置。但是很难想到另一点：一旦我们否认了非实质性灵魂的存在，我们必须承认精神也是安装在肉体之上的一种物质形式。如果除了现有神经元之外的物质能完成这一功能，那么为什么不能说智慧和意识也能通过其他形式存在呢。

（四）超大型工程

人们大多熟知那些超大型工程，因为在像《死亡之星》之类的科幻作品中到处可见，例如，典型的大型工程指那些至少长达1000米的巨物，如太空电梯、戴森球体等。如果采用上述所说的自我复制机器人技术，这么大规模的建筑就可以大部分通过自动控制系统完成，我们这些智慧生命只需负责其中最高端的功能与设计部分即可。考虑到人类进入太空还需较长时间，目前太空中也并没有适合人类居住和使用的建筑物，我们要做的东西还有很多很多，如果真能建成这些巨型建筑，那又何乐而不为呢？

（五）电子人

在科幻作品中，电子人往往都是千人一面——要么是维护公平的超人、要么是电子杀手，要么是超级警察。其实电子人已经出现在我们的生活之中了，它们看起来与正常人一模一样。这一趋势还将持续下去，一些升级换代的电子人会在2020年—2030年投入市场，如助听器、助视器、新陈代谢促进器、人造骨骼、人造肌肉、人造器官，甚至会有不易被人发现的在皮下植入的电子脑。

电子人是人与机器的结合。这不是一个科幻概念，英国著名控制论专家凯文·沃里克早在几年前就开始了相关试验。由于他大胆地将电脑芯片植入自己身体，也因此被称为“世界上第一个电子人”。沃里克的研究招来一片骂声，但他并未停止自己的研究，而且断言：“我们人类可以进化成电子人——部分是人，部分是机器。”

沃里克预言，如果控制论进一步发展下去，那么它将用红外雷达帮助盲人“看”东西，通过超声波让耳聋的人“听”到声音。他甚至担心，如果人不与机器合二为一的话，人类可能会在未来变成一种较低等的生命。所以，应该从现在开始做一件事情，防止这一结果出现。

（六）自我复制的机器人

当机器人能为我们完成一切工作之后，人类自己要干些什么呢？自我复制被认为是机器人技术中的圣杯。据美国航空航天局（NASA）以“航天飞行中先进的自动控制技术”为题进行了里程碑式的研究，结果表明机器人的自我复制只是机械问题，并不需要进行重大的基础性理论突破。该研究计划将重达100吨的东西送往月球，并给它一年的自我复制时间，让其进行自我复制，直至达到预期水准。

该计划细节翔实，其构想来自工厂内常见的行驶在铁轨上的电子车，使用一种叫作“Paving Machinesa”的东西传导太阳光，并融化月球表面的风化层，机器人矿工负责收集原材料，装备一个太阳能电池为其提供全部能源。十年之后，月球工厂的生产量就可达到10万吨，并且是全自动化。如果人类移民月球成功，也可重新掌控工厂的生产管理，并利用它生产家居用品，提供足量的太阳能。

如果地球上也能建成类似的自我复制系统，那么几乎可以足量提供所有人类所需的物质。自我复制工厂可以通过从海洋抽水灌溉将澳大利亚广袤空荡的荒地变成繁花似锦的大花园，它们可以融化北冰洋的冰雪并建成一座适合人类居住的巨大的透明屋顶，它们可以通过自动控制的潜水装置深入无生命生存的大洋底部，挖掘那里的沉沙为人类移民兴建新的居住地。如果真能这样在地球表面开辟如此大面积的新大陆，人们起码暂时不会再担心人口膨胀等问题了；而当以后人类真的又觉得地球过于拥挤之时，还可以选择移居月球、火星、甚至小行星带，只需使用自我复制的机器人技术为上万亿人类太空移民选择适宜居住的场所就可以了。

（七）分子制造技术

如果自我复制是机器人技术的圣杯，那么分子纳米技术就是制造业的圣杯。分子纳米技术最初是由自我复制技术产生而来的，其应用范围十分广泛，能够以原子的精度生产绝大多数产品，这一概念又被叫作“纳诺工厂”。

从实用角度来讲，纳诺工厂的出现意味着几乎每种产品都可能由钻石造成，发动机会变得如此强劲，只需小小的一立方厘米燃料就足以驱动一辆汽车，纳诺医疗设备可用来愈合伤口并在不动手术的前提下修复患者的有病器官，气悬浮纳诺设备（“效用雾”）在实践中可用来模仿所需的物品；另外，它还被用于制造有效载荷足以杀死上千人的毒药的微型机器人，或者用来生产一种可以用极快速度从U-238中分离出U-235的只有笔记本电脑大小的设备，或者自我复制人工合成海藻。这些大量使用的干净应用方法会直接将以往肮脏的应用方法淘汰出局。

（八）太空移民

如果我们能够向整个宇宙扩张，为什么要担心地球上有太多的人？早期欧洲通过将其过剩人口运往新大陆而解决了它的人口问题，为什么我们不能继续这一进程？人类的太空计划已经指出了道路。

在未来学派的哲学体系里，太空移民是超越人类科技极限的重要部分；同样，由于超越人类科技的发展，才使太空移民成为可能，因为人类依靠天生条件是不可能在太空中生存的，从生理学上讲就会有诸多不可能之处，如肌肉萎缩、肠胃胀气等。如果人类来到金星，会因高温而融化掉；如果来到火星，则会被冻僵。最行之有效的解决办法是升级人类身体的能力，也就是说不是将宇宙地球化，而是将人类宇宙化。

（九）基因疗法/核糖核酸干预

简单地说，基因疗法就是用好的基因替换掉不好的基因，而核糖核酸（RNA）干预则可以有选择地将不好的基因剔除掉。两项技术结合起来，我们人类就有了一种前所未有的控制我们基因代码的能力。

现代医学正在重新定义“老年”，可能用不了多久，人类就可以轻松活过目前的寿命上限——120岁，这便归功于基因疗法。剑桥大学的生物医学老年医学专家奥布雷·格雷对人类寿命的预测更加乐观。他相信，人能够活到1000岁。他对与会的人员说，利用干细胞、基因疗法和其他技术对身体定期进行维修，可能最终会完全制止人体的衰老。如果每一种维护方法可以将寿命延长30年或40年，那么随着科学的发展，死亡就可以被推迟。

基因是“生命的设计图”，所以当基因因为突变、缺失、转移或是不正常的扩增而“出错”时，细胞制造出来的蛋白质数量或是形态就会出现问题，人体也就生病了。所以治疗这种疾病最根本的方法，就是找出基因发生“错误”的地方和原因，把它矫正回来，疾病自然就会痊愈了。

基因疗法即是通过基因水平的操作来治疗疾病的方法。目前的基因疗法是先从患者身上取出一些细胞（如造血干细胞、纤维干细胞、肝细胞、癌细胞等），然后利用对人体无害的逆转录病毒当载体，把正常的基因嫁接到病毒上，再用这些病毒去感染取出的人体细胞，让它们把正常基因插进细胞的染色体中，就使人体细胞可以“获得”正常的基因，以取代原有的异常基因；接着把这些修复好的细胞培养、繁殖到一定的数量后，送回患者体内，这些细胞就会发挥“医生”的功能，把疾病治好了。

（十）人体冷冻

人体冷冻是一门新兴的科学，主要研究体温对寿命的影响。降低体温的实验已经取得了良好效果。如果将人的体温降低两度，那么一个人便可以多活120~150年。果真如此，我们就能像《圣经》里说的那样，活到700甚至800岁。但是，实验才刚刚开始，所以现在向世人宣称我们已征服了死亡还为时尚早。

科学家们经常谈论人体冷冻术，设想将人体冰冻起来，再让他在未来某个时候苏醒。这种想法已经被科幻小说所广泛采用，但现在它有可能变为现实。人体冷冻可以被视为葬礼的一个变种。在美国，富人可以选择被埋在地里或被冻起来直到人类发明了重生的技术。但在自然死亡前被冰冻起来会怎样呢？冰晶体不会损坏细胞，它们只是将其一分为二。而你现在不可能让冰箱里的鱼再活过来，但它也不会变成其他的东西，因为它只是被简单地冻了起来。当然，让细胞不死，科学家们还需要创造更多的条件。

为了研究人体冷冻，科学家们需要建一些特殊用途的“农场”，里面安装上生产液态氮的装置。人体冷冻这项服务对大多数人来说或许是很经济的：冷冻一个人体的价格大约为2000美元。经过这样处理的人实际上便停止了死亡。这种想法在20年后也许真的会变成现实。

人体冷冻术也面临着道德方面的问题。一个经冷冻处理的人能适应100或200年后的全新生活吗？这不排除一个“复活”的人会对新生活感到绝望、发疯的可能性。在“不朽”人群出现之前，人们的确需要先考虑好这些问题。

可以说，随着科技水平的不断进步，科技的形态将会不断超越人们所认知的维度。而如果将科技运用到金融领域之中，未来金融科技的形态也将会更加丰富。

金融科技创新的几个维度

创新的理念最早来源于约瑟夫·阿洛伊斯·熊彼特的创新理论，包括对创新的界定，他界定了新的生产函数。新的生产函数的建立过程就是企业家对企业要素进行重新组合的过程。其中包括三个方面：第一是新的产品；第二是新的技术或者新的生产方法的应用；第三是新的市场的开辟；第四是对新的材料、原材料的供应来源的发展和掌握。这三个方面都是支撑金融科技创新的重要构成。如果抛开物理上时间与空间的维度概念，从对要素进行重新组合的角度去谈金融科技创新，可以从以下几类维度入手：

（1）产品和服务。围绕这一维度进行创新，要求金融科技可以向顾客提供有价值的金融产品和服务。

（2）平台。平台指的是构成产品组合或服务组合基础的通用组件、组装方法或技术。平台创新包括利用“通用性的力量”，即利用模块化设计来快速地、经济地提供不同组合的金融衍生服务。围绕这一维度进行创新可以创造出惊人的价值，但它常常被人们所忽视。

（3）解决方案。解决方案指的是为解决客户问题而对产品、服务和信息进行的定制化组合。通过对一系列产品和服务（包括移动计算机以及基于GPS系统的跟踪系统和软件）进行不同组合，来为那些需要改善储蓄、投资、保险等金融行为的参与者提供端到端的解决方案。

（4）客户。客户指的是通过使用或消费公司的产品和服务，来满足自己需求的个人或组织。围绕这个维度进行创新，金融科技可以发现新的客户细分市场或未被满足的（甚至是不明确的）客户需求。

（5）客户体验。在这一维度，金融科技需要考虑金融机构在与客户打交道的过程中所看到的、听到的和感受到的一切；围绕这一维度进行创新，金融科技可以改善金融机构与顾客之间的接触界面。

（6）价值获取。价值获取指的是企业用来重新获取所创造的价值的机制。围绕这个维度进行创新，金融科技可以帮助金融机构发现新的收入来源，开发出新的定价系统，甚至通过增强其与顾客和合作伙伴的互动来获取价值的能力。

（7）流程。流程指的是企业为进行内部运作而进行的业务活动布置。围绕这一维度进行金融科技创新，金融科技企业可以对金融活动流程进行重新设计，以取得更高的效率，提供更好的产品和服务质量，或者实现更短的产品研发周期。这种变化可能会涉及对流程进行重新部署或拆分，而流程创新是许多金融科技企业公司取得成功的基础。

（8）组织。组织指的是企业构建自身、合作关系以及员工角色和职责的方式。组织创新往往涉及对金融活动范畴的重新思考，以及对各业务单元及个人的角色、职责和激励机制的重新定义。

（9）供应链。供应链指的是令产品、服务和信息从来源处到达市场的一系列活动和手段的顺序。围绕这一维度进行创新，金融科技可以通过供应链来精简信息流，改变交易结构，抑或是加强各合作者之间的合作。

（10）渠道。渠道指的是金融科技将产品或者服务投入市场及目标顾客区域的配销通道。围绕这一维度进行创新，涉及基于现有渠道创造性地构建新的渠道。

（11）网络。企业及其产品和服务通过网络与顾客相连。有时，这种网络可以变成企业竞争优势的一部分。围绕这一维度进行创新，金融科技涉及通过加强网络的效率来提升企业产品和服务的价值。

（12）品牌。品牌指的是企业向顾客传递承诺的符号、文字或标识。围绕这一维度进行创新，金融科技可以对企业自身品牌进行创造性地使用或延伸。

未来的金融科技是什么样子？

从当前金融科技的形态来看，只要科技手段可以找到和金融相搭配的出路，或者可以给金融带来更好的体验和前景，我们都可以称之为金融科技。但是由于目前科技水平还处在发展过程中，整个科技研究开发成本延缓了科技向金融业的推广和普及，整个行业对于它们的研究和风险预估还不透彻，所以之后金融科技具体的应用形态还无法确定。

那么暂时以我们能够想象到的科技来推测未来金融科技的样子，它至少应该包括以下几类：

（一）强人工智能类

“强人工智能”一词最初是约翰·罗杰斯·希尔勒针对计算机和其他信息处理机器创造的。强人工智能观点认为有可能制造出真正能推理（Reasoning）和解决问题（Problem Solving）的智能机器，并且，这样的机器将被认为是有知觉的、有自我意识的。强人工智能类金融科技，虽然仍存在于我们真实的四维空间内，但它将不再局限于人类本身所思考的金融形态，而是通过对机器自身思维的挖掘，创造出超越人类固有意识的全新金融形态。

（二）虚拟现实类

虚拟现实，是利用科技模拟产生一个三度空间的虚拟世界，提供使用者关于视觉、听觉、触觉等感官的模拟，让使用者如同身临其境一般，可以及时、没有限制地观察三度空间内的事物。随着人们将越来越多的时间投入虚拟时空中，未来的金融也不一定只存在于现实场景之中，而是也可能同时出现在我们所制造出的虚拟时空当中。当人们的意识进入虚拟时空中生活时，就需要配有一套与虚拟时空金融活动相匹配的金融科技，让人们在虚拟时空中能够轻易完成各类金融行为。甚至虚拟时空与现实时空也会交错融合，从而产生一种跨四维时空界限的金融科技。

（三）人体账户类

以后，像指纹识别、人脸识别等个人身份识别方式也将被淘汰，取而代之的是人体本身。人们将不再需要钱包、信用卡、手机等实物工具作为金融账户存储与携带的媒介，而是可以利用金融科技将人体的器官与金融账户进行有机结合，每一个器官都将有其独特的身份识别标签，人们只需要挥一挥手，轻轻地做一个微笑或者从你身边走过，双方即可完成金融交易请求；脑电波也可被翻译成交易信号，并作为人们金融行为确认的最主要方式。也就是说，每个人本身即是一个可存储、可识别、可移动的金融账户。

（四）连接动物类

科学家们一直相信，在未来人们可研发出动物语言翻译机，来识别动物的语言，与动物进行亲密交流。而如果人类能够与动物进行真正的交流，便会意识到动物也和人类一样，是一个会呼吸和思考的生命，也可作为人类的朋友，与人类进行金融交易，为人类做出很多贡献。在这种生态下，金融科技将作为人与动物之间的金融活动连接器，而动物也可成为金融业的操盘手、分析师、顾问专家等。

（五）穿越星际类

在科幻中，人类史上最重要的任务，便是越过已知的银河，在星际间寻找未来出路，这种想法在现实中也并非不可能。当人类有足够的能力离开地球，到另一个星球繁衍生息时，星际移民将会为未来出生的数十亿人提供安身立命的空间，星球之间也将作为一种新的渠道，穿越星际类的金融科技也将随之产生。

（六）跨越时间类

虽然目前还没有人能够找到长生不老药，但是科学家现在可以从遗传学和分子学的角度分析梳理出细胞衰老的过程。很多影响衰老快慢的基因已经从酵母细胞、果蝇及蠕虫内被发现。未来人的寿命可能会随着科技的进步而不断延长。人脑义体人及仿生人的出现，更将会大大延续人类生存的时间。这也将促使金融的周期不再是短短几年或者几十年，而是有可能看似一次普通的金融交易行为，在时间上就要跨越数百年或者数千年。这就对金融存储媒介类的金融科技提出了更高的要求，它必须经得起时间的考验，不能在漫长的时空中出现数据丢失的情况。

（七）控制梦境类

当前，人类对于梦境的认识还很肤浅。但有些人总有一种感觉，以为做梦是以一种非常隐秘的方式窥探到另一个平行宇宙里的自己，这可能是不同宇宙中的肉体共享一个灵魂的原因，彼此的生活可以在对方的梦境中互现。但由于这种联系很不稳定，梦境中浮现出的只是片段。在梦里，有些场景总是反复出现，做梦时的感觉也很真实，仿佛对梦境中的东西很熟悉。当人们懂得如何控制梦境时，或许梦中的金融活动也将通过金融科技被运用起来。

（八）潜入意识类

再生医学和先进细胞技术公司的科学主任Robert Lanza博士所著的《生物中心论：为什么生活和意识是了解宇宙本质的关键》在网络上引起了一波骚动。因为里面描述人死后生命不会结束，而会永远活下去。量子力学也显示，人死后意识会转移到另一个宇宙，这些量子资料可以永远存在于身体之外，像灵魂一样。倘若有一天真的有科技能够证明人死后意识仍然存在，那么潜入意识类的金融科技也将会出现。

虽然上述金融科技的形态只是人们的遐想，短时间内还无法证实它们是否正确，但我们唯一可以确定的是“一切皆有可能”，有些设想绝对会变成现实。

金融科技演化的终点是金融的消失

演化在生物学中又称进化，是指种群里的遗传性状在世代之间的变化。按照生命周期理论，任何事物都会存在生命周期，从产生开始，经过成长、成熟、衰退，直到消逝结束。金融科技的演化也应如此。

从进化论的角度，进化的目的是适应环境，进化的原因是环境改变，环境不改变则无进化。在已知生物现有的进化机制下，进化过程结束的时刻只可能是环境不再变化的时刻。考虑到生物群体本身也属于一种个体间相互作用的环境，可以得出结论，即在已知的生物群体里，进化过程永远不可能结束。不过有一种情况除外，那就是所有的生物都已经消失了，进化便随之停止。因此，生物的消失意味着进化的终点。

而从宇宙哲学观来看，诺贝尔物理学奖得主恩里科·费米提出了费米悖论。认为即便按照最保守的估计，银河系也能够诞生很多有能力进行星际旅行的文明。但是没有令人信服的证据表明曾有地外探索者或者殖民者造访地球。其中一个我们尚未遇到地外智能的原因就是，每一个发达文明在技术达到一定程度后都会自我毁灭。

那么金融科技的终点是什么？我认为是金融的消失。离开了金融，金融科技自身也将不复存在。

或许在人们的思维里，金融是不会消失的，因为人们生活当中处处都会存在信息不对称的情况。有了信息不对称，也就有了财富再分配的需要，而金融活动也因此有了流动性。并且在大部分时间里，金融与科技的演化都是繁荣和萧条交替进行的。从根本上说，由于科技创新的不连续性，导致金融的发展以周期性波动的形式呈现。这种金融的周期波动性与技术创新之间存在一种本质的联系。

但是，随着金融科技的发展，金融科技会极大地促使人与人之间减少信息不对称的情况，加快金融活动的透明性，短期内有利于金融需求与供给的增加。从长期来看，金融科技的作用似乎与金融产生的原理是相违背的。如果有一天信息不对称的问题都被金融科技解决了，人与人之间也不再存在任何差异性，那么金融将不复存在，金融科技也将随之消失。

不过从目前来看，这仍然只是一种理论上的假设，因为至今没有任何证据证明，信息不对称的情况可以完全消失。另外，很重要的一点是，金融的目的是为了让人们生活得更幸福。而追求幸福，是人与生俱来的愿望和权利。金融与科技的结合，是让所有与人有关的金融活动更具有温度。那么即便金融科技演化的终点是金融的消失，它至少也不会发生在我们这个时代。

第四篇

无　限

第十章　金融科技的逻辑

《认知盈余》作者克莱·舍基（Clay Shirky）在2014年腾讯智慧峰会上表示，与20世纪相比，当下的媒体环境和模式发生了巨大变化，人们对于信息的接收方式已从被动转为主动。同时他还强调，在媒体社交化和移动化的今天，关注人与人的连接比关注技术和设备的发展更加重要。

人与人的连接，本身就是一个价值链，人与人之间的利益往来是这个链条的附加产值。换句话说，社交金融是建立人、企业之间的交易连接，通过线上交易实现自身利益最大化。而社交平台的用户黏性决定了这一切能够实现，不仅连接人与人，更连接人与人之间的金融关系。

随着一系列技术基因的全面注入，智能获客、身份识别、大数据风控、智能投顾、智能客服、金融云、区块链等逐步成为金融科技输出方向。连接人与金融，是从金融科技的本质出发，为金融能力的输出端提供最优的设计解决方案，从而搭建起从金融到用户的体验桥梁。

金融科技不仅仅是对现有金融路径的技术创新，更是要挖掘生活中潜在的金融需求。一个人身上有多少个需求点、个体的金融需求是怎样的等可能其自身也未完全意识到，而金融需求也随着社会的高速发展而不断变化着，这就需要不断发展的金融科技帮助我们去发现需求、满足需求，挖掘生活场景中方方面面的金融需求。

智能家居、无人超市的出现让我们感叹一切事物仿佛都可以数字化，人通过网络与一切数字化的事物相连接，通过数字化的语言控制一切。物联网极大地方便了我们的生活，更给我们意想不到的惊喜，物联网与其他技术的结合，让世界在网络中连接在一起，让我们在生活中对世界触手可及。

- 连接人与人（本质：分享和互助；趋势：从二元走向一元）；
- 连接人与金融（本质：连接资产与资产；趋势：从众金融走向自金融）；
- 连接人与生活（本质：衣食住行医；趋势：从多账户走向一账户）；
- 连接人与一切（本质：数字生活、万物互联；趋势：从互联网走向物联网）。

第一节　连接人与人：社交不仅仅是寒暄几句

社交金融的价值是“连接”

放手让亏损持续扩大，这几乎是所有投资人可能犯下的最大亏损。——威廉·欧奈尔

社交平台如微信、微博等在大众的认知中往往作为人际交往、信息传递的媒介，人们却非常容易忽视其内在的金融价值。互联网时代让人际交往在虚拟网络上更加便捷、透明，社交平台形成的大大小小的社交网络更由于人际交往中不可避免的交易往来，而成为超越提供第三方金融服务公司的金融产业。社交网络使沟通更高效、便捷，信息的传递范围加大，产生更多的个人数据，这些数据本身就蕴含了一定的价值。对社交数据分析利用以寻找商机是社交金融的主要途径。

提及苹果与微信，很多人都会想起几个月前的那场打赏风波——苹果曾要求一些社交应用将“打赏”视为“内购”，同样上交30%的分成，否则将对其做下架处理。当时一度传出苹果与微信不和，甚至微信下架APP Store的谣言。

在苹果与微信“互怼”的那段时间里，网民也没闲着，有一个话题十分火热：iPhone手机和微信，你选择放弃谁？结果令苹果意外，令微信欣喜：国人不会因为微信的赞赏功能放弃苹果，但会因为苹果下架微信而放弃苹果。

很多媒体都做过调查，在iPhone与微信二选一这个问题上，大部分人表

示会选择微信。更多的用户，应该是手握一台安卓手机使用微信，怀揣一部iPhone手机玩游戏或其他应用。这其中的问题在于，当你手中的安卓手机除了能玩微信，玩游戏也不卡、想用的应用都能找到的情况下，还会频繁地更换使用苹果手机吗？而对玩家们而言，如果没有微信，都不能跟微信好友玩王者荣耀。

最终，此事以微信关闭iOS版本的打赏功能而告终。

经此一战，苹果看到了微信背后庞大用户数量的高黏性。微信目前不想离开APP Store，而苹果更不想真的逼走微信，来个竹篮打水一场空。苹果在大中华区的销量，已经出现了连续12季度的下滑，很想通过收取30%的赞赏费来提高其收入，如果微信走了，不但拿不到这部分费用，反而会流失更多用户。因此，最终双方各退了一步，牵手走向更大的版图："8月29日，中国APP Store显示，已开通微信支付，用户可以绑定微信账号，完成验证后就可以付款"。

2014年11月，APP Store增加了银联支付选项；2016年11月，中国APP Store开始支持支付宝，目前支付宝与微信支付在国内第三方移动支付的份额达90%以上。而苹果系的Apple Pay份额不足1%，接入微信支付和支付宝支付已成为必然趋势，这也意味着以后在APP Store上购买软件付款将更加方便。

经历了6年成长的微信，占据了大部分人手机的使用时间。从亲朋好友到同学同事，微信连接了一个人从生活到工作几乎所有的社交关系。目前在微信当中传递的主要是聊天、语音、视频、文章等非结构化数据。

腾讯的总体思路是将微信打造成一个开放式平台，腾讯负责构造这个平台的基本规则，合作伙伴和个人开发者去开发各种商业模式。微信采用"熟人+陌生人+圈子"的营销模式。微信公众平台使有共同兴趣爱好的人能够融入特定的圈子。通过对用户免费，微信已聚积了超过8亿活跃用户，成了移动端的超级平台。

微信用户群具有极高的黏性和强大的社交性。在这样一个庞大用户群的基础上，微信通过移动游戏、广告、电子商务、O2O、移动支付和互联网金融等多种运作方式产生收入。

微信不但要做一个内容传播的平台，而且要做一个服务的平台。换言之，微信要想商业化，必须要建立人和人、人和企业之间的商业连接。而这种商业连接的本质是交易，交易的核心除实物商品和服务的线下交付之外，剩下的便是结构化的交易数据、交易凭证（电子发票）和交易的资金流，这些要素构成了线上交易的核心。

这也就是说，除以社交媒介的方式将人与人的生活连接在一起之外（如图10–1所示），更为重要的是，微信通过“社交金融”的方式将人与人之间的金融关系紧密结合在了一起。从这一点上看，微信的价值观高度远远超过了一个做第三方支付的金融科技公司的价值观高度。

图10–1　人与人的多维连接模式

什么是社交，马斯洛需求层次理论将人类需求像阶梯一样从低到高按层次分为五种，分别是：生理需求、安全需求、社交需求、尊重需求和自我实现需求。社交指社会上人与人的交际往来，是人们运用一定的方式（工具）传递信息、交流思想意识，以达到某种目的的社会活动。

社交网络正在以前所未有的方式促进服务、产品和使用者之间的关系，原因是社交网络的出现使服务、产品与使用者之间的沟通变得更高效、更廉价、更便捷，从而帮助企业了解用户需求，提升产品和服务的质量。社交网络上的关系链传播，社会化平台用户之间紧密的关系网络，通过好友传递的产品资讯和品牌信息，用户与用户口口相传的互动、分享和传播，将更加有利于企业口碑营销的开展与品牌的大范围传播。在品牌曝光、广告识别和促成购买等指标上已经超过了传统广告，使熟人营销模式得到了极大的发挥。

社交金融主要是以社交关系为基础，再结合网上的大数据，对个人进行客户画像。之后进行风险评测、精准营销、金融产品宣传等。支付宝推出的蚂蚁信用分，其构成有身份特征、信用历史、履约能力、人脉关系、行为偏好等。可以看到，其中有至少三类都跟社交有关：身份特征、人脉关系、行为偏好。社交中产生的大数据，利用好了，可以对客户做非常精准的画像。在金融行为中，KYC（Know Your Customer，充分了解你的客户）非常重要，怎么强调都不过分。在贷款中，银行关注“为什么（Why）、做什么（What）、何人做（Who）、何时（When）、何地（Where）、如何（How）、多少（How much）”，即5W2H分析法。如果提问题中常有“假如……”“如果……”“是否……”这样的虚构，就是一种设问，设问需要更高的想象力。通过社交信息做分析，这些都能得到完美的解决。腾讯在这一点上非常厉害，根据这么多年建立的社交关系，再加上投资金融获得的电商数据，微众银行作为金融社交领域的成功尝试充分说明了巨大社交平台对金融服务的巨大促进作用，其在金融领域仍大有可为；阿里巴巴在社交金融方面则要略逊一筹，虽然支付宝也有朋友圈，还有基于朋友圈的各种小程序，但内容深度仍然不够。如果真的像马云说的，未来将进入DT时代，那么未来是属于阿里巴巴还是腾讯仍未可知。

共享经济风口是“信任”

Fintech已经来到3.0时代，这一时代的金融业正朝着社交化、移动化、专业化和场景化方向发展。以用户为核心的基于社交网络的互联网金融3.0极大地提升了个人用户在金融交易中的话语权。共享经济的基础就在于已经建立起来的人与人之间的社交网络，社交金融成为共享经济时代金融业商业模式创新的重要方向。

所谓分享经济，或者又称共享经济，是指将原先由于技术手段或者商业模式的限制无法参与经济活动和经济流通的生产、生活资源，通过新的技术手段或者商业模式投入经济活动与经济流通中，重新产生经济价值与社会效益的经济模式。

过去，碍于商业征信的空白，征信服务和共享经济一直是并行发展。如今，随着征信机构牌照逐步向民间机构开放，征信服务与共享经济的融合也将逐步加深。有理由相信，完善的征信体系将有助于规避共享经济中的风险因素，共享平台所记录的行为数据也能为征信服务提供重要参考，二者在未来将协同前进。

随着互联网行业进入DT时代，大数据成为推动互联网及移动互联网发展的重要推动者。一方面，随着移动互联网和政府电子化办公的发展形成了大量的数据积累，大数据行业的数据规模达到万亿级别，形成了巨大的市场存量，对这些数据的有效利用将带来巨大的经济和社会价值。另一方面，基础数据成为支撑人工智能、机器学习等新型科技发展的引擎，从某种意义上来说，离开了基础数据，这些高新技术也就无从谈起。

2017年6月1日，国家信息中心与360公司签署《关于加强信用信息共享的合作备忘录》，旨在加快联合奖惩措施在互联网领域落地应用，有效激励守信行为，严厉惩戒失信行为，扩大联合奖惩应用效果。

这是2017年以来，国家信息中心签署的第33个信用信息共享备忘录。近年来，在国家发改委和人民银行的指导下，国家信息中心围绕落实《社会信用体系建设规划纲要（2014—2020年）》《关于建立完善信用联合奖惩制度加快推进诚信建设的实施意见》等一系列重要改革性文件，通过打破信息孤岛、加强信用信息共享共建等举措，积极发挥大数据作用，为社会信用体系建设保驾护航。

细数共享经济中的信任问题，小则谎报信息，线上与线下资源不符已成常态；大则安全事故，Airbnb在创立之初，就发生过屋主被租户盗取大量物品的事件。2016年3月，深圳市爆出网约车司机群体中有吸毒前科的人数超过千人，其中还不乏有精神病史以及重大刑事犯罪前科人员，再次引发公众对共享经济安全性和可靠性的质疑。

商业征信的发展同时拓展了征信服务的数据渠道和应用场景，将助力社会信任体系的形成，缓解共享经济中的信任危机。

反过来说，信用生活也成了共享经济时代的主题之一，金融科技公司可以利用大数据等技术实现征信、再利用生物识别等技术实现身份验证，便利了人们的日常生活。

2017年8月22日，蚂蚁金服宣布开放无人值守技术，将为商家提供身份核验、风险防控、支付结算等多种服务，让消费者无须通过商家的人工服务，也能自助用、自助借、自助买。引入无人值守技术后，很多传统8小时的商业场景都将变成24小时营业。

据了解，无人值守的技术能力还包括生物识别、深度学习算法、计算机视觉等技术能力，运用在优客工场的无人值守技术方案可以灵活拆分，既可以支持综合办公空间，也可以单点支持无人零售店、无人健身房、无人唱吧等。

优客工场是最早接入无人值守的共享办公空间，目前，优客工场内的门禁、会议室、无人值守货柜、无人健身房、无人KTV、洗衣房等都无需服务员，通过支付宝扫码或人脸识别即可完成。

无人值守货柜由各个不同类型食品的零售柜组成，用支付宝扫描柜子上的二维码就可以开启柜门，在柜子里可随意挑选货物。挑选完毕，合上柜门，支付宝就会自动扣款。整个过程无须另外扫码或者投币，非常方便。蚂蚁金服此次开放无人值守技术，也是看好即将来到的共享经济风口。

未来十年，最大的红利就是信任红利，而现在的信任不再单指人、钱、产品，现在更多的是信用，从市场经济转变为信用经济，也就是共享经济。同时要有技术在里面，无论是线上还是线下，一定要把它的前置资源连接在一起。信用体系的建立，并不是为了体系本身，而是通过这个过程让我们的信用得到最大价值。

而对于无人值守这一块，现在有三个平台出现：第一个是出门结算，第二个是使用机器，第三个就是SPV（Special Purpose Vehicle，特殊目的机构）。其中，最大的价值还是层级和体验，产品可以延伸到更丰富的领域，而体验就是用户，体验好了，用户就有了。

同时，无现金社会为信用城市的发展提供了非常好的土壤，让便民支付数字化，让城市服务数字化。而除了在个人的消费领域和个人的生活领域，我们也看到，信用社会和大数据的发展，也为我们提供了一个信息甄别的机制。对信用的需求也体现在了现在城市生活的每个角落。这些趋势都迫切地推动了城市信用体系的建设和完善。

信用体系其实是社会和经济发展的基石。下一步，信用会沉淀为一种非常可视化的信用积累，或者是以积分或者是某种形式的体现。同时，信用本身将越来越可信，并且越来越有用，而隐私保护将成为信用体系的基石。

这样看来，在未来，随着整体的信用发展，路不拾遗、夜不闭户的时代是完全可以看得到的。

第二节 连接人与金融：提升资产配置的效率

未来模式探索的“玩家格局”

在经济“新常态”下，中国个人财富市场保持着较高增长。2016年，我国个人持有的可投资资产总体规模达到165万亿元，最近三年年复合增长率超过21%。中产阶级的崛起为个人财富市场的增长起到了至关重要的作用。根据瑞士信贷发布的《全球财富报告2015》，目前中国共有1.09亿人的中产阶级，平均拥有7.2亿美元的财富。随着经济发展，人们的理财理念逐渐从“储蓄”转变为“理财”，加之近年通胀与央行政策双重夹击，银行利率持续走低，储蓄及购买银行理财产品为主的财富管理模式受到重创，将钱存入银行已不再是保、增值的首选。图10-2展示了新常态下，人们的理财观念发生的变化。

《2015国民理财投资行为差异研究报告》显示，目前基金、股票已成为继银行储蓄后居民选择最多的理财方式，占比分别为47.7%、47.4%。互联网理财发展极其迅速，由于其操作便捷、投资自由度高，跃居第四大理财方式，占比达40.9%。鉴于此，资金端的创新方式也发生了变革，如图10-3所示。

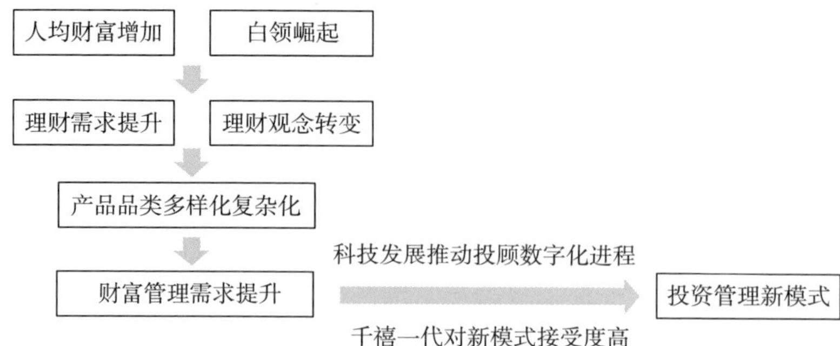

图10-2　财富管理新模式的需求产生

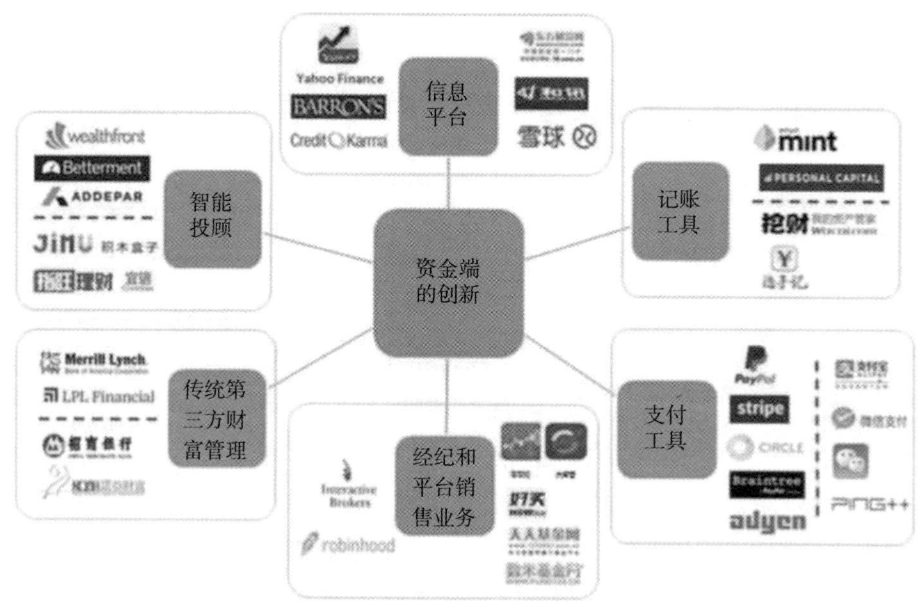

图10-3　资金端的创新

近几年来，美国金融服务公司在整合智能投资服务上一直动作频频，似乎在印证金融科技的第三波革命浪潮即将袭来。2016年11月，富国银行和美国智能投顾平台SigFig宣布合作推出新的智能投顾服务（Robo-Advisor）。相较于传统金融咨询公司，SigFig每月仅需收取10美元管理费用。2016年3月，高盛宣布收购线上退休账户理财平台Honest Dollar，Honest Dollar上的退休账户管理每月费用仅为8美元。2015年8月，全球最大投资者管理公司贝莱德宣布收购智能投顾创新公司Future Advisor，其致力于提供免费的投资组合优化以及投资数据的同源整合。

尽管智能投顾的未来发展前景可期，但就目前国内发展情况而言，智能投顾依然面临许多难题需要破解。特别在P2P热潮慢慢消退之后，大量的非持牌机构对智能投顾领域非常关注，但智能投顾仍然有技术风险和道德风险。

创新工场发布的人工智能战略白皮书指出，人工智能产业发展面临六大挑战，如一些领域存在超前发展、盲目投资等问题，创业难度相对较高，早期创业团队需要更多支持。

BI Intelligence高级研究分析师珂奇安斯基的报告就指出，就智能投顾领域而言，现有的大型财富管理公司不会输给智能投顾公司Betterment和Wealthfront等，创业公司将会发现，它们想要扩大自身规模很困难，需要让自己的产品变得与众不同才能取得成功。

毫无疑问，数字化投顾可以从智能数据分析、社交投资、主题投资、量化策略、Robo-Advisor等不同角度满足人们的财富管理需求，但是其背后的风险是否符合当前社会中产阶级人群的风险偏好、机器与人的融合是否能更加有温度是智能投顾等新型投资模式在“高大上”“技术流”的华丽服装下，面临的最深层的挑战。

2016年9月20日，网信集团发布了“科技连接人与金融”4.0发展战略，将全力打造一个由科技驱动的金融生态系统；同时，原有的网信理财平台将升级成面向C端用户的互联网信息开放平台及交易中心，在原有的网贷投融资业务基础上，升级为一个含有支付、证券、基金、基金销售、保险销售、互联网小贷、金融资产交易中心等多元牌照支撑的综合金融资产交易平台。

需求改变的“创新实力”

“千禧一代”是指出生于1980—2000年的一代人。在美国，“千禧一代”的人数高于婴儿潮一代。作为伴随互联网、移动互联网及科技创新成长的一代，他们在投资、借贷等理财行为上更依赖科技驱动的工具与方式，与父母一辈差别很大。

金融科技公司所利用的科技手段大多是在年轻人中比较流行的，如社交网络、移动信息等。大部分金融科技企业均将“千禧一代”的金融服务作为重要的业务之一，重点的业务领域包括Robo—Advisor、小额借贷、股票推荐及储蓄等。

在美国，“千禧一代”是劳动人口中数量最多的群体，总人数达到5350万人，占总劳动力的1/3，他们有着巨大的财务影响力。埃森哲（Accenture）统计显示，在未来30–40年，美国将有30万亿美元金融以及非金融资产由年长一代传承至“千禧一代”，预计到2020年，“千禧一代”所掌管的可投资资产将由目前的2万亿美元增长至7万亿美元。年轻一代将逐步成为主流财富的管理者，也就意味着财富管理市场格局将会因为年轻一代财富管理习惯的偏好而发生改变。面对总财富如此庞大并且拥有较强理财观念的群体主导美国的消费市场，智能投顾等业务无疑具有非常明朗的发展前景。

来看看“千禧一代”看待金融科技和金融创新问题的思维逻辑。

“千禧一代”相信技术和其带来的透明度，生活的环境充斥着大量的快速技术创新，这是他们这代人的一个明显特征，最常被提及但仍有必要再在这里重述。他们成长于一个技术创新极为快速的时代，从互联网商业化到智能手机，他们是“数字原生代”，他们相信技术能够带来无限可能。现在，他们以移动和产品为导向，开始对生活中的各方面有所期待，非常依赖指尖上的技术；他们保持乐观的态度，部分是源于对技术能够解决一切实际问题的信心；他们是当今的劳动主力，市场正在说明这一点；他们如今在劳动力市场上的人口数量，超过了其他任何时代的人口数。

他们的收支潜力是巨大的。他们需要能够帮助他们了解资金流向的方法、需要无缝的产品体验、需要移动为先等。这就是他们为什么看到有这么多金融技术创企涌现，不仅为他们提供连接和移动，还为他们带来了渴求的控制感和透明性。他们正在改变商业，逐步走向收入峰值年。接下来会发生什么，他们的金融越来越复杂，他们的购买力在增加，而他们现有的系统却跟不上时代。所以，接下来要怎么办？

（1）随着越来越复杂的个人理财的出现，如今碎片化的解决方案需要整合。没错，“千禧一代”是“多任务数字原生代”，但是他们依旧渴望一体化的体验。随着他们的金融变得愈加复杂，碎片化的专用解决方案已无法凭一己之力解决所有问题，他们需要更加综合全面地了解他们的金融，需要从单一平台到跨产品的管理能力。可能银行是实现这个目标的最佳选择。毕竟，他们的大部分收入都存在那儿。有的银行已经开始尝试用新技术来更好地满足他们的需求，但是发展过程仍有很长一段路要走——重建信任和透明度就更不易了。所以，他们一直认为在金融技术领域的发展空间仍然很大。

（2）他们会选择那些能够反映他们对技术与金融看法的商业解决方案。在企业层面，他们会选择在云端有安全性较高的金融软件的企业，这样的金融软件能为企业提供良好的数据和报表，同时又为员工带来好质量的用户体验。在“千禧一代”掌控决策权的小型企业中，对这类解决方案的采纳率尤其高；另一方面，随着越来越多的“千禧一代”选择自由职业，这种新型解决方案的存在就显得更为重要——帮助他们有效地管理收入、保险以及个税，避免多余的麻烦，从而可以全身心投入工作。这一切当然只是开始。当越来越多的“千禧一代”开始真正推动企业决策时，我们会看到有更多新的B2B金融产品出现。

（3）随着时间推移，他们会让这个构成他们自己金融系统的系统和基础架构更加以数据为驱动、更透明、更技术化。而我们的金融系统充满了过时的基础架构：

①费埃哲公司（Fair Isaac Corporation，FICO）。FICO的信用评分在体现一个人的信用上能给出的参考极为有限。加上“千禧一代”对债务和信用卡的抵触，很多人甚至都没有信用评分。事实上，能够用来评估我们信用的其他可用数据极其多，我们为什么执着于FICO的信用评分呢？

②支付基础设施。虽然消费支付近来已经有所改进，但是在B2B领域的发展依旧长路漫漫。事实是，从自动清算所（ACH）转账还是得花上好几天，不是技术不足，而是系统本身存在偏见和问题。好在已经有公司正着手改善这些旧系统的不足，加快转账速度。改进已有的系统是个良好的开端，但真正的实时支付还在未来。

③身份验证和诈骗。世界越来越数字化，而我们依然在使用过时的身份验证技术和诈骗检测技术。消费“验证”经常会要求用户回答“住在哪条街”或者“下面哪个人是你家人”这些问题。但是对诈骗者来说，这些信息大部

分都可以即时地从Google或者Facebook上搜出来。显然我们需要更可靠的技术。例如，Simility就是基于用户的数字行为，采用分析和机器学习来验证消费者和检测诈骗——比起街道名称，回答这些问题的难度大大增加。

“金融科技”是当今最热门的话题之一，而“千禧一代”当之无愧是最热门的用户群体。表面上，金融科技似乎炒作过度，市场趋于饱和。但是深入挖掘的话，“千禧一代”对技术创新的接受度很高、对技术解决问题的能力很有信心，未来不但会成为技术的惠及方，更加可能成为新技术的铸就者。

第三节　连接人与生活：掌握生活服务的主旋律

从生活场景深耕潜在需求

中国《新一代人工智能发展规划》指出，到2030年我国人工智能产业竞争力将达到国际领先水平，带动相关产业规模超过10万亿元，由此可见，人工智能的发展已经纳入国家战略层面。而处在金融科技风口的平安科技，更是致力于人工智能的开发应用。

回顾早年的中国平安，1988年诞生于深圳蛇口，是中国第一家股份制保险企业，至今已经发展成为集金融保险、银行、投资等金融业务于一体的整合、紧密、多元的综合金融服务集团。2016年中国平安在世界500强榜单中位列第41名，业务覆盖海内外。

中国平安认为，金融科技不仅仅只是P2P的借贷和机器人的发展，与金融行业无关的刷脸技术、声纹识别技术也是平安科技金融技术的组成要素。其所定义的金融科技，不再仅仅是利用大数据和科技创新使金融服务更加便利化、智能化的手段，更包括了与金融行业无关、与金融行为有关的技术服务。因此，近年来中国平安积极培育人脸识别技术、声纹识别技术、预测AI技术、决策AI技术以及平安区块链技术等五大技术，并深度运用于“金融服务生态圈”“医疗健康生态圈”“汽车服务生态圈”“房产金融生态圈”等四大生态圈（如图10–4所示）。

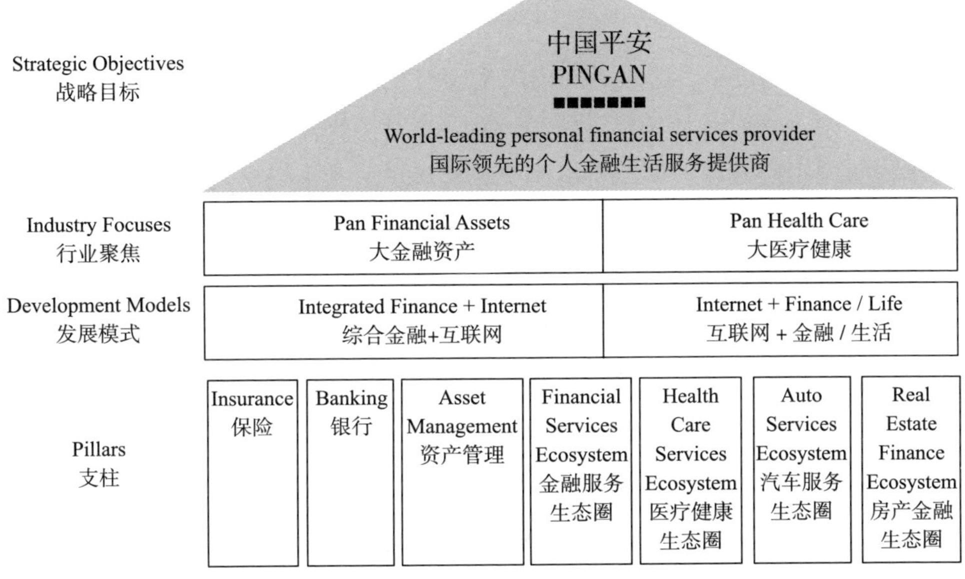

图10–4　中国平安战略

（1）平安人脸识别应用于平安集团12个专业公司近50个场景，帮助寿险、银行、普惠、陆金所等公司大大提升了工作效率，节省了人力成本。在外部场景中，平安人脸识别技术已经运用于深圳机场、深圳房管局、深圳社保等场景。以深圳社保场景为例，利用平安人脸识别技术可每月为近5000名退休老人提供足不出户养老金认证领取，同时减轻了深圳社保局柜台压力。

（2）平安声纹识别技术：通过利用双声道分离技术可提取客户有效语言，经过比对可进行身份判定，该项技术已开始在陆金所、产险等多个场景试点应用，准确率达到95%。

（3）中国平安对于人工智能的研发，已从识别技术迈向更复杂的预测和决策技术。其中，预测AI技术已经以重庆为试点进行疾病预测，决策AI技术基于计算机视觉已应用于车辆定损。

（4）中国平安公布了平安区块链技术的12个金融医疗应用场景，包括同业资产交易、票据、供应链金融等。中国平安早在2016年就加入了区块链国际联盟组织R3，与全球最大的四十多家金融机构合作，共同为金融服务行业开发基于分布式共享分类账技术的开拓性商务应用。

实际上，平安科技的发展大致可以分为三个阶段。2008年，平安科技由集团信息管理中心改组成立，为集团提供全面的技术外包服务。第一阶段是从2008年到2012年，这一时间内的平安科技与其前身平安信息管理中心并无不同；第二阶段是从2012年到2016年，平安科技开始开展互联网业务，并逐渐由封闭走向开放；第三阶段则是从2016年至今，平安科技正在由技术提供者变为技术应用者。

如今，平安科技将目光对准了大金融资产和大健康医疗领域，相信也是看到了这两块在市场规模和发展前景上的可能性。其中，大金融资产将中国平安的客户和集团整个金融体系紧密连接在了一起；而大健康医疗则是将人与生活通过金融科技的媒介紧紧缠绕在了一起。

平安集团重塑金融科技有五大关键要素：规模、场景、数据、速度和人工智能。平安科技背靠福布斯排行榜第16的平安集团，去年投资了77.7亿元用于金融科技的研发，关注的不仅仅是内外客户的财务状况，更关注了客户的整个生活生态圈（如图10–5所示），开发的“金融科技+科技生活”模型，能够为客户的科技生活提供多套解决方案，这样的投资规模和研发领域的影响力自然不言而喻。

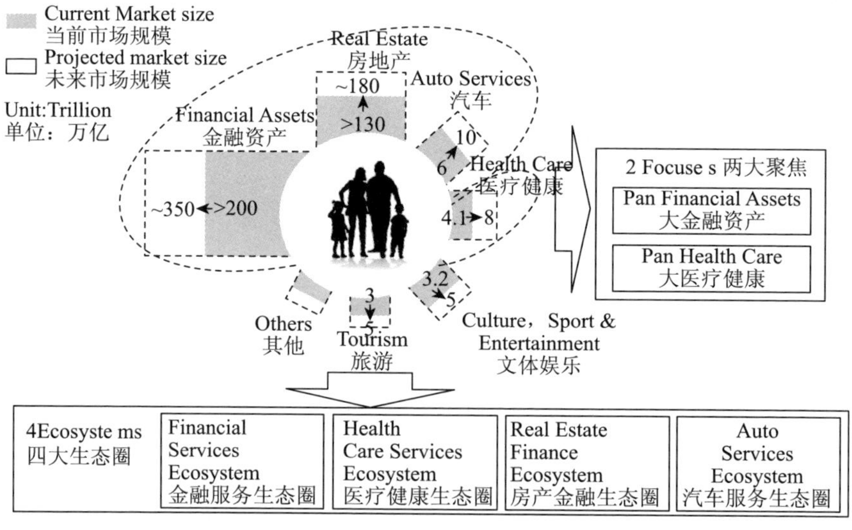

图10–5　平安科技对四大生态圈的市场判断

平安科技拥有大量的场景，如在抵押贷款中，不同于大部分银行先卖产品后提供服务的方式，平安科技会先基于客户特征和需求，提供解决方案和服务，之后再推荐合适的产品。另外一个例子就是平安好车主APP，只要是车主，用户就能拥有一套非常完整的解决方案，包括帮助检查证件、洗车店导航、违章查询以及高效提供车险等。

金融科技需要数据来支撑，而卓越的数据整合能力将产生高效的速度。平安科技总经理陈立明指出，平安集团作为一家金融公司，起点别具特色，拥有3.76亿的互联网用户，1.37亿的金融用户，这意味着掌握了关联性相当高的庞大金融数据、金融案例和实施方案，除此之外，平安科技的区块链和平安云技术使数据计算处理储存能力大大提升。

而在AI领域，平安科技的人脸识别技术已经应用在了200多个不同场景，总计进行3亿人次识别，在LFW测试中准确率达到了99.8%。除了人脸识别、声纹识别技术，平安还将在认知技术的基础上，通过AI进行预测和决策，例如，对流感的风险预警和趋势预测，或者是利用人脸微表情进行金融信贷审核，这将大大提高用户的生活效率。

从多账户走向一账户

创业初始，Credit Karma为6000万人免费提供了信用评分，这种创举可谓颠覆了整个付费信用报告市场。而今年，Credit Karma又准备免费提供纳税申报服务，这着实也让89亿美元的报税行业吃了一惊。H&R Block和IBM之前曾大力宣传其人工智能报税服务。

Credit Karma提供面向个人的信用数据查询服务，用户可以实时免费地获取自己的信用数据。该平台允许用户绑定自己的银行卡、信用卡账户，同时允许用户在其平台上查看自己的房屋贷款、汽车贷款和助学贷款等各种财务状况，这样用户就可以了解每项财务指标是如何与自己的信用分数挂钩的。

在此基础上，Credit Karma帮助用户如何更好地处理自己的信用卡债务，帮助消费者寻找性价比最高的金融产品，例如，推荐信用卡供用户申请、进行一般贷款或抵押贷款。在用户购买了金融机构的产品后，Credit Karma便会收到金融机构的分成，从而实现盈利。

简单来说，Credit Karma业务模式是这样的：

用户提供个人信息（姓名、地址、电话、社保号码）以获得信用分。如果信用达标，用户将会得到获取最优惠信用卡、个人贷款和汽车贷款产品的机会。此外，用户还可以借助Credit Karma申报联邦税。而所有这些服务都是免费的。Credit Karma从信用卡和贷款提供商那里收取佣金，并且承诺永远不会向消费者收费。

然而，Credit Karma虽然看似只是为用户提供了免费的午餐，但其实得到的用户数据价值却远超服务费用本身。通过Credit Karma独特的ANI（Artificial Narrow Intelligence，窄域人工智能）分析模型（注意不是普通的人工智能技术），Credit Karma可以在20毫秒之内就为用户提供精确到分钟的金融决策建议。

Credit Karma公司技术负责人Graciano表示，AI的发展重点在于可通用化的智能，即可以学习、推理、找出规律和交互。Credit Karma现在的技术最多可称之为窄域人工智能（ANI），这种细分技术善于以概率的形式做特定的事情。如果使用得当，ANI对整个企业和行业业务发展都将产生革命性的作用。

那么到底什么是窄域人工智能（ANI）?

窄域人工智能（ANI）是在某单一领域相等或胜过人类智力或效率的机器智能。以Credit Karma的业务流程为例：如有2亿个数据点，可以将它们整合成每人2000个因素，然后将所有因素放入一个“通过”或“不通过”的二元结果中。

Graciano表示，Credit Karma在生产、具体分析、数据科学和建模、在线预测等方面都需要用到数据。一个数据串大小是210 B，他们公司的数据每天增长大于1TB（每月用户数增加1万~200万）。另外，每个月Graciano和他的团队会创建1000个新模型，这些模型对1.2亿个观察事项以进行预测，如贷款通过率、使用者接受推荐产品的可能性和某服务对于使用者的价值。

Credit Karma已创建十年之久，公司表示已经成功实现盈利。2015年收益达3.5亿美元，公司估值可能为35亿美元。其下一步应是房屋按揭贷款和向国际扩张。在扩张方面，该公司最近进军了加拿大市场。另一个发展机会是提供信用评级服务，像TransUnion和Equifax。

Graciano认为他们公司的优势不是大数据和ANI本身，而是这些技术帮他们取得的消费者的信任。他认为公司不加思考就跳上AI这辆马车是有风险的。他说："我认为AI之后发展会有阻碍。不能掌握ANI技术的公司一定会举步维艰。如果你需要处理大量数据，尤其是面向客户的公司，你必须掌握ANI技术。你必须十分擅长预测对于你客户最佳方案是什么以及最大化你的业务成果。"

Credit Karma作为美国一家"独角兽"公司，在大数据征信方面和提供金融服务的成就是有目共睹的。它给很多金融科技初创公司带来了启示：不要忽略生活的小细节，尽可能地将多个生活场景的账户信息整合到一起；不要追求大而全，要在一个细分系统里做到最好。它的ANI技术也让我们再次认识人工智能在当前阶段将人连接在一起的机制：垃圾邮件过滤器是一种典型的ANI类型。首先，一个知道如何区分垃圾邮件和正常邮件的机器智能被装载上来；接着，该智能根据你的特殊喜好不断积累经验，通过不断学习，把自己修改得更加像你；当鸟巢牌（Nest）恒温器试图开始弄清你的生活习惯并相应地作出反应时，它所做的也正是同样一件事情。

2017年9月，招商银行信用卡宣布其"掌上生活APP"绑定用户数突破4000万大关，且从3000万增长到4000万只用了9个月时间，日活用户数高达到576万。

作为一款定位于"连接千万人生活、消费、金融"的APP，掌上生活APP聚焦用户吃、喝、玩、乐、购等方面的需求，推出融入各类消费场景的产品，通过"场景连接、科技金融"重塑"人与消费""人与金融""人与生活"的关系。

饭票、影票是掌上生活APP的重要产品，云计算的搭建为这个日发高频、并发量大的O2O业务找到了新的动力。云端扩容让掌上生活APP的饭票每分钟处理的订单超过3万笔，月消费也突破4亿元。此外，掌上生活APP还实现了电影在线选座、积分实时兑换、生活缴费一键完成等，成为用户生活、消费的金融"利器"。

而今年掌上生活APP打造的一站式额度管理平台——“全景智额”，更是智能化、全方位满足了用户对额度的一切想象。这个“全景智额”产品背后依托实时金融决策平台，用户可以在页面了解自己的可用额度、固定额度、临时额度，也可办理预约境外临额、账单分期、现金分期、汽车分期、掌上分期、e招贷、e闪贷等一系列业务。正是依靠金融科技，用户才能动动手指，“一站式”办理招行信用卡提供的几乎所有授信产品，从“被动按需提额服务”转化到7×24小时主动的“管家式额度服务”。

掌上生活APP不仅是招行信用卡推进金融科技创新应用的平台，同时也是连接移动消费、商圈消费、境外消费三大消费场景的营销平台。

第四节　连接人与一切：从人与人到人与物、物与物

技术是为了让选择更智能

从“数据可能”的角度看，随着感测技术的发展，能够实现对这个世界“更加透彻的感知”。随着通信技术的发展，能够实现对人和信息的“更加全面的互联互通”。因此，人们能够更加直接、微观、立体、实时和动态地观察世界。同时，随着社会的全面数字化，将迎来“数字生命”和“数字社会”时代，迎来数字和信息的“高维时代”，它意味着数字化的与生俱来，意味着数字化的无处不在。

从“计算可能”的角度看，随着量子力学的发展与应用，也包括纳米技术等相关科技进步的“策应”，信息技术领域将迎来革命性的迭代进化，具体表现在处理、存储、传输和安全四大领域。数据处理（计算）能力是核心能力，因为，计算速度的提升不仅是一个技术指标，更是一个基础理论和科技进步的关键指标，就认知科学，乃至整个人类社会而言，速度等于可能！在基于量子技术的超级计算面前，所有的“数学难题”均是“小菜一碟”，微不足道。而随着计算能力的提升，认知将进一步深化，也为智能化奠定了坚实的基础。

当认知科学领域发生“天翻地覆”的变化时，我们的未来又会是怎样的呢？认知革命，特别是“真相时代”的到来，“预测”将被“预见”取代，那么，“预见未来”将不再是遥远的星辰。

本书写到这个章节，基本上干货已经“告一段落”了。可能你读完前面这些内容，觉得有些内容不好理解，对于传统金融、互联网金融和金融科技的概念还是有些混杂，这些都没关系。因为在现在这个时空范畴里，这些概念是交织在一起的，是不断在更新和效仿的。在本书里，最重要的是了解，金融科技的形态和未来——我们到底被什么样的技术统治着？我们到底被什么样的巨头统治着？我们到底被什么样的未来统治着？

虽然中国互联网所谓BAT的巨头格局已经形成多年，但由于移动互联网的人口红利结束，整个中国互联网在“下沉”，过去2~3年在很多细分领域中，都出现了很多非常优秀的公司；BAT渐渐开始分化，B因为糟糕的战略选择和摇摆，逐渐开始没落；而A和T已经非常明确地意识到自己不可能什么都做好，那么用投资的方式去培养更多的盟友远远比树敌来得合适。

几年前的腾讯，也是一个被人诟病的公司，真正改变腾讯的是“3Q”大战之后，腾讯的战略层面一定有深刻的反思。当“连接”成为公司的核心战略后，这个公司就发生了真正意义上本质的变化。腾讯砍掉了做会员卡业务的腾讯微生活，一个业务层面看来处于风生水起的板块。正是这样有所不为的举动和决心，使连接的核心战略的落地得到大大小小各行业公司的认可和支持，也使得腾讯可以下沉到整个应用生态链的底层，为广大的合作伙伴提供有益的底层支持服务；如果在具体的业务上还要抄抄抄，就算是免费，又有谁愿意使用这样的底层技术呢？

在这样的连接战略下，出现了张小龙这样的牛人，做出了怪物级APP微信。其实是必然的，没有张小龙，也有王小龙、李小龙……区别最多是时间长一点儿短一点儿而已。

从外面看腾讯的投资，基本上可以概括为：全阶段+全方向覆盖、重点突击优势领地（文化/娱乐、游戏、社交）、弱势补充。腾讯的投资逻辑从时间轴上可以划分为三个主要阶段，这点很多媒体已经剖析得差不多了：早期，什么都自己做；中期，看上啥就吃进来；目前，连接一切。根据CB Insights的统计，截至2017年2月，腾讯投资的企业中有17家公司是独角兽，在全球所有投资机构中排名第10。而截至2015年7月，腾讯投资的企业中只有2家公司是独角兽。在一年多时间里，腾讯投资的公司中新增了15家公司成为独角兽，这个增速应该是全球数一数二的。

目前，腾讯以连接一切为战略目标，拥有全网最强的社交产品矩阵，拥有9亿多个微信和WeChat合并月活跃账户、8亿多个月活跃QQ用户。腾讯产品拥有深刻的社交基因，渗透率达到90%以上。2015年至今，腾讯在智能安防方向进行了很多探索和创新，依靠腾讯云、腾讯智慧物联操作系统、腾讯优图等腾讯体系的强大用户基础及技术服务能力，其技术可靠性大于99.999%。

以腾讯智慧物联操作系统为例，它是物联网时代的类操作系统，涵盖能源管理、安防监控、人脸识别、智慧水务、智慧建筑、智慧消防等方面。腾讯智慧物联操作系统拥有全国最大用户触达能力，是国内首个大规模物联网安全解决方案。智慧物联操作系统的可视化交互界面是以空间为线索，在空间内集合建筑中的所有功能。目前，腾讯智慧物联操作系统已成功运用于腾讯滨海大厦。

物联网时代的“大连接”

简单地说，物联网是一种建立在互联网上的泛在网络，技术的重要基础和核心仍旧是互联网，通过各种有线和无线网络与互联网融合，将物体的信息实时、准确地传递出去。物联网概念是在互联网概念的基础上，将其用户端延伸和扩展到任何物品与任何物品之间，进行信息交换和通信的一种网络概念。

20世纪90年代，美国卡内基梅隆大学的一群程序员写了一个小程序，这个程序可以远程监测校园里的饮料机是否有足够的冰饮，这样，程序员们下楼买饮料时，就不会白跑一趟了。这就是物联网的发轫和萌芽。这些程序员大概不会想到，20多年后，物联网将在遥远的大洋彼岸勃兴。到2030年，有望为中国带来1.8万亿美元的GDP增长。一个传统的制造大国，正在通过物联网描绘未来制造图景。

无需售货员，商品本身就能和消费者“对话”；无人监管，工厂可以实现精准智能生产……随着物联网创新应用进入活跃期，智能驾驶、无人支付等一系列新应用加速落地，我们不得不思考一个问题：“无人经济”时代是不是正在到来？

如果说互联网解决了人与人之间的信息沟通，物联网则是通过传感装置，将物理世界转换成数字世界，通过感知、计算、学习实现人与物、物与物的精准对接。随着物联网技术应用，生产生活中的很多场景正在逐步脱离对人的依赖。

首先改变的是零售。不久前，无人超市在杭州、上海等地相继开启。无需收银员和导购，消费者可自行选购一键支付，店铺也可根据数据调整进货品种和摆放位置。服务人员少了，效率却没有因此而降低，商店也变得更加“善解人意”。阿里巴巴集团董事局主席马云在“2017世界物联网无锡峰会”上说，物联网的核心是连接，关键在数据。无人超市就是将商品、消费者“数字化”，对“人”“货”“场”进行重构。在物联网技术渗透下，传统超市、百货都将进行“旧城改造”，更好与消费者互动，更加精准对接制造商，增加人气。

制造业也在酝酿着一场变革。目前，我国海量数据存储和处理、智能图像传感等技术已达到国际先进水平。技术成熟带动应用落地，物联网正加速渗透到制造业各个领域。智能制造是其中之一。一方面，越来越多的无人工厂诞生，生产效率大幅提升；另一方面，物联网、大数据和云计算渗透到工业生产全流程，柔性生产和精准供给正在实现。“未来的制造业一定是个性化，未来的算法专家也不是在互联网公司内部工作，而是在车间里面写代码。”马云说，“某种程度上，未来也许没有严格意义的‘Made in China’（中国制造），而是‘Made in Internet’（互联网制造），制造业也将在加速拥抱新技术中实现跨界、融合发展”。

除了零售与制造，传统观念中很多劳动力密集的行业，也在新技术的推动下逐步实现“无人化”。“无人”植保、“无人”餐饮、“无人”物流……物联网在多个领域推进规模化应用，打通产业各个环节“经络”，迸发出新的活力。

互联网巨头谷歌公司的执行董事长埃里克·施密特（Eric Schmidt）在“2017世界物联网无锡峰会”上大胆预言：互联网即将消失，一个高度个性化、互动化的有趣世界——物联网即将诞生。施密特的此番言论可谓自我颠覆。施密特称，未来将有数量巨大的IP地址、传感器、可穿戴设备，以及虽感觉不到却可与之互动的东西，时时刻刻伴随你。“设想一下当你走入房间，房间会随之变化，有了你的允许和所有这些东西，你将与房间里发生的一切进行互动。”他表示，这种变化对科技公司而言是前所未有的机会，“世界将变得非常个性化、非常互动化和非常非常有趣”。这位谷歌掌门人认为：“所有赌注此刻都与智能手机应用基础架构有关，似乎将出现全新的竞争者为智能手机提供应用，智能手机已经成为超级电脑。我认为这是一个完全开放的市场。”

研究公司Gartner预测：到2020年，物联网将带来每年300亿美元的市场利润，届时将会出现25亿个设备连接到物联网上，并将继续快速增长。由此带来的巨大市场潜力已经成为美国科技公司新的增长引擎，包括思科、AT&T、Axeda、亚马逊、苹果、通用电气、谷歌与IBM等在内的美国公司争相抢占在物联网产业的主导地位。

在国际消费电子展（CES）上，物联网概念成为最大看点之一。智能家居、数字医疗、车联网等产品的推出，使得物联网技术能真正服务于智能生活。

雷军很早前曾说过：“未来没有所谓的互联网企业，未来每个公司都变成物联网公司。”可见，这个江湖，够大。

但从分工上理解，互联网还只是物联网中的一部分，主要是IT服务方面。简单地说，物联网是一种建立在互联网上的泛在网络。物联网技术的重要基础和核心仍旧是互联网，通过各种有线和无线网络与互联网融合，将物体的信息实时、准确地传递出去。

不过，物联网因为其“连接一切”的特点，它具有很多互联网所没有的新特性。例如，互联网已经连接了所有的人和信息内容，提供标准化服务，而物联网则要考虑各种各样的硬件融合，多种场景的应用，人们的习惯差异等问题。相对于互联网，物联网需要更有深度的内容和服务，以及更加差异化的应用，也将更加的人性化，这也符合人们不停地追求更好的服务体验的要求，这是个亘古不变的刚需。

针对互联网的特性，专家总结了物联网应用中的三项关键技术：

（1）传感器技术。这也是计算机应用中的关键技术。大家都知道，到目前为止绝大部分计算机处理的都是数字信号。自从有计算机以来就需要传感器把模拟信号转换成数字信号才能处理。

（2）RFID标签。也是一种传感器技术，RFID技术是融合了无线射频技术和嵌入式技术为一体的综合技术，RFID在自动识别、物品物流管理中有着广阔的应用前景。

（3）嵌入式系统技术。是综合了计算机软硬件、传感器技术、集成电路技术、电子应用技术为一体的复杂技术。经过几十年的演变，以嵌入式系统为特征的智能终端产品随处可见，小到人们身边的MP3，大到航天航空的卫星系统。

如果把物联网用人体做一个简单比喻，传感器相当于人的眼睛、鼻子、皮肤等感官，网络就是神经系统用来传递信息，嵌入式系统则是人的大脑，在接收到信息后要进行分类处理。这个例子形象地描述了传感器、嵌入式系统在物联网中的位置与作用。

总之，我们可以发现物联网概念是在互联网概念的基础上，将其用户端延伸和扩展到任何物品与任何物品之间，进行信息交换和通信的一种网络概念。物联网和物联网概念的关系也是相互依存的关系。

第十一章　金融科技的创新

科技对金融的革新和颠覆是深刻的，甚至是伴随阵痛的。但是在加入到这个变革的“仪仗队”之前，必须要铭记：金融的本质是不会变的。我们试图在这里寻找金融最初的样子，或者说，现在的金融“摘下面具”的时候的样子。各种各样的技术就像是化学反应里的“催化剂”一样，加速着金融业升级的进程。Fintech也被赋予了除技术以外的“超前感”的金融使命。认识Fintech，要认识它的特点，如外部性、超前性、高风险性等，不要迷失在技术带来的快感里。

Fintech的定义多种多样，但都围绕着“创新”“效率”“科技”等词汇进行阐释。智能时代的到来使得金融科技公司迎来了发展的涌动期。科技的革新是Fintech的基础，科技与金融“从外向内”的结合是Fintech的灵魂。毕马威对2016年中国金融科技公司进行了50强阵容的评选，通过中国金融科技50强的公司特征了解金融科技对金融业态的革新。我们把新金融的创新分为四种类型：

（1）资源驱动型，为“点”类产业，主要玩信息不对称，但“来得快死得也快”；

（2）产品驱动型，为“线”类产业，主要是做自主品牌自主研发；

（3）平台驱动型，为“面”类产业，本质是场子，是网络的多变效用，是流量的批发。但现在很多企业都在喊做平台，但要注意工具商不等于平台商。

（4）生态驱动型，为“体”类产业，所谓生态就是要企业自己喊着加入这个生态，本质是连接。让企业有自驱力，在中国典型的例子就是微信，在全球典型的例子就是苹果。

- 新产品研发带来新机遇；
- 数据价值：数据 + 技术变成兵家必争之地；
- 连接数据点才能形成价值链、价值网；
- 另辟蹊径：技术是基础，创新思维才能建高楼；
- 复杂的底层技术打造简单易操作的使用平台；
- 平台数据安全需谨慎；
- 拒绝过度互联网化，打造自身的生态金融；
- 金融科技将作为基础设施推动社会整体发展。

第一节　创新点：资源决定金融创新的内核

回答一个问题，先有技术还是先有数据？

鸡蛋，从外面打破就是颗蛋，从里面打破则是只鸡。

——李嘉诚

这个问题和先有鸡还是先有蛋的问题同样令人烦恼，到底是先有计算机技术呢，还是先有各种各样的数据呢？

鸡和蛋是一同进化出来的，因为这两个是同一物种。在计算机之前，载体以及载体所含有的信息就是一体的，如光是宇宙中的信使，其送信的方式就是用光自身不同的波长频率代表不同的信息，解读这些波长频率代表了什么是另一回事。你学习语言是先理解语义还是先学会发声？与旁人交互分析这些声音和意义是否是分裂的过程？婴儿不会语言，但其发声本身就在传递模糊的含义，不论哇哇叫还是哇哇哭，并没有什么形式和本质的绝对差异。任何形式都是一种本质，可是我们会探究更抽象更深远的本质，继而又将其当成形式去探究下一层。世界是一体的，我们却为了个别物质将其分解，继而想找到静止的起始因，却只能找到因果循环，混沌一体怎么可能被找到一个绝对的因或果呢？

换句话来说，技术与数据本来就是一件事。我们说万物皆数据，但与此同时，我们认识万物的手段，无不是一种从浅层到深层、从粗鲁到文明的数据认识的技术。所以与其说我们困惑的是先有技术还是先有数据的问题，不如说，我们困惑的是如何认识数据、使用数据和创造数据的问题。

金融科技的时代下，认识数据、使用数据和创造数据成了核心的资源利用问题。

人类农业文明时期，最重要的资源是土地；工业文明时期，最重要的资源是能源；信息化社会，最重要的资源是数据。近年来，大家对数据重要性的认识逐步提高，数据已经成为推动经济增长的要素之一，并且其作用越来越突出。数据的价值在于使用，而非占有。数据再重要，如果不能被充分、合理、有效使用，便形不成资产，带不来价值。现代银行业，在很大程度上可以被视为数据行业，拥有大量数据。问题在于如何应用。现实是，一家银行内部各部门之间、同一部门不同业务条线之间、不同分支机构之间，各自获取的数据都没有实现共享共用。所以当务之急，对银行而言不是如何获取数据，而是如何使用已有数据。另一方面，相对于土地和能源，数据最大的特征是可重复使用，可以分享，由此带来更大价值。因此，数据共享也是需要关注的一个重要问题。

就像前文我们强调过的，金融的核心是风控，这是任何技术迭代所无法改变的永恒的主题，无论是传统金融还是互联网金融。毫无疑问，风控都是关系生存死亡的关键。

金融科技带来的是数据观的革故鼎新。绝大多数传统金融机构依据有限的信息做出决策，而Fintech企业依托互联网竭力扩大可用的数据源用以支持决策。例如，在小微企业贷款方面成长迅速的OnDeck，针对一个企业，用以评估贷款风险、利率的数据点达2000个之多。不仅涵盖了传统金融机构会用到的年收入、FICO信用等级分数，也采集了前者不会考虑的社交媒体发布、申请人生活方式等信息。值得注意的是，与传统金融机构以FICO分数为主要评审依据形成鲜明对比的是，Fintech公司大多试图弱化FICO分数的中心地位。例如，OnDeck只是将FICO500作为一个最低标准，来过滤需要用其他数据进一步评估的贷款企业。

大数据时代，无论金融科技是以P2P、互联网保险、智能投顾，还是以征信、消费金融等模式存在（如图11-1所示），数据的价值都体现在能从多维的角度去评估偿还意愿、信用状况、还款能力。因此风控的终极模式将是：你只要证明你是你就够了。风控的核心是数据+模型，如果没有数据，模型将英雄无用武之地。而只有数据没有模型，那将是一潭死水，海量数据只能躺在服务器里，毫无价值。因此，数据与模型的关系更接近相辅相成的辩证关系。

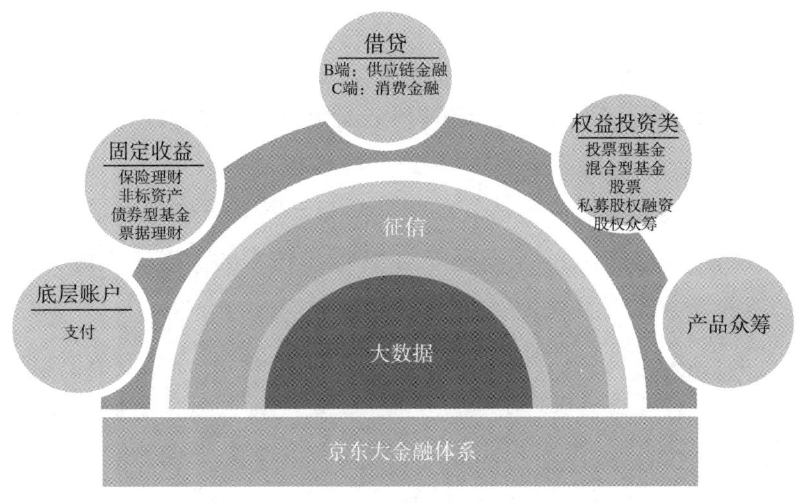

图11-1　京东大金融体系的简化架构示例

如何运用大数据进行信贷审批？以京东金融消费信贷为例，京东金融依托电商生态体系数据和外部数据，基于机器学习手段和业务经验，建设特征库，形成数万维的特征池。京东白条目前已经用到30000多个数据变量，在信用风险评估模型上覆盖了2亿多京东用户。加之，通过集成信用模型、还款能力模型、套现风险模型、盗号风险模型，当用户申请贷款时，能够快速得到一个信用评分，并准确地对其贷款期限、授信金额以及风险做出决策并发放贷款，相当于投放每笔贷款的时候不需要做人工审核，机器可以直接把款放出去，边际成本几乎等于零。另外，基于庞大的用户画像，前期京东可根据客户的特征，推理其需求，给合适的人群推荐不同的贷款产品，采取不同的触达方式，降低边际成本。

我们看到，大数据对于人们的数据观进行了刷新——数据之间是相互影响的，数据之间是相互联系的，数据是构成整体体系的具体指标的表现。在大数据挖掘数据的基础上，人工智能和区块链技术用以学习和保障数据的内容和安全，将金融科技的维度更加丰富。

美国帕罗奥多研究中心（PARC）的马克·韦泽（Mark Weiser）提出人类最终将进入“普适计算”（Ubiquitous Computing）的阶段，即我们可以在任何时间、地点，获取和处理任何信息，无处不在的微小设备无时无刻不在采集、传输和计算，形成一个包罗万千的信息网络，因为数据，正逐渐渗透人们的生活，影响甚至取代原有的知识生产方式和认识框架，反馈用户。

这就等同于反过来说，在金融科技已经进入3.0阶段，甚至开始谋划4.0阶段的今天，我们隐隐约约预感到，物联网的感知技术，ANI（Artificial Narrow Intelligence，窄域人工智能）技术甚至是遥远未来的通用人工智能AGI（Artificial General Intelligence，通用人工智能）技术的深度感知能力，能够为企业主动抓取环境数据。

然而，金融世界中存在着海量的数据，对数据的接收和处理是金融科技在应用过程中的一大挑战。很多人提到大数据，第一反应是数据越多越好，可是与金融有关的模型中接收的数据是不是越多越好？这仍是一个值得探讨的问题。

被后人称为“计算机之父”和“博弈论之父”的冯·诺依曼曾经做过一个非常形象的比喻：用四个参数我就能够拟合出一头大象，用五个参数我可以让它的鼻子摆动。这说明从拟合的角度看，如果你给一个模型足够多的数据，是能够解释一切的，但这是否符合金融自身的逻辑，还存在疑问。

如果使用不当，精确的数据挖掘也会造成荒谬的结果。一个很有趣的例子发生在1990年，一家对冲基金发现孟加拉国生产的黄油，加上美国生产的奶酪以及孟加拉国羊的数量与标普500指数从1983年开始具有99%以上的统计相关性。然而统计奶酪的生产会是一个预测标普500指数的好方法吗？相信没有一个头脑正常的交易员会做出这样的选择，但是在机器看来，这可能是一个再正常不过的判断。

因此，金融科技解决了很多数据问题，也似乎处理好了数据与技术的先后问题，但是我们仍要时刻保持警醒，数据与技术之间微妙的尺度关系，会决定一个公司乃至一个业态的兴起和衰落。

放弃一种思路，关联起来的数据更好用！

自从泰勒斯这位科学老祖记录摩擦起电和磁石吸铁这两个物理现象以来，2000多年过去了，人们对电和磁的理解还是极其有限。无论是中国风水先生用罗盘定乾坤，还是哥伦布靠指南针航海发现新大陆，抑或是诺莱特的奇妙人肉电学实验，都是止步于电和磁极其常见现象的认识和利用。甚至到19世纪初期，许多人依然认为电和磁风马牛不相及，电是电，磁是磁，电没法搞出指南针，磁也没法生成闪电。

当时，奥斯特虽然只是一名普通的物理系老师，但他依靠他童话般的想象力，发现了一件极其不平凡的事情。某一次物理实验课，一切似乎都是老样子，连电路，打开关，讲课，断电，收工。然而不经意间，一个小磁针放在了电路旁边，又是不经意间，他注意到开关电的一瞬间，小磁针都会摆动几下。就像童话世界里用魔法棒隔空操控磁针一样，电就是那根神奇的法杖，万分激动的他差点儿摔到讲台下面去。之后，这位40多岁的普通物理教师，在实验室里乐此不疲地玩了三个月的电路和小磁针，最后宣布发现了电和磁的魔法奥妙——运动的电荷可以让静止的磁针动起来。

以前，同时期的许多物理学家都在研究静电和静磁之间的联系，但是静电和磁针之间总是过于冷淡，啥作用都不发生，也无法相互转换。奥斯特的发现，关键在于突破思维框架，在运动的电荷里寻找到与磁的相互作用。电和磁之间的小秘密，终于被人们发现。

奥斯特的发现对于金融业的创业者们来说有一个最重要的启示：关联数据

以创造新的资源——原本风马牛不相及的两类数据，可能在某种形态的工作过程中出现可以接合的点，正是这个点能够爆发出新的资源形态，产生新的服务维度。大数据就是从关联的角度出发，将数据的边界扩大，形成了新的资源。

以公安系统为例，针对一个大案要案的侦查工作会涉及大量情报收集、比对、分析工作。大数据情报研判系统对破大案要案非常有帮助。

图11-2是基于大数据的警情研报系统。如果你看过美剧《犯罪心理》，一定会被Penelope Garcia的IT技术所折服，她往往只需要接一个电话就能够锁定嫌疑人的范围，她这种类似“开挂”一样的技术正是依靠多个数据库的交叉融合所实现的。现在，国内的明略数据也提供了有些相像的服务。例如，在某市能够抓获贩婴团伙，很大程度上是因为这套系统成功地从海量数据中构建出嫌疑人与其同伙的关系网络，从而掌握了详细准确的情报信息。这套系统背后的技术非常复杂，但难点却不在大数据的“大”上。一个地市级的公安系统，数据量在几百个T的规模，远不及BAT企业的数据规模，但在数据的挖掘和关联分析的实践上难度很大。只有做到这点，数据才能真正地被应用起来。

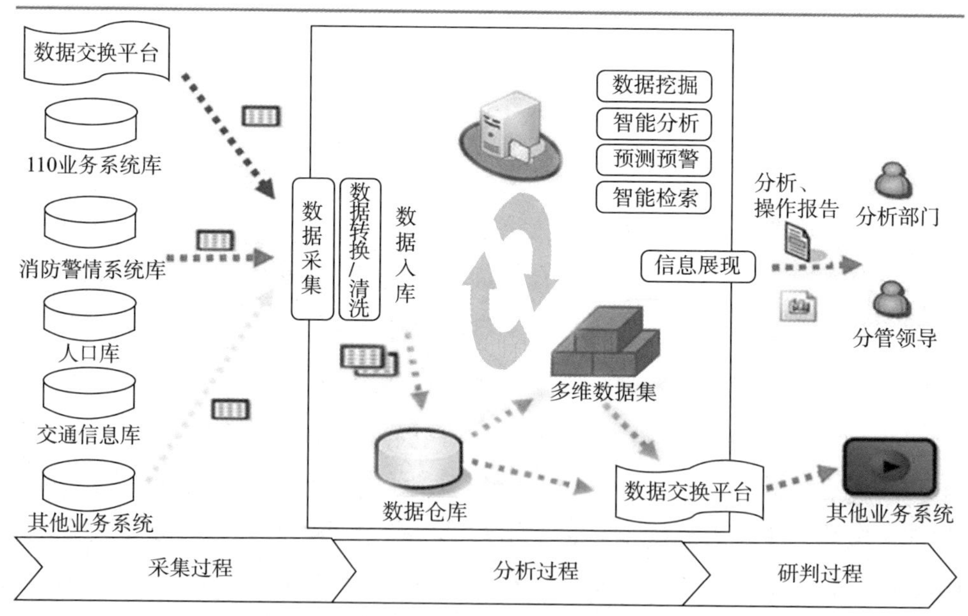

图11-2 基于大数据的警情研报系统

具体来说，数据系统内虽然没有标记某两个人是同学、同事，更别说是团伙，但使用明略的系统，通过判断个体的行为轨迹，就可以判断出他们的关系网络。例如，某两个人昨天同乘一班飞机，今天同住一个酒店，入住时间相差一分钟，我们推测出来这两个人可能是认识的，关系可能是同学、同事或者是同伙。再举一个例子，当两个或几个案件中出现相同或类似线索时，就会进行串并案分析。比如A警察在破案过程中识别一个戴红帽子、穿绿衣服的犯罪嫌疑人，B警察的另一案件中也发现同一特征嫌疑人，这个情况下，处理不同案件的不同干警之间并没有实时交流，如何做到串并案呢？明略大数据情报研判系统将所有侦查、审讯笔录联结在一起，自动挖掘出案件间同车、同人等的关联关系。明略做的正是通过数据挖掘，把系统中孤立的数据关联起来。这一点在公安工作里面具有非常广泛的应用。

在数字时代，我们每个人都变成了透明人，自己的各种各样的数据存在于数字世界里。我们已经有太多的个人信息已经数字化，部分存在于公开的互联网，部分存在于数据库。事实上，金融科技企业们所有创业版图的开端，都是这件事。数据作为最引人关注的资源，成了所有企业争抢的目标。

不久前，在阿里巴巴旗下的菜鸟网络与快递公司顺丰之间曾爆发了一场数据之争，双方对于物流数据接口到底是谁暂停的各执一词。菜鸟方称顺丰关闭了快递柜的数据信息回传和整个淘宝平台物流信息的回传，而顺丰方称菜鸟于6月1日0点下线丰巢接口信息，并不是自己主动关闭对菜鸟的数据接口。顺丰强调此次“封杀”事件背后的原因是阿里方面一直希望顺丰从腾讯云切换至阿里云。这次数据之争是企业之间的数据交换问题，普通用户很难有直接的感受，虽然那些数据可能是对每个人来说极为重要的个人隐私数据。

当然，数据并不是金融科技领域内唯一重要的资源，分析数据的手段、使用数据的策略更加是企业的“金矿”资源。

马云认为“数据是最重要的基础资源”，而李彦宏认为“数据不重要，技术创新才是最重要的，如燕汽机就比煤重要”，马化腾认为，这二者都不重要，重要的是应用场景。但其实无论是技术还是数据，包括场景，相互之间的促进和协同发展才是关键，单一的存在都难以真正承载大数据的发展。大数据、人工智能和区块链等技术的终极奥义都是为了将人的智慧融入科学和技术，只有这样，才能真正将数据转化为可以利用的资源，才能让科技发挥其真实的魅力。

从业务角度看，各家金融机构所需探索或应用的金融科技，应该各有侧重才对，大家都奔着云计算、大数据、区块链、人工智能等几个火热的领域而去，但更需要注重的是相应技术所能解决的具体问题。举例来讲，就消费金融领域而言，目前行业面临的最大问题是获客、产品同质化、降低综合成本等问题，哪项金融科技技术最能切中要害呢？不同类型的企业又需要侧重哪一类技术呢？就获客而言，对于具有海量用户的巨头，基于大数据的智能获客技术，能有效识别存量客户画像，大幅提升营销精准度；而对于依靠场景方和外部营销获客的中小平台，智能获客技术则有点像屠龙之术，并非上策。

第二节　创新线：产品才是金融创新的内容

危机还是机遇？关键在于思维

在致股东的2017年度邮件中，摩根大通CEO贾米·迪蒙（Jamie Dimon）忧心忡忡，“网贷类金融科技创业公司非常擅长消除‘痛点’，几分钟时间内完成银行可能需要几周时间去处理的贷款”。高盛的担忧一点也不少，“未来5年，非银行实体有可能抢走原本属于银行的7%利润”。当华尔街银行难以应对或警惕金融科技公司冲击时，会直接挥舞支票进行投资或收购。

2017年以来，高盛投资了约15家侧重资本市场业务的金融科技公司，摩根大通投资了9家。除了收购，华尔街大银行还在内部增加金融科技的投入。高盛CEO劳尔德·贝兰克梵（Lloyd Blankfein）最常挂在嘴边的一句话是：其实，我们是一家科技公司。

高盛联合谷歌投资的大数据智能分析处理引擎公司Kensho的分析软件已经初具杀伤力。Kensho的原意从佛教禅宗而来，意为“见性”。“Ken”是日语“看”的意思，“Sho”为日语的“自然、本质”之意。这个日语禅宗的原意为

“透过现象理解事物的本质”，而这也正是这家企业的联合创始人的共同人生哲学信念。Kensho的理念是运用专业知识（经济、社会、科技等），利用各种影响金融市场的社会事件进行量化计算，最终预测受影响的个股何时上涨下跌，从而决定买入还是卖空，最终将预测结果以最通俗易懂的方式交到大众手中。每个散户都可以操作这款软件，像谷歌搜索一样，在文本框里输入你想知道的投资问题，系统就能给出最简洁的答复。简单地说就是，其所构建的投资模型引入了一些对外部事件的主题量化，例如，“田纳西的飓风会影响哪只股票”“iPhone7发布后哪些股票会涨”，从而提供了新的数据维度并从新的角度定义量化交易。

该引擎可以通过扫描药物审批、经济报告、货币政策变更、政治事件以及这些事件对地球上几乎所有金融资产的影响等近10万余份资料，立刻为上述问题找到答案。

摩根大通于上年7月投入使用的一款金融合同解析软件COIN，通过机器学习和加密云网络技术，负责处理智能合约以及解析商业贷款协议，在几秒内就能将原先律师和贷款人员每年需要36万小时做完的工作完成，在大大降低错误率的同时还能保证全年无休。事实上，摩根大通设立技术中心已有一段时间。他们聘用约4万名技术工作者专门研究大数据、机器人和云基础设施，技术预算达96亿美元，占其总收入的9%，期望借此找到新的收入来源，同时降低费用和风险。

Kensho的创业成功和COIN的顺利投放，与其泛泛地说是成功运用大数据技术，还不如说是非凡的数学洞察力在金融领域运用的胜利。很难想象时下我们引以为豪的中式数学教育和落后于中国几条大街的西方数学教育，培养出的人才如此不同，造就出的创新能有如此不凡的成果。大数据算法是深度分析、关联和挖掘的基础。谁能创造出基于市场、行业和客户业务细化需求的独特算法，谁就能用杠杆撬动和改变这个市场。

科技对这些华尔街巨头的影响是不容小觑的，他们在意识到金融科技技术对降低成本、提高效率和整合资源的能力的强大影响后，很快将大把精力投放到新产品的研发之中去，而这些颠覆性的产品带来的“金融民主”虽然可能最终使大批白领和高级分析师失业，但会提升用户的体验和整个证券市场的有效程度。金融科技的关键是技术对产品的创新，而不仅仅是企业优化、处理内部事务的工具，产品的创新能提升大众的服务、提供更好的生活体验、探索更多的金融需求，这也是金融科技的初衷。

寻找新的玩法，创新可以从“零”开始

金融科技的核心内涵，实际上是有两层：第一，金融科技的商业模式是企业服务，服务对象是金融机构，而不是为自营金融业务服务。第二，金融科技必须有很强的科技能力，能够实质性推动金融创新快速前行。我们认为，无论科技进步到什么样的阶段，金融创新玩出什么新花样，其核心仍然是风险管理与控制，本质是产品内容和形式的创新。

提起智能投顾，你可能会想到Betterment和Wealthfront，这两家美国公司把财务咨询和资产管理搬到线上不过五六年时间，就已成为Fintech领域的明星公司，受到一众智能投顾创业团队的顶礼膜拜，不过，有些规模不大、成立时间不长的智能投顾公司仍然不能被人们所忽略。

Acorns就是其中一家产品亮眼的公司。Acorns在2012年成立，2014下半年用户数开始狂增，2015年超过Betterment，其后将所有智能投顾平台远远抛在身后，到2016年初，Acorns的注册用户数已经达到75万。

与常规智能投顾不同，Acorns瞄准的不是计划用于投资的大规模资金，而是使用银行卡消费后账户中留存的零钱。举个例子，当你去买一杯3.5美元的咖啡时，Acorns会自动将扣款金额合成整数（4美元），剩下的0.5美元将会进入Acorns账户，接着像Betterment那样，按特定风险偏好的方案，投资于一篮子ETF，跟踪全球资产。

Acorns联合创始人杰夫·克鲁滕登（Jeff Cruttenden）上大学时，就认识了许多朋友——其中多数好友都主修经济学与金融学专业，这些好友当时都没有开设他们自己的投资账户。克鲁滕登表示，“这的确令人心动。这些好友总是在谈论投资相关的事宜，不过他们却没有自己的投资账户。”之后，克鲁滕登与其父亲一起，联手创建了Acorns。克鲁滕登的父亲曾在克鲁滕登年轻时为他设立过一个小型投资账户。

克鲁滕登认为，人们之所以没有投资，主要有三大主要原因：其一，很难一次性获得足够多的启动资金；其二，所需支付的手续费往往很难一次性投资100美元；其三，最为重要的是，新投资者会面临诸多选择——股票基金、互助基金、部分封闭的开放式基金或者部分开放的封闭式基金（ETFs）等。一旦用户开始了这些业务之后，往往都是势不可挡。

Acorns应用之所以有效，主要就是由于该应用能够从小处入手，把投资和用户已经在做的事情联系起来——对准消费场景。整合用户的零钱，即使用户对投资和经济几乎不了解，但Acorns仍可以快速频繁地帮助用户在购物时自动将少量资金运用到投资业务方面。用户可以将自己的信用卡和借记卡与Acorns进行捆绑，一旦用户使用这些卡购物，那么Acorns就会把用户的付费金额整合成整数（以1美元计算），然后再把应找回的零钱投资到指数化证券投资基金的多样化业务之中。诺贝尔经济学奖得主哈里·马科维茨（Harry M. Markowitz）就选择了这种方法。

Acorns的这种简单易行的投资方式很受美国年轻人欢迎。目前，Acorns用户中75%的人年龄低于35岁。而用户每投资100美元，就有55美元是来自于Acorns的自动投资零钱系统。Acorns认为他们的自动投资系统是吸引用户的一大因素，因为用户不用经常主动打理自己的投资，而用户一旦开始使用，就会继续用Acorns来投资。100美元中剩下的45美元则来自于用户主动注入Acorns平台的一次性投资。

整体而言，基于全球资产配置方案的投资，是一件相当复杂的事，涉及组合管理、费用管理、节税优化等各个环节。Acorns所做的事情，就是找到容易被忽略的客户群体（愿意尝试投资而无经验者），尽力简化产品形态，减少客户在投资决策中的阻力，然后撬动他们的存款账户。

我们的时代正从“互联网+”走向“万物+”。今天我们探讨的金融与科技的关系，其实就是金融与万物、万物与科技、科技与金融之间的关系，最终影响到个体发展、企业发展甚至是人类文明发展的，都是产品和服务的核心价值。

给每双鞋装上传感器，后台有云计算、大数据，经过分析处理后，就能知道谁在穿这双鞋，他什么时候在运动，运动到什么程度。有了这些数据，鞋的制造商可以做很多以前做不到的事情，如一鞋一生产、一鞋一定价，一人一服务，制造商就可能变成了类似现在的互联网运营商；有了这双鞋，保险公司就可以知道人们的运动情况，甚至可以通过对高科技球鞋的分析来感知人们的肢体情况……

同样的，给奶牛装上智能传感器，在奶牛产奶之前，就能知道这次产的奶是高质量的还是低质量的。有了这些数据，工人在处理时就不会把好奶和差奶混在一起；有了这些数据，就可以实现食材的控制，推动食品安全的发展……

在移动互联网到来之前，大家没有想到会有共享经济、滴滴打车这么多的创新。万物互联会带来更多的创新，创造更大的市场。2016年，包括大数据硬件、大数据软件、大数据服务等在内的大数据核心产业达到3100亿元，大数据关联产业规模达到6万亿元，大数据融合产业规模达到3.5万亿元。工信部发布的《大数据产业发展规划（2016—2020年）》提出，到2020年，大数据相关产品和服务业务收入将突破1万亿元。在大数据时代下，产品和服务的种类和质量将会继续突破我们的认知，我们的生活也将越来越精彩。

在“万物+”的时代，除大数据以外，新材料、纳米技术、生物技术、可植入技术、数字化身份、物联网、3D打印、无人驾驶、虚拟现实、人工智能、机器人、区块链、大数据、云计算等新兴产业都蕴含了巨大的商机，科技的维度在丰富，金融的形态在立体。

第三节　创新面：平台思维优化金融服务的体验

复杂技术焕发平台的简洁艺术

当前的金融格局，由传统金融机构和非金融机构组成。传统金融机构主要为传统金融业务的互联网创新以及电商化创新、APP软件等；非金融机构则主要是指利用互联网技术进行金融运作的各类平台。从信息科技发展到数字经济再到今天的万物互联时代，金融平台的类型越来越丰富，运用的底层技术越来越复杂，算法一直在优化，而平台的设计宗旨却逐渐脱去沉重的外衣，围绕以客户为核心而越来越简洁。

这种“简洁”的艺术体现在两个方面：①金融科技将混杂在一起的金融需求剥离开来，实现了复杂需求的简洁化。这一点主要体现在不同平台对于细分需求的纵深挖掘。②金融科技创新了金融产品的表达方式，以“简洁”为宗旨呈现平台，满足了人们对于金融服务的需求。

如今，金融领域除传统金融以外，互联网金融平台类型大抵分为四类（如图11–3所示）：

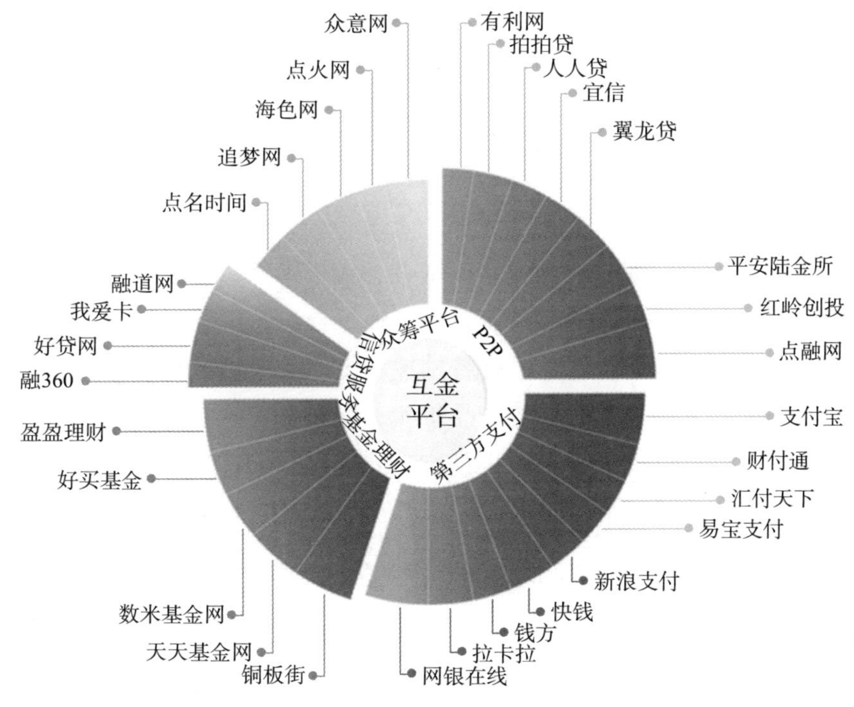

图11–3　互联网金融平台分类及举例

（1）第三方支付平台。如财付通、支付宝、拉卡拉、快钱等。美国的支付场景主要被三大信用卡公司占领，他们收取2%~4%的手续费，相当得高。

所以在美国就有大量的创业公司进入支付领域，其中包括PayPal这样的Fintech始祖；在中国，支付领域已经被支付宝和微信支付所占领，他们以千分之几的费率，加上极强的地推和产品体验，使中国的移动支付超越了美国，并在渗透到印度甚至欧美市场。但在B2B支付这个领域美国更强，有一家独角兽公司叫Stripe，成为连接支付场景和支付机构的聚合工具；在中国也有几家公司，代表性的有PING++，但是由于目前国内支付机构是支付宝和微信支付双寡头的局面，所以B2B的聚合工具市场相对有限。随着小米、华为、联想、三星等几家占据移动终端入口的公司进入移动支付领域，支付机构的多样性会加大，B端的整合需求也会更大。

（2）P2P。例如，东方汇、陆金所、人人贷、点融网等。e租宝事件和几千家P2P问题平台的负面影响，以及目前严格的监管，造成P2P平台资金端的萎缩，资金又流回相对比较安全的银行，以及大机构背书的平台，如蚂蚁聚宝、陆金所、京东金融等。很多领先的互联网金融公司也在进行业务转型，由原来的线上资金+线上资产平台的模式，转型成自营线上和线下资产的模式（尤其在消费金融和供应链金融领域），业务回归金融的本质，即风险控制和风险定价。

（3）基金理财。如挖财网、好买基金、铜板街等。在美国有家上市的金融公司叫LPL Financials，是一个独立理财师平台，在中国有很多公司尝试了这个领域的创新，但是目前并不是特别成功，究其原因是目前中国的理财师的专业度偏低，只是进行简单的产品售卖，没有真正建立起客户的信任，所以在此基础上做独立理财师平台还是有点儿困难。但是像诺亚财富、宜信财富等通过大量线下理财师来服务中高端客户的市场依然非常巨大。

（4）信贷服务平台。例如，融360、好贷网、我爱卡、融道网等。

（5）众筹平台。例如，追梦网、点火网、海色网等。

互联网金融平台以云计算为底层基础设施，依托大数据、人工智能等技术搭建了复杂的风控模型和用户模型，以保障金融服务的稳健性，这在十年前是一项非常庞大的工程。而今天，这些复杂技术生成的成果，在C端展现出了非常简洁的页面、容易理解的原理和极易上手的操作逻辑，有些平台甚至提供了“游戏化服务”，很大程度上笼络了大众尤其是年轻群体的心。可以看到，平台思维催生的创新产物虽然技术复杂，但用户却可以轻而易举地掌握并且沉浸在这样的产物里。因此，金融科技现在的创新面不仅仅局限于对于产品内核的创新，对于产品的外在表现形态的创新艺术也更加令人赞叹。

区块链技术保障平台的安全

个人信息安全已经引起全社会的高度关注，侵犯公民个人信息犯罪与电信网络诈骗、敲诈勒索、绑架等犯罪呈合流态势，给社会带来非常大的危害。互联网金融行业是近几年个人信息被泄露的重灾区，金融行业需要做好风控，而风控又需要数据支持。平台对个人数据进行收集来做好风控监管，但很多企业用完数据后就不会关心数据的存储和安全，有很多数据都被内部人员转卖牟取私利，这就无形中触犯了法律。

2017年6月1日，国家颁发《中华人民共和国网络安全法》，要求规范个人信息收集，加强个人信息保护，规定要求：“任何个人和组织不得窃取或者以其他非法方式获取个人信息，不得非法出售或者非法向他人提供个人信息。个人如果发现网络运营者违法或者违约收集、使用其个人信息的，有权要求网络运营者删除其个人信息；发现网络运营者收集、存储的其个人信息有错误的，有权要求网络运营者予以更正。”对个人而言，其信息将会得到法律的保障，但即便拥有法律的约束，也还是会存在铤而走险的人。为了通过有效的科学技术手段加强个人信息的保护和收集，在法律之外为个人数据再添加一层保护，很多企业会选择当下最火热的区块链技术来实现。

区块链的追踪溯源功能，因其是分布式存储，全网公开传播的特点，被应用到电子数据的存储保全领域，其自证功能能够证明数据的真实性与唯一性，对于金融平台风控所收集的个人数据可以有效地进行追踪保护。通过区块链技术来实现数据的保全，切实地站在用户角度考虑问题，提供数据验签的服务，使得用户个人的信息完全由用户自己进行保护；另外结合大数据平台打造可信电子数据，能够做到数据的隐私保护，并使用区块链技术做好数据可信的支持方。

区块链去中心化的作用正开始在各个金融领域得到广泛运用，它也将成为普惠金融发展的催化剂。如在跨境汇款领域，通过借助区块链去中心化的网络进行全球范围内的货币流通和国际金融结算，同时还可以允许用户向世界上任何人进行转账而不需要支付高额的服务和交易费用，可以实现实时汇款。不仅大幅节约成本，同时也极大地提升了跨境汇款的效率。

作为个人财务数据的管理者，Fintech公司有义务尽一切所能维护平台的安全。这就要求企业将安全设计融入平台设计之中或尽快在平台之上搭建。腾讯已经把区块链技术应用到了黄金红包当中，通过数字资产的并行记账，提升了内部多个系统间对账效率，保护用户的资产安全。相信微黄金作为数字资产平台产品的应用，未来会有更多的想象空间。

互联网时代是信息时代，也是信息泄露严重的时代。信息安全越来越被重视，互联网金融平台运用大量用户数据的同时，也肩负着维护数据安全的使命。在科技技术当中，区块链以其去中心化和交易时间戳的特点，能够提供便捷交易的同时，维护用户的数据安全。平台对数据安全的维护，不只是对个人用户负责，也是对数据真实性、有效性的管理。体量庞大的数据若不能保证真实有效，也毫无用处。

第四节　创新体：生态体系重塑金融服务的能力

重新定义“互联网+金融”

智能科技加入风控环节、大数据强化风险管控、人脸支付优化支付体验……这些新的方式与金融行业的融合都有一个很大的特点，这个特点就是基于金融本身，借助新的技术，从而让金融发生了最本质的变化：利用智能科技进行风控，减少了传统时代人工搜集资料风控的低效和纰漏；大数据加入风控的环节，拓展了传统风控的行业界限，让风控更加科学和全面；基于生物识别技术的人脸支付，解除了支付对手机的依赖，让人们的消费更加便捷。

我们已经看到，外部技术与金融行业发生融合之后能够从根本上改变金融的相关流程和环节，从而让金融行业的运行更加安全、高效、便捷。

相对于其他行业来讲，金融行业互联网化的过程几经波折。除与金融行业本身的敏感性之外，还与金融和互联网两者的特质不同有着很大的关系。从本质上来看，金融是相对封闭、私密的，而互联网则是相对开放、共享的。

互联网金融的出现所解决的不仅仅只是用户的行为习惯从线下转移到线上的过程中出现的问题，在这个过程中并进行了去环节化和去流程化的相关操作，通过这些操作的确让金融行业的运转效率得到了提升，但同时也让金融行业的问题被进一步暴露。

由于过度地去中间化，金融行业也出现了“空心化”的问题，最终让金融行业的风险较高，市场对互联网金融的看法开始呈现片面化。而P2P平台的跑路、ICO涉嫌非法集资、信贷端的乱象都在说明互联网金融单单依靠简单相加是无法实现的，金融行业需要加持在金融之上，又能对金融产生积极的促进作用。金融科技通过将金融的元素真正应用到各个行业的环节中，深度参与到行业的真实运作当中，让互联网金融不再盲目地去中间化，而是更多地能够发挥金融的支撑性作用，最终给行业发展输送源源不断的力量。

众多科技与金融产生化学反应，或将彻底改变金融面貌。在互联网时代，与金融行业产生化学反应的可能只有互联网本身，而随着互联网硝烟的退散，将会迎来一波新技术的爆发期。在这个时期，更多的科技将会从支付、产品、体验等诸多方面开启对金融行业影响的大门，真正将金融行业变成一个更加万能、更加深度、更加多元化的存在。

小米金融是小米公司旗下个人综合金融服务平台，围绕个人金融需求来提供服务，包括但不限于：投资理财、贷款、证券、保险。小米金融在互联网金融行业更多地扮演智能平台的角色，致力于打造平台和建立征信系统。一方面利用小米智能手机所搜集到的数据来做征信，一方面打造一个综合的金融服务平台，结合小米的电商属性，来做金融服务。

与阿里巴巴和腾讯相比，小米进场最晚，虽然小米也是一个很大的电商平台，但在第三方支付方面终究敌不过已经成型的支付宝以及微信支付，线上小米只要集合自己体系内的支付，把小米以及之前的多看、主题商店、游戏等米币支付集合到一个产品中就好，或者能贯彻小米的“信条”；雷军系的各领域互联网企业才是小米支付的底牌，金山、7k7k游戏、欢聚时代、UC、YY、知乎、雷锋网等二十多个互联网名企都会是小米支付的忠实拥护者。

而线下则可通过硬件甚至智能家居上的优势实现弯道超越，首先手环面密支付在线下支付场景的想象空间就很大，目前已经和支付宝合作推出了手环支付。其次在苹果、三星、华为都开始做自己的指纹支付Pay产品的时候，小米有更多的优势进行软硬件统一的结合。

小米金融是MIUI下孵化的一个团队，官方招聘启事介绍小米金融时说：“小米金融是基于小米的海量互联网用户和数据的增值业务，小米本身是‘硬件引流，软件搭台，服务赚钱’的模式，金融服务是其中最重要的服务之一，目前小米用户超过1个亿，3年内预计超过3个亿；小米金融专注于零售金融业务，主要为消费者提供贷款和理财服务，希望通过数据化的征信和运营体系，以极低的成本和极致的用户体验打动我们的用户。”小米HR在描述小米金融发展前景和潜在困境时说：“正在内部孵化，未来将主要提供消费类个人贷款、征信、投资理财服务，结合小米手机庞大的用户量，基于个人全维数据的用户画像，小米金融可为用户提供更为精细的个性化金融服务方案，针对不同人群实现贷款，想象空间巨大。”

可以看到，小米金融主打的是个人，并不触碰小微贷款那部分，业务主要分为信贷、理财、征信三大业务。在信贷方面，之前各家推出的免息分期购买苹果产品已经让许多人尝到甜头，那么以后小米有了自家信贷之后分期购买小米手机、小米电视就变得理所当然，也可以促进小米自己的销售。而且小米的信用支付交互体验如果能有突破的话，在线下发展的潜力也很大。

再聊聊征信，我们认为移动支付或者移动端分为三个层面，一个是ROM（Read-Only Memory，只读内存镜像）层，小米和苹果是这一层的巨头；之后是应用层，没有具体数据，但微信或许能占据我们手机使用中40%的时间，早已不是一个APP那么简单；最后是电商层，在这一层上阿里有着明显的优势。所以三家可以掌握到的征信数据的来源也不同，阿里占据消费终端数据，微信拥有社交数据，小米拥有的则是系统底层的数据，加上小米多年来和各家公司合作积累的底层服务，这三部分数据都可以运用到征信中。鉴于征信大家都是刚刚起步，所以也都持观望态度。

小米之前和北京银行合作，投资积木盒子，是在金融行业上蓄势。雷军自己做了这么多年的天使投资人，顺为创投、顺为基金、小米创投也都风风火火，相信在金融领域有一定的经验以及见解，所以还是很看好小米做金融。现在各家只是布局，真正的战场在于基于场景的解决方案。虽然现在小米金融只是一个小团队，但相信如果小米真的希望成为帝国，小米金融会是非常重要的一部分。

回归“科技驱动金融，金融助推经济”的本质

回顾金融科技的创新，从最早ATM机、计算机的发明，到互联网、移动互联网的应用，再到目前大数据、区块链、人工智能的发展，每过5~10年都会有新的科技热点出现。金融行业由于其数字化的属性也将引领数字技术的未来发展和应用。对于初创公司来说，最近一波的机会已经过去了一半，后面的创新更多从技术本身出发，服务于传统金融机构，或者由传统金融机构自发地通过科技进行自身的革新，在这里蕴藏了大量的创新机会。

纵观金融历史可以发现，银行出现问题甚至倒闭主要是合规和风控出现了问题，或者爆发了大规模的金融危机。没有一家银行只是因为科技没跟上而倒闭的，所以金融科技谈不上颠覆传统金融，更多的是改良和补充。资金端的创新主要是改良了用户的体验，从柜台到ATM机，从PC互联网到移动互联网。在资产端的很多创新模式，如消费金融、中小企业信贷等，其实是传统金融机构在现有体系中做得不够好或者做不了的，金融科技公司的产品是现有金融体系的有效补充。在改良和补充创新的同时，要严格监管，提防打着金融科技的旗号进行的伪创新和庞氏骗局，如e租宝以及最近一部电影“Money Monster金钱怪兽”里描述的量化投资的骗局。

新技术的不断涌现让人们看到金融行业更多的发展机会。例如，智能科技可以和金融行业融合产生智能投顾；大数据能够与金融行业融合进行风险评估；人脸支付可以让支付环节更加轻松便捷……新技术的不断涌现以及与

金融行业结合产生的新应用都让我们看到金融行业在未来能够有更大的发展空间，更多的发展机会。

以众筹为例，我们在移动互联网时代可能仅仅能够通过网页展示的形式来展示项目现状、推进情况、运营情况。另外，由于各种运营条件的限制，很多项目的实际情况无法进行全面立体的展示。而运用新的技术，我们能够借助VR、AR等技术实时监控在线项目运营情况，对于项目运营当中出现的问题进行及时处理，确保项目的稳步推进。

当我们体验到“淘宝购物—花呗支付—每月余额宝自动还款”的服务时，才能体会到什么叫生态的重塑、认知的革命。相比传统渠道的“购物—信用卡支付—出账单—用另一张卡还款”，阿里不仅是用一个APP解决了所有的问题，关键是让你真真切切地感受到多了一个月的流动性以及多赚了一个月银行理财的利息。

智能科技与金融行业融合之后将会减少人为因素的影响，让金融行业的一些标准化程度较高的环节和流程运行得更加安全和稳健，机器人将会代替人处理一些程式化很高的步骤，这不仅能够提升金融效率，而且能够让金融行业的运转更加智能化。云计算技术的不断铺开，金融行为将不再仅仅局限于金融本身而是将具有更多应用，不同行业之间可能会因为金融而相互连通，而金融将不再是独立于这些行业的存在，而是变成了一个连接这些行业的桥梁，真正将金融变成了一个最基本的元素。

随着这种改变的逐步深化，金融行业或许将会最终演变成为一种基础设施，从而给我们的生活带来更加快速、更加全面的联通。

第十二章　金融科技的趋势

近年来，以大数据、云计算、电子商务、移动互联等为代表的新一轮信息技术创新浪潮快速推动着金融科技（Fintech）“新势力”的兴起，成为科技改变金融、金融改变生活的又一证明。麦肯锡的一份报告显示，在过去五年，金融科技领域吸引了全球将近230亿美元风投和面向成长期企业的增长型股权，而这一数字还在迅速增长。随着金融行业的不断创新，用户生活方式的逐步改变，科技发展的日益深入，金融科技时代的人们将会获得与互联网金融时代完全不同的金融体验。一个全新的时代正在走来，它带着新的标签，充满新的希望。

经济基础决定上层建筑，金融科技快速发展，导致传统金融行业正面临重大的转折点。金融科技在很大程度上能解决金融体系的两大问题：“难普难惠”和“脱实向虚”。金融科技的未来趋势有四个方向：

第一个趋势是技术可以全方位地降低金融的服务成本，推动金融的普惠化；

第二个趋势是金融的场景化；

第三个趋势是改变了触达方式和商业的逻辑，以后的金融会以用户为核心，打造C2B的金融生活概念；

第四个趋势为传统金融和金融科技应当是互相激励、补充、融合生长的关系。

现在我们的问题是，金融科技在多大的程度上能够缓解“难普难惠”和“脱实向虚”两大难题。

- 数据成为核心；
- 平台化成为趋势；
- 流程精简化；
- 高附加值业务自动化；
- 去中介化；
- 数据高效化；
- 高度定制化；
- 金融工具化。

第一节　场景蕴含机遇：博弈、感知和决策、反馈的新纪元

人与技术之间的“博弈”永无止境

相比人工智能的其他细分领域，机器学习、神经网络应用和知识图谱技术受到大量金融科技公司的青睐，研发力度更大，使用频率更高。众多金融科技公司甚至将这几项技术组合运用，作为自身的核心技术壁垒。

一般机器学习、神经网络应用和知识图谱直接赋能金融行业核心业务，包括基于机器人的量化投资、授信融资、保险定价、反欺诈、辅助决策等。应用逻辑主要是针对大量相关数据，利用机器学习形成知识图谱或者建立模型，通过不同算法和神经网络应用来预测交易趋势，发现商机，识别欺诈，把控风险。

一直以来，“金融”与“信用”相生相伴，“欺诈”则是它们的天敌。现代金融的发展成熟，就是一部巩固信用与遏制欺诈的历史。尽管如此，欺诈从未消失，也不可能消失，正如人性中恶的部分。

在如今金融与科技深度融合的背景下，技术的中性充分显现：一方面金融科技的发展前所未有地提升了金融行业的效率与体验，另一方面黑灰势力

潜伏在互联网的阴暗处继续作恶，于是形成了规模庞大的网络黑产。

来自第三方的数据显示，目前网络黑产直接从业者超过40万人，算上其上下游人员达到160万人，网络黑产年产值高达1100亿元。美国征信服务巨头益博睿（Experian）的一份报告显示，中国是目前全球互联网风险最大的国家之一，网络犯罪造成的损失占GDP的比例为0.63%。随着互联网金融的快速发展，欺诈黑产行业正在成规模地发展。零壹财经发布的《中国金融反欺诈技术应用报告》指出，金融科技业务交易频繁、实时性强、数据量大、客群下沉，相比银行等传统金融服务机构，金融科技公司可能更容易受到攻击，欺诈者可能会利用这一点将从暗网获得的数据变现，尤其是P2P贷款和欺诈性汇款。

如今技术黑产已经成为网络犯罪的技术支撑，处于产业链的最上端；同时，技术黑产种类齐全，各类恶意软件种类繁多，只要有需求，就会出现。这意味着，在反欺诈战争中，我们面对的敌人拥有强大的技术能力。要想剿灭网络黑产，就需要更先进的反欺诈技术，而人工智能很可能是一个突破口。

例如，信和大金融建立的All Insight智能反欺诈决策系统可以针对不同产品，快速、灵活地配置欺诈规则，建立反欺诈模型，甄别各产品线；基于多年积累的数据，结合大数据技术，引入基于逻辑关系图谱的复杂网络，通过“关系”的分析角度，进而洞察所有点背后可能存在的欺诈风险，识别异常团伙欺诈行为；冲破只能受理贷中提报欺诈案件的束缚，实现多环节、多角色地对客户全生命周期进行全方位欺诈风险控制；优化系统流程，查漏补缺，扩大欺诈名单；一旦客户被认定为欺诈，流程自动结束，从而减少信审多流程审核工时，缩短汇诚信用整体审核流程；快速、高质量对接线上、线下各产品，解决对接旧系统耗时久，工期长的现象，最大限度地适应互联网快速变化的节奏；增加外部欺诈数据引入、逾期数据引入、主动抓取第三方系统可疑欺诈数据等功能，丰富反欺诈数据。

除此之外，百度金融也建立了以人工智能和大数据风控技术为基础的“磐石反欺诈工程平台”，在实时监测、判别欺诈行为、无缝对接金融风控上，构筑起立体的反欺诈防护盾。集合百度深度学习平台、图像检索以及通用图像技术能力而提供的人脸识别技术服务，还有多场景、多语种、高精度的整体文字检测识别、身份证识别及银行卡识别服务。磐石拥有丰富的身份识别技术和产品，涵盖了风险名单、多头防控分、关联黑产分、信用分、信息置信度、地理位置核验、用户授权认证等多种产品。

在保险领域，众安保险开放的电信诈骗险，更是反欺诈的先例。用户一投保即可获得基于大数据风控的诈骗风险提示服务，若发生漏网之鱼祸害百姓的事，能够获得被骗金额60%、最高一万元保额来赔偿抚慰。众安保险已接入央行征信数据、公安数据、前海征信、芝麻信用等大数据，其中公安数据包含所有已识别的风险电话数据、短信数据，当用户使用其APP时，APP负责识别出电信诈骗号码，把守第一关。如果这一轮守不住，可以依赖其他环节如银行的把关；若最终未能成功识别出欺诈并发出警示，还是被骗子得逞了，那在破获这些案件后，将给用户和金融机构损失补偿。而传统简单赔付的保险模式，是无法实现这种可量化、可预判决策的个性化、差异化服务的。

显而易见，Fintech能够极大限度地消除信息不对称的影响，使金融交易变得更加安全、可追溯，也使博弈的本体从人迁移到了产品，再从产品迁移到数据。现在，以反欺诈为例的风险博弈主要还是从建立个体的知识图谱/征信的角度出发进行个体建模，或是通过技术保障数字资产交易的安全性；未来，深度学习算法的进一步优化和产品设计者境界的进一步提升会使博弈的形态更加丰富，首先将是竞争者之间同类技术的博弈。

随着业务融合所创造的新意和红利以濒临饱和，新的发展路线已经开始从原来的横向模式扩张快速转为纵向的深度技术发掘。

强调以科技手段对金融服务进行改造和颠覆，不是互联网化，而是金融科技的核心。不单旧有的以人为媒介的规章和流程控制可以由技术全面取代，甚至风险、回报、流动性和产品设计这些金融业的核心问题都能以数据加技术的方式解决，从而最大限度地释放社会资源，完成投融资匹配的需求。如果说互联网是使原有的信息流转渠道更加强化，则金融科技将可能打破原来以人际关系维系的渠道和商业模式，在统一的数字化资本平台上基于资金本身的属性进行配置、风控和产品设计，省略传统模式中不必要的中间环节，提升金融整体服务效率，降低成本。以科技本身的发展来提升金融行业服务效率甚至创生出新的模式，理所当然地成为下一阶段的高增长焦点。

技术已成为金融机构之间博弈的重中之重。比如说，同样是征信产品，好的技术会在保证征信可靠性的前提下尽量缩短时间，完成极速审核。只有最人性化、附加值最高、最契合需求的技术才能够占领消费者的心，在与其他同类技术的博弈之中脱颖而出，占领市场，推广自己的服务和价值观。在此可以“旧事重提”一番，还是谈小微企业融资“那点事儿”。帮助小微企业解决融资难的问题早在好多年前就提出来了，但真正落实下来却是近两年来借了大数据征信的光。在这个问题上，传统银行在和互联网金融机构的博弈中落了下风。评估信用的法则和宗旨其实是永恒的，但是传统金融机构并没有切换思路，真正站在消费者的需求上去考虑如何更好地建立风控模型，也正是因为这样，银行才会受到互联网金融的重创。所以，技术与技术之间的博弈透露出来的并不仅仅是产品水平的高低，更为重要的是，要体会到技术创新的真谛是要触达消费者的内心需求。

金融行业的每次变革都将与技术发展突破密不可分，新技术已经并正在深远改变金融行业的生态格局。整个周期将远比金融互联网化要长远，其中金融科技类公司在产业链中的比例将史无前例地扩大，而新技术将成为壁垒性竞争力，掌握、利用最新技术的能力将很大程度上决定了这个公司的核心竞争力，因此围绕技术创新、应用创新和服务创新的竞争将日益激烈。随着技术创新带来的信息不对称的减弱，不仅是公司与公司之间，公司与个人之间的博弈也将逐渐展开。

还记得前面我们介绍过的Acorns公司吗？对，就是那个专门为年轻人消费之后的零钱进行理财的APP。前面我们介绍过，这款智能投资顾问软件是专门为毫无理财知识的“小白”准备的。其实，生活中绝大多数人对资产配置的手段、财富管理的手段和自身财富需求的认识是很有限的，他们往往并不是从自身对产品和服务的认知出发来选择金融机构的，在购买相关的产品和服务的时候，也往往处于信息的劣势方，而金融科技将会改变这种较量的局面。例如，现在已经有的保险产品比价平台或APP，通过对市场上所有产品的售价进行比对来提供服务。这实际上就帮助处在信息资源劣势一方的消费者进行了资源的整合和呈现，一定程度上帮助消费者在与保险公司的博弈中形成了势均力敌的层面。当然，随着金融科技技术的进一步发展，未来可能会形成更加人性化、个性化的平台，直接以可视化的方式向我们呈现最需要的数据或信息。随着金融科技技术在行业间的推广和扩散，人与公司之间的博弈也会演变为人才与企业之间、供应链或产业链上下游之间的博弈……

交互体验带来新“感知”

语音识别与自然语言处理在金融领域的应用大多和机器学习、神经网络应用、知识图谱相结合。其主要场景模式是智能客服和语音数据的挖掘。

机器取代人工提供客户服务，早在FinTech概念兴起之前就已经存在，但智能化程度较低，只是对人工服务起辅助作用。随着互联网让长期客户享受到更多的金融服务，原有的以人工为主的客服体系已经不足以支撑业务发展，机器人是唯一选择。智能客服主要是通过电话客服渠道、网上客服、APP、短信、微信以及智能机器人终端与客户进行语音或文本的互动交流，理解客户业务需求。语音数据的挖掘主要通过音、语、义分析自动给出重点信息聚类，联想数据集合关联性，检索关键词，并汇总热词，发现最新的市场机遇和客户关注热点，主要用于市场营销层面。

互联网金融企业在机器人客服上走在前列。例如，麦子金服旗下的“财神爷爷”于2016年5月，在其官方微信服务号中推出机器人客服“财神宝宝”，7×24小时全天在线，平均每日的会话量是人工客服的4倍。该机器人还具备智能学习系统，能够收集用户数据，分析用户行为，并快速扩充知识库，使财神爷爷更加了解用户需求。再如，理财平台铜板街开发的问答式理财机器人，它会模拟真人交谈，挖掘客户需求，以和客户沟通的历史数据作为评判依据，为客户提供投资建议，并且表达方式简洁明了。

智能机器人对于自然语言的感知和识别已逐渐步入成熟期，而在我们生活中，除了已经发生的消费行为、运动行为、驾驶行为和在社交媒体上的发言、使用语音助手等，还有什么是可以被感知的呢？

我们认为还有使用智能设备的行为和待挖掘的意图，这将是我们在未来可能会打造的“机器人生活助理”所需要感知的一部分重要内容。举一个不那么恰当的例子来解释我们的这个想法。假如，我是一个二十多岁的年轻人，没有太多钱，但是消费和理财的需求比较大，同时在京东白条、花呗和信用卡有欠款，又在财付通、支付宝理财基金有理财，同时储蓄卡有余额，还有几份保险。说白了，我是通过消费信贷为理财腾出空间，赚取免息期间的利息收入。这样来看，我是一个精打细算的穷人，我需要通过统筹不同平台的相关信息来进行资产的分配和决策。

而现在我有一个“机器人财务助理”，这个助理能够感知到我所有的APP信息，也就是我的财务信息。它可以通过整合我在所有账户中的资产情况，来确定我这一系列操作背后达到的收益率水平，向我直接推荐与这个收益率水平相匹配的生活方案。例如，本月利用白条等消费500元，购买某收益水平的理财产品1000元，留存500元现金。通过感知我的消费习惯、储蓄习惯和理财习惯来定义我的“财务管理观念”，再通过定义来制订符合我的观念的方案或是预警红线。

这个例子不是特别恰当，短时间内也不可能实现，但是，科技的发展终究有一天能够深入这个层面来感知数据和信息并作出反应，再向个体提供金融服务。

将人工智能运用到大数据风控领域是未来的一大发展趋势，也是金融业进入智能化快速化的标志。信和大金融正在研发一款基于情感分析的风控模型，通过研究发现，每个人的行为举止，都会传递出大量的信息。因此，只要能准确识别出用户脸部肌肉表情单元的变化，来识别出真假表情，再设定出相应的规则，就能运用摄像头、麦克风分析出这个人的情绪变化，再结合语境就能判断出这个人是否在说谎或者有所隐瞒。信和大金融情感分析模型的开发，将数据分析、活体认证、反欺诈审核结合在一起，摆脱了过去简单的静态审核，用更加精准、智能的方式解决了动态反欺诈的征信难题，在行业大数据风控审核领域打开了另一扇大门。

金融科技不仅改变交易者的交易方式，也改变交易所的监管方式。通过智能监控系统，甄别高频交易、量化交易等不合规交易。人工智能和机器学习技术正在成为交易所保障网络安全、侦测违规交易的新工具。

金融科技为金融机构提供全面风险管理工具，如大数据、人工智能、区块链等，能改善风险管理的金融技术。通过机器可以降低人工的差错和干预，最终实现智慧风控的目标；利用机器内在的学习能力，进行信息收集，并管控流程和风险，切实有效地控制金融风险。

再往远想一步，通过不断优化智能监控系统，金融科技或许能够帮助企业和监管机构解决“及时性”问题，那么我们很可能从金融危机那样的“黑天鹅”事件中逃脱出来。如果交易者在市场上早几微秒发现行情或者信息波动带来的变化，就可能很快从市场上得到信息，并对交易做出正确的判断。

金融科技赋能精准“决策”

智能手机、智能手表、智能家电、智能服务机器人……我们现在已生活在一个智能社会，人工智能的快速发展也应用在各个领域当中。

人工智能具备“快速处理”和“自主学习”两种能力，实现了学习、决策和行动的快速处理（如图12–1所示）。人工智能可以更灵活地自主学习和管理知识，支持知识的“产生—存储—应用—更新”的体系化管理。例如，在淘宝和天猫，每天有近5万次热线电话求助。这些海量的语音数据通过人工智能机器的自我学习，使机器拥有了能“听得懂”的知识，这些知识可以运用到语音交互相关的各个行业和各个场景，如智能客服语音交互、电话呼叫中

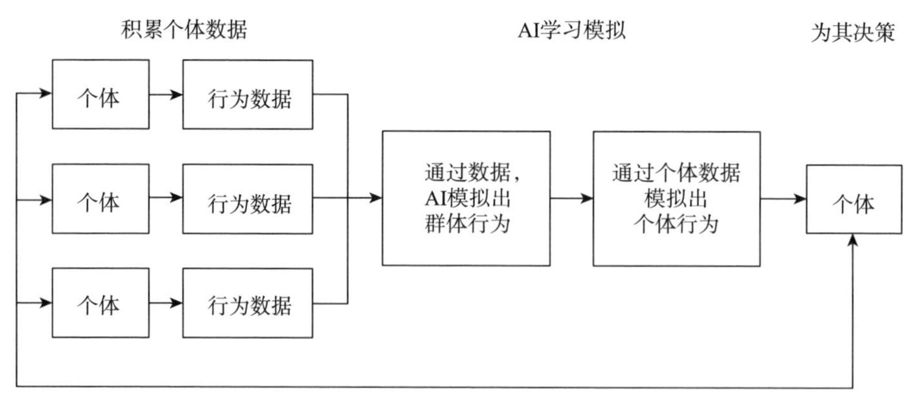

图12–1　人工智能决策流程

心质检、互联网汽车语音命令等。在一些特定场景的应用下，如法院庭审速记会产生的一些新的数据和适应于此场景的新的知识，这些知识又同时被用来更新语音识别知识库，并被其他应用快速使用。

人工智能未来会重构金融服务的生态，成为普惠金融的基石，驱动金融的个性化、场景化服务成为主要创新方向。伴随着基于大数据的机器学习算法的发展以及语音识别、人脸识别、自然语言处理技术的日趋成熟，人工智能技术已经在贷款服务、投资、保险、征信、风险控制、客户服务等多个领域大展拳脚。

蚂蚁金服通过机器学习技术把蚂蚁微贷和花呗的虚假交易率降低了10倍。2015年“双十一”期间，蚂蚁金服95%的远程客户服务已经由智能机器人完成，同时实现了100%的自动语音识别；蚂蚁金服与保险公司合作的“航空退票险”上线之后赔付率一度高达190%，保险公司面临巨大的亏损压力。通过引入机器学习技术建模、优化后，有效地降低了赔付率，并成功扭亏为盈，满足了保险公司的核保要求。另外，为支付宝的证件审核系统开发的OCR系统，使证件校核时间从1天缩小到1秒，同时提升了30%的通过率。

当然，人工智能离不开数据，数据是人工智能的基础。针对特定领域的庞大数据集，能够成为竞争优势的重要来源。海量、精准、高质量的数据为训练人工智能提供了原材料（如图12-1所示），巨型数据库、十几年累积的搜索结果，乃至整个互联网都让人工智能变得更聪明。人工智能从庞大的、复杂的、无序的个体数据中发现更为本质、更能解释世界的规律，并复合多个规律共同作用，以解决问题。智能数据分析主要分为两类：一类是收集并处理大量数据，主要是提供能搜索服务，从大量噪声信息中快速且准确地找到有价值的信息，提高信息的获取及搜索效率；另一类是利用数学模型，从大量数据中分析并预测出结果。通常是通过机器学习、自然语言处理和知识图谱，分析宏观经济、公司业绩、网络舆情等数据，判断事物之间关联性，提供细分金融投资咨询服务，如推荐股票、预测公司收入等。

拥有海量用户搜索数据的Google、社交数据的Facebook、交易数据的Amazon、阿里巴巴等互联网公司充分借助云计算、大数据的技术来更好地了解用户，提供更好的或者创新的服务和产品。例如，阿里巴巴的蚂蚁小贷，借助互联网，获得比传统银行能采集到的与贷款者相关的更丰富、准确的信息，如这些淘宝卖家正在卖哪些商品、生意好不好、卖家经营店铺勤快程度（例如，客服旺旺的回复速度，每天经营时间的长短等）、之前是否有过不诚信行为等。通过充分处理、计算和分析这些互联网数据，来解决小微企业的贷款业务这一公认难题，真正实现纯信用，全程零人工介入、客户1秒钟获贷。

财富管理公司正在开发智能手机应用程序，以满足不断发展的具有购买力的年轻消费者群体对更为丰富的投资工具的需求。例如，老虎证券（由中国智能手机制造企业小米提供资金支持）和富途证券（由腾讯提供部分资金支持）均推出了移动炒股应用程序，分别为老虎股票和富途牛牛。与此同时，数字化财富管理公司于2016年年中引入的最新数字化工具，可通过设计精良的自动线上平台提供简化的投资咨询服务。这些互联网融资平台正在使用智能顾问——纳入大数据和人工智能的技术型理财解决方案，以消除或减少对于面对面互动的需求。这大大降低了成本，并有可能为客户普遍提供入门级、经济型且定制化的线上金融咨询服务。

作为中国智能投顾市场的先行者以及最大的借贷平台和财富管理机构，宜信首先推出了智能投顾产品“投米RA”。该产品采用交易算法来匹配投资者风险偏好及目标来确定其最佳投资组合，为中国散户投资者提供了接触具有高性价比的国际理财产品的机会。另一个著名公司是品钛（PINTEC），其推出的璇玑作为智能咨询科技平台，能够定制和自动平衡全球投资组合，借此向中国投资者提供智能投资建议。除向散户投资者提供在岸人民币和离岸美元资产版本外，品钛还针对其他理财平台、独立财务投顾机构和金融机构的特定需求来提供B2B自标版。其他提供机器智能投资咨询服务的平台包括百度股市通、平安一账通、弥财和蓝海智投。

智能咨询可能会重塑中国财富管理业务的未来。若想取得成功，这些平台不仅需要与全球同行开展良好的合作，还需要进一步扩大资产类产品、投资组合分配的广度和深度以及在大数据分析工具和机器学习方面的技术优势。

优品财富是新兴的金融服务提供商，其低调的行事作风和典型的互联网公司截然不同，一般互联网金融公司先构筑运营和营销层，而优品将主要精力放在底层的构建和获取金融牌照上。过去两年，优品已搭建了一个超过400

人的团队，技术和数据占据绝大比例，这些在过去两年被看作“无用”和“奢侈”的投资，放在现在的时点，这种“另类”所透露出的野心和居心令人惊讶。

目前，优品财富搭建了以金融研究所、金融数据中心为基础的，集财富终端及移动财富终端、互联网财经新媒体等子一体的互联网金融服务平台。2015年底，优品财富开始启动机器人投顾项目，凭借其深耕行业多年所积累的技术与经验、近250人的技术和数据团队、比肩中型券商的研究团队以及现在看起来至关重要的金融牌照（投资咨询，上海黄金，港股券商），将实现后来居上。

目前，优品财富已经完成了智能投顾的初步布局，Web、PC、APP端已上线智能投顾模块，提供第一、三类的产品。并即将推出独立的机器人投顾APP及Web，涵盖最佳策略匹配、最优买卖匹配、一键跟单、账户诊断、风险控制以及策略定制，构建用户精准匹配、完整投资决策、海量策略库的智能投顾生态。

结果“反馈”没有想象的那么糟糕

好奇心，是人和人工智能最显著的差异之一。从我们睁开双眼看这个世界开始，我们就在努力地了解着周围的一切。我们了解世界的方式多样化，一开始是试图把所有东西放进嘴巴里，到后来我们走遍了这个世界的每一个角落。

这也是生命中最美妙的东西，在满足好奇心的过程中，我们获得了快乐。人类了解一切，不是为了完成某一个目标，而仅仅是一种来自本能的冲动。

可人工智能所做的，是只根据既定目标进行学习、搜索和计算。扫地机器人会探索周围环境，可这不是因为好奇，而是为了建立房间中的SLAM以完成工作。这也是强人工智能不会出现的证据之一：人类自己都没弄明白“意识”为何会存在，更没法将“本能”加在人工智能头上。

不过在现有技术下，我们能否让人工智能做出类似好奇的行为呢？如给予无意义的探索行为一些奖励，或者是把探索行为和完成工作相结合进行评分。

答案是可以。

还记得我们第一次玩超级玛丽的时候吗？或许我们中很多人玩的都是小霸王学习机里的超级玛丽式英语学习软件。不管是什么，进入游戏的第一时间，我们通常都是试一试手柄上的每一个按键是做什么的，然后跳来跳去，尝试触碰游戏里的每一个小方块。这就是好奇心最基本的表现。

那么人工智能在玩超级玛丽时是怎样的呢？通常情况下是应用了增强学习算法，用正负反馈机制帮助人工智能快速通关。踩死一只乌龟，获得正向反馈；掉入悬崖，获得反向反馈。问题是，只要能够继续过关，人工智能很难学会新的动作，这也是遇到新的关卡时，人工智能常常需要耗费很大力气才能通过的原因。

总体来看，人工智能的应用经历了博弈、感知、决策和反馈这几个发展阶段。在以上4个领域中，既是纵向发展的过程，也是横向不断改进的过程。人工智能在博弈阶段，主要是实现逻辑推理等功能，随着计算机处理能力的进步以及深度学习等算法的改进，机器拥有了越来越强的逻辑与对弈能力。在感知领域，随着自然语言处理的进步，机器已经基本能对人类的语音与语言进行感知，并且已经能够对现实世界进行视觉上的感知。基于大数据的处理和机器学习的发展，机器已经能够对周围的环境进行认知，例如，微软的Kinect就能够准确地对人的肢体动作进行判断。该领域的主要实现还包括苹果的Siri、谷歌大脑以及无人驾驶汽车中的各种传感器等。在以上两个阶段的基础上，机器拥有了一定的决策和反馈的能力。无人驾驶汽车的蓬勃发展就是这两个里程碑很好的例证。Google的无人驾驶汽车通过各种传感器对周围的环境进行感知并处理人类的语言等指令，利用所收集的信息进行最后的决策，如操作方向盘、刹车等。

第二节　存在即是合理：解决金融的“难普难惠”和“脱实向虚”

量子通信与金融科技

量子通信是迄今唯一被严格证明为无条件安全的通信方式，可以有效解决信息安全问题。2017年9月29日，世界首条量子保密通信干线——“京沪干线”正式开通（如图12-2所示），这预示着天地一体化广域量子通信网络雏形已经形成。未来将以此为基础，推动量子通信在金融、政务、国防、电子信息等领域的大规模应用，建立完整的量子通信产业链和下一代国家主权信息安全生态系统，最终构建基于量子通信安全保障的量子互联网。

图12-2　“京沪干线”项目量子通信线路布局

当前，随着新技术的快速发展和迅速应用，银行等金融业机构面临的网络和信息安全形势日趋复杂。核心金融交易是金融活动的主体，而涉及相关的金融数据传输、交换与存储，则构成了金融活动不可或缺的基础。在海量金融数据交互与存储的整个过程中，充满了信息被窃听、窃取、破解密码的可能性。但与此同时，银行等金融机构在面向社会提供各种金融服务时，各数据中心与客户之间、数据中心之间、数据中心与其机构之间存在大量敏感金融数据的传输需求。这就说明，对这些数据的传输安全性进行重点保障是网络安全工作的重要一环。量子通信技术将量子技术应用到加密算法密钥分发领域，为金融业信息安全保障提供了新的解决方案。它就像是一台绝对安全的保险柜，从理论上来讲，它绝不可能被监听或者被窃取。

2017年2月，工商银行成功应用量子通信技术，实现了网上银行系统的数据在京沪异地数据中心之间的千千米级量子加密传输，这是全球银行业首次应用千千米级量子通信技术，也是我国量子通信技术进入实用化的一个重要里程碑。借助“京沪干线”量子通信网络基础设施，以及未来和量子科学卫星互联形成的星地一体的广域量子通信网络，可以为商业银行和其他金融机构提供更加广阔的应用范围。未来，金融科技在信息安全方面的发展必将与量子通信相结合，实现安全性的指数级增长。

具体来说，量子通信和金融科技的结合可以：

（1）提升数据中心间互联通信安全。目前，各商业银行基于多种考虑，大多拥有多个数据中心。之前，这些数据的传递和流动具有很大的风险，现在利用量子通信的特点，可以提升数据在数据中心间传输时的安全性。

（2）打造金融机构与第三方机构的安全通信渠道。例如，在金融机构与监管机构之间传输敏感数据时，可以进一步加强数据传输的安全性。

（3）构建跨境安全通信渠道。目前各大商业银行和其他金融机构普遍在境外设立了为数不少的机构及子公司，存在大量的跨境业务数据、管理数据传输需求。未来，伴随全球广域量子通信网络的建设，商业银行等金融机构跨境数据传输也可利用量子通信技术，从而保证敏感数据的安全。

区块链与供应链金融

供应链金融是运用供应链管理的理念和方法，为相互关联的企业提供金融服务活动。主要业务模式是以核心企业的上下游企业为服务对象，以真实的交易为前提，在采购、生产、销售各环节提供金融服务。由于每家企业都有自己的供应链条，展现出一个庞大的供应链网络。2020年我国供应链金融市场规模将达到15万亿元左右，这是一个非常巨大的市场。供应链金融的本质是对供应链结构特点、交易细节的把握，是将核心企业和上下游企业联系在一起提供灵活运用的金融产品和服务的一种融资模式。也就是把资金作为供应链的一个溶剂，增加其流动性。

供应链金融促进供应链的发展体现在资金注入和信用注入两方面：一方

面解决相对弱势的上、下游配套中小企业融资难和供应链地位失衡的问题；另一方面，将银行信用融入上、下游配套企业，实现其商业信用增级，促进配套企业与核心企业建立起长期战略协同关系，从而提升整个供应链的竞争能力。

传统供应链金融模式，是以1个优质企业为核心，多个上下游企业参与的“1+N”模式，由银行主导，采用线下模式，银行基于供应链中的核心企业“1”的信用支持为其上下游企业“N”提供融资服务。

随着互联网技术的推进，将此模式移植到线上，运用互联网的开放、透明、信息传播快的特点，将由银行主导的传统金融，变成全民参与的新金融。并通过技术手段对接供应链的上下游及各参与方，其中包括核心企业、上下游中小企业、银行等资金提供方、物流服务商等，将供应链中的商流、物流、资金流、信息流在线化，实时掌握供应链中企业经营情况，从而控制融资贷款的风险。

随着大数据技术的发展，一方面，供应链金融可以通过观测终端消费量变动及其引起的上游各环节的变动来判断一系列变动的规律；同时，还可以把一定时期内的流通和消费看作一个常量，而将在地区、方向、渠道、市场的分配作为变量，来考察不同因素的影响。一方面，可以利用大数据对客户财务数据、生产数据、电水消耗、工资水平、订单数量、现金流量、资产负债、投资偏好、成败比例、技术水平、研发投入、产品周期、安全库存、销售分配等进行全方位分析，用信息透明化的方式客观地反映企业状况，从而提高资信评估和放贷速度。这就避免了只看财报和交易数据的受骗风险，因为这两者很容易造假。另一方面，大数据的优势是可以实现行情分析和价格波动分析，以便尽早提出预警。行业风险是最大的风险。如果行业走向衰落，行业内大多数企业都会不景气。多控制一个环节、早预见一天，就能有效减少风险。

在金融科技的浪潮下，除了大数据的进一步发展会影响供应链金融的未来，区块链技术的成熟更能让供应链金融有拥抱机遇的能力。

区块链是一项基础性技术——它有潜力为供应链金融行业的经济和交易制度创造新的技术基础。可以肯定的是，区块链技术将深刻改变供应链金融行业的商业运作，这种改变远远大于供应链行业的改变。

区块链的特性和优势可以帮助我们创新性地解决问题，并促进供应链的重塑，这些创新应用千变万化，有很多应用我们都难以想象和预测。

区块链将分类账上的货物转移登记为交易，以确定与生产链管理相关的各参与方以及产品产地、日期、价格、质量和其他相关信息，任何一方都不可能拥有分类账的所有权，也不可能为牟取私利而操控数据。此外，由于交易进行过加密，具有不可改变的性质，所以分类账几乎不可能受到损害，这样就能够确保物品从物理世界向虚拟世界映射的透明度和安全性。这对于供应链金融具有重要的意义。整个供应链金融企业将据此重新评估风险控制模型。可以明确的是，由于整体透明度的提高，行业风险将被极大地降低，参与各方均将从中受益。

区块链为供应链提供了交易状态实时、可靠的视图，有效提升了交易透明度，这将大大方便中介机构基于常用的发票、库存资产等金融工具进行放款。其中抵押资产的价值将根据现实时间实时更新，最终这将有助于建立一个更可靠和更稳定的供应链金融生态系统。

另一个充满潜在区块链应用的领域在于降低交易成本。区块链技术可以弥补不同交易主体之间的信任鸿沟，当甲乙两家公司在国际上发送高价值和大批量的货物时，如铁矿石。甲为发货方，乙为收货方，双方约定到货30日后付款。甲方找到中介机构金融A为其提供供应链金融服务，B为其增信。在这个案例中，甲、乙两家公司，以及中介金融机构A、B同时面临着不可预知的运输风险。现在我们是通过签署复杂的纸质文档来试图规避上述风险，当事方必须管理托运人中介金融机构和接收方的中介金融机构之间的协议，同时被管理的还有记录货物价值和装运方式的大量协议。大多数时候，我们需要原始合同文档验证信息真伪。而使用区块链应用程序，公司可以将所有文档都放到区块链上，这些数据不能够被更改。一旦出现问题，当事方可以通过区块链技术快速定位在特定日期处于特定版本的合同文档，这对于处理纠纷非常关键。区块链上的所有文档对所有人提供完全平等的访问权，参与方可以快速访问目标材料，并且这种访问基于高度的信任关系和对于所有的交易记录可追溯性和可验证性。事实上，区块链包含对供应链金融至关重要的所有必要组件：时间戳、不可逆性和可追溯性。

一旦完成合同文件的发送和接收，当事方公司可以通过区块链上的智能合同进行支付。交易双方可以事先约定合同的处罚条款，例如，“当满足条件X时，乙方将支付N给A。”通过这种方式，在给予借/贷双方更加个性化的服务的同时，区块链也实现了文件的交换和价值的交换。

区块链技术不仅仅是一项技术变革，它最终会影响到供应链金融交易过程中的合同、交易及其记录，进而改变现在的商业模式。我们相信，随着信任壁垒的去除、交易透明化，区块链会催生真正意义上的供应链金融平台。

新型供应链金融平台主要的参与者包括平台本身、保理机构、中介金融机构、企业、个人甚至是算法公司。供应链金融平台负责提供供应链信息，客户信息这些类似水电的基础服务；第三方中介机构可以基于平台信息进行整合，提供更加定制化的供应链金融服务，这种服务将更加的精细化、个性化。如传统意义上我们可以将应收账款抵押，在未来的供应链金融平台，我们可以将应收账款细分，根据不同的节点状态建立金融模型，进而产生不同的金融产品。未来随着可追溯能力的增强，所有的金融模型将根据供应链的实时状态进行数据更新，对标的资产或者是借款人持续评估。

最终，区块链将增强市场中抵押资产的流动性，改善当前最常用的供应链金融工具，如保理，采购融资，供应商管理库存融资等，并为深层融资提供机会。催生新的商业模式——供应链金融即服务。

暗数据与数据金融

在互联网的浪潮下，数据获取变得很容易，但如何利用数据是最有利的呢？把所有想得到的数据，所有可能的服务都集合到终端上是一个很不错的思路。互联网使数据的积累变得连续，数据点极大地丰富了起来，数据观念发生了变革。

对于企业来说，不断增加的存储数据仍然是非结构化的数据。虽然大数据一直在强调其对非结构化数据的挖掘和分析能力，但目前，仍然只有极少企业能分析非传统的数据源，如图片、声音和视频文件，更遑论物联网产生的机器和感应器信息流，还有“深网”未探索的那些海量的原始数据。然而，最近计算机视觉、模式识别和认知分析等技术的发展，使公司能够看到这片蓝海，从而把对非结构化数据的获取提上了日程。

当人们谈到商业数据时，会用“暗”字来形容那些未发掘或未理解的东西。而进行暗数据（Dark Data）分析时，人们主要是在分析那些文本形式的原始数据，如文本信息、文件、电子邮件、音频视频文件以及静态图像。有的时候，人们也会对“深网”进行暗数据分析。所谓“深网”是指那些没有被搜索引擎索引的网络信息，包括“暗网”的一个小的子集（暗网是一种匿名且不对外开放的网站）。我们无法精确计算出整个深网的大小，但据估计，它比表网大了至少500倍（表网是人们每天会浏览的那些网站）。

在数据就是竞争货币的商业气候下，这三个大的未经探索的资源就像彩票头奖一样。更重要的是，这三个“金矿”中所蕴含的数据和信息数量正在以令人难以置信的速度快速增长。人们在最近五年生成的数据大约占了整个人类数据库的90%。由我们每年生成和复制的数据构成，其规模每12个月就会翻倍。到2020年，整个数据世界的规模有可能达到44ZB（44万亿GB），其中包含的字节数就像宇宙中的星星那么多。

据Gartner预计，随着物联网的爆炸式发展，到2020年，地球上将会有208亿部互联设备。而且随着物联网的发展，也会产生越来越多的数据。据估计，2019年物联网设备在全球生成的数据（大部分是暗数据）会是如今终端用户设备的269倍，整个数据中心容量的49倍（如图12-3所示）。

暗数据分析通常关注三个维度：

（1）手头上的未开发的数据。很多组织中，大量的结构化和非结构化数据都是闲置的。“传统”的非结构化数据如电子邮件、笔记、信息、文件、日志以及通知（包括物联网设备的推送通知），都是文字信息，而且都储存在企业内部，但它们的开发程度还是很低。如果把这些非结构化数据资产加以挖掘，会得到许多关于定价、客户行为以及竞争对手的有价值的信息。

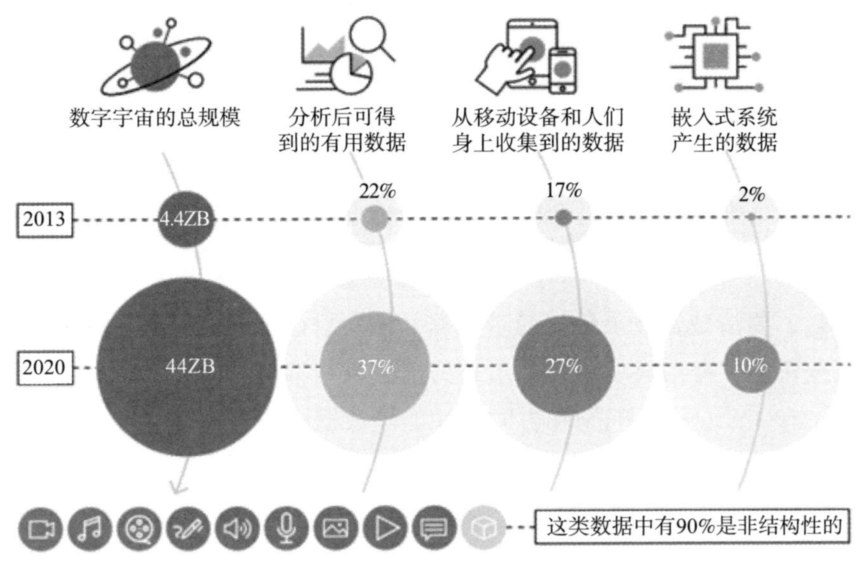

图12-3　2013年和2020年的数据规模对比

（2）非传统的非结构化数据。对于这种数据，你不能用传统的报告和分析技术进行挖掘，包括音频、视频文件和静态图像等。运用计算机视觉、高级模式识别以及视频和声音分析等技术，公司可以更深入地理解顾客、雇员、运营和市场。例如，分析录像中顾客的姿势、表情和手势，零售商就可以更好地理解顾客的心情和意图；对于油气公司，可以通过声音感应器监控管道，通过算法对石油流速和组成实现可视化检测；而娱乐公园只需分析他们的安保录像带就能实现人口统计——到园游玩的客人中，自己开车来的、坐公共交通工具来的、走路来的分别有多少，又分别是什么时候来的。如果能对音频和视频类的流文件做实时分析，就能实现信号检测和回应。诸如此类的数字信息不仅带来解决现有问题的新思路，还会带来新机会。

（3）深网数据。深网中包含的未开发信息可能比任何其他网络都多，这些数据来自学术界、财团、政府机构、社区以及其他第三方领域。不过深网不仅体积庞大，而且明显缺乏结构性，这两点大大提高了搜索难度。就目前而言，要想得到有用的信息，你只能对那些定义明确的目标进行数据挖掘，如私人组织名下那些授权可使用的数据。随着智能机构开始监控深网活动的体积和环境来识别潜在威胁，帮助用户定位深网中发现的科学研究、活动家数据乃至业余爱好者线索将成为未来的趋势之一。

金融科技是以数据为资源，以技术为基础的，暗数据分析将会大大缓解科技初创企业及金融机构巨头对日益趋近饱和的数据的“焦虑感”。显然，通过在上述几个维度寻找最适合的暗数据分析方法，这些企业就能够找到技术创新和服务创新的空间。

不过，要清楚，效果最好的暗数据分析项目往往有清晰的目标和范围。和任何分析都一样，成功的第一步是提出一系列具体的问题。你要解决什么问题？先有一个具体的问题和方向，才能谈数据分析，这样才能避免企业迷失在数据的海洋里。

感知科技与物联网金融

“物联网”通过RFID（射频识别）、红外感应器等传感设备进行信息交换和通信，以实现对物品的智能化识别、定位、跟踪、监控和管理。物联网与金融的不断互动、融合和发展，产生了一种全新的金融业态——物联网金融，不仅拓展了物联网的应用前景，也拉开了新金融革命的序幕，物联网金融将深刻改变传统的风险收益矩阵、风险管理模式、社会信用体系及金融监管体系。

根据经济学“风险与收益对称”的基本原理，风险与收益成正比。其中，风险又可称为不确定性。由于信息不对称在传统金融环境中广泛存在，不确定性是普遍现象。不确定性与收益共生共存，承担风险是获取收益的前提，收益是承担不确定性的成本和报酬。

物联网金融模式的情形将发生颠覆性变化，由于风险的确定性大幅提升，收益的确定性也可以得到显著提高，正如图12-4所示，风险收益曲线将会由传统金融的第二、三象限迁移至第一、四象限。第二象限为“不确定的收益”，第三象限为“不确定的损失”；第一象限为“确定的收益”，第四象限为“确定的损失”。

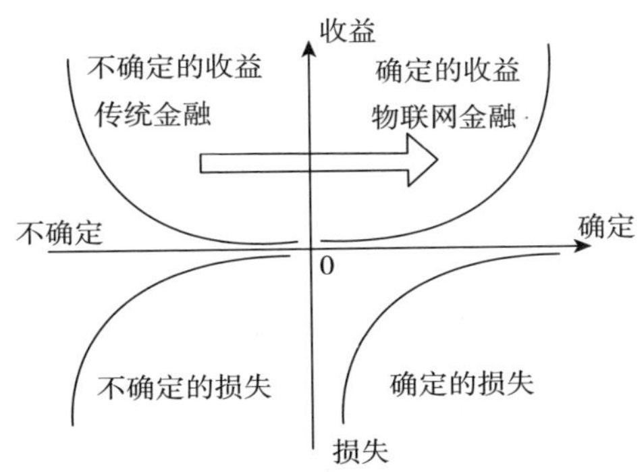

图12-4　物联网金融与传统金融收益四象限理论模型

随着物联网技术的广泛应用，金融机构可以充分掌握交易客户的各类信息，消除“信息不对称”所带来的不确定性，使“高确定性、高收益、低损失”的理想组合得以实现。在物联网条件下，金融机构面临的是确定的环境，确定性与收益成正比，与成本成反比。金融机构可以根据自身风险偏好筛选市场上的客户，评估交易机会对应损失的可能性，主动选择具有“确定的收益”的交易机会，规避“确定的损失”，使风险收益达到最优平衡，从而提高金融市场效率。

阿尔克洛夫和斯蒂格里茨创立的信息经济学指出，信息不对称会导致道德风险和“逆向选择”。借款人与银行信息不对称，容易产生逆向选择及道德风险，如银行贷款重复质押等。物联网金融模式彻底解决了“信息孤岛”和信息不对称现象，甚至可能达到经典经济学中所论述的“完全信息”状态。通过运用VR、区块链、RFID等技术，可实现对动产无遗漏的监管，实时监控抵质押品状态，使动产融资的“被动管理”变为“主动管理”“事后追踪”变为“事先防范”。如物联网通过实时监测库存变化，可解决汽车合格证重复质押的问题。

物联网金融模式下，违约概率下降，非预期损失减少，资本要求降低，银行业机构能够腾挪出更多资本空间，增强贷款发放能力，扩大信贷规模，为实体经济发展注入源头活水。此外，物联网金融与经济周期呈“弱相关性”。在经济扩张期，物联网金融与传统金融的违约概率均保持不变；在经济衰退期，传统金融受经济周期波动的影响明显大于物联网金融。由于物联网金融消除了不确定性，经济衰退期的违约概率低于传统金融，非预期损失不会大幅增加，对资本金影响较小，能够起到熨平经济周期的作用。

习近平总书记强调，要建设全国一体化的国家大数据中心。当前，我国社会信用体系发展刚刚起步。物联网将进一步颠覆社会信用管理模式，打造社会信用体系“升级版”。

物联网的“泛在化”特征可以对企业及个人的经营、交易、消费等行为进行识别追踪，并上传至征信管理系统，建立庞大的信用信息数据库，实现信用记录全覆盖，不留死角。通过发挥物联网互联互通的优势，能够破除信息壁垒，打破“信息孤岛”，将工商、税务、金融等部门的信用评价结果与评级机构、社会监督员评价等社会监督情况相结合，打造全方位的统一信用监管体系。

物联网金融的创新发展带来了丰富多样的金融服务和产品，既满足了人们的金融需求，也给监管当局带来了巨大挑战。巴塞尔协议Ⅲ第二支柱要求：监管当局要对银行的风险管理和化解状况、收益的有效性和可靠性等因素进行监督检查。在当前监管基础设施和人力资源配备条件下，金融市场的快速发展、产品的快速创新、不同金融领域的混合交叉使监管部门所面临的监管选择决定因素爆炸性增长，增加了监管工作量和难度。

不过，物联网金融的发展也将带来丰富多样的金融监管工具，除精准大数据监管工具如银监会的现场检查EAST工具之外，未来，物联网金融将以大数据为支撑，以信息化监管为手段，对金融运行进行数字化、网络化、自动化、智能化为一体的实时跟踪、动态监管将成为未来监管方式的标配。

物联网和金融的深度融合，使金融能够依托物联网技术，提升服务体验、降低运营成本，实现资金流、信息流、实体流的三流合一，从而变革金融的信用体系，控制金融风险，深刻、深远地变革银行、证券、保险、租赁、投资等众多金融领域的原有模式，带来新的金融变革。无论是在对物品的智能化识别、定位、跟踪、监控和管理方面，还是在尽力消除“信息不对称性”的影响方面，物联网金融都会致力于将自身的技术优势与金融需求紧密联系起来，提供更加丰富的产品和服务创新。目前，物联网和金融的交互还停留在物联网技术应用的层面，但是，在不久的将来，当传感器进一步走进生活，当传感器走向衣、食、住、行、医的各个场景之后，我们一定可以看到：以金融服务为核心的物联网产业将为我们的生活保驾护航。

自适应与金融生态

目前，大多数企业在安全保护方面会优先集中在拦截和防御（如反病毒）以及基于策略的控制（如防火墙），试图将危险拦截在外。然而，完美的防御是不可能的。高级定向攻击总能轻而易举地绕过传统防火墙和基于黑白名单的预防机制。而且传统安全产品硬件的形态在边界提供防护，只能有限地部署在一个网络范围，缺乏业务系统内部安全分析和加固的能力，没有办法将安全问题从根本上解决。同时也无法给云计算提供安全防护和统一设备管理的解决方案，多个数据中心的硬件安全设备无法统一管理和收集数据进行统一分析。产品的更新需要更换设备，造成使用成本提升。鉴于此，在金融科技视角下，“安全”的强度需要得到提升，“安全”的效率更加需要得到保证。

2015年2月6日美国第二大健康保险企业安生公司发表声明说，该公司电脑遭黑客攻击，多达8000万顾客的关键信息有可能遭盗窃。黑客进入安生电脑系统，获取包括顾客姓名、生日、医疗卡号、社安号、住址、电邮地址和收入在内的数据信息。随后，美国总统奥巴马就安生公司客户数据被盗一事表态，督促国会尽快行动，以加强对客户数据的保护。安生健康保险公司曾在2010年因电脑遭入侵泄露61.2万名客户的个人信息，导致被罚款170万美元。5年后，在同一个地方又遇此一劫，吃一堑长一智，希望能唤起该公司高层领导的深思与反省。

那么，金融科技下一个攻坚的对象——安全领域的发展趋势是什么呢？笔者认为，是自适应安全技术引领的全新的安全生态体系。

从源讯（Atos）2016—2019年技术发展趋势图（如图12–5所示）中可以明显看出，自适应安全是下一个年度的主要技术趋势之一。自适应安全要求企业的安全产品不仅要解决当前的安全问题，还要在未来可扩展。这就意味着，规划安全体系一定要先考虑金融机构日益变化复杂的技术环境和业务变化，并以可应对专业组织化的高级攻击行为为目标。

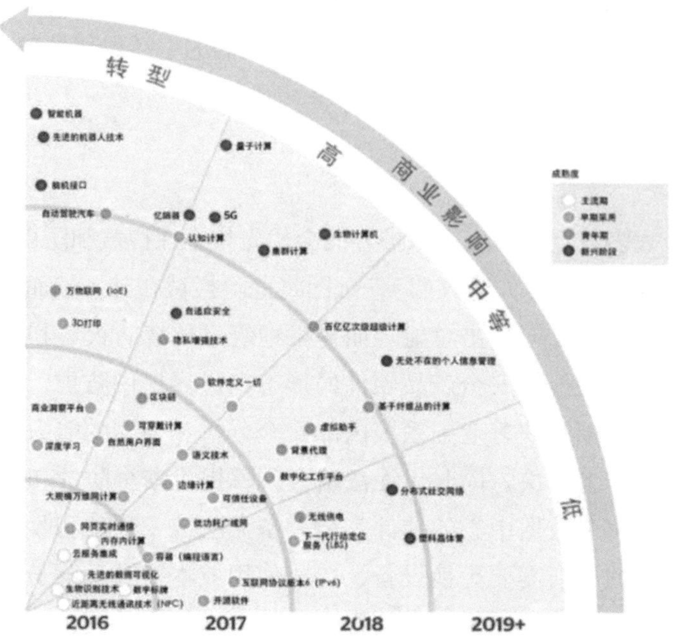

图12–5 源讯（Atos）2016—2019年技术发展趋势

随着虚拟化和云计算的发展，金融科技基础设施作为信息安全的承载板块，其形态和使用方法已发生根本性改变。现在，金融机构对业务在什么环境中运行有太多选择，包括VMs、物理设备、容器，甚至公有云、私有云或混合云。这些多样化的基础设施使安全问题变得越来越复杂和动态化。

自适应安全应该是具有“自学习”功能的安全。这种功能能够对金融机构业务数据进行多维度学习。通过这种功能，一段时间后金融机构就能建立起“正常”的行为模式，随着时间的推移，系统会持续学习，自动评估模型建立的准确性，改进识别的精确度，并且利用数据分析来发掘真正偏离正常的异常行为过程。通过这种“自学习”构建安全模型，分析内外异常行为，捕捉并阻止各种攻击事件。

在实际操作中，最佳方法是“人机协作”，在帮助安全专家从烦琐低级工作中解放出来的基础上，提供给他们智能的机器学习系统，用于共同构建业务的正常行为模式，包括梳理业务单元、行为模式、访问关系、设置行为锚点等，这样的积累梳理将真正构建金融机构安全以数据驱动的强大能力。

最后，应该明确，自适应安全的终极目标应该是建立打通底层安全体系的生态型安全。目前包括阿里、腾讯等互联网企业，在自己做好安全建设的同时，也开始建立安全生态，并和绿盟、青藤云安全、安恒等一批技术领先的专业安全公司展开生态合作。自适应安全体系下的金融机构安全应该能够在清晰业务资产和关系模式的基础上，快速生成契合自身业务的防护体系，体系中的任何一个安全功能都可以按需开启，灵活切换。安全专家在应对攻击时，不仅可以调用自己的安全能力，还可以依靠自适应体系中近乎无限的安全能力来按需获取。

目前很多企业产品都意识到这一点，并纷纷构建基于风险指数的管理视图，综合外部威胁情报、内部风险薄弱点评估、核心资产价值评估、安全资源等多个因素形成全局报表，并呈现出可衡量、具备指导性的风险指数和改善建议。这是一个很好的开端，还需要更加智能的技术进行深入学习，完成质变。

自适应安全视角下可度量、可视化的安全可以提供友好易用的界面和操作方式，将安全人员从烦琐的救火及跟进部署中解放出来。在自适应安全逐渐发展的过程中，还可以通过技术的创新完善对金融机构从内到外、从虚到实、从操作系统到职场环境的风险预警系统，真正实现对于“安全度”的自动化适应。

总之，安全不仅仅是一个产品，而是一个持续改进的过程。需要我们从业务角度出发，将一个个单体“设备”、复杂的技术和用户协同起来，构建可持续、敏捷、可运营的解决方案，以实现安全闭环。

普惠金融与数字金融

数字普惠金融是三个名词两次相加的结果，从这个意义上讲，数字普惠金融有三层含义：第一层含义是“金融”，普惠金融是众多经济活动中的一种，可以与供给、需求、市场等经济术语并列，这是数字普惠金融的起点。第二层含义是“普惠”。“普惠”+“金融”的社会意义，是从社会公平的角度，希望能够为农民、老人、学生、小微企业等金融弱势群体提供更多的服务，使其能够利用金融服务获得更好的经济改善和生活便利。在这个意义上，普惠金融的重点对象是弱势群体，重点目标是帮助弱势群体获得融资，摆脱贫困。

第三层含义是“数字”，这是实现普惠金融的手段。普惠金融是“包容性金融体系”，关键在于“惠及普众”。这是一个能够有效、全方位为社会所有阶层和群体，尤其是贫困、低收入人口提供服务的金融体系。换句话说，普惠金融的理念实际是起源于人生来就应该被赋予平等的享受金融服务的权利这个理念而来的。

过去推广普惠金融比较难是受到金融成本的局限。金融成本大概有个四方面：获取用户的成本、风险甄别的成本、经营成本和资金成本。当前，数字技术的飞跃发展深刻地改变了前三个方面的成本，移动互联深刻地改变了人们触达金融的方式，大大降低了金融机构获取用户的成本；大数据技术深刻地改变了收集数据、处理数据、甄别风险的效率，计算的成本和传统IT的成本之比是1∶10，成本降低了90%。技术的飞速发展，使金融的基础设施飞快地发生深刻的变化，这必然会使金融、商业的模式深刻地改变，进而改变企业家们的商业精神。

按照金融主要的四个功能存、贷、支付、风控来划分，在这四个重要的金融机构的作用下，出现了各种形式的普惠金融模式。如支付领域有了第三方支付；融资领域有了P2P、众筹网络资产交易平台和网络微贷；贷款领域有了网络基金、网络证券、网络财富管理、P2P众筹；而风险控制领域则有了网络保险、网络征信。

而随着数字普惠范围的进一步扩大，与生活融合程度的进一步加深，我们可以看到，未来，在上述金融模式的稳定发展中，数字普惠将迎来2.0阶段。

在这个阶段，普惠金融将更加深刻地变革大众的生活，很多消费都可以用一部手机支付完成：看病可以不用排队通过手机预约，旅行的时候可以不带钱，打车的时候可以用滴滴打车等平台，出国签证可以免押金，到图书馆借书不一定要办卡了，用芝麻信用就可以做……各种各样的“无现金”生活方式能够大大提高支付环节的效率，提升生活的便利程度。在这个阶段，“普惠金融”解决的已不再是大众在金融范畴的需求问题，而是物质生活的品质问题。

在这个阶段，普惠金融将更加深刻地夯实“全民、多元化信用体系”的建设。我们不得不承认，信用是整个经济活动的基础，围绕信用展开金融服务是金融服务存在的根基。所以，数字普惠金融起源于对信用体系的搭建，植根于完善信用模型的维度，终点将是让信用的价值发挥到极致。

正如《未来简史》所言——人类之所以进步是因为有两个最核心的东西，一个是文字，文字让人能够有组织结构，有生产关系。另一个就是货币，它促进了劳动分工，提高了生产力，使金融起到配置的作用。信用非常重要，信用会产生生产关系，没有信用的人是不会有经济活动的，金融更是如此。在这个阶段，信用的角色力量逐渐从借贷走向生活，从帮我们借钱到帮我们释放资产，这将非常深刻地改变金融的可获得性。

在这个阶段，普惠金融会让每个人都能够有通过金融服务改变自身经济状况，甚至改变家庭财富状况的可能性。在人类历史上没有以小微企业为核心的金融需求，到今天为止各种金融需求都是分散的，以功能为区分，互相之间不打通，保险、融资、理财都是区分的。但由于技术的发展，以人为本，以企业为本，以用户为核心整体构建金融服务的趋势正在发生，无论是传统金融还是互联网金融。该有的区隔还会有，但会有“我的金融”的感觉，这个金融是围绕“我”的，而不是“我”需要金融还要查该怎么办。在这个阶段，普惠金融能够将每个人从“资金”“理财”“保险”等枯燥的概念中解放出来，直接迈入更加具有温度的金融服务当中。通过技术实现对复杂概念的简化处理，通过智能实现人机交互、弱化不同知识背景对理解金融服务的影响。

普惠、共享、绿色是金融发展孜孜以求的方向，可以说是金融人共同的梦想。在2.0阶段，可持续的数字普惠金融的使命是：重新定义金融服务的渠道和方法，寻找一种服务模式，建立一种普适的服务观念，能够最大化地尊重个体之间的个性化差异，同时最简洁地让金融服务触达客户内心。

第十三章　金融科技的猜想

人类社会将迎来认知革命的新时代。随着这个时代的到来，我们将“何去何从”？对此，我们需要有更深刻的认识与理解。认知革命一词源于以色列历史学博士尤瓦尔·赫拉利所著的《人类简史》一书。在认知革命以后，传说、神话、宗教出现，因为人可以说“狮子是我们部落的守护神”。讨论虚构事务正是智人语言最独特的功能。虚构，让人类能够拥有想象，最重要的是可以一起想象，共同编织出故事。智人的合作不仅灵活，还可以和无数陌生人合作，正因如此，智人才统治世界。

正如英国物理学家开尔文所言，“当你能够量化你谈论的事物，并且能用数字描述它时，你对它就确实有了深入了解。但如果你不能用数字描述，那么你的头脑根本就没有跃升到科学思考的状态。”

当认知科学领域发生“天翻地覆”的变化时，我们的未来又会是怎样？认知革命，特别是“真相时代”的到来，“预测”将被“预见”取代，那么，“预见未来”将不再是遥远的星辰。本书系统、全面地阐释金融科技，揭示了社会变革导致的金融模糊，金融科技助力金融供需的均衡，金融科技的规则、逻辑和未来之美、未来之道、未来之魅、未来之巅，揭示了金融科技的局面在变化、逻辑在更新、未来在演进。重新审视我们的时代，金融科技尽管仍笼罩在迷雾中，但其已经开始在我们脑海中浮现出整体的轮廓。面向未来，金融科技将带领我们开启一个“认知革命”的故事，一个“预见未来”的故事。

- 认知革命
- 量化一切

- 终极复制
- 预见未来

第一节　金融科技的研究态：将技术接入思维，会拥有更大智慧

刷新认知革命的速度

中国的金融科技并非起源于金融，而是科技。如果不是科技机构迅速抢占金融业务，中国的金融创新能力可能远没有现在的水平。

蚂蚁金服首席执行官井贤栋曾经发表过一篇名为“给世界带来更多平等的机会”的主题演讲。演讲中井贤栋诶谈道：“今天的移动互联、大数据、人工智能、云计算这些技术在深刻地改变信息的搜集、风险甄别（风险识别）的方法，包括欺诈模型的计算等，金融成本效率发生极大的改变。结果让金融更具包容性，真正去服务到80%没有被服务好的人群。”他认为，实体经济中存在很多碎片化的金融需求，科技是满足这些需求的最佳方案。换言之，他认为科技是这个时代最大的普惠。

自从2005年联合国首次提出普惠金融的概念以来，经过十多年的探索和发展，普惠金融的内涵、外延以及实现手段都在不断地丰富和完善。各国逐渐形成了一些好的做法和典型经验，中国也不例外。目前在中国，普惠金融的发展呈现出服务主体的多元、产品服务的多样、服务覆盖面较广等特点，金融服务的可获得性在不断提高。但是，我国依然面临着普惠金融成本高、效率低、服务不均衡、商业不可持续等全球化的共同难题。

金融的普惠，其实就是实现平等的、性价比超高的金融服务。科技创新之所以能给大家带来普惠金融，主要是基于以下几点。第一是移动互联网改变了整个触及用户的方式，促进了整个金融的普及。第二是云计算和人工智能。云计算极大地提升了计算的效率，降低了交易的处理成本，低成本就实

现了实惠的要求；人工智能未来将应用于智能投顾方面。第三种是大数据，可以帮助我们更好地甄别和计量风险，给风险定价，帮助我们更好地管理风险，极大地降低交易成本。

以前我们认为科技是支撑业务的，科技是走在后面的，现在科技是推动业务的，我们很多科技人才，能有机会参与到最前沿去，有更大的话语权和影响力，能够重塑这个行业。有本书叫《金融与好的社会》，作者是诺贝尔经济学奖获得者罗伯特·希勒。我们之所以认为他书里说的是新金融，就是由于他认为用新的技术、新的思想、新的理念，能够让金融发挥出更大的善意，对人人平等起到更大的推动作用。

全国每天有数以百万计的小商小贩为了养家糊口而走街串巷，我们看到这些其实是非常草根的谋生的营业者，包括无数的小微年轻创业者，小而分散，聚集起来规模却非常巨大。你可以说他们是市场上的长尾用户，但从更加真实有温度的角度说，他们其实是实体经济的毛细血管，实体经济因为他们而更有活力。前几天看新闻，有一则“某地某摊贩主月入6万，送女儿去省城私立学校读中学”引发了笔者的思考。其实这些摊贩主的收入并不低，从收入规模上来说，他们完全可以接触到与白领、金领同样水平的金融服务。但是，由于受到自身文化水平和社会地位的限制，传统金融服务往往无法触达他们的生活。当然，这只是个例，大多数为谋生而走街串巷的摊贩主是没有这么高的收入的。

这时问题就来了，这些非常碎片化的个体，他们非常碎片化的需求，要怎么样来满足、怎么样为他们提供一些金融支撑？科技的发展为碎片化的金融需求带来机会。

比如说，蚂蚁金服的“310”模式。这是金融科技的一个模式，具体的含义是指：3分钟的申请，1秒钟到账，0人工干预。而“310”在美国的金融科技从业者以往的思维中代表3个礼拜申请，1个月审批，拒绝率可能很高。所以今天“310”在科技时代的含义，真的是极大地降低了门槛，提升了服务的效率，提升了整个金融对小微新兴创业者的支持。

你可能会好奇，我们为什么在书里不断地分析蚂蚁金服、分析阿里巴巴呢？因为我们认为蚂蚁金服“快人一步”的布局思维确实值得借鉴。蚂蚁金服在2016年G20峰会前借“数字绿色金融”之势跟联合国发起了一个活动，看到底怎么样利用数字化的平台让每个人能够有更多绿色的行为。后来他们做了蚂蚁森林（如图13–1所示），一年多的时间有超过2.3亿人参与。大家每个人步行，也可能用移动支付去缴费，省去了上街出行的碳的消耗，这些绿色行为能够积聚能量，这些能量可以去森林里种树，积到一定的能量以后，就可以变成在沙漠里种了一棵树，这是真树，过去一年已经种了1000多棵树了。我觉得这个意义是非常大的，每个人参与这种绿色的行为，可以让地球真的变得更加绿色。

图13–1　蚂蚁森林的使用方法及真实种植场景

图13–2是北京大学所做的一项关于数字普惠金融指数的课题研究，结果显示2015年大部分省市的数字普惠金融指数都显著高于2011年，并且各地区差距明显缩小。我们看到今天的数字红利能够降低、消除地区性发展的差异水平。因此，科技的发展会消除更多存在的鸿沟。可以说，科技的发展是为了跨越鸿沟，包括收入、地区性发展差异、个体特征方面的差异，带来了更多的平等。

现在才刚刚开始，如果未来我们是100的话，今天可能金融科技对金融行业的影响才是1。我们看到今天所谓的传统银行，其实他们已经不是传统意义上的银行，他们是科技驱动的行业，最近不管是平安、招行都定位在金融科技，把金融科技作为核心的发展战略，把金融科技作为整个创新和发展动能，金融科技的生态变得越来越多元。

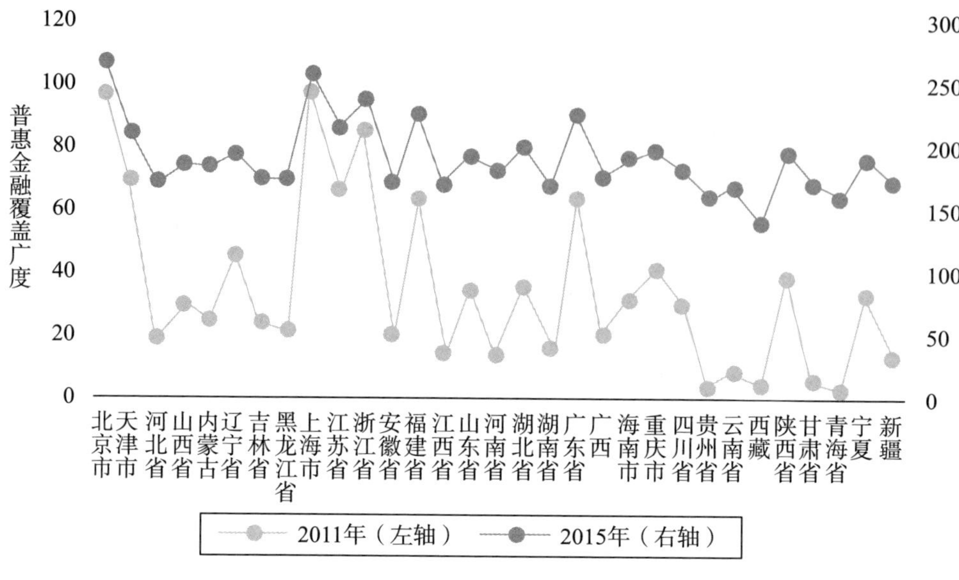

图13–2　2011年和2015年的数字普惠金融指数

金融科技绝对不是互联网公司所独有的，金融科技应该是更多机构所拥有有的。面向未来，每一家企业都应该具有金融科技的思想，用科技来驱动，用一些新的思想驱动，让金融开始为每个大众服务，更加普惠、包容、透明，这样的理念能够帮助行业共同升级。

所以，在新金融的道路上，今天一切才刚开始，企业之间没有竞争者，更多是同路人。无论是企业还是消费者，更多地应该去刷新对科技的认知，革新自己的理念，不要苛求科技能够带给人的财富，也不要低估科技能够赋予人的能力。未来，我们的金融机构将不再有传统和非传统之分，金融资源的流动也会越来越自由。

学会拥抱变化与矛盾

从电脑最早被应用于银行的中后台自动化处理，到互联网金融的出现，再到无处不在、随时随地的金融服务，金融科技从1.0演进到3.0时代，带来了科技与金融的真正融合。

如果说互联网金融时代，科技对金融还只是一个“+”的概念的话，那么到了金融科技3.0时代，它不单单只是一个“+”，它更多的是融合。科技已经与日常生活完全结合在一起了。

1.0和2.0的时候，很多的产品没有直接地跟所谓的衣食住行融合在一起，它更多是提升销售渠道、推送的渠道。而3.0时代显然不仅让金融融入大众的生活，底层的科技技术不再是研发企业所独有的，它以IaaS、PaaS和SaaS的方式传递给其他需要的企业，实现了技术的有偿共享。而无论是哪种方式，大众都可以受惠于此。

金融科技首先要立足于“金融”的本质，而金融服务的变化与实体经济的发展息息相关。随着实体经济向信息化、智能化和个性化的商业模式和生活模式演变，未来的金融服务模式也将向3.0转型，而科技将是这个新金融模式的重要支柱。不过，由于金融行业和科技行业在基因、理念、商业模式等方面的差异，双方的融合仍需要磨合。

金融科技的进程从某种含义上来讲也是金融信息革命的进程。就在几年前，传统金融行业与新兴的互联网机构的关系似乎还不够融洽，那时的传统金融机构虽然已经经历了几年的数字化过程，但基于现状的数字化交易所占的比例仍然并不够大，相较于音乐、旅游、媒体等行业，金融行业的数字化取代率还不够高。不过从近一段时间开始，他们之间的关系却越来越紧密，合作越来越多。这波金融科技的浪潮似乎真正将传统金融机构推向了一个分叉口，继续走“老套路”，还是开发“新大陆”？传统金融机构已经做出了选择，传统金融机构的转型，也必然将带来产品体系的变化和业务模式的变化。

各大银行巨头对金融科技公司的投融资行为似乎能让我们略微领略一下这次“革命”的特点。

高盛（Goldman Sachs）自2012年以来已经向金融科技公司投资了570多万美元。2016年，这家银行巨头收购了数字退休储蓄平台Honest Dollar，以扩大该公司针对数百万客户出色地解决方案业务。除了Standard Charter，高盛还帮助越南的移动钱包和支付应用Momo，在两轮融资中筹集到了340万美元的资金。2016年，高盛受到金融科技文化的启发，推出了自己的在线贷款服务Marcus。截至2017年9月，该服务已经发放了超过10亿美元的贷款，预计到今年年底将会超过20亿美元。

另一方面，金融科技初创公司正在帮助银行采用新技术。例如，Ezbob是一家英国的初创公司，该公司为中小企业（SMEs）提供在线贷款服务，已将其技术和商业模式转变为LaaS平台（Lending as a Service）。苏格兰皇家银行（Royal Bank of Scotland）利用Ezbob的技术，创建了自动贷款平台Esme，即使在非工作时间，中小企业也可以通过该平台迅速获得贷款。

在银行业和金融科技领域，合作伙伴关系也被证明是一项成功的投资。2015年末，摩根大通（JPMorgan Chase）与在线银行OnDeck Capital合作，提供小型商业贷款服务。相比摩根大通留有余力地开发自己的技术，OnDeck自2014年首次公开募股（IPO）以来，一直在苦苦挣扎，但该公司获得了摩根大通的庞大的客户基础。最近，摩根大通与一家金融和商业支持机构兼小额贷款机构Lift Fund合作，推出了基于网络的小型商业借贷平台LiftUP。该平台旨在通过增加获得资金的途径来支持少数族裔和其他服务匮乏地区的企业主。

金融机构的财务支持和科技初创企业的技术实力，可以帮助引领新一代数据驱动的金融技术。2016年，汇丰（HSBC）资助了一家向银行提供数据管理技术的公司Xenomorph，以帮助推进金融数据分析和管理平台Time Scape EDM+的开发。

我们正清楚地经历着互联网金融技术革新给社会变革和发展带来的深刻变化，这个变化过程中我们可能会迷失方向，过度依赖技术带来的便利，而忽略人脑的灵活性和感知力，发展道路虽然曲折，但大体方向一定会保持上升。金融领域是人类社会中历史最悠久、最复杂的组成之一。随着它的发展，银行和金融科技初创公司都意识到它们彼此需要协作发展，通过找到平衡做出正确的妥协，它们将能够适应这个行业不断变化的需求，创造出此前不可想象的机遇。

第二节　金融科技的数据观：更好地了解自己，实现价值最大化

数据的格局与量化自我

量化自我（Quantified Self）这个名词，最早是在2007年由《Wired》杂志主编凯文·凯利（Kevin Kelly）和技术专栏作家沃尔夫（Gary Wolf）提出的，并由此发起一场探索自我身体（Hack the self）的社会运动。他们把对自我跟踪感兴趣的使用者和工具制造者（Self-tracker）组织起来，召开量化自我大会，在全球各国建立量化自我的兴趣组织。

试图对人自身进行量化监测的想法由来已久。早期的概念是人本主义计算（Humanistic Computing），可以追溯到20世纪70年代，那时就已经有通过穿戴式传感器（Wearable Sensors）进行以人的行为、生理信息为对象的研究。早期的研究使用诸如穿戴式摄像机等比较简陋的技术手段，记录人日常生活中的心理和生理变化来了解人类的智能、行为等。今天的量化自我，无论是可量化的内容范围、还是技术手段，都已有了惊人的进步。

广义而言，量化自我绝不仅限于身体和健康领域，还包括个体的日常生活习惯、行为、认知等。如果说狭义的量化自我是“健康量化”，探索自我身体（Hack the Self），那么广义的量化自我，就是探索个体生活（Hack My Life）。例如，记录夫妻关系、学习、孩子的教育情况、身体以及房子等。我们每天通过个人计算机、智能手机、信用卡等不断产生文字、照片、声音、视频、地理位置和消费记录，都是在构成这个大数据世界，个体把对自我的了解变成个人数据库，无数个体的个人数据库共同编织成“自我大数据”（DIY Big Data）。

未来广泛的个体量化数据网络（QS Database），将主要包含以下四类数据：健康数据（关于人体机能与状态的数据）、认知数据（关于个体性格、认知规律的数据）、消费数据（关于个体消费行为与习惯的数据）和环境数据（关于个体与物理环境互动的数据）。在现有的技术条件下，已经具备了对以上四类数据收集、储存和初步处理的可能性。“自我大数据”无疑会成为大数据最

重要的一个组成部分。个体可以被全面量化，表明数据可能会深刻地改变人类知识生产方式和认识框架。

而反过来，量化自我的直接条件就是大数据技术的纯熟运用。当前，大数据已经铺开，对大量个体的数据进行了挖掘和分析，从而提取规律和特征，而在每个个体的深度上尚有所欠缺。未来，在大数据聚合时代下，个人有需求并有权利通过个人数据中心去连接各种应用与服务、数据计算并存储在个人数据中心中，以防被他人收集、使用、加工和传输。相应地，对个人数据中心的技术和商务要求将包括：数据的私密性、数据的安全性、数据的永生性及数据的不可被利用和不可篡改性。未来，每个人都将在属于自己的个人数据中心中进行数据运算形成个人所需的结果，个人数据与其他应用和服务之间联结，与家人、朋友以及同事进行共享。基于个人的大数据和人工智能，必将引出个人生命导师（通过个人小数据实现的针对个人定制的建议和借鉴），以及为个人小数据、个人数据中心、个人人工智能和个人生命导师而衍生制定的各种服务和应用。

徒步沙漠的失控风险

毫无疑问，现代技术已经从根本上改变了能够被记住的信息的内容，改变了记住信息的方式，也改变了记住信息所需要付出的代价。技术并没有迫使我们去记忆，技术只是促进了遗忘的终止。完善的数字化记忆，可能会让我们失去一项人类重要的能力——决策能力。

博尔赫斯的短篇小说《博闻强识的富内斯》展现了这一论点。由于一次骑马的事故，年轻人富内斯失去了遗忘的能力。通过惊人的阅读，他积累了大量关于经典文学作品的记忆，但却无法超越字面的文字去领会作品的内涵。一旦我们拥有了完善的记忆，我们将不能进行概括与抽象化，这会让我们一直迷失在过去的琐碎细节中。

一个真实案例，在《研究者》的报告中，一位病人简称AJ，她是美国加州一位41岁的妇女，天生就没有遗忘的能力。自她11岁开始，她几乎能记住每天发生的事情——她记住的不是过去一天的大致感觉，而是能够惊人地记得让她苦恼的详细细节。她清楚地记得，三十年前的一次早餐吃了什么；她能够回忆起谁在什么时候给她打了电话；她能够记得在20世纪80年代看过的电视节目每一段都演了什么。她甚至不需要努力地回忆就能想起这些。记忆对她而言很简单——她的记忆是“不可控且自动的”，就像一部“永远不会停止的”电影。

这带给AJ的并不是超常的能力，恰恰相反，她的记忆不断地限制了她做决定与前进的能力。她记住的信息包括自己经历的、感觉到的以及想到的事情。那些在存储与回忆大量信息方面拥有超常能力的人，其实很想关闭他们记忆往事的能力，至少是想暂时关闭。持续浮现的往事让他们感觉受到了束缚，这种束缚非常严重，以至于约束了他们的日常生活，限制了他们的决策能力，阻碍了他们与正常人建立紧密的联系。当这种影响由更为完整且更易获取的外部数字化记忆所引起时，影响可能会更强。

如果回忆太清晰，即便这种回忆是为了帮助我们决策的，可能也会使我们困于记忆中，无法让往事消逝。完美的记忆使我们暴露在过滤、选择和解释的挑战前，而遗忘通常会使我们免于挑战。

执迷于精确性是信息缺乏时代和模拟时代的产物。只有5%的数据是有框架且能适用于传统数据库的。如果不接受混杂，剩下95%的非框架数据都无法被利用，只有接受不精确性，我们才能打开一扇从未涉足的世界的窗户。

在越来越多的情况下，使用所有可获取的数据变得更为可能，但为此也要付出一定的代价。数据量的大幅增加会造成结果的不准确，与此同时，一些错误的数据也会混进数据库。

大数据的多样性决定了其在数据质量上参差不齐。换句话说，大数据的混杂性，基本上是不可避免的，既可能是数据产生者在产生数据过程中出现了问题，也可能是采集或存储过程中存在问题。如果这些数据噪声是偶然的，那么在大数据中，它一定会被更多的正确数据淹没掉，这样就使得大数据具备一定的容错性；如果噪声存在规律性，那么在具备足够多的数据后，就有机会发现这个规律，从而有规律地“清洗数据”，把噪声过滤掉。但是，现实中某些低频但很重要的弱信号，很容易被当作噪声过滤掉了！从而痛失发现“黑天鹅”事件的可能性。

例如，2000年那次互联网泡沫的破裂，打碎了多少互联网企业刚刚幻想的美梦！互联网泡沫起源于20世纪90年代，互联网相关的企业呈指数级增长。在1995—2000年，NASDAQ指数从1000点狂飙至5000多点，最终在2000年3月达到顶峰的5048.62点。

低利借款、廉价资产、市场过度自信和纯粹投机共同吹起了这次泡沫。风险投资家们争先恐后地投资每一个互联网相关的企业。这些企业烧钱圈地的商业模式决定了他们在几年内无法盈利，而投资者们却都忽略了这一基本面，只顾盲目追捧，在这些企业上市第一天股价就可以翻三到四番。2000年3月10日，戴尔、思科这样领头企业的股票突然出现了大量卖单，引起了投资者的恐慌。仅仅在几周之内，股市跌去了10%的市值。随着资本市场的枯竭，烧钱圈地的互联网企业难以为继。这些数亿美元市值的公司在几个月内变得毫无价值。到2001年底，大部分互联网企业纷纷倒闭，数万亿美元的投资全都打了水漂。

在这一部分，我们只是从大数据的角度来提醒诸位，技术固然可信，但其仍有一些隐患，这些隐患一旦发作起来，就可能是致命的伤害，就如同一个载满先进装备的徒步队伍准备横跨撒哈拉大沙漠时，走了一半突然发现指南针是坏的而迷失方向一样，那些带过去的装备也再没有了用武之地。因此，在运用数据的时候，可以考虑结合传统数据的分析方法，不要让先进的科技技术反而成了企业发展的“阿喀琉斯之踵”（Achilles’ Heel）。

第三节　金融科技的科技派：保持清醒，技术无法替代人的温度

警惕世界的数据化和隐私的公开化

《终极复制》一书作者李志勇对人工智能颠覆社会的手段和影响诠释得很到位，他认为，抽象看，未来的世界大概会是这么一个模式：一端是各种

产品不停地获取各种数据，一端则是人工智能里的机器学习算法对已经获取的数据进行吞吐，获得自己想要的东西。这个总结非常形象，但同时也引发了我们对数据隐私的思考：如果金融科技的技术市场一直处于寡头垄断的局面，那么数据市场也会逐渐形成寡头垄断的局面；如果数据一旦形成垄断，其价值将会增高数倍，隐私泄露的风险也会相应地提高数倍。

提起“天网”，人们最直观的印象可能是美国电影《终结者》中的电脑网络。在电影中，天网具有了自主意识，并有计划地实施对人类的绞杀。然而，现实中有天网吗？

媒体Intercept曾经发了一篇惹起极大争议的文章，大意是说美国反恐过程中通过机器学习算法来对巴勒斯坦人进行分类，之后把疑似恐怖分子的人砸死。事情的真相仍然需要进一步澄清，但整个过程正好充分地说明了上述人工智能与数据采集以及数据分析相结合的后果。这篇报道中与此相关的描述如下：

“天网”的工作方式就像一个现代典型的大数据业务应用。这个程序收集来元数据、将它们储存在NSA的云服务器上，提取相关信息，然后应用机器学习的方法来辨别执行既定行动的线索。除不像商业应用那样试图向目标人群兜售某样东西之外，这种活动——考虑到美国政府在巴基斯坦的整体业务重心——可能也涉及美国政府的另一个机构，CIA或者军方，通过掠食者无人机和地面暗杀小队（Death Squads）来执行他们的“寻觅——修正——收工（Find-Fix-Finish）”策略。除了要处理记录下的蜂窝手机通话数据（所谓的“DNR”，也就是被叫号码识别数据，包括通话时间、通话长度、谁呼叫谁等数据），“天网”也收集用户的位置信息，建立详细的出行档案。关闭手机则被当作是试图逃避监控的迹象而受到“天网”的标记。天真地相信更换SIM卡就能防止被追踪、并且这么做了的人，也会受到“天网”的标记（植入手机的ESN、MEID或是IMEI会让手机即使换了SIM卡也会被追踪）。幻灯片称，即使是更换手机也会被探测到并受到标记。这种探测，我们只能猜测（因为幻灯片上没有对这一点进行详细介绍），可能是基于其他元数据（如现实世界中的用户位置、社交网络等）不变的基础上的。

有了完整的元数据集，“天网”就能拼凑出一个人典型的日常轨迹——和谁一起出行、有哪些共同联系人、和朋友们一起通宵、去其他国家旅行或是永久地搬离了。总体而言，NSA的机器学习算法使用超过80种不同的属性来为人们的“恐怖分子程度”打分。这个程序的假设是，恐怖分子与普通居民在其中一些属性的行为上有显著的区别。然而，在Intercept去年的披露中可以清楚地看到，被这个机器学习程序打出最高分的是Ahmad Zaidan（半岛电视台伊斯兰堡分社的社长）。

这里想强调的是用终端采集数据（主要是手机），云端对数据进行分析提取（通过机器学习对人的行为特征打分），获得自己想要的东西（标识出恐怖分子），这个过程是不可逆的。一方面我们采集的数据会越来越精确、越来越多，想象一下我们说的万物互联的本质含义，手表、骑行、家电、健康追踪等，事实上都在加速这一过程。人类在这种浪潮面前完全没有抵抗能力。

这里最具争议的地方估计是隐私，但有的时候我们会发现隐私其实与发展往往是对立的。隐私有两种保护方式，一种是靠规则，如法律等；一种则是靠物理的手段，如我就不上网，不用手机。《国家敌人》里的老特工就是用这方式来对抗政府的追踪。后者与人们的意识形态和历史传承深度关联，但确实会阻碍很多东西的发展，比如说一个朋友告诉我德国人更喜欢用现金，因为这会更好地保护自己的隐私，但这种习惯无疑会阻碍电商这类互联网业务的发展。这类习惯其实相当于挡在数据化大潮正前方的障碍，体现为和发展相博弈的一种力量。

最终隐私的保护不可能通过逃避数据化来实现，而只可能依赖于规则和立法。在技术上隐私处在消亡之中，人是越来越透明的。

别把《机械战警》的悲情抛之脑后

1987年，保罗·范霍文曾执导的同名影片《机械战警》堪称影史经典，片中的“机械战警”亚历山大·墨菲身着银色盔甲（如图13–3所示），四处惩恶扬善，人挡杀人佛挡杀佛。27年之后，新版《机械战警》由巴西天才导演若泽·帕迪里亚执导，并做出了几处明显的改动。其中值得人深思的是：老版中的底特律警察亚历山大·墨菲是在被暴徒殴打致死之后，跨国集团才用他的身体和大脑研发出了“机械战警”。新版中的亚历山大·墨菲则是被人暗算，在人并没有死的情况下被研制成了“机械战警”，两者之间有着本质区别。

目前，机械植入已经被广泛应用于现代医学，四肢可以安装、心脏可以搭桥。毫无疑问，如果装了一对假脚，你还是你自己；即便四肢都是假的，你也仍然还是你自己。但是，如果你的身体50%以上都是假的，你还是你自己吗？这就难说了。

新版《机械战警》中的亚历山大·墨菲就遇到了这个问题，他遭人暗算，身体被炸得满目全非。在跨国集团的研制下，最终他变成了一个“机械人”：只有脑袋、心脏和肺是自己的，其他部分全是机械。

图13-3　《机械战警》剧照

当一个人的身体只剩下原体的50%以下或者更少的时候，他到底是机器还是人？这个问题会在不知不自觉中逼着观众去思考。当“机械战警”的研制者诺顿博士把血淋淋的现实展现在亚历山大·墨菲面前，他亲眼看到自己的身体已经只剩下一小部分的时候，他开始本能地怒吼“不！”当他以“机械战警”的面目回到家中，接受妻子拥抱的时候，他的痛苦达到了极致，因为妻子抱着的既是他，但又不是他，只不过是一堆机械物件。

另一方面，由于身体的绝大部分都已变成机械，亚历山大·墨菲的认知和情绪开始受到外界控制，只要别人调一调电脑系统上的参数，他就不再认识自己的妻子和孩子，而是变成了一个纯粹执行任务的工具。这个时候，他彻底脱离了人，变成了一台机器。

墨菲逐渐失去人类的正常感情，几乎变成一个纯粹的“机械战警”。虽然墨菲还算活着，可是正像他的妻子说的那样：“从他的眼里，我再也找不到丈夫。”墨菲自己也是痛苦的，从最开始对自己半人半机器形态的本能反抗，到最后变成一个高效的、纯理智的“执法机器”，他的人类感情就一直在和机器存在拉锯式对抗。从赋予他生命的“制造商”来说，一方面，他们希望墨菲这个“半人半机器”接近完美，以墨菲的成功，来推动美国政府允许机器人在国内使用；另一方面，当墨菲的程序越来越圆满，“制造商”的利益阴谋又迟早地会被自己亲手制造出来的“机械战警”墨菲所发现和绳之以法。在这种两面博弈当中，控制与反控制、越完美便越失败的纠结，都构成了这部影片的哲学元素。

他有人的喜怒哀乐，虽然最后这种感情被下降到了只剩下正常人类的2%，但他还是存在；到后来，他的人类感情百分比还在上升；在是否搭救自己的妻子和孩子，与是否遵循机器的控制不向“红色级别”的人开枪之间，他经历了痛苦的挣扎，最终是人类的感情战胜了机器的控制。当他中枪倒下走向死亡的那一刻，可以想见，墨菲完成了自己对自己人生的升华。

这部片子甚至涉及对整体人类和宇宙层面伦理的表达。按照现在科技的发展思路，我们的科技不可避免地要走向机器人时代。机器人对人类会不会产生威胁？机器人会不会拥有人类的感情？甚至当有一天像墨菲这种半人半机器的存在出现的时候，我们又该用怎么样的一种心态来对待他？他又怎么去对待自己？在片中，墨菲的妻子为了搭救他，不得不在人体改造同意书上签字；可是当墨菲以一种半人半机器的形式重新回家的时候，作为一个妻子的内心，作为一个儿子的内心，我们不知道该替这一家三口感到高兴，还是无奈。最起码，墨菲妻子抱住墨菲的那一刹那，她已经感觉不到丈夫曾经拥有的体温。

作为创新工场的掌门人和前谷歌中国主管，李开复经常公开拥护人工智能（AI），并因此引发争议。他登上媒体头条的预测包括：50%的工作将被AI

取代、中国将成为AI超级大国，以及华尔街的大型银行将被AI接管。不过，我们无须太过担心这一点，因为机器始终是机器，无论它经过多少关卡的训练，无论经过多少数据的锻造，它仍然不会拥有人的温度，仍然不会拥有人的情感，淘汰的更多的是一些“技术流”而非需要与人面对面沟通的岗位。

在AI革命中，部分职业中的人会被彻底地淘汰，无须创造一个中间商岗位来监督证券交易。你也不需要人类高管查看每笔贷款进行的情况。我们必须接受我们在消灭工作的事实，而且我们不能来期望AI会创造工作。

我们要清醒地面对一个事实：消失的工作数量、工作类型以及消失的速度，跟工业时代会十分不同。尽管如此，我们也有责任创造工作。我认为，服务行业是唯一的出路。AI有哪两种事不能做呢？一是创造性的工作，二是社会互动。创造力很棒，我们可以有更多的科学家、艺术家、电影制作人、作家和诗人。但现实是，天赋异禀的人是很少的。绝大多数的人将必须从事社会互动类工作，这也是计算机不太擅长的事。尽管它可以在一定程度上伪装，但它没有常识、自我意识和同理心，也没有爱，而且沟通技巧很糟糕。因此，我们必须创造服务类工作，并提高这些工作的地位。

第四节　金融科技的未来体：不忘初心，方得始终

预见的奥义

随着科技的发展，特别是量子理论和量子信息科学的发展，人类社会将迎来“算法时代”。“算法时代”最重要的关键词是“维度”，即数据，即信息的维度（颗粒度）；“速度”，即处理数据，即信息的速度。

“算法时代”是一个不断接近，可能接近真相的时代，因为，认知科学的本质是计算科学。作为计算科学的重要基础是“数据可能”与“计算（算力）可能”。还记得那只“认知大漠中的蚂蚁”吗？从“数据可能”的角度看，人类目前的认知是：我们掌握的信息只是“全部”信息的5%，因此，我们的“无

知”要远远大于“已知”。但随着“信息爆炸”时代的到来，随着“大数据”的出现，人类能够获得的信息将不断扩大，这种扩大不仅是数量，更有“颗粒度”为“数据可能”提供巨大的想象空间。从“计算可能”的角度看，随着科技的发展，尤其是量子技术的应用，人类的计算能力将迎来“超级计算时代”，并迎来“指数级”的进步与跨越。面对一个“亿亿亿”的计算，按照现在的计算能力，可能需要100年，而如果用量子计算机，可能只要0.01秒，“计算可能”是所有可能的基础。

计算科学的进步带来的计算能力提升将成为未来社会的“决定性能力”，它对人类社会的影响可能超过20世纪的“核能力”，成为财富再分配的重要因素，成为决定力量。正如目前已经开始崭露头角的“智能投顾”，就是一个典型的场景。未来，当一个“基金经理”面对“智能投顾”时，就可能像当年义和团的“长矛大刀”面对八国联军的“洋枪洋炮”一样，勇气虽可嘉，结果却无奈，留下的只是几声唏嘘，几声感叹。

稀缺性是经济学的第一定律。面对海量数据的无限增长，有人说经济学过时了，因为越来越多的财富来源于无限性数据，所以资源将不再稀缺。错！大数据作为一种无限性的资源，其本身并没有价值，数据的价值是由终端或平台的使用者创造的。因此，相对于海量数据的无限增长，由使用者创造的数据更加稀缺。经济学的稀缺性定律不仅没有过时，反而得到更充分的验证。因此，金融科技技术帮助我们预见未来的最核心的资源，就是经过适当的技术处理好的数据。只有将这些数据的价值充分发挥出来，预见未来才有价值。处理数据的底层技术已经具备了，而且越来越好。但处理技术的思维是否已经到位，现在下结论还为时尚早。如果充分运用我们在前面所说的数据跨域关联的思维来提升技术的应用，相信会得到更加丰富的信息。

技术的浪漫

互联网业内的第一名与第二名联手，让第三名或其他后来者无路可走，同业合作可谓是今年商业领域最热的热点话题之一。打车软件领域的巨头滴滴、快的宣布合并，分类信息网站两大巨头58、赶集宣布合并，日前，房地产领域两大巨头万达和万科也宣布牵手合作，对今后项目进行联合拿地、合作开发。

在这个崇尚资源整合和资本运作的时代，同行是冤家的历史正在被改写。那么，同行是竞争还是整合？合作过程中面对分歧该作何取舍？

从优酷土豆、滴滴快的到58赶集、万达万科，合作抱团是否已形成新的趋势?这个还很难说。表面上他们是合作了，战略层面上在谈合作，但真正合作得好还是不好，这还要再等一两年后再说。并不是说不看好他们，毕竟这是两个不同的公司，虽然业务类型很相像，但合并还会牵涉到各个利益团队，他们之间会有各种博弈。

不同的行业有不同的生态和竞争环境。到底是“合作”还是“对抗”，不能一概而论。但在游戏行业，合作的趋势更明显。毕竟，作为创意行业，玩家们的选择面是多种多样的，每个玩家每个月、每一周，甚至每一天也都可以重复消费。研发、发行、渠道、IP、媒体各个环节，一个公司是做不完的，在产业链的上、中、下游，都必须要合作。我们公司就是做研发，除了这一块，后面的链条都需要和其他同行进行合作。

笔者还是看好大公司之间的强强联合的。毕竟一直竞争只会互耗内力，既然都不能吃掉对方，能走到一起，共享资源、客户还是好的。不过这一定是在双方能放下自身利益的前提下进行。

互联网行业的同业合作应该是大势所趋，这跟这个行业的特性有关。首先，这个行业大多数都是年轻人，这群人对于同行之间合作的接受度更高；其次，互联网本身就是一个资本资源整合导向的行业，这当然也包括同行之间的合作整合。通过互相推介、资源置换等进一步加大合作力度，让人才在各个网络平台都能交流互通。

越来越多的公司在与另一家公司直接竞争时，宣布与竞争公司达成重大合作。科技领域就曾有两个著名的例子，分别是微软和Salesforce以及IBM和SAP。这两起合作都发生在云服务领域，在笔者看来这绝非巧合。也许公司想要竞争，但消费者们却想要与自己的技术提供商和平共处。他们需要能很好地组合在一起的产品，而在云端实现这一点似乎容易很多。

我们也看到，整个初创公司生态系统都建立在开源的基础上。因此，使用这一公用平台的公司不能让竞争干掉这只下金蛋的鹅。它们知道，自己必须合作以保持项目健康和壮大，并让自己的产品在独特的方面竞争。

当视对方为在喉之梗的公司突然开始合作时，它们喜欢将这一关系称为“竞合关系”（Coopetition）。也可以称这一关系为亦敌亦友，但不管你以什么原因、怎么称呼这一关系，竞合的公司数目都会越来越多，而消费者们则会从中受益。但不要搞错，这些公司也希望得到一些东西，不然它们也不会这么做。彼此合作并不意味着不想在竞争中获胜。

为什么我们不能和平共处？

如果你以为处于竞合关系的公司喜欢彼此，那可就搞错了。它们可能并不喜欢彼此。它们仍然想在竞争中打败对方，想找个方法占据上风，而且在这些竞争公司达成的协议中，它们也肯定会想方设法为自己获得好处，不过它们也都理解合作对彼此有好处。

Box的CEO Aaron Levie曾称，如今公司合作越来越多的原因有很多，但很大部分是因为现在更容易合作了。“合作的门槛降低了一个数量级。在之前，各个公司不得不选择盟友和敌人。现在的公司却可以将两套API组合在一起。中间没有摩擦了。”

Eventbrite CEO兼联合创始人Kevin Hart表示，竞合精神的出现还有另一个原因：在过去，各个公司试图做所有事情，而它们不可能把所有事情都做好。与其试图提供大量附属服务，还不如专注于自己做的最好的服务。“最好的初创公司专注于核心竞争力”，他向笔者表示道。他还补充称，通过合作伙伴促进增长的关系至关重要。他已经与Double Dutch和Survey Monkey达成合作，因为它们具有其公司所缺乏的专业性。这意味着，像Eventbrite这样的初创公司无须浪费时间开发这些功能，因为其他公司已经做得很好了。

合作更容易了并不意味着竞争之心已死。正相反，就像运动员一样，这些公司仍然希望在竞争中获胜，但云和开源（以及API和标准）总能让这些公司在某种程度上合作，即便它们并不想与自己的竞争对手合作。

Couchbase首席执行官Bob Wiederhold表示，之所以总存在某种程度的合作，是因为这些公司通常都是基于某一通用平台搭建的产品，但这只是消除了一些竞争，并没有完全消除竞争。“通过使用开源技术，你们也许在部分技术上合作，但这只是将竞争转移到了差异化竞争的部分上。”他还补充道，尽管出于美好理由可能存在某种合作，但市场中的竞争依旧很激烈。

MapR就是这方面的好例子，该公司基于开源Apache Hadoop项目搭建。其首席执行官 John Schroeder并不害怕承认自己喜欢竞争和胜利，但认为在Hadoop项目上也存在某种必要的合作。“我们喜欢竞争。这也是我创办企业的原因之一。竞争意味着你角逐奖杯，还有一些值得留意的竞争对手，以及一个巨大的市场机会。”也就是说，竞争对手们理解Hadoop项目是它们必须合作保护和延续的项目，因为它是该领域所有公司的基础。他表示道：“我们都对采用Hadoop感兴趣，因此我们试图不让竞争损害采用曲线。”这意味着，它们会在安全等影响底层平台的问题上合作，因为这符合大家的最佳利益。

AgilOne创始人Omer Artun表示，尽管他看到了合作的好处，但仍然讨厌竞争对手，并想以最糟糕的方式击败它们。不过他依然承认，社区中初创公司创始人的合作精神让他感到惊讶。“我可以拿起电话打给他们，他们会帮助我，这种情况在硅谷要更常见。”不过他也明确表示，当涉及竞争对手公司时，就不会有合作了。他不会让竞争对手的日子好过。

尽管渴望竞争和获胜，我们却看到微软和Salesforce等在同一领域直接竞争的公司已就合作达成协议，因为这符合两家公司的最佳利益，也符合两家公司客户们的最佳利益。事实上，Marc Benioff在Dreamforce大会上与负责Windows营销的企业副总裁Tony Prophet进行了炉边畅谈。正因为在炉边，所以肯定温暖舒适，对吧？

请不要忘记，这两家公司曾经对簿公堂，诉讼对方侵犯专利。微软依旧有一款名为Dynamics的客户关系管理产品（CRM）与Salesforce CRM直接竞争，而两家公司依旧在扩大合作，因为这对双方都有好处。

这是因为微软CEO萨特亚·纳德拉（Satya Nadella）认为，成为一家受信任的云服务提供商要比在CRM业务上打败Salesforce更重要，何况CRM业务只是微软业务的一小部分。从他这一方面来说，这是一个明智的战略决定（尽管会把微软的Dynamics合作伙伴网络搞乱），能通过Office 365、OneDrive和Outlook.com接触到Salesforce的客户。这解决了纳德拉在客户群上面临的问题。微软的客户在转移到云端上动作更缓慢，而通过这种方式，微软能更快地获得关键的云服务客户。

对于Benioff而言，他也能接触到所有的微软客户，而那些可能使用微软Dynamics CRM系统的公司现在可能愿意使用Salesforce了。因为Office 365将完美地集成到Salesforce的生态系统中，包括一款即将推出的面向Outlook的Salesforce应用（很多销售人员喜欢用Outlook）。如果Salesforce能更顺畅地集成微软服务的体验，这对Salesforce也有好处，因为Office在企业内部依旧很受欢迎。

而在IBM、SAP宣布在云端业务上合作的例子中，两家公司经常竞争同样的客户。这两家公司的合作不像微软和Salesforce结盟一样让人奇怪，因为IBM与SAP以多种方式合作了数十年，但除了这一良好的合作关系，也可以说两家公司亦敌亦友。但至少两家公司没有对簿公堂过。SAP将使用IBM SoftLayer网络的40个数据中心来运行SAP HANA云服务版，而且还将大幅增加自家数据中心的数量。

SAP只需填写支票，就能无忧无虑地大幅增加全球数据中心网络的容量。更重要的是，SAP的许多客户都有数据主权问题，即一些数据必须存储在某个国家境内。拥有一个遍布全球的数据中心网络增加了就近选择数据中心的可能性，而这往往意味着一次销售的成功。

2013年收购了SoftCloud后，IBM投资了10多亿美元来增加其数据中心数量，现在其数据中心数量已经从原来的13个增加到现在的35个，2017年底还有5个数据中心上线。获得SAP这样的合作伙伴可以让IBM抵消一些新建数据中心的费用。这也是IBM面向其他大客户的销售点，因为像SAP这样的全球公司都在使用IBM的基础设施服务。这是另一个双赢的例子。

看到了各个公司友好合作时的情况了吧？公司得到了好处，客户也有好处，这也是它们最终选择合作的原因。密集的客户需求以及开源、云API和服务使公司合作变得更容易。它们也许不会喜欢对方，但它们知道为了业务的好处值得合作。而这也是你将继续看到公司以这种方式合作的原因。未来，在金融科技领域，竞合关系的转换将成为常态，以实现共赢的局面。

科技让金融更美好

FinTech，金融科技，不仅包括区块链、机器学习这种新兴、炫酷的技术，更包括那些已经在金融领域解决实际问题的不起眼的“老”技术，如USSD（Unstructured Supplementary Service Data，非结构化补充数据业务）；其核心在于，用科技力量让金融更好、更快地服务于实体经济。我们可以预见，传统金融企业将迅速通过数字化转型，将其沉淀多年的客户资源、专业知识和海量数据转化为竞争力，逐渐在这场金融科技战役中翻转局势。

金融用户即将感受到金融似乎不在但服务无所不在，而同时，金融机构却不必为此投入大量人力，甚至运营成本会大大降低。这其中大数据用户画像建模、智能投顾、机器人客服、虚拟柜台将发挥巨大作用。

随时随地的服务要求随时随地的支付和交易，便利与安全这对当前难以实现的互斥需求将很快被区块链技术所打破。人们的行为被数据刻画从而得到更有针对性的服务，同时隐私被安全地保护起来；用户的实物资产与虚拟资产都被数字确权，资产的交易不可仿冒或篡改。

在科技种种利好的情况下，我们还要谨慎看待局势。金融业是长周期行业，每一项金融创新都需要经历完整的经济周期和信用周期检验，而技术行业常常呈现出短周期特点，具体技术的迭代升级非常快，有的甚至在短时间内就完成了变革性的更迭和替代。由于金融风险的外部性和滞后性，金融与科技的结合，更需要遵循金融业的内在规律，将金融科技的发展可持续性放到更长周期内进行检验评判，而不是仅看短期内技术的突破性、有效性和财务表现。商业可持续性是一项金融创新应具备的重要特征。

同时，金融科技也给监管者带来了新的命题和挑战。例如，在传统情景下，一项金融业务与金融机构法人的对应关系总体是比较清晰明确的，存款业务可以找到银行，证券业务由证券公司承担，保险业务的最终服务主体是保险公司，业务边界相对清晰，主体责任比较明确。而互联网环境往往具有无边界特点，业务环节比较模糊。在互联网虚拟环境中，金融消费者最后得到的金融服务往往呈现为一个单一结果，而这个结果背后却可能是多个法人主体分工协作，经历了复杂整合过程形成的。就像用户使用网络搜索引擎，虽然只看到一个简单的字符窗口用于输入搜索需求，但字符窗口后面实际上是庞大复杂的分工运算体系和商业合作架构。

借京东金融CEO陈生强先生一句话来形容金融科技的初心："只有拥有开放的胸怀，具备开放的实力，以数据和技术为基础，真正能把自己的用户输出给合作伙伴，为金融机构提供提高内生增长能力的企业服务，才能真正做好新型企业服务，更好地为中小微企业、三农以及年轻人提供服务，实现金融与实体经济的良性循环。让金融真正实现以实体经济为本，因实体经济而兴，最终真正助力金融行业健康的发展。"

参考文献

一、参考的相关书籍

[1] 陈辉. 股票连接保险的定价、准备金评估和风险对冲研究[M]. 北京：中国财政经济出版社，2011.

[2] 陈辉. 相互保险：开启保险新方式[M]. 北京：中国经济出版社，2017.

[3] 李彦宏，等. 智能革命[M]. 北京：中信出版集团，2017.

[4] 李耀东，李钧. 互联网金融：框架与实践[M]. 北京：电子工业出版社，2014.

[5] 李钧，李耀东，等. 风口：不确定时代的需求、矛盾与拐点[M]. 北京：电子工业出版社，2017.

[6] 廖理. 全球互联网金融商业模式：格局与发展[M]. 北京：机械工业出版社，2017.

[7] 由曦. 蚂蚁金服[M]. 北京：中信出版社，2017.

[8] 李开复，王咏刚.人工智能[M]. 北京：文化发展出版社，2017.

[9] 李智勇. 终极复制：人工智能将如何推动社会巨变[M]. 北京：机械工业出版社，2016.

[10] 江晓美.山神的圣歌: 古希腊、古罗马财经故事[M]. 北京：中国科学技术出版社，2011.

[11] 翟杰全. 让科技跨越时空[M]. 北京：北京理工大学出版社，2002.

[12] 王喜文.世界机器人未来大格局[M]. 北京：电子工业出版社，2016.

[13] 腾讯科技中心.分水岭——看清中国科技和互联网未来五年的趋势

[M]. 北京：机械工业出版社，2017.

[14] 麻省理工科技评论. 科技之巅[M]. 北京：人民邮电出版社，2016.

[15] 麻省理工科技评论. 科技之巅2[M]. 北京：人民邮电出版社，2017.

[16] 姜奇平.新文明论概略[M]. 北京：商务印书馆，2012.

[17] [美]克利福德·皮寇弗. 数学之书[M]. 重庆：重庆大学出版社，2015.

[18] [英]托马斯·莫尔. 乌托邦[M]. 北京：商务印书馆，2017.

[19] [俄]克鲁泡特金.互助论[M]. 北京：商务印书馆，2010.

[20] [美]保罗·西罗尼.金融科技创新[M]. 北京：中信出版社，2017.

[21] [美]阿尔文德·纳拉亚南.区块链技术驱动金融：数字货币与智能合约技术[M]. 北京：中信出版社，2016.

[22] [英]克里斯·斯金纳.金融科技时代的来临[M]. 北京：中信出版社，2016.

二、参考的相关文献

[1] 陈生强.数据技术是金融科技的灵魂[J]. 中国科技财富，2016（5）.

[2] 秦松寿.人类文明变迁的系统论分析[J]. 系统辩证学学报，2002（3）.

[3] 胡翼青.传播技术与文明变迁:传播学的永恒母题——基于传播学科创新的思考[J]. 新闻与传播研究，2007（1）.

[4] 杨弋.世界经济发展与新技术革命，中国科技产业，2004（12）.

[5] 费孝通.百年中国社会变迁与全球化过程中的“文化自觉”——在“21世纪人类生存与发展国际人类学学术研讨会”上的讲话[J]. 厦门大学学报(哲学社会科学版)，2000（4）.

[6] 何东霞.经济变迁:解释中国改革开放历史的一个理论框架[J]. 理论学刊，2013（6）.

[7] 王迪，王汉生.移动互联网的崛起与社会变迁[J]. 中国社会科学，2016（7）.

[8] 华民.新经济、新规则和新制度[J]. 世界经济，2001（3）.

[9] 张晓朴.互联网金融监管的原则:探索新金融监管范式[J]. 金融监管研究，2014（2）.

[10] 程立茹，向凡.论“互联网+”时代传统金融机构普惠化转型[J]. 人民论坛，2015（36）.

[11] 关键. 阿里巴巴与中国经济新故事[J]. 中国中小企业，2016（6）.

[12] 何大勇. 变革之“鉴”——金融科技演进与传统金融机构创新[J]. 银行家，2016（12）.

[13] 徐容，方颂，王梅，杨溢.高峰对话金融科技的创新发展之路[J]. 金卡工程，2017（3）.

[14] 赵鹞.Fintech的特征、兴起、功能及风险研究[J]. 金融监管研究，2016（9）.

[15] 连玉明.人类社会从IT时代到DT时代[J]. 商业文化，2016（11）.

[16] 郑茜. iPhone铃声一响，全球经济都在聆听[J]. 经营管理者，2014（34）.

[17] 高汉.美国信用评级机构的责任演变与监管发展——从安然事件到次贷危机[J]. 华东政法大学学报，2010（13）.

[18] 范家琛. 众筹商业模式研究[J]. 企业经济，2013（8）.

[19] 原磊. 国外商业模式理论研究评介[J]. 外国经济与管理，2007（10）.

[20] 王胜洲. 基于价值链理论的商业模式设计与优化研究[J]. 财经理论与实践，2012（5）.

[21] 文亮，贾厚光.初创小微企业创业机会对商业模式的影响研究[J]. 山东社会科学，2012（11）.

[22] 谢玮. GMIC全球金融创新峰会:当大数据、人工智能、区块链技术遇到金融[J]. 中国经济周刊，2016（18）.

[23] 章禾. 金融科技行业去泡沫化将形成区域龙头割据[J]. 中国战略新兴产业，2016（22）.

[24] 左沈怡. 移动支付的未来[J]. 上海国资，2015（11）.

[25] 樊爽文.互联网时代的支付变革[J]. 中国金融，2013（20）.

[26] 王亮. 量化投资 一招推倒巴菲特[J]. 英才，2013（5）.

[27] 叶纯青. 可穿戴设备——让科技“如影随形”[J]. 金融科技时代，2014（4）.

[28] 王雪玉.可穿戴设备进入“2.0时代”[J]. 金融科技时代，2015（12）.

[29] 佚名. 安然公司破产案[J]. 世界石油年鉴，2002（1）.

[30] 邓晓. 古希腊货币经济与金融活动初探[J]. 重庆师范大学学报(哲学社会科学版)，1997（3）.

[31] 贾大泉. 交子的产生[J]. 西南金融，1994（1）.

[32] 孙健.中国最早的纸币——交子[J]. 金融科学，1989（4）.

[33] 魏晋. 清代至民国钱庄发展变迁研究[D]. 太原：山西大学，2012.

[34] 傅钧文. 日本金融危机分析[J]. 世界经济研究，1998（4）.

[35] 杜金岷. 日本金融危机的反思与启示[J]. 南方金融，1999（2）.

[36] 杨磊. 车联网时代保险公司开发UBI车险产品策略探析[J]. 保险研究，2014（7）.

[37] 李华. 车险差别化定价和精准营销模式研究[D]. 济南：山东大学，2014.

[38] 周建，朱桂萍. “互联网+”对我国社会变革的影响[D]. 苏州：苏州党校，2016.

三、参考的其他相关资料

[1] 百度网站，www.baidu.com.

[2] 谷歌网站，www.google.com.

[3] 百度百科网站，http://baike.baidu.com.

[4] 维基百科网站，http://zh.wikipedia.org.

[5] 国际研究数据库www.lexis.com.

[6] 中国知网数据库www. cnki.net/.

[7] 互联网资讯中心http://www.199it.com/.

[8] 央财研究院网站www.hubaoweilai.com.

[9] 波士顿咨询、毕马威、普华永道、易观智库、艾瑞咨询、德勤、阿里研究院、京东金融等发布的研究报告。

[10] 百度、谷歌等网站以及微信公众号发表的一些文献，不再详述。